AL CORRIENTE

AL CORRIENTE

Curso intermedio de español

MARTHA ALFORD MARKS

ROBERT J. BLAKE
University of Rochester

Academic Consultant
Professor *SAMUEL G. SALDÍVAR*
United States Military Academy, West Point

McGRAW-HILL PUBLISHING COMPANY

New York St. Louis San Francisco Auckland Bogotá Caracas
Hamburg Lisbon London Madrid Mexico Milan Montreal New Delhi
Oklahoma City Paris San Juan São Paulo Singapore Sydney Tokyo Toronto

Al Corriente
Curso intermedio de español

3 4 5 6 7 8 9 0 DOH DOH 9 4 3 2 1 0

Library of Congress Cataloging-in-Publication Data

Marks, Martha.
Al corriente : curso intermedio de español / Martha Marks, Robert J. Blake. — 1st ed.
p. cm.
Spanish and English.

ISBN-0-07-557438-1

1. Spanish language—Textbooks for foreign speakers—English.
I. Blake, Robert J., 1951– II. Title.
PC4128.M37 1989
438.2′421—dc19 88-32459
CIP

Manufactured in the United States of America

Sponsoring Editor: Eirik Børve
Developmental Editor: Elizabeth Lantz
Copyeditor: Mary Root Taucher
Project Manager: Greg Hubit
Designer: Naomi Schiff / Seventeenth Street Studios
Production Supervisor: Susan McCabe
Illustrator: Wendy Wheeler
Photo Researcher: Judy Mason
Compositor: Ruttle, Shaw & Wetherill, Inc.
Printer: R. R. Donnelley & Sons Company / Rita Gatlin
Cover Photo: © Peter Menzel
Cover Color Separator: Color Tech
Cover Printer: Phoenix Color Corporation

Literary Credits

Chapter 1 "Arantxa Sánchez Vicario, la nueva estrella del tenis español," by Hebreo San Martín, from *Semana*, Madrid, November 6, 1985.

"Javier, el millonario," from "Elegidos para la gloria," by Emilio Pérez de Rozas, from *El país semanal*, Madrid, March 22, 1987.

Chapter 2 "Mi primer poema," from *Confieso que he vivido*," by Pablo Neruda, Editorial Seix Barral, S.A., Barcelona, 1974. © PABLO NERUDA, 1974 and FUNDACION PABLO NERUDA.

Chapter 3 "Aniversario," from *Esas sombras del trasmundo*, by Luis Romero, Ediciones Cid, Madrid, 1957.

Unit I interview: Rodrigo and María Teresa Garretón.

Chapter 4 "El Rey cuenta su vida," by Víctor Salmador, from *Tiempo*, Madrid, October 7, 1985.

Chapter 5 "Un día de estos," from *Los funerales de la mamá grande*, by Gabriel García Márquez, Editorial Sudamericana, Buenos Aires, 1971. © Gabriel García Márquez, 1962.

(*Literary credits continued on page 446; realia credits appear on page 446.*)

CONTENTS

PREFACE xvii

CAPITULO PRELIMINAR 2

¡REPASEMOS UN POCO! 3

ESTRATEGIAS PARA LEER 9

¡HABLEMOS, PUES! 15

CAPITULO PRELIMINAR Indice morfológico 16

A. Subject Pronouns 16
B. Verbs 16
C. Idioms with *tener* 19
CH. Articles and Gender 20
D. Plurals of Nouns 20
E. Demonstrative Adjectives 20
F. Expressing Ownership 21
G. Personal *a* 21
H. Contractions 22
I. *Saber* versus *conocer*; *pedir* versus *preguntar* 22

PRIMERA PARTE: La gente

UNIDAD I: FACETAS DE LA FAMILIA 25

CAPITULO 1 26

¡REPASEMOS UN POCO! 26

LECTURA: DESCRIPCION 28
Vocabulario para leer 28
Introducción a las lecturas 29
Primera lectura: «Arantxa Sánchez Vicario, la nueva estrella del tenis español», Hebreo San Martín 30
Segunda lectura: «Javier, el millonario», Emilio Pérez de Rozas 32
¿Cuánto recuerda Ud.? 34
¿Qué opina Ud.? 34
GRAMATICA EN CONTEXTO 35
1. *Ser* and *estar* 35
2. Interrogative Words 39
3. Adjective Agreement 41
Gramática en acción 42
¡HABLEMOS, PUES! 44
Vocabulario útil: La personalidad—unos contrastes 44
Dramatizaciones 45
Composición 45

CAPITULO 2 46

¡REPASEMOS UN POCO! 46
LECTURA: NARRACION 47
Vocabulario para leer 47
Introducción a la lectura 49
«Mi primer poema» (fragmento), selección de *Confieso que he vivido*, Pablo Neruda 50
¿Cuánto recuerda Ud.? 51
¿Qué opina Ud.? 51
GRAMATICA EN CONTEXTO 52
4. Using the Present Tense to Talk About the Past 52
5. Using the Present Tense to Talk About the Future 53
6. The Present Perfect Indicative Tense 55
7. Transitive Verbs and Reflexive Pronouns 57
8. Pronominal Verbs 59
Gramática en acción 62
¡HABLEMOS, PUES! 63
Vocabulario útil: Las emociones (primera parte) 63
Dramatizaciones 65
Composición 65

CAPITULO 3 66

¡REPASEMOS UN POCO! 66

LECTURA: OPINION 68
Vocabulario para leer 68
Introducción a la lectura 69
«Aniversario», Luis Romero 70
¿Cuánto recuerda Ud.? 73
¿Qué opina Ud.? 74

GRAMATICA EN CONTEXTO 75
9. More on Verbs that Indicate Change 75
10. Object Pronouns 76
11. Verbs like *gustar* 78
Gramática en acción 79

¡HABLEMOS, PUES! 81
Vocabulario útil: Las emociones (segunda parte) 81
Dramatizaciones 83
Composición 83

UNIDAD I Indice morfológico 85
A. Present Indicative of *ser* and *estar* 85
B. Interrogative Words 85
C. Irregular Past Participles 85

ENTREVISTA: MARIA TERESA Y RODRIGO GARRETON 86

UNIDAD II: ANTE EL PUBLICO 91

CAPITULO 4 92

¡REPASEMOS UN POCO! 92

LECTURA: DESCRIPCION 94
Vocabulario para leer 94
Introducción a la lectura 96
«El Rey cuenta su vida», Víctor Salmador 97
¿Cuánto recuerda Ud.? 98
¿Qué opina Ud.? 99

GRAMATICA EN CONTEXTO 99
12. Talking About the Past 99
Gramática en acción 103
¡HABLEMOS, PUES! 106
Vocabulario útil: La ropa 106
Dramatizaciones 108
Composición 109

CAPITULO 5 110

¡REPASEMOS UN POCO! 110
LECTURA: NARRACION 112
Vocabulario para leer 112
Introducción a la lectura 113
«Un día de estos», Gabriel García Márquez 114
¿Cuánto recuerda Ud.? 116
¿Qué opina Ud.? 117
GRAMATICA EN CONTEXTO 117
13. More on the Past (Preterit/Imperfect) 117
14. Uses of the Present Participle 121
15. Multiple Object Pronouns 123
Gramática en acción 124
¡HABLEMOS, PUES! 126
Vocabulario útil: Rasgos físicos 126
Dramatizaciones 128
Composición 128

CAPITULO 6 130

¡REPASEMOS UN POCO! 130
LECTURA: OPINION 132
Vocabulario para leer 132
Introducción a las lecturas 133
Primera lectura: «Evita», fragmento de *La razón de mi vida,* Eva Perón 135
Segunda lectura: «Eva Perón, ídolo del pueblo», Journal de Bruges 136
Tercera lectura: «Eva Perón: El culto de la representación», Román J. Lombille 137
¿Cuánto recuerda Ud.? 138
¿Qué opina Ud.? 139

GRAMATICA EN CONTEXTO 140
16. Past Perfect Tense 140
17. Stressed Possessive Adjectives and Possessive Pronouns 141
18. Demonstrative Pronouns 142
19. Pronouns After Prepositions 143
20. Review of Indicative Tenses 144
Gramática en acción 145
¡HABLEMOS, PUES! 147
Vocabulario útil: La conducta humana 147
Dramatizaciones 149
Composición 149
UNIDAD II Indice morfológico 151
A. Imperfect Indicative 151
B. Preterit 152
C. Present Participle 154
CH. Past Perfect Indicative 155
ENTREVISTA: XAVIER SUAREZ 156

UNIDAD III: HOMBRES Y MUJERES 161

CAPITULO 7 162

¡REPASEMOS UN POCO! 162
LECTURA: DESCRIPCION 163
Vocabulario para leer 163
Introducción a la lectura 165
Cuatro anuncios comerciales 166
¿Cuánto recuerda Ud.? 170
¿Qué opina Ud.? 170
GRAMATICA EN CONTEXTO 171
21. Formal (*Ud., Uds.*) Commands 171
22. Future Tense 172
Gramática en acción 174
¡HABLEMOS, PUES! 175
Vocabulario útil: Telas, adornos y joyas 175
Dramatizaciones 176
Composición 177

CAPITULO 8 178

¡REPASEMOS UN POCO! 178

LECTURA: NARRACION 179
- Vocabulario para leer 179
- Introducción a la lectura 181
- «La otra», Josep-Vicent Marqués 181
- ¿Cuánto recuerda Ud.? 183
- ¿Qué opina Ud.? 183

GRAMATICA EN CONTEXTO 184
- 23. Indicative Versus Subjunctive 184
- Gramática en acción 190

¡HABLEMOS, PUES! 191
- Vocabulario útil: Las partes del cuerpo (primera parte) 191
- Dramatizaciones 194
- Composición 194

CAPITULO 9 196

¡REPASEMOS UN POCO! 196

LECTURA: OPINION 198
- Vocabulario para leer 198
- Introducción a la lectura 199
- «¿Por qué los hombres le huyen al matrimonio?», *Tú* 200
- ¿Cuánto recuerda Ud.? 204
- ¿Qué opina Ud.? 204

GRAMATICA EN CONTEXTO 205
- 24. Informal (*Tú*) Commands 205
- 25. More on Indicative Versus Subjunctive in Adverbial Clauses 206
- 26. Indicative Versus Subjunctive After Verbs of Affirmation, Fear, Doubt, and Denial 209
- Gramática en acción 211

¡HABLEMOS, PUES! 212
- Vocabulario útil: Las partes del cuerpo (segunda parte) 212
- Dramatizaciones 213
- Composición 213

UNIDAD III Indice morfológico 215
A. Present Subjunctive 215
B. Formal (*Ud., Uds.*) Commands 218
C. Informal (*Tú*) Commands 219
CH. Future Tense 220
ENTREVISTA: BERTA ARMACANGUI 221

SEGUNDA PARTE: Los lugares

UNIDAD IV: ESPAÑA 227

CAPITULO 10 228

¡REPASEMOS UN POCO! 228
LECTURA: DESCRIPCION 231
Vocabulario para leer 231
Introducción a la lectura 232
«Las Plazas Mayores de España», Judith Glynn 233
¿Cuánto recuerda Ud.? 238
¿Qué opina Ud.? 238
GRAMATICA EN CONTEXTO 239
27. *Se* Constructions to Express Impersonal or Passive Meanings 239
28. Adjective Clauses and Relative Pronouns 242
Gramática en acción 245
¡HABLEMOS, PUES! 247
Vocabulario útil: Preposiciones imprescindibles 247
Dramatizaciones 249
Composición 249

CAPITULO 11 250

¡REPASEMOS UN POCO! 250
LECTURA: NARRACION 253
Vocabulario para leer 253

Introducción a la lectura 254
La tesis de Nancy (fragmento), «Carta primera: Nancy descubre Sevilla», Ramón J. Sender 256
¿Cuánto recuerda Ud.? 258
¿Qué opina Ud.? 259
GRAMATICA EN CONTEXTO 260
29. Subjunctive Versus Indicative with Adjective Clauses 260
30. Subjunctive with Other Types of Relative Clauses 261
31. *Por* Versus *para* 262
Gramática en acción 264
¡HABLEMOS, PUES! 265
Vocabulario útil: Cómo pedir y dar instrucciones 265
Dramatizaciones 267
Composición 269

CAPITULO 12 270

¡REPASEMOS UN POCO! 270
LECTURA: OPINION 271
Vocabulario para leer 271
Introducción a las lecturas 273
Primera lectura: «De Franco a la democracia monárquica», Felipe González 274
Segunda lectura: «No ha resucitado», Ricardo Patrotta 276
¿Cuánto recuerda Ud.? 277
¿Qué opina Ud.? 278
GRAMATICA EN CONTEXTO 278
33. Review of the Subjunctive 278
33. Present Perfect Subjunctive 279
34. Imperfect Subjunctive 281
Gramática en acción 282
¡HABLEMOS, PUES! 284
Vocabulario útil: La política 284
Dramatizaciones 287
Composición 287
UNIDAD IV Indice morfológico 288
Imperfect Subjunctive 288
ENTREVISTA: JULIAN RODRIGUEZ 290

UNIDAD V: LATINOAMERICA 295

CAPITULO 13 296

¡REPASEMOS UN POCO! 296

LECTURA: DESCRIPCION 299
Vocabulario para leer 299
Introducción a las lecturas 300
Primera lectura: «La ciudad que no debió construirse», Patricia Aridjis Perea 302
Segunda lectura: «La provincia y el D.F., ese gran nudo gordiano», Miguel Angel Orozco Deza 303
¿Cuánto recuerda Ud.? 305
¿Qué opina Ud.? 305

GRAMATICA EN CONTEXTO 306
35. Review of Past Tenses 306
36. Conditional Tense 308
37. Future and Conditional to Express Probability 310
Gramática en acción 311

¡HABLEMOS, PUES! 313
Vocabulario útil: Las atracciones de la ciudad 313
Dramatizaciones 316
Composición 317

CAPITULO 14 318

¡REPASEMOS UN POCO! 318

LECTURA: NARRACION 320
Vocabulario para leer 320
Introducción a la lectura 321
«Machu Picchu: 75 años después, todavía un misterio», Enrique Laurent 322
¿Cuánto recuerda Ud.? 325
¿Qué opina Ud.? 326

GRAMATICA EN CONTEXTO 326
38. Passive Voice 326
39. Past Participle Used as Adjective 328
40. *Nosotros* Commands 329
Gramática en acción 330

¡HABLEMOS, PUES! 331
Vocabulario útil: La naturaleza 331
Dramatizaciones 333
Composición 333

CAPITULO 15 334

¡REPASEMOS UN POCO! 334
LECTURA: OPINION 336
Vocabulario para leer 336
Introducción a la lectura 337
«América Latina y la democracia», Octavio Paz 338
¿Cuánto recuerda Ud.? 340
¿Qué opina Ud.? 340
GRAMATICA EN CONTEXTO 341
41. Comparatives and Superlatives 341
42. The Infinitive Used as a Noun 343
43. More on *-ndo* (the Gerund) 343
Gramática en acción 345
¡HABLEMOS, PUES! 346
Vocabulario útil: El recreo 346
Dramatizaciones 348
Composición 348
UNIDAD V Indice morfológico 349
A. Conditional 349
B. *Nosotros* Commands 350
ENTREVISTA: ROBERTO JIMENEZ SALAZAR 351

UNIDAD VI: LOS HISPANOS QUE VIVEN EN LOS ESTADOS UNIDOS 355

CAPITULO 16 356

¡REPASEMOS UN POCO! 356
LECTURA: DESCRIPCION 358
Vocabulario para leer 358
Introducción a las lecturas 359
Primera lectura: «La adivinanza y el desarraigo: confesiones de un hispano», Samuel Mark 360

Segunda lectura: «Ohming Instick», Ernesto Padilla 363
¿Cuánto recuerda Ud.? 364
¿Qué opina Ud.? 365
GRAMATICA EN CONTEXTO 365
44. Meanings of *se* 365
Gramática en acción 368
¡HABLEMOS, PUES! 369
Vocabulario útil: El tiempo y los desastres naturales 369
Dramatizaciones 371
Composición 371

CAPITULO 17 372

¡REPASEMOS UN POCO! 372
LECTURA: NARRACION 374
Vocabulario para leer 374
Introducción a la lectura 376
«Que no mueran los sueños», Miguel Méndez M. 376
¿Cuánto recuerda Ud.? 380
¿Qué opina Ud.? 380
GRAMATICA EN CONTEXTO 381
45. Sequence of Tenses and the Subjunctive 381
Gramática en acción 383
¡HABLEMOS, PUES! 384
Vocabulario útil: En el mercado y en la cocina 384
Dramatizaciones 387
Composición 387

CAPITULO 18 388

¡REPASEMOS UN POCO! 388
LECTURA: OPINION 390
Vocabulario para leer 390
Introducción a las lecturas 391
Primera lectura: «Armonía en la diferencia»,
Ana Veciana-Suárez 392
Segunda lectura: «Hispanics», Carmen Rico Godoy 394
¿Cuánto recuerda Ud.? 396
¿Qué opina Ud.? 396
GRAMATICA EN CONTEXTO 397
46. Making Hypothetical Statements: *Si*-Clauses 397
Gramática en acción 399

¡HABLEMOS, PUES! 401
Vocabulario útil: La casa y los muebles 401
Dramatizaciones 403
Composición 403
ENTREVISTA: GUSTAVO MEDINA 404

APPENDICES 409
Syllabication and Stress 409
Spelling Changes 411
Verb Conjugations 412
SPANISH-ENGLISH VOCABULARY 415
INDEX 441

PREFACE

Al corriente offers a lively, authentic, up-to-date vision of the contemporary Hispanic world: its people, places, ideas, values, and language. The many diverse voices and styles of the Hispanic world are presented through authentic materials culled from Spanish-language publications that are intended for Spanish-speaking readers. They include newspaper and magazine articles ranging from the serious to the frivolous, interviews, essays, short stories, poems, selections from a novel, and cartoons and advertisements of all sorts.

No attempt has been made to present a complete cultural view, but rather to convey impressions of life in Spain, Latin America, and the United States as seen through the eyes of Hispanic writers, artists, and commercial advertisers. The intent is to bridge the gap between English-speaking students and the Spanish-speaking world—to capture the dynamism of Hispanic culture and to involve students in discussions and activities that enhance their linguistic abilities and draw them into greater understanding of the people whose language they are learning.

This bridge of cultural awareness and linguistic development is built on two pillars: the authenticity of the readings and visuals used in the text and the lively, proficiency-oriented activities built around these authentic materials.

Authentic materials

Authenticity is the first pillar of ***Al corriente***. As a first step in writing ***Al corriente***, the authors searched Spanish-language publications for readings and realia that would give a real, nonstereotypical picture of Hispanic life as described and reported by Hispanics themselves. The text was organized around these authentic findings, and vocabulary, grammar, and activities were developed around them. No reading was edited to make it more accessible to students. Likewise, no realia was added merely for decorative purposes. Every ad, cartoon, and map is integrated into a contextualized activity.

The book is divided into two major parts: **La gente** (**Unidades I–III**) and **Los lugares** (**Unidades IV–VI**). **La gente** offers a variety of views of Hispanics in the context of three topics: family, public figures, and men and women. **Los lugares** focuses on Spain, Latin America, and the United States, as home to millions of Hispanics. All the people presented in the interviews and readings (except for those in the fictional selections) are real. The places discussed are, without exception, real.

Teaching for proficiency

The second pillar of ***Al corriente*** is the concept of teaching for proficiency. The authors feel that language learning should be an interactive, dynamic process, an exchanging of information and opinions of all sorts. Students tend to learn more and with more enthusiasm if offered interesting and authentic materials. They speak more freely in the target language if encouraged to talk about themselves, their families and friends, and the places they know. If a significant portion of class time is spent working with a partner or in small groups on contextualized activities involving the skills of describing, narrating, negotiating, investigating, requesting, cajoling, and discussing—activities in which the "information gap" is genuine—peer teaching can be most fully utilized, constant public correction is not an inhibition, and learning to speak Spanish becomes fun. ***Al corriente*** was written to provide these opportunities.

Foremost among the underlying organizational principles of ***Al corriente*** are the proficiency guidelines developed by the American Council on the Teaching of Foreign Languages (ACTFL), based on standards long used by the United States government and armed services. The guidelines identify four major levels of linguistic development. These levels and their subdivisions are as follows:

1. Superior	4. Intermediate High	7. Novice High
2. Advanced Plus	5. Intermediate Mid	8. Novice Mid
3. Advanced	6. Intermediate Low	9. Novice Low

Many instructors have learned to use this terminology to measure students' oral proficiency. The notion of proficiency can also be applied to reading, writing, listening, and cultural awareness skills. ***Al corriente*** provides a wide variety of contexts and activities aimed at simultaneously developing students' proficiency in all five areas. Proficiency goals are inherent in the sequence of grammar presentation. Those structures most needed by learners at the lower proficiency levels are treated first and recycled frequently, whereas more demanding structures are added and spiraled along with the simpler ones as the text progresses.

The authors have made three key assumptions about the development of oral proficiency. First, most students at the beginning of the second-year of college language study (after a summer hiatus) would prove to be at the lower end of the ACTFL scale (Novice High to Intermediate Mid) if tested in an oral interview. Second, a reasonable goal for second-year students would be the middle range (Intermediate Mid to Advanced). Third, students should be exposed to the structures needed to achieve the highest levels (Advanced Plus to Superior), even though such achievement is not a realistic expectation for two years of language study.

Similar levels of proficiency for the other four skills are equally desirable, but it is not likely that all five skills will evolve at an equal pace. ***Al corriente*** aims to provide opportunity to develop all five, although such development must necessarily depend on the ability and effort of the individual.

Before beginning work on ***Al corriente***, the authors identified the following ten basic language functions, the mastery of which is necessary to progress up the ACTFL scale:

1. Asking and answering questions
2. Surviving a simple (predictable) situation
3. Describing in present time
4. Narrating in present time
5. Describing in past time
6. Narrating in past time
7. Describing and narrating in future time
8. Surviving a situation with a complication (an unpredictable situation)
9. Supporting opinion
10. Hypothesizing

Each unit of the text targets four to six of these functions, progressing from the simplest (1, 2) to the most difficult (9, 10). The readings recycle the vital functions of description, narration, and expressing opinion throughout the text, and the functions provide a coherent structure to many of the oral activities and the writing practice in each unit. The key functions are presented and developed in a cyclical fashion in the chapters and units.

The purpose of this recycling is to allow the student to grow confident in handling the most basic functions and structures orally, aurally, and in writing, while at the same time learning to cope with more difficult ones that will take longer to master. No one would want to claim that a student studying Spanish in this way would reach the Superior level in one year, but it is likely that such a systematic reentry and reinforcement of the functions required for an ACTFL rating of Intermediate or Advanced would enable most college students to reach the Intermediate Mid or High level by the end of the second year. Some might reach the Advanced level.

Organization of *Al corriente*

The text consists of a preliminary chapter and six units of three chapters each. The activities in the text are primarily interactive; more traditional grammar exercises are found in the workbook.

The **Capítulo preliminar** offers a variety of visual- and realia-based activities designed to reacquaint students with speaking Spanish, to encourage them to begin working with one another, and to help them remember what they learned in previous courses. It also contains some basic reading strategies to help students cope effectively with authentic readings and realia, as well as a concise review of basic elements of Spanish grammar.

Each of the six units is introduced by thematic visuals (cartoons, advertisements, maps, photos, and so on), a brief introduction to the unit, and a mini-index to the grammar topics presented in the three chapters that follow. Each chapter has four main sections: **¡Repasemos un poco!**, **Lectura**, **Gramática en contexto**, and **¡Hablemos, pues!**

¡Repasemos un poco! consists of a thematic visual (realia, photos, or drawings) and related activities. Its purpose is to stimulate class discussion and aid students in recalling vocabulary and structures learned previously, thereby setting the stage for the reading and grammar-related activities that follow. The **Metas** that begin **¡Repasemos un poco!** indicate the grammatical and thematic purposes of these introductory activities.

The **Lectura** section that follows focuses on a person, place or idea from the Hispanic world. Within each unit, the first chapter's **Lectura** section always contains a description, the second a narration, and the third an expression of opinion. Readings are diverse and invariably authentic, and they frequently include realia. They have not been altered in any way except to correct obvious grammar or typographical errors or, occasionally, to shorten the passage due to space requirements. Otherwise they are offered as originally printed.

The authors of ***Al corriente*** believe that the challenge incurred by using authentic materials is justified if a goal of second-year language programs is learning to interact with the Hispanic world on its own terms. To help students read authentic materials with greater comprehension and enjoyment, prereading vocabulary assistance is offered in the **Vocabulario para leer**, which lists key words taken from the reading, along with a series of activities to help make that vocabulary active. An introduction to the reading follows, providing cultural, thematic, and linguistic hints and prereading questions. Readings are glossed in Spanish when possible, otherwise in English. Postreading activities include **¿Cuánto recuerda Ud.?** (comprehension check) and **¿Qué opina Ud.?**, which personalizes the reading by relating it to students' own experiences and encourages discussion and the expression of opinions.

Each chapter's **Gramática en contexto** is contextualized to the reading; only those structures prominent in the reading are selected for explanation, and grammar examples are taken from the reading. All grammar presentations are given in English to facilitate understanding, but Spanish is the language of the guided activities interspersed throughout this section. **Gramática en acción** provides follow-up pair or group activities that put the grammar to work in realistic contexts. Realia and visuals are incorporated into these activities where possible, as they are throughout the text.

The final part of each chapter is called **¡Hablemos, pues!** It contains activities based on drawings or realia and a topical **Vocabulario útil** that are loosely related to the themes of the two main parts of the text: **La gente** and **Los lugares**. The **Vocabulario útil** lists are not intended for memorization but rather as a resource for the activities that follow. These activities encourage students to express themselves creatively and to practice further the grammar presented in the chapter. **Dramatizaciones** offer opportunities to role play with a classmate. **Composición** is a directed, contextualized, and usually personalized composition, often realia-based.

Following the third chapter in each unit is an **Indice morfológico**, which serves as a concise reference for the grammar structures presented in the unit.

Each unit concludes with **Entrevista**, a thematically-related interview with native speakers of Spanish conducted by the authors. Unlike the chapter readings, these interviews are not glossed, nor are they accompanied by vocabulary practice or activities. Instructors can incorporate the **entrevistas** into the curriculum as they see fit, taking advantage of the human interest, linguistic texture, and authentic cultural insights they offer. Suggestions for their use are included in the Instructor's Manual.

Program Components

In addition to the Student Text, the ***Al corriente*** package contains a ***Cuaderno de ejercicios escritos / Manual de laboratorio*** and computer software (the *Random House Language Tutor*, which includes all the manipulative activities from the Student Text) for the student. An *Instructor's Manual*, tapescript, and Instructor's Resource Kit are available for the instructor.

- The ***Cuaderno de ejercicios escritos / Manual de laboratorio*** and its accompanying tape package contain two types of material. In the ***Cuaderno de ejercicios escritos***, basic written grammar and vocabulary exercises supplement the creative, interactive activities in the Student Text. Many of these exercises are realia based. It is recommended that students do these exercises outside class, so that class time can be spent on more interpersonal communicative activities. The first six chapters also include additional activities designed to build reading skills. Answers to the grammar exercises are included in the back of the ***Cuaderno de ejercicios escritos***.
- The ***Manual de laboratorio*** and tape program aim to develop both productive and receptive skills with discrete-item practice as well as discourse-level listening comprehension passages (including a course-long ***Radionovela***) related in theme, vocabulary, and grammar to each chapter of the Student Text. The laboratory program is available on cassette or reel-to-reel tapes.
- Thc Instructor's Manual offers theoretical and methodological commentary about using ***Al corriente*** and about teaching for proficiency with the text, as well as practical, chapter-by-chapter notes that include additional activities for class use. The Instructor's Manual also contains a sample quiz and exam and answers to selected exercises in the Student Text. The Instructor's Resource Kit is coordinated chapter-by-chapter with the Student Text. It provides optional activities and **dramatizaciones**, readings, realia, transparency masters, and color slides.

Acknowledgments

The authors wish to acknowledge the help of many people, without whom ***Al corriente*** would never have come to be.

The following instructors participated in a series of surveys and reviews that were indispensable in the early stages of development. The appearance of their names does not necessarily constitute their endorsement of the text or its methodology.

Melvin S. Arrington, University of Mississippi
Eduardo Barrera, Pan American University
Betty Baumi, California State University, Northridge
Douglas K. Benson, Kansas State University
Rosemarie Benya, East Central University
Peter Boyd-Bowman, State University of New York at Buffalo
Sandra Joan Canepari, California State University, Chico
Harold Cannon, California State University, Long Beach
David H. Darst, Florida State University
Enrique Díaz, Louisiana State University
Glen F. Dille, Bradley University
Eileen W. Glisan, Indiana University of Pennsylvania
Robert J. Griffin, Western Michigan University
Peggy J. Hartley, Appalachian State University
José A. Hernández, New York University
Barbara Lotito, University of Connecticut
Robert Modee, Northeastern University
Frank Nuessel, University of Louisville
Gino Parisi, Georgetown University
James O. Pellicer, Hunter College
William Flint Smith, Purdue University
Eduardo Zayas-Bazán, East Tennessee State University

We wish to thank the many authors, artists, publishers, and corporations whose materials are reproduced here, especially Octavio Paz, Luis Romero, Miguel Méndez M., Ernesto Padilla, Chumy Chúmez, Antonio Mingote, and Judith Glynn, each of whom personally and cordially granted us permission to use their work.

We are deeply grateful to Pat Boylan for generously sharing material with us, and to John Gutiérrez, Eduardo Cabrera, and Laura Chastain for their careful reading and thoughtful comments on all phases of our manuscript.

We are also grateful to the following seven individuals, who graciously granted us interviews:

María Teresa and Rodrigo Garretón
The Honorable Xavier Suárez, Mayor of the City of Miami
Berta Armacangui

Julián Rodríguez

Roberto Jiménez Salazar

Gustavo Medina

We wish to express a very special word of gratitude to Dr. Samuel Saldívar (United States Military Academy at West Point) for his valued contribution in the early stages of the project, especially for his selection of a major portion of the readings found in the first edition.

We owe a debt of gratitude to Eirik Børve of Random House/EBI, for the original impetus that led to ***Al corriente***, and to our two hardworking editors. Thalia Dorwick is the professional friend that every writer should have: part cheerleader, part referee, part slave driver, all heart. Elizabeth Lantz took a rough-cut manuscript and did her best to sculpt a diamond. If ***Al corriente*** is not a gem, the fault is ours, not theirs.

Finally, we want to express our appreciation to Elizabeth Blake and Bernie Marks, whose patience, confidence, and love sustained us through the long dry spells when closure and publication seemed a distant dream. We dedicate this book to them.

AL CORRIENTE

CAPITULO PRELIMINAR

The purpose of this preliminary chapter is to reaccustom you to speaking and reading Spanish and to introduce you to the kinds of activities you will find throughout the book. The preliminary chapter contains a variety of activities to get you started and to enable you to assess what you remember and what you've forgotten. It concludes with a review of the essentials of Spanish grammar that will help fill any gaps in your knowledge you may discover. Exercises designed to improve your grasp of these essentials are in the preliminary chapter of the ***Cuaderno de ejercicios.***

The authors of ***Al corriente*** believe that many of you may already be accustomed to speaking Spanish in class with your teacher and with your classmates in pairs and in groups. You may also have had practice in reading authentic materials taken from books, newspapers, and magazines written in Spanish for speakers of Spanish. Students whose prior instruction did not include such techniques will have an opportunity to become acquainted with them here.

In preparing this preliminary chapter, the authors have made two assumptions about your previous study of Spanish: first, that you learned the meanings of a core group of Spanish verbs and can use them in the present indicative tense; and, second, that you learned certain fundamentals relating to the gender and pluralization of nouns, how to indicate possession or specify "this" or "that," and so on. You can use the review at the end of this chapter and the exercises in the ***Cuaderno de ejercicios*** to refresh your memory of these principles.

The first section of the preliminary chapter, **¡Repasemos un poco!**, is a series of oral activities based on drawings. Use your imagination to describe the people shown and to tell about them (who they are, what their names are, what they do, and so on), even if that information is not evident in the drawings. Then pretend to be one of the people in the drawings and tell (in the first person) what you and the others shown are doing. A list of common verbs, both regular and irregular in the present indicative tense, accompanies each drawing. These verbs are offered only as a guide; you are encouraged to utilize any others that occur to you while doing the activity.

The second section, **Estrategias para leer**, is designed to help you learn to read authentic materials, including ads, cartoons, and newspaper articles,

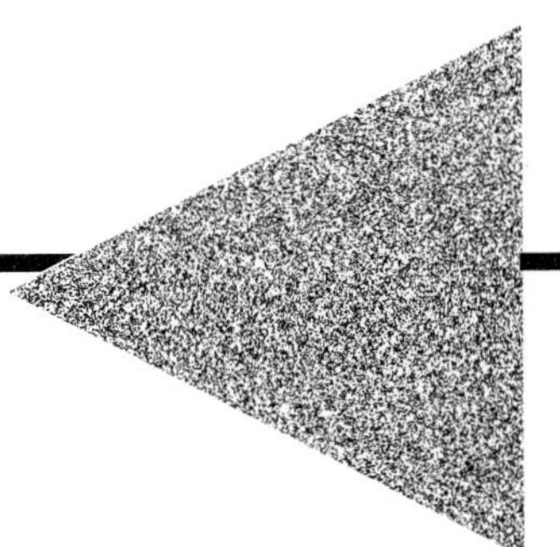

which are the foundation of this book. You will find it useful to develop a few key skills, including previewing, skimming, scanning, and intelligent guessing, to increase your comprehension of authentic materials and to minimize your reliance on dictionaries.

The third section, **¡Hablemos, pues!**, helps you to get to know your classmates and gives you additional opportunities to express yourself in Spanish. It is also based on authentic materials.

Have fun with the "refresher course" in the preliminary chapter!

▶▶▶ ¡REPASEMOS UN POCO!

A. Mire Ud. la secuencia de dibujos (*drawings*) de las páginas 4 y 5 que se llama "La vida diaria" y comente lo que se ve allí. Use las preguntas que siguen como guía.

Primer dibujo: ¿Cuándo ocurre esta escena? ¿Qué hay en esta parte de Bogotá? ¿Qué hacen todas las personas que se ven allí? Y el perro, ¿qué hace? ¿Por qué toman algunas personas el autobús? ¿Por qué entran otras en el Banco Nacional? ¿y en la tienda Sears? ¿y en la Pescadería «El Pulpo»?

Segundo dibujo: ¿Cómo es la familia Ochoa? ¿Cómo es su casa? ¿Qué hay en el comedor? ¿Para qué sirve cada objeto? ¿Qué hacen los Ochoa ahora mismo? ¿Qué van a hacer dentro de poco?

Tercer dibujo: ¿En qué se diferencia esta escena de la anterior? ¿Por qué es diferente? ¿Quiénes son estas personas? ¿Qué hacen las personas que trabajan en la cafetería? Y las que no trabajan, ¿por qué están allí? ¿Por qué sale tan rápidamente uno de los chicos? ¿Adónde va?

Cuarto dibujo: ¿Qué pasa en la plaza? ¿Por qué va allí la gente? ¿Qué hace cada pareja o grupo? ¿Por qué?

B. Ahora imagínese que Ud. es una de las personas que aparecen en la ilustración y comente todo lo que Ud. hace y piensa en este momento.

La vida diaria

Verbos útiles

abrir acompañar bajar cambiar comenzar comprar
esperar llevar parar pasar subir traer vender hay

Verbos útiles

beber cantar comer cortar crecer desayunar estar
mirar preparar querer tomar ver vender hay

Verbos útiles

charlar comentar comer correr estudiar hablar llegar
mirar pagar pasar sacar saludar trabajar

Verbos útiles

amar besar cambiar cantar comprar escuchar estar
mirar pasear pedir poder recibir saludar tocar vender

C. Ahora mire los dibujos acerca del Sr. Sandoval. Describa cada escena y diga lo que hace el Sr. Sandoval en cada una. ¿Qué hacen las otras personas? ¿Por qué?

CH. Luego imagínese que Ud. es el Sr. Sandoval. Comente todo lo que Ud. ve y piensa en cada escena.

Las experiencias del Sr. Sandoval, un viajero mundial

Verbos útiles

charlar comprar entrar escoger estar esperar hacer
indicar llevar pensar reír respirar salir señalar ver hay

Verbos útiles

almorzar caer caminar coger descansar ganar
hacer jugar leer perder tirar venir

Verbos útiles

buscar coger creer decir escuchar estar explorar
hacer indicar llevar llover mostrar sacar
señalar vender hay

ESTRATEGIAS PARA LEER

Reading intelligently is a skill that requires cultivation, whether in your native language or in a foreign language. It is not synonymous with knowing the meaning of every word in a sentence or paragraph, for it is possible to know every word and still not understand a passage. Conversely, it is possible to make sense of a passage without knowing the meaning of every word, or even of most of the words. You can learn the purpose and general content of a passage without reading it completely, which you probably do often in order to decide if you want to read it at all.

Skillful readers draw on many techniques to enhance their comprehension of new texts. Among these are the following:

1. *Previewing* refers to glancing through the table of contents, the index, the chapter division titles, or the back cover "blurb" to get a quick indication of content.
2. *Skimming* involves reading a passage quickly for overall gist.
3. *Scanning* is the practice of looking back and forth in a passage for specific information.
4. *Intelligent guessing* may involve preliminary judgments as to the content of a passage based on photos, graphs, type style, and type arrangement; expectations about the meaning of unfamiliar words based on roots, cognate words, or context; and the application of information already known about the subject in order to decipher the meaning of a passage. A great deal of reading comprehension is based on the knowledge that a reader brings to a text. You can and should make certain assumptions about the content of a piece in Spanish, based on your familiarity with similar pieces in English. For example, based on your reading experience in English, you can assume that an ad in Spanish is intended to interest and to persuade, that a letter to the editor offers an expression of personal opinion, that an article on science presents empirical data, and that a recipe lists ingredients, measures, and procedures.

You will find it easier to read the articles, short stories, advertisements, cartoons, and other authentic materials found throughout this book if you begin now to develop the skills of previewing, skimming, scanning, and intelligent guessing. The **Estrategias para leer** found below and in the **Cuaderno de ejercicios** will help build these skills.

FRESONES
A LA CREMA
Ingredientes: ½ kg. de fresones, 1 bote de Nata LA LECHERA, 4 cucharadas de azúcar, ½ bote de mermelada de fresas, frambuesas o grosellas y vinagre.
Preparación: Limpie los fresones, espolvoréelos con el azúcar y rocíelos con unas gotas de vinagre; déjelos en el refrigerador unas horas antes de utilizarlos.
Ponga la mermelada en un cazo, a fuego suave, y déjela hasta que esté fundida. Pásela por un colador fino, añada la nata y mézclelo bien.
Reparta los fresones en copas y cúbralos con la crema. Déjelas en el refrigerador hasta el momento de servirlas.
nata
ESTERILIZADA
LA LECHERA
Una pequeña cantidad de Nata LA LECHERA es suficiente para mejorar el sabor y valor nutritivo de sus platos. Muy adecuada para preparar todo tipo de postres y aderezar frutas. Para añadir al chocolate, café y helados...
Nestlé
Envíe este cupón solicitando recetario de "Cocina a la crema" a Nestlé Centro de Información al Consumidor. Apartado de Correos 1.616 - 08080 Barcelona.
NOMBRE
DIRECCION
C.P.
CIUDAD
PROVINCIA
Caduca el 31 de Agosto de 1987, sólo es válido para el territorio nacional.
H

A. Look at the Nestlé ad. *Before reading any of the copy,* can you guess the purpose of the ad? How do you know?

1. There are four sections of copy in the ad. What is the purpose and message of each? How did you arrive at your answer to this question?
2. Can you guess what the headline says? What are **fresones?** What tips you off?
3. What sort of information do you expect to find in the four paragraphs under the bowl of strawberries? Skim them quickly to see if you anticipated correctly.
4. Scan the four paragraphs to find out the following information: How many ingredients are required? How far ahead should the strawberries be prepared? Where should they be kept? What must be done at the last minute? Does the recipe indicate how many people the dessert will serve?
5. Now read the four paragraphs, making a list of every word you don't recognize. Can you understand the passage, even though you don't know every word? Now go back and see how many of these words you are able to guess.
6. Read the label on the can and the block of copy below it. What do the words **esterilizada, cantidad, suficiente, valor nutritivo, adecuado,** and **tipo** mean? How do you know? You should recognize most of the other words, but there are some you may have never learned. Can you guess what **nata** means? **lechera? mejorar? sabor? aderezar? añadir?** How were you able to guess these words?
7. Read the section of the ad on the bottom below the dotted line. Based on context and cognate recognition, can you guess what **cupón** means? **recetario? consumidor? Apartado de Correos? dirección? C.P.?** Based solely on the context of the last line of the ad, can you guess what the verb **caducar** means?

B. Skim the three ads reproduced here and on pages 12 and 13. What type of product are they advertising? How do you know?

1. Which ad is aimed at people interested in science and technology? Which product focuses on women and issues of importance to them? What appears to be the content of the third product? Mention everything in the ads that helped you answer.
2. Which publication is offering a percentage discount for a subscription? Which offers twelve issues for the price of ten? What calls your attention to the special offers?
3. Without reading the block of copy on the ***Muy interesante*** ad, can you guess what information it contains?
4. Scan the ***GeoMundo*** coupon, looking for the following information: To whom is this offer being made? How soon can a subscriber expect to receive the first issue? What is the meaning of **ahórrese, ejemplar, giro postal, z postal, cargar,** and **fecha de vencimiento?** How do you know what these words mean?

Aproveche esta excepcional oferta de lanzamiento:
muy INTERESANTE
LA BOMBA ROBOT
TSUNAMI La ola de la muerte
ENERGIA Tenemos toda la que necesitamos
Europa a vista de satélite
AL ASALTO DE UN CASTILLO poster desplegable
Sólo por el hecho de haber adquirido este número usted es un lector privilegiado de «MUY» y puede obtener los siguientes beneficios:
—Un ahorro de 2,000 pesos sobre el precio de portada, lo que equivale a adquirir cada número por 833 pesos en lugar de 1000.
—La seguridad de comenzar la colección de esta apasionante revista desde un principio sin perderse un solo número.
—La comodidad de recibir la revista a domicilio, puntualmente, sin tener que acordarse de comprarla al principio de cada mes.
DOCE EJEMPLARES POR EL PRECIO DE DIEZ
SUSCRIBASE A «MUY»
DESAFIO MUNDIAL
EVEREST sin oxígeno
muy
El aire de un crimen
LA INDIA DE LOS YOGUIS
TSUNAMI LA OLA DE LA MUERTE
muy INTERESANTE
Deseo que me envíen la revista Muy Interesante durante 12 meses a mi domicilio. Anexo 10,000 pesos
☐ Cheque ☐ Giro Postal
Nombre
Apellidos
Dirección
Ciudad ______ Edo. ______ Z.P.
Fecha
Firma
Rellene este cupón con letra muy clara y diríjalo a Intermex S.A. Lucio Blanco 435, C.P. 02400, México D.F.

5. Scan the *ella* ad from *La prensa gráfica,* a newspaper from El Salvador. Do you think *ella* is a monthly magazine like *GeoMundo* and *Muy interesante?* Why? When will it first be published? For whom is it intended? How can a copy be obtained?
6. Look at the six items listed in the center of the *ella* copy. What do you think they refer to? Now read the items. Are there any words you have never seen before? Can you guess their meaning?

C. On page 14, look at *Cóndor en Cautiverio,* which appeared in *El Mercurio,* a newspaper from Santiago, Chile.

1. Without reading a word, on which page of the newspaper do you think you would find this? Why? What sort of information do you expect to find there?
2. Can you guess the meaning of the title? What function does it serve? On the basis of the title and the author's title at the bottom, what do you suppose this piece deals with?

Cóndor en Cautiverio

Señor Director:

En la edición del domingo 16 de marzo del diario de su digna dirección se publica una radiofoto de un cóndor nacido en cautiverio, señalándose en su texto que éste sería el primer caso en América latina.

Al respecto, me permito informar a Ud. que el 16 de noviembre de 1983 el Jardín Zoológico del Parque Metropolitano informó del nacimiento del primer cóndor nacido en cautiverio (sin intervención de incubadora). El hecho se constituyó en algo trascendental para la medicina veterinaria internacional, lo que evidentemente es mérito de la investigación de los veterinarios del Parque Metropolitano, doctores Luis González Providel y Víctor Riveros Vergara, quienes han continuado con el programa de reproducción de estas aves con excelentes resultados. Por lo tanto, el nacimiento en cautiverio registrado en México no sería el primero en América latina, puesto que nuestro país ostenta tal preeminencia.

Juan Medina Torres
Periodista
Jefe Relaciones Públicas
Parque Metropolitano de Santiago

El Mercurio, dom. 23 de marzo '86, Santiago de Chile.

3. Skim the piece to get a general idea of its content. Was your preliminary guess correct? Is there any information here that interests you personally?
4. Now scan the piece to find out when Mr. Medina read the article that provoked this response and what the subject of that article was. According to Mr. Medina, what happened on November 16, 1983? Who are Luis González and Víctor Riveros? Which Latin American country can claim the first captive-born condor? Which one received the credit in the preceding article?
5. Can you guess the meaning of the word **radiofoto** in the first paragraph and **Jardín Zoológico** and **aves** in the second?
6. Read the entire piece again. Describe the author's tone.

¡HABLEMOS, PUES!

Divídanse en parejas (*pairs*) para hablar de las revistas *GeoMundo, Muy interesante* y *ella* mencionadas en los tres anuncios.

1. ¿Cuáles de los siguientes artículos podríamos (*could we*) encontrar en *GeoMundo*? ¿Cuáles podrían aparecer en *ella* o en *Muy interesante*?

   a. «Navegando por el río Paraná»
   b. «Cómo nos transforma el alcohol»
   c. «Ropa para la primavera»
   ch. «Un avión loco, loco»
   d. «Cómo vivir con un hombre»
   e. «Rusia: su tierra y su gente»

2. Ahora usen su imaginación para inventar los títulos de dos artículos que podrían publicarse en cada revista. Hagan una lista; luego compártanla (*share it*) con los otros grupos.
3. Pregúntele a su compañero/a cuál de las tres revistas mencionadas le interesa más y por qué. ¿Cuáles son las revistas en inglés que él/ella lee con frecuencia? ¿Por qué?
4. Ahora imagínese que Ud. es escritor(a). Su compañero/a es el editor (la editora) de su revista favorita, y le pide a Ud. que escriba un artículo para esa revista. Hable con él/ella para decidir el tema, el título, lo que Ud. va a hacer antes de escribirlo, y cuánto va a cobrar (*charge*) por su trabajo.

CAPITULO PRELIMINAR
INDICE MORFOLOGICO

The information that follows is provided for review purposes only, as the authors of this book assume that you remember certain basic aspects of the Spanish language. In the preliminary chapter of the **Cuaderno de ejercicios** you will find a **repaso diagnóstico** to help you determine how thoroughly you need to study this review. Work through the **repaso diagnóstico** and check your answers. Should you need practice on the structures listed here, you will find exercises on them in the preliminary chapter of the **Cuaderno de ejercicios.** In addition, you will have many opportunities while working with ***Al corriente*** to use these structures in lively contexts.

A. SUBJECT PRONOUNS

	SINGULAR	PLURAL
1a persona	yo	nosotros, nosotras
2a persona	tú	vosotros, vosotras
3a persona	él, ella	ellos, ellas
	usted (Ud.)	ustedes (Uds.)

B. VERBS

1. Present Tense of *-ar* Verbs

aceptar	
acepto	aceptamos
aceptas	aceptáis
acepta	aceptan

Other verbs in this group: **amar, andar, ayudar, bajar, besar, buscar, cambiar, caminar, cenar, comprar, charlar, dejar, desayunar, descansar, durar, entrar, enseñar, escuchar, esperar, ganar, guardar, hablar, indicar, llamar, llegar, llenar, llevar, llorar, mirar, nadar, necesitar, olvidar, opinar, pagar, parar, pasar, pescar, quedar, sacar, saludar, señalar, tirar, tocar, tomar, trabajar.**

2. Present Tense of *-er* Verbs

aprender	
aprendo	aprendemos
aprendes	aprendéis
aprende	aprenden

Other verbs in this group: **beber, comer, comprender, correr, creer, deber, leer, responder, romper, vender.**

3. Present Tense of *-ir* Verbs

abrir	
abro	abrimos
abres	abrís
abre	abren

Other verbs in this group: **aplaudir, describir, dividir, escribir, interrumpir, recibir, subir, vivir.**

4. Stem-changing Verbs

Stem-changing verbs may be categorized into three groups according to the vowel changes they undergo. These changes are identified throughout this book by the vowels in parenthesis which follow their infinitive form: (**i**), (**ie**), or (**ue**). The first few chapters of this text focus on the present tense, so you should concentrate on that tense for the time being. These verbs change their stem according to the following pattern in the present indicative.

changc	no change
change	no change
change	change

e > ie

entender*	
entiendo	entendemos
entiendes	entendéis
entiende	entienden

Other verbs in this group: **cerrar, comenzar, empezar,*** **nevar, pensar, perder, preferir,*** **querer, recomendar,*** **sentir.**

*Note that it is the middle **e**, the stem vowel closest to the ending, that changes.

o(u) > ue

almorzar	
almuerzo	almorzamos
almuerzas	almorzáis
almuerza	almuerzan

Other verbs in this group: **contar, dormir, encontrar, jugar, llover, morir, mostrar, poder, resolver, recordar, volver.**

e > i

pedir	
pido	pedimos
pides	pedís
pide	piden

Other verbs in this group: **competir, reír,*** **repetir,†** **seguir, servir.**

5. Other Irregular Verbs

1. One group of **-ir** verbs has a **-y-** change in the present indicative as follows:

construir	
construyo	construimos
construyes	construís
construye	construyen

Other verbs in this group: **concluir, destruir, influir.**

2. Some verbs show a change only in the first-person (**yo**) form of the present indicative. In addition, a few of the verbs undergo regular stem changes, which are noted in parentheses.

-zc-	conocer (conozco, conoces...)	parecer (parezco, pareces...)	-j-	coger (cojo, coges...)
	crecer (crezco, creces...)	producir (produzco, produces...)		escoger (escojo, escoges...)
	obedecer (obedezco, obedeces...)	traducir (traduzco, traduces...)		recoger (recojo, recoges...)
	ofrecer (ofrezco, ofreces...)			

*All the forms of **reír** in the present indicative take a written accent mark to maintain correct stress: **río, ríes, ríe, reímos, reís, ríen.**

†Note that it is the middle **e**, the stem vowel closest to the ending, that changes.

-g-	caer (caigo, caes...) decir (i) (digo, dices...) hacer (hago, haces...) oír (y) (oigo, oyes...) poner (pongo, pones...)	salir (salgo, sales...) tener (ie) (tengo, tienes...) traer (traigo, traes...) venir (ie) (vengo, vienes...)	-y-	dar (doy, das...) estar (estoy, estás...)
			(*no pattern*)	saber (sé, sabes...) ver (veo, ves...)

3. **Ir** and **haber** are completely irregular in the present indicative.

ir		**haber**	
voy	vamos	he	hemos
vas	vais	has	habéis
va	van	ha	han

The conjugated forms of **haber** given above are used to form the present perfect tense (**he hablado, has hablado,** etc.). In addition, **haber** has an irregular and unchangeable form: **hay** (*there is, there are*), that is both singular and plural.

> **Hay** un profesor en la clase.
> **Hay** veintitrés estudiantes también.

Hay serves both as a question and its answer:

> —¿**Hay** ventanas en la biblioteca?
> —Sí, claro. **Hay** muchas.

C. IDIOMS WITH *TENER*

The verb **tener** is used to form many common expressions. Be sure that you do not use **ser** or **estar** to express these ideas!

(no) tener (mucho) { calor, frío, sueño, cuidado, miedo }

(mucha) { hambre, razón, sed, suerte }

tener... años
tener ganas de + *infinitive*
tener lugar
tener que + *infinitive*

CH. ARTICLES AND GENDER

All nouns in Spanish have gender; that is, they are either masculine or feminine, as are the articles that go with them (**el, la, los, las; un, una, unos, unas**).

Most nouns that end in **-o** are masculine; most that end in **-a** are feminine. There are, however, a few exceptions: **los días, las manos, una radio, un sofá, el tema** (and many others ending in **-ma, -pa,** or **-ta: el drama, un telegrama, el mapa, el planeta, unos poetas,** and so on).

In addition, some suffixes are found almost exclusively on feminine nouns.

-d	-ción/-sión	-umbre
la actitud	la acción	la certidumbre
la ciudad	la división	la costumbre
la libertad	la tradición	la legumbre

D. PLURALS OF NOUNS

1. Nouns ending in vowels are pluralized by adding **-s.**

un hombre alto	unos **hombres** altos
otra casa grande	otras **casas** grandes

2. Nouns ending in consonants are pluralized by adding **-es.**

una universidad excelente	unas **universidades** excelentes
el rey español	los **reyes** españoles

3. Nouns whose singular form ends in **-es** or **-is** show no change in the plural.

No vamos a clase los **martes** y los **jueves.**
Sí vamos los **lunes,** los **miércoles** y los **viernes.**
Esta crisis no es nada; hay otras **crisis** más difíciles en la vida.

4. Nouns and adjectives that end in **-z** form their plurals in **-ces.**

una vez	muchas **veces**
este lápiz	estos **lápices**
Soy feliz.	Ellos no son tan **felices.**

E. DEMONSTRATIVE ADJECTIVES

The following adjectives are used to point out objects in a spatial relationship with the speaker. A demonstrative adjective agrees in number and gender with the noun it modifies.

	MASCULINE (PLURAL)	FEMININE (PLURAL)
this (*near the speaker*)	este (estos)	esta (estas)
that (*near the person spoken to*)	ese (esos)	esa (esas)
that (*away from both the speaker and the person spoken to*)	aquel (aquellos)	aquella (aquellas)

Este hombre es nuestro vecino; vive en **esa** casa.
Esas señoras son las mujeres de **aquellos** hombres.

F. EXPRESSING OWNERSHIP

Remember that the apostrophe (*Martin's dog*) doesn't exist in Spanish. Instead possession is expressed either by the preposition **de** (**el perro de Martín**) or with a possessive adjective.

In using the following possessive adjectives, remember that the form is singular or plural according to the thing possessed. The two forms that end in **-o** thus must reflect the number of the thing possessed as well as its gender.

mi, mis	nuestro, nuestra, nuestros, nuestras
tu, tus	vuestro, vuestra, vuestros, vuestras
su, sus	su, sus

Any confusion resulting from the ambiguity of **su** and **sus** can easily be clarified by the use of a prepositional phrase.

su perro {
el perro de Martín
el perro de Juan y Matilde
el perro de Ud.
el perro de ellos

G. PERSONAL *A*

The personal **a** is used before the direct object of a verb when it refers to a person.

No conozco **a** las tías de Carlota.
A veces visito **a** mis primas en Veracruz.

This **a** is needed to mark a noun as being the object (as opposed to the subject) because Spanish word order does not make the distinction clear. Note that without a personal **a,** the following questions make no sense:

* ¿Ve Juan María?
* ¿Ve María Juan?

The addition of a personal **a** distinguishes the subject from the object.

¿Ve Juan **a** María? ≠ ¿Ve **a** Juan María?
¿Ve María **a** Juan? ≠ ¿Ve **a** María Juan?

H. CONTRACTIONS

There are two contractions in Spanish, the combinations of **a** and **de** with the masculine singular article.

a + el = al	No veo **al** camarero.
de + el = del	Es el perro **del** chico.

No other articles form contractions.

No veo a la profesora.	No vemos a los otros hombres.
Es el perro de la niña.	Es el perro de las hermanas.

I. *SABER* VERSUS *CONOCER; PEDIR* VERSUS *PREGUNTAR*

There are two pairs of verbs whose meanings should be differentiated from each other: **saber** ≠ **conocer** and **pedir** ≠ **preguntar.**

Saber means *to know a fact,* or *to know how to do something.*

No **sé** dónde queda la biblioteca.
¿**Sabes** la fecha?
Sabemos hablar un poco de español.

Conocer means *to be acquainted with a person, place, or thing.* The personal **a** is always used when the object of **conocer** is a person (as in the first two examples that follow).

Conozco al abuelo de Lupita.
¿**Conoce** Ud. **a** las hermanas de Teodoro?
¿**Conoces** la capital de México?
No **conozco** el poema «Preciosa y el aire».

Pedir means *to ask for* or *to request something.*

Los clientes me **piden** información.
Les **pedimos** un gran favor.

Preguntar means *to inquire* or *to ask for information.*

Nadie me **pregunta** mi nombre.
Les **preguntamos** dónde viven.

PRIMERA PARTE

La gente

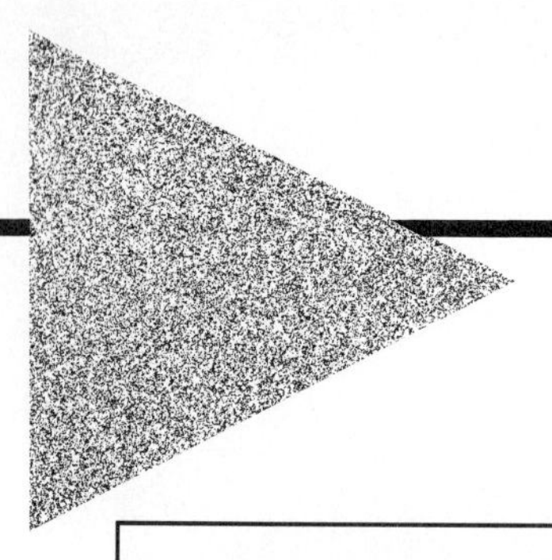

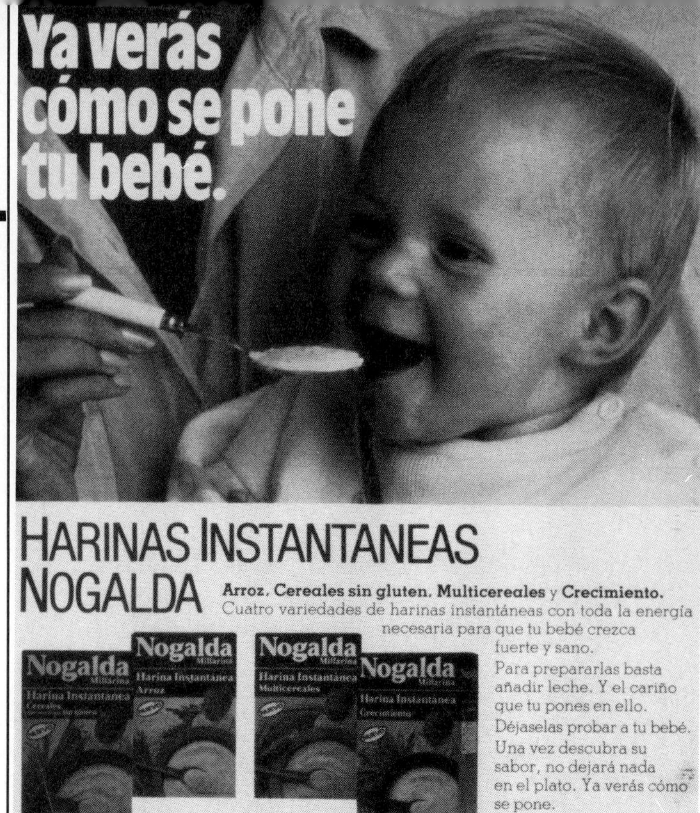

Hoy festejamos tu día.
Mamá, mis hermanitos y yo
muy felices estamos,
porque siempre nos has
brindado tu amor y nos
has protegido, como sólo
un papi como tú sabe
hacerlo.
Felicidades Papá, te
queremos mucho.

UNIDAD I

FACETAS DE LA FAMILIA

THE THEMATIC FOCUS OF **Unidad I** is people, their families, and their everyday activities. In it you will read about a number of individuals. **Capítulo 1** offers several views of a Spanish family of tennis champions, while in **Capítulo 2** a Nobel Prize-winning Chilean poet recalls a moment from his childhood. **Capítulo 3** contains a short story about a fictional family on an important day in their lives.

Unidad I emphasizes the tasks of describing, narrating, and asking and answering questions. You will be asked to talk about your daily activities and about your family and friends. You will also be called on to ask questions of your teacher and classmates, to role play with them about real and imaginary people. These activities have been designed to encourage you to use your imagination and to communicate creatively in Spanish.

The following mini-index will help you find the key grammar points presented in the unit.

1. *Ser* and *estar* 35
2. Interrogative Words 39
3. Adjective Agreement 41
4. Using the Present Tense to Talk About the Past 52
5. Using the Present Tense to Talk About the Future 53
6. The Present Perfect Indicative Tense 55
7. Transitive Verbs and Reflexive Pronouns 57
8. Pronominal Verbs 59
9. More Verbs That Indicate Change 75
10. Object Pronouns 76
11. Verbs Like *gustar* 78

Unidad I índice morfológico 85

CAPITULO 1

¡REPASEMOS UN POCO!

Metas (*Objectives*)

- Describir a unas personas
- Hacer preguntas y contestarlas

Album de fotos de la familia Rodríguez

¡Pedro está tan orgulloso de su coche!
¿Con quién baila nuestra Amelia?
Dentro de poco Luis va a jugar mejor que su papá.
¡Qué lindo es nuestro país!
¡Roberto no le tiene miedo a nada!
Graciela y Roberto están aprendiendo a nadar.
¿Veintidós años? ¡Dios mío!

Chismes (*Gossip*). Imagínese que su profesor(a) es periodista y quiere entrevistar a los Rodríguez, una familia de Monterrey, México, que acaba de ganar «El Gordo», el premio mayor de la lotería nacional. Ud. y los otros estudiantes

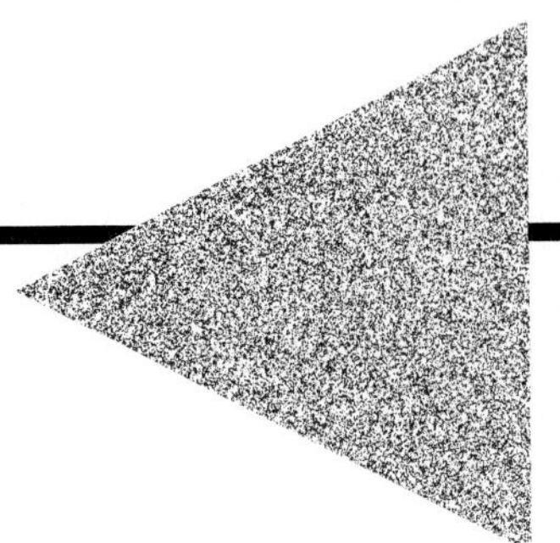

de la clase son los vecinos (*neighbors*) de la familia. El/la periodista tiene un álbum de fotos de los Rodríguez, pero todo lo que sabe de ellos es la información que sigue:

- ▲ El Sr. Rodríguez tiene 42 años. Es profesor.
- ▲ La Sra. Rodríguez es de Costa Rica.
- ▲ Pedro tiene 20 años. Acaba de comprar un coche viejo.
- ▲ Amelia tiene 18 años. Va con frecuencia a la discoteca «Luna Azul».
- ▲ Luis tiene 15 años. Trabaja en el mercado por las tardes.
- ▲ Graciela tiene 10 años. Está en la escuela primaria.
- ▲ Roberto tiene 7 años. Es un niño travieso (*mischievous*).

A. Mire las fotos del álbum de la familia Rodríguez y describa a los miembros de la familia. Use lo que Ud. «sabe» acerca de ellos para hacer una *descripción* completa y detallada de cada uno.

1. ¿Cómo es físicamente cada miembro de la familia?
2. ¿Cuáles son sus intereses? ¿sus pasatiempos favoritos?
3. ¿Hay actividades que hacen juntos (*together*) todos los miembros de la familia? ¿Por qué les interesan esas actividades?
4. ¿Hay otras actividades que no hacen juntos? ¿Cuáles son? ¿Con quiénes las hacen? ¿Por qué?

B. Divídanse en parejas o en grupos pequeños para hacerse otras preguntas acerca del paradero (*whereabouts*) de esta familia y lo que hace allí. Luego den esos informes al (a la) periodista. Un dato (*fact*) importantísimo: todos lo pasan muy bien ahora.

Para comentar

A. Compare la familia Rodríguez con los miembros de su propia familia. ¿Qué semejanzas (*similarities*) hay? ¿Qué diferencias? ¿A qué se deben (*What are they due to*) estas diferencias?

B. ¿Conoce Ud. alguna familia hispana? ¿De dónde es? ¿Cómo son los miembros de esa familia? ¿Qué semejanzas hay entre ellos y los «norteamericanos típicos»? ¿Qué diferencias hay? ¿A qué se deben estas diferencias?

LECTURA: DESCRIPCION

Vocabulario para leer

VERBOS

destacar	to stand out, excel
entrenar	to train
lograr	to achieve, attain
mejorar	to improve
nacer (zc)	to be born
pasearse	to stroll

SUSTANTIVOS

el/la aficionado/a	fan, backer, enthusiast
el campeón, la campeona	champion
el campeonato	championship
los demás, las demás	others
el equipo	team
el nivel	level
el oro	gold
el principio	beginning

ADJETIVOS

duro	hard, difficult
lento	slow
libre	free
mundial	world
rodeado (de)	surrounded (by)

MODISMOS

cumplir... años	to be . . . years old
echar de menos	to miss (something or someone)
hacer gimnasia	to exercise
soñar (ue) con	to dream about

A. Seleccione las palabras que mejor completan los siguientes párrafos.

El futuro campeón

David Solano es un estudiante argentino que acaba de llegar a nuestra universidad. Todavía no (cumple/destaca 1) los dieciocho años, y probablemente (echa de menos/es aficionado 2) a sus padres y a (los principios/los demás 3) que quiere en Buenos Aires. Sabemos de las actividades de David porque (logramos/somos aficionados a 4) muchos deportes y hablamos con él cuando tenemos tiempo (libre/rodeado 5). Nos ha dicho que juega al tenis y que está aquí para (mejorar/pasear 6) la técnica de su juego. Algunos expertos creen que David va a (pasearse/destacarse 7) en el tenis (lento/mundial 8) en muy poco tiempo.

Su vida aquí es dura, ya que el ritmo de la rutina de las clases y de su práctica no es (mundial/lento 9). Cada día asiste a clases, (cumple 20 años/hace gimnasia 10) y (se entrena/se pasea 11) con su (equipo/oro 12). Se dice que su juego (nace/mejora 13) cada vez. Ya (echa de menos/sueña con 14) ganar el (nivel/campeonato 15) mundial dentro de poco. Sin duda este joven puede lograr su meta: ganar una medalla de (principio/oro 16) en los Juegos Olímpicos y (destacarse/entrenarse 17) como uno de los (aficionados/campeones 18) más famosos del tenis.

B. ¿Qué palabra o expresión del grupo B es sinónimo o antónimo de cada palabra del grupo A?

	A	B
1.	a. duro	despacio
	b. mundial	desocupado
	c. lento	encerrado
	ch. libre	difícil
	d. rodeado	global
2.	a. el principio	el que gana
	b. los demás	el comienzo
	c. el equipo	los jugadores
	ch. el campeón	el ejercicio
	d. la gimnasia	los otros
3.	a. nacer	caminar
	b. lograr	practicar
	c. entrenarse	perfeccionar
	ch. pasear	venir al mundo
	d. mejorar	conseguir

C. Imagínese que su compañero/a de clase es un niño (una niña) de habla española. Explíquele en español lo que significa cada palabra o modismo.

1. el aficionado/la aficionada 2. el campeón/la campeona 3. el campeonato 4. hacer gimnasia 5. echar de menos 6. soñar con

---

Introducción a las lecturas

In the first reading of this chapter, you will learn about a young tennis star from Barcelona, Arantxa Sánchez,[1] who, at the time this article was published, was training in Marbella, one of the most popular beach resorts on **La Costa del Sol** in Spain. Arantxa is not alone in her pursuit of sports; her whole family plays tennis. In fact, her brothers Emilio and Javier are also rising to prominence in the tennis world. In the second article, you will read about some of Javier's successes as a junior player and his future aspirations. Some of Emilio's accomplishments are chronicled in the accompanying realia. Remember that Arantxa was only 13 at the time of the 1985 interview; Javier and Emilio were then 17 and 19, respectively. By the time you see these articles, the Sánchez family's tennis fortunes may be well known to you!

Try to imagine the kind of life these aspiring champions have to endure. Do they get lonely for their families? Traditionally, the family in Hispanic societies

[1] Arantxa is a Basque name, pronounced as "Arancha."

forms a close-knit unit. Although many Hispanic young people today may emulate the styles, tastes, and independence of North American youths, they are still subject to strong parental influence. How is this reflected in Arantxa's rather unusual family?

The interview with Arantxa was originally published in a popular Spanish weekly magazine. Notice that the interviewer punctuates his own description of the young tennis star with selected quotes from the interview. No doubt the interview itself was quite long, but only those comments that support the interviewer's profile of Arantxa appeared in the article. The report on Javier, also published in a weekend magazine, is more impersonal, recounting simply what he has done and what he plans to do. According to that reporter, what destiny awaits Javier?

Primera lectura

«Arantxa Sánchez Vicario, la nueva estrella del tenis español»

HEBREO SAN MARTIN

Siempre tiene más raquetas que muñecas.° Porque no es una niña corriente. Arantxa Sánchez Vicario nació para campeona.

Nació el 18 de diciembre de 1972. Es la jugadora más joven que inscribe su nombre con letras de oro en el historial de los Campeonatos de España.

—*Acudí° a Granada a disputar° el Campeonato de España con la cabeza sobre los hombros,° pero dispuesta a° todo. ¿Saben por qué admiro tanto a Martina Navratilova? Porque para ella el objetivo de un partido de tenis no puede ser otro que machacar° a la contraria. Yo pienso como Martina.*

Arantxa es una barcelonesa que acaba de sobrepasar el metro cuarenta de estatura. Pero en la cancha° se agiganta inverosímilmente. En sus ojos, dulces y reidores° cuando no juega, se enciende el fuego de la victoria y contempla "sin piedad" a su rival. Porque nunca sale a participar. ¡O triunfo o nada! Por eso ya es campeona de España. Y sólo es el principio.

Lleva una raqueta entre sus manos mientras paseamos y conversamos por los alrededores° del colegio Alemán. Estamos en el paraje° más elevado de las cumbres° de Elviria. El techo de Marbella. A casi dos mil metros sobre el nivel del mar.

—*En este colegio funciona la famosa escuela de tenis del ex-campeón holandés Eric Van Harpen, un auténtico forjador de figuras del tenis mundial. A primeros° de este año mi hermano Emilio le habló a Eric de mí. Eric me vio, me estudió, calibró mis posibilidades. Y aquí estoy, preparándome a tope° con él.*

Y Eric, que se acerca a nosotros en compañía de su impresionante perro, tercia° en la conversación.

muñecas: *dolls*
Acudí: Llegué / disputar: luchar por
hombros: *shoulders* / dispuesta a: dispuesta... lista para
machacar: destruir
cancha: donde se juega al tenis
reidores: que ríen
alrededores: áreas que rodean / paraje: lugar
cumbres: puntos más altos
A primeros: A... Al principio
a tope: a... a toda fuerza
tercia: también habla

—¡Es ya tan superior a las otras tenistas españolas! Pero tiene que mejorar la calidad de su juego. Es todavía lenta. Tiene que trabajar con pesas.° No es flexible porque no ha hecho apenas gimnasia. Es una tenista española y el nivel del tenis femenino español es muy bajo.

—Me levanto a las siete y media—nos cuenta la precoz campeona. *—Antes de desayunar hago gimnasia durante media hora. A partir de° las nueve y media me entreno bajo las órdenes de Eric. Por la tarde, después de las tres, también bajo a las pistas° a practicar. Después juego al fútbol y al baloncesto° para adquirir° fuerza y rapidez en las piernas.*

Todo el día consagrado al tenis. No es fácil ni cómodo forjar una campeona para la historia mundial del tenis. Ni Chris Evert ni Martina Navratilova se hicieron° en dos días.

—Aquí llevo una vida dura y sacrificada. La disciplina es severa. Apenas° conozco a nadie y casi todos los alumnos del colegio sólo hablan alemán, idioma que yo aún no sé. Sí, a veces me encuentro muy sola y echo de menos a mis padres. Pero ellos quieren que esté aquí y yo sé que es lo que me conviene° si aspiro a ser una figura del tenis mundial.

El padre de Arantxa es un ingeniero de montes catalán° muy aficionado al tenis. Llevado de su pasión por el deporte de la raqueta, programó el futuro deportivo de sus hijos. Si llegaban a cierta edad sin destacar, guardarían las raquetas y reabrirían° los libros. Marisa, la mayor, se marchó° a los Estados Unidos porque en España no encontraba al profesor adecuado. Javier, el mejor "junior" español. Emilio, campeón de España. La dinastía de los Sánchez Vicario juega fuerte en las canchas del mundo.

Pero sus hermanos aseguran que la que es buena de verdad es la benjamina,° Arantxa.

Hemos entrado en el colegio y subimos a su habitación. Sencilla,° cómoda, juvenil. Hay muñecas y raquetas. Sobre todo, raquetas.

Queremos saber a qué dedica el tiempo libre.

—El tiempo libre... ¡Pero si apenas lo tengo! Procuro° leer algo. Me gusta el cine, pero de un tiempo a esta parte casi nunca voy. Mi vida ha cambiado mucho últimamente.° ¿Lo que más me molesta del tenis? ¡Que me confundan° con un chico! Una vez, el organizador de un trofeo° me dijo: "Ven aquí, chico." Y yo le contesté: "Oiga,° que soy una niña. ¿No ve los pendientes?"°

Nos acompaña hasta la puerta. Tiene frases llenas de° amor y de agradecimiento° para sus padres, a los que tanto añora.° Su madre lloró tras la gran victoria de Arantxa: "¡Es tan pequeña!"

—¡Quisiera° cumplir los dieciséis años mañana mismo! Porque hasta que no tenga esa edad no puedo jugar internacionalmente.

La "fierecilla indómita"° del tenis español sueña con "machacar" a las Martinas Navratilovas del año 2000. ¡O eso, o nada!

weights

A... Después de

donde se juega al tenis

básquetbol / ganar

se... *were made*

Hardly

me... debo hacer

ingeniero... *forest ranger from Catalonia*

guardarían... *they would put away their racquets and reopen* / se... salió

la... más joven

Sin adornos

Trato de

recientemente

Que... *That they confuse me* / campeonato

Hey

earrings

llenas... *filled with*

gratitud / echa de menos

I'd like to

fierecilla... *little wild beast*

(Tomado de un artículo de Hebreo San Martín de *Semana,* Madrid, 6 de noviembre de 1985, págs. 124–125.)

Segunda lectura

Javier, el millonario

EMILIO PEREZ DE ROZAS

Ha sido el año de Javier Sánchez Vicario, un tenista de 19 años, que en cinco años puede convertirse en° uno de los mejores jugadores del mundo. Finalista en el torneo *júnior* de Wimbledon, se proclamó doble campeón—simples y dobles—en Flushing Meadows, realizó un brillante papel en el Trofeo Godó 86 de Barcelona, formó parte del equipo español de Copa Davis y, dos días antes de que finalizase el año,° se adjudicó° el máximo trofeo de la categoría, la Orange Bowl. Lógicamente, Javier fue proclamado mejor jugador *júnior* del mundo.

convertirse... llegar a ser

antes... *before the year ended* / se... ganó

Forma parte de la cuadra° de *Pato* Alvarez, junto a su hermano Emilio, Sergio Casal y Tomás Carbonell, otro de los mejores *júniors* del mundo. Junto a las pistas donde se entrenan hay un Porsche 944 y coches de importación. El mismo Javier, que ya ha empezado a codearse° con los profesionales, cobra° por todo lo que viste, calza° y maneja. Sabe que, por poco bien que le vayan las cosas,° llegará a ser millonario. Como su hermano, como sus amigos y compañeros.

equipo

pasar tiempo / gana dinero

lleva en los pies

por... *no matter how poorly things go for him*

El torneo de los Juegos Olímpicos de Barcelona le pilla° muy lejos, "aunque será muy hermoso jugar en casa". Javier considera que la victoria en Wimbledon, Roland Garros, Flushing Meadows o, incluso, Australia no puede compararse a la medalla de oro de Barcelona 92. "Sé que si las cosas no se tuercen° tendré la obligación de ganar el oro, pero antes tengo que lograr otras metas, difíciles, sugestivas, encantadoras". Menos entrañables,° pero más profesionales.

parece

no... *don't get twisted, run into difficulties*

con menos significado sentimental

Rodeado de hermanos tenistas—Emilio, de 21 años, y Arantxa, de 15—, Javier asegura que su familia sólo se diferencia de las demás en que "cuando el resto de los muchachos cogen los libros para ir al colegio, nosotros agarramos la bolsa° y vamos a entrenarnos". Entrenar, jugar, viajar, ése es su sino.°

agarramos... *we grab our bags*

destino

(Tomado de «Elegidos para la gloria» por Emilio Pérez de Rozas de *El país semanal,* Madrid, 22 de marzo de 1987, pág. 37.)

La familia Sánchez llega a una reunión de tenistas internacionales en París en junio de 1987 (desde izquierda a derecha: Arantxa, Javier, Emilio y la madre de ellos).

Emilio Sánchez Vicario.

Emilio Sánchez pasó a los octavos de final en Wimbledon

¿Cuánto recuerda Ud.?

¿A quién describe cada frase: a Arantxa, a Javier, a Erik Van Harpen, al padre o a la madre de los jóvenes Sánchez Vicario?

1. Cree que Arantxa tiene el potencial de ser una de sus mejores estudiantes.
2. Asiste a clases en Marbella, lejos de su familia.
3. Fue proclamado el mejor jugador *júnior* del mundo.
4. Echa de menos a sus papás en Barcelona.
5. Programó el futuro deportivo de todos sus hijos.
6. Gana dinero por llevar ciertos zapatos y manejar ciertos coches.
7. Lloró cuando Arantxa ganó el campeonato de España.
8. Es holandés y un ex-campeón de tenis.
9. Dice que lleva una vida dura y sacrificada.
10. Espera ganar la medalla de oro en Barcelona en 1992.
11. Empezó una dinastía de tenistas excelentes porque es muy aficionado al tenis.
12. Dice que la única diferencia entre él y sus hermanos y los demás jóvenes es que se entrenan al tenis en vez de estudiar.

¿Qué opina Ud.?

A. Arantxa y Javier no son jóvenes ordinarios. ¿Son un prodigio? ¿Qué ventajas (*advantages*) y qué desventajas tienen en sus vidas? ¿Valen la pena los sacrificios que hacen? ¿Hace Ud. (o alguien que Ud. conoce) sacrificios para lograr alguna meta que tiene? Explique.

B. El padre de Arantxa y de Javier ha ejercido mucha influencia en las vidas de sus hijos. ¿Qué piensa Ud. de los padres que programan tan rígidamente la carrera y la vida de sus hijos desde una edad temprana? ¿Cree Ud. que esto es bueno o malo para los hijos? Explique.

C. Los jóvenes hispanos suelen más o menos respetar los deseos de sus padres. ¿Lo hacen también los jóvenes norteamericanos? ¿Desobedece Ud. a veces a su madre o a su padre? ¿Por qué? ¿Cómo reacciona su padre/madre?

Nº 15 del ranking mundial

Emilio Sánchez apuntala al conjunto de España

GRAMATICA EN CONTEXTO

1. *Ser* and *estar*

A. Study the following summary of the first reading and observe which form of *to be,* **ser** or **estar,** occurs with nouns, adverbs, adjectives, and gerunds (**-ndo**).

Use only **ser** with nouns.	
¿Qué es? (*What is* ____?)	Arantxa aspira a **ser** una figura conocida. **Es** la mejor tenista joven de España.
¿Cuál es? (*Which is* ____?) ¿Cuántos son? (*How many are* ____?)	Entre los deportes, el tenis **es** su afición. **Son** muy pocos los que juegan como ella.
Use only **estar** with adverbs of place or manner.	
¿Dónde está? (*Where is* ____?)	El colegio **está** en el paraje más alto. Arantxa **está** lejos de su familia. **Está** en la cancha de tenis con su profesor.
¿Cómo (en qué condición) está? (*How is* ____?) ¿Con quién está? (*With whom is* ____?)	**Está** muy bien en la escuela de Van Harpen. **Está** entre los mejores del mundo.
Use only **estar** with gerunds (**-ndo**). ¿Qué está haciendo? (*What is* ____ *doing?*)	**Está** preparándose a tope.
Use **ser** with adjectives that are normally associated with the subject. ¿Cómo es? (*What's* ____ *like?*)	Los ojos **son** dulces y reidores. **Es** pequeña y joven. No **es** flexible. **Es** respetuosa. La disciplina **es** severa. La raqueta **es** más grande que ella.
Use **estar** with adjectives that point out changing associations with the subject. ¿Cómo está? (*How is* ____? *How does* ____ *seem?*)	**Está** ocupada, no tiene tiempo. **Está** sola. **Está** satisfecha, tranquila, dispuesta. **Están** encendidos los ojos.

Note that **ser** can also be used with adverbs of place when the meaning is **tener lugar** (*to take place*).

La fiesta **es** (= tiene lugar) en mi casa.
El accidente **fue** (= tuvo lugar) en la esquina.

¡Practiquemos!

El diario personal de Arantxa. Imagínese que el siguiente pasaje es una página del diario de Arantxa. Arantxa ha olvidado poner los verbos en el pasaje. Escriba los verbos, **ser** o **estar,** que hacen falta.

> El entrenamiento de 8 a 12 de la mañana. Los jóvenes en la cancha de tenis toda la mañana. Mi mejor amiga aquí una figura famosa en el mundo del tenis español. Su raqueta de grafito. Muy cara. Por la tarde nosotros en clase. La noche para estudiar inglés y alemán. Yo aprendiendo mucho. Yo muy bien aquí. Pero Uds. tan lejos de aquí. Quiero con Uds. ahora.

B. Both **ser** and **estar** can occur with adjectives, as described below. **Ser** + *adjective* is used to express qualities that are normally associated with the subject's nature or identity as compared to that of others.

> Jorge **es** rico (no es pobre como los otros).

Estar + *adjective,* on the other hand, points out a changing perception about the subject's identity; **estar** + *adjective* expresses a self-comparison with some set of previous associations.

> Jorge está triste hoy (pero antes estaba contento).

SER **Normal Associations** **(Comparisons with Others)**	**ESTAR** **Changing Associations** **(Self-comparisons)**
Arantxa **es** una persona alegre. (≈ *She's a happy person.*)	¡Qué alegre **está** Arantxa hoy! (≈ *She's happier than normal.*)
Un partido con Navratilova **es** duro. (≈ *A game with Navratilova is hard.*)	El partido de hoy **está** duro. (≈ *It's more difficult than normal.*)
El tenis **es** aburrido. (≈ *It's boring.*)	El público **está** aburrido con este partido. (≈ *They're bored.*)
Arantxa **es** muy tranquila. (≈ *She's even-tempered.*)	¡McEnroe **está** tranquilo hoy! (≈ *He's calmer than is normal for him.*)
Arantxa aprende porque **es** lista. (≈ *She learns because she's intelligent.*)	Ella todavía no **está** lista para competir con Navratilova. (≈ *She's not ready for Navratilova.*)

Many adjectives tend to occur only with **ser**; others only with **estar**.

WITH SER	WITH ESTAR
capaz (*able, capable*)	asombrado (*surprised*)
concienzudo (*conscientious*)	ausente
constante	confundido (*confused*)
corriente (*common, ordinary*)	dispuesto (*willing to*)
cortés (*courteous*)	embarazada (*pregnant*)
cuidadoso (*careful*)	enojado (*angry*)
inteligente	harto (*fed up*)
justo	lleno (*full*)
mexicano, francés, ruso, etcétera	muerto (*dead*)
respetuoso	ocupado
sobresaliente (*outstanding*)	presente
	satisfecho/contento

No importa la hora del día, ese jugador siempre parece **estar** enojado.	*No matter what the time of day, that player always seems to be mad.*
El entrenador siempre **es** justo con su equipo.	*The trainer is always fair with his team.*
Su juego **está** lleno de fallos.	*Her game is full of flaws.*
Después de la operación, su progreso **ha sido** muy constante.	*After the operation, her progress has been very constant.*

¡Practiquemos!

A. Mi familia. Describa a los miembros de su familia (verdadera o imaginaria) usando **ser** o **estar** según el contexto.

MODELO: mi hermano mayor/inteligente →
Mi hermano mayor es inteligente.

1. mamá/siempre dispuesta a ayudarme
2. papá/ocupado con el trabajo de la oficina
3. mis padres/justos conmigo y respetan mis deseos
4. mi hermana/cuidadosa y siempre limpia su cuarto
5. yo/harto/a de estudiar
6. mis abuelos/capaces de vivir cien años
7. mi hermano menor/nunca contento con lo que hago
8. toda mi familia/muy respetuosa de los demás

B. Una figura pública. Ahora describa a una figura pública muy conocida (por ejemplo, Jesse Jackson, Wayne Gretzky, Edward James Olmos, Rita Moreno, etcétera). Puede usar la lista de adjetivos que aparece en esta página u otros adjetivos.

Estar + *adjective* constructions often indicate a change into a new state (changing perceptions or associations), even if the transition seems permanent.

Tanto tiempo sin verte, Arturito. ¡Qué alto **estás**!	*Such a long time since I last saw you, Arturo. How tall you've gotten (you seem to me).*
Los Gutiérrez **eran** gente modesta pero se sacaron la lotería y ahora **están** ricos.	*The Gutiérrez family were of modest means, but they won the lottery and now they have struck it rich.*

Prepositional phrases can also function as adjectives and, as such, can occur with either **ser** or **estar.** As explained before, **ser** implies a normal association with the subject, while **estar** represents a changing or recently changed association.

SER **Normal Associations** **(Comparisons with Others)**	**ESTAR** **Changing Associations** **(Self-comparisons)**
Es de Barcelona. (**Es** barcelonesa.)	Yolanda **está** en estado. (Yolanda **está** embarazada.)
Es de España. (**Es** española.)	**Estoy** con ganas de.... (**Estoy** deseoso de....)
La raqueta **es** de metal. (**Es** metálica.)	**Está** de pie. (**Está** parado [*standing*].)
La raqueta **es** de ella. (**Es** suya.)	

Other expressions with **estar** + *prepositional phrase* are best considered idiomatic, although **estar** always implies a changing association.

Roberto **está** de jefe.	*He's the boss now (temporarily or permanently).*
Estamos de acuerdo.	*We agree (on this question or for the moment).*

¡Practiquemos!

La familia González. Complete el siguiente párrafo llenando los espacios en blanco con **ser** o **estar.**

Los González (1) _____ una familia típica de la clase profesional. Sus dos niños (2) _____ pequeños. El menor no camina todavía. Los González (3) _____ miembros de familias importantes de España. El nivel de educación que tienen (4) _____ alto. Los dos fueron a la Universidad Complutense que (5) _____ en

Madrid. El padre (6) ____ abogado (*lawyer*). La madre estudió administración de empresas (*business*) pero (7) ____ dispuesta a abandonar su carrera porque quiere (8) ____ en la casa con sus hijos. Ella (9) ____ preocupada por la atención que deben recibir los niños a una edad temprana. Cree que ella y su esposo deben (10) ____ con los niños durante los primeros años porque la presencia de los padres (11) ____ indispensable para el desarrollo (*development*) infantil. El señor González (12) ____ de acuerdo con su mujer pero a veces no (13) ____ en casa a la hora de la cena porque él (14) ____ bastante ocupado en su oficina. Claro que hay momentos en que el trabajo de la oficina (15) ____ aburrido, pero él (16) ____ satisfecho con su carrera de todos modos. El (17) ____ paciente y sabe que no siempre va a (18) ____ ausente de su casa todos los días a la hora de la cena porque quiere (19) ____ con sus niños lo más posible. Para la señora González la vida (20) ____ llena de sorpresas diarias con las dos criaturas pequeñas que (21) ____ el amor de su vida y, por el momento, el centro de su universo.

---

2. Interrogative Words

You are already familiar with using interrogative pronouns to formulate questions (review the interrogative forms in the **Indice morfológico** on page 85). A few fine points bear closer attention. Notice that all interrogative pronouns have a written accent.

A. **¿Qué?** vs. **¿Cuál?** Use **¿qué?** (*what?*) when asking for a definition; use **¿cuál?** (*which?*) when asking for a selection of an item among many.

¿Qué es una raqueta de grafito?	*What's a graphite racquet?*
¿Cuál es la raqueta de grafito?	*Which is the graphite racquet?*

Notice that only **¿qué?** can be used as an interrogative adjective (*which dog?, which class?, which girl?*). **¿Cuál?** (*which?, which one?*) is a pronoun (not an adjective) and cannot be immediately followed by another noun.

¿Qué chico juega al tenis aquí?	*Which guy plays tennis here?*
¿Cúal de los chicos juega al tenis aquí?	*Which guy (Which one of the guys) plays tennis here?*
¿Cuál es el chico que juega al tenis aquí?	*Which (one) is the guy who plays tennis here?*
Entre ese grupo de jóvenes, **¿cúal** es el jugador de tenis?	*Among that group of youngsters, which one is the tennis player?*

B. **¿Qué?** vs. **¿quién(es)?** When asking questions about people, use the interrogative pronoun **¿quién(es)?** For questions about things, use **¿qué?**

—¿**Quiénes** llegan esta noche a las 9:00?
—Mis hermanos.

—¿**Qué** llega esta noche a las 9:00?
—El tren de Lima.

C. Prepositions with interrogatives. The prepositions **de, con,** and **a** associated with certain verbs must precede the interrogative pronouns in questions.

¿Adónde vas? (ir a)	*Where are you going (to)?*
¿**De** dónde eres? (ser de)	*Where are you from?*
¿**De** quién es la raqueta? (ser de)	*Whose racquet is it?*
¿**De** qué es la raqueta? (ser de)	*What's the racquet made of?*
¿**Con** quién sales esta noche? (salir con)	*With whom are you going out this evening?*
¿**A** quién vas a ver esta noche? (ver a)	*Whom are you going to see tonight?*

CH. **¿Por qué?** vs. **porque.** Remember that you ask a question with **¿por qué?** (two words with a written accent mark on the second), but you answer it with **porque** (one word, no written accent):

—¿**Por qué** lo dices?
—¡**Porque** lo digo!

¡Practiquemos!

¿De dónde es Arantxa? Trabajando en pares, escriba una pregunta para cada oración.

MODELO: Arantxa es de España. → ¿De dónde es Arantxa?

1. Arantxa quiere ser campeona de tenis. 2. Es difícil ganar en el tenis. 3. Arantxa deja su casa en Barcelona para ir a una escuela de tenis en Marbella. 4. Practica todos los días con el entrenador. 5. Juega al tenis con dedicación. 6. La vida que tiene es dura. 7. Recibe cartas de sus padres. 8. Este fin de semana, Arantxa va a regresar a su casa para visitar a su familia.

3. Adjective Agreement

Adjectives must agree with the nouns they modify in number (singular/plural) and gender (masculine/feminine). (The quantifier **cada** [*each, every*] is an exception and does not change form.) Adjectives can be divided into six classes according to their endings.

	SINGULAR M/F	PLURAL M/F		
1.	-o/-a	-os/-as	un niño listo unos niños listos	una niña lista unas niñas listas
2.	-dor/-dora	-dores/-doras	un chico trabajador unos chicos trabajadores	una chica trabajadora unas chicas trabajadoras
3.	-e	-es	un hombre inteligente unos hombres inteligentes	una mujer inteligente unas mujeres inteligentes

4. Adjectives whose masculine singular form ends in a consonant (**r, l, n, s, z** [**menor, azul, joven, gris, capaz**]) or an accented vowel (**-í** [**marroquí**]) have two forms:

-r/-res	un estudiante superior unos estudiantes superiores	una estudiante superior unas estudiantes superiores
-l/-les	un día especial unos días especiales	una noche especial unas noches especiales
-n/-nes	un campeón joven unos campeones jóvenes	una campeona joven unas campeonas jóvenes
-s/-ses	un caballero cortés unos caballeros corteses	una dama cortés unas damas corteses
-z/-ces	un chico audaz unos chicos audaces	una chica audaz unas chicas audaces
-í/-íes	un hombre israelí unos hombres israelíes	una mujer israelí unas mujeres israelíes

5. Adjectives of nationality that end in consonants have all four forms:

-l/-la	-les/-las	un niño español unos niños españoles	una niña española unas niñas españolas
-n/-na	-nes/-nas	un chico alemán unos chicos alemanes	una chica alemana unas chicas alemanas
-s/-sa	-ses/-sas	un viajero irlandés unos viajeros irlandeses	una viajera irlandesa unas viajeras irlandesas

6. Adjectives ending in **ista** are both masculine and feminine.

-ista	-istas	un hombre optimista unos hombres optimistas	una persona optimista unas personas optimistas

¡Practiquemos!

A. Arantxa y Javier. Arantxa y su hermano Javier se parecen mucho. Describa a Arantxa según lo que dicen de su hermano.

1. Javier es muy audaz *(bold)* en la cancha; Arantxa también es _____.
2. Javier no es perezoso; Arantxa tampoco es _____.
3. Javier es catalán; Arantxa también es _____.
4. Javier es trabajador; Arantxa también es _____.
5. Javier es idealista; Arantxa también es _____.
6. Javier no es elegante; Arantxa tampoco es _____.

B. La familia Sánchez. Abajo hay una lista de los miembros de la familia Sánchez. Descríbalos usando la siguiente lista de adjetivos (u otros de su propia invención).

Arantxa, Marisa, Javier, Emilio, el Sr. Sánchez, la Sra. Sánchez

catalán	fuerte	menor (que)	estricto
mayor (que)	trabajador	humilde	concienzudo
español	ocupado	alegre	disciplinado
capaz	hablador	dispuesto a	corriente
optimista	apasionado	listo	contento

Gramática en acción

A. Las observaciones sobre Arantxa ofrecidas en la página 35 no siguen una progresión lógica. Reorganice esas observaciones—usando **ser** o **estar**—en el orden que le parezca más adecuado.

B. Adivinanza (*Guessing Game*).

1. Sin mencionar el nombre, un estudiante describe poco a poco a la persona que más admira, escogiendo palabras como las de la lista de abajo. Los otros tratan de adivinar (*guess*) a quién describe. Cada error de la clase es un punto en favor del que describe.

- ▲ jugador, actor, científico, artista, músico, político
- ▲ Alabama, Chicago, París, Moscú, Estados Unidos
- ▲ genio, estrella de cine, campeón, experto, cantante
- ▲ alto, bajo, fuerte, fornido (*stocky*), gracioso (*graceful; witty*), torpe (*clumsy*), chistoso (*funny*)
- ▲ aficionado, famoso, corriente, sobresaliente, concienzudo
- ▲ serio, dulce, tranquilo, cortés, capaz, joven
- ▲ dispuesto, preparado, satisfecho, loco

2. O al revés, la clase hace las preguntas para poder adivinar quién es la persona a quien describe el otro miembro de la clase. Usen las siguientes palabras interrogativas: **¿qué?**, **¿quién(es)?**, **¿cuál(es)?**, **¿con quién(es)?**, **¿cómo?**, **¿dónde?**, **¿de dónde?**, **¿cuánto(s)?**

C. El anuncio de Dulcrem.

1. Trabajando en pares, hagan una lista de diez sustantivos y sus adjetivos que encuentren en el anuncio de Dulcrem. (ejemplo: problema estético).
2. Hagan una lista de todos los usos de **ser** y **estar** en el anuncio. Para cada uno, indiquen si un sustantivo, adverbio, gerundio o adjetivo sigue al verbo. Expliquen cada uso de **ser** y de **estar.**

EL AZUCAR PARA NO ENGORDAR

Estar gordo ya no es sólo un problema estético, también es un problema de salud.

Hay ingredientes básicos en nuestra cocina, que aportan un gran número de calorías y engordan pero son de difícil sustitución. Un caso muy claro, es el del azúcar.

Por fin tienes un nuevo azúcar, DULCREM, que te soluciona este problema. Su aspecto y sabor son exactamente iguales que los del azúcar común, pero la gran ventaja es que el contenido en calorías de DULCREM es siete veces menor y no engorda.

Para repostería, para bebidas, para cafés..., todos esos alimentos sólidos y líquidos que estás acostumbrada a tomar con azúcar común, ahora los puedes tomar con el azúcar light, DULCREM. Y ya verás como ni engordas, ni pierdes ese sabor que tanto te gusta. Es fenomenal. Tienes que probarlo.

DE VENTA EXCLUSIVA EN FARMACIAS

El azucar light

sanofarma

¡HABLEMOS, PUES!

A. Vocabulario útil: La personalidad—unos contrastes[3]

alegre, animado, hablador	taciturno, reservado, callado
amistoso, amigable	hóstil
cariñoso (*affectionate*)	frío, indiferente
compasivo	cruel, inhumano
confiado, seguro	tímido, miedoso

[3] In each chapter, the **Vocabulario útil** section is provided as an aid to doing the activities that follow. It is not intended that these words be memorized for active use.

cortés	descortés, grosero
chistoso, cómico, gracioso	serio, seco
flexible	inflexible, terco, testarudo (*stubborn*)
generoso	tacaño (*stingy*)
optimista	pesimista
sabio (*wise*), inteligente	tonto, necio (*foolish*)
serio, formal	frívolo
simpático	antipático, desagradable
trabajador	perezoso, flojo, holgazán

1. Usando el **Vocabulario útil,** describa la personalidad de las personas de los dos dibujos. Luego comente lo que pasa en cada escena.
2. Describa la personalidad de las siguientes personas:

   a. el Presidente de los Estados Unidos b. Oprah Winfrey c. la princesa Diana d. Albert Einstein e. Conan el Bárbaro f. Bill Cosby g. Arantxa Sánchez Vicario h. su profesor(a) de español

B. Dramatizaciones

Role play the following situations with your classmates. Try to maintain a realistic conversation without resorting to English; even if you do not know all the vocabulary in Spanish, do your best to make yourself understood.

1. Rueda de prensa (*Press conference*). Tres o cuatro estudiantes forman un grupo de periodistas. Otro/a estudiante hace el papel (*plays the role*) de una famosa figura deportiva (William «El Refrigerador» Perry, Brian Bosworth, Mary Lou Retton, etcétera). Cada periodista se presenta a sí mismo/a a la clase, dando algunos detalles personales. Luego el/la deportista tiene que contestar las preguntas de los periodistas.
2. Sentimientos personales. Ud. es un estudiante extranjero (una estudiante extranjera) en Madrid. Está viviendo con una familia española muy simpática, pero echa de menos a su propia familia. Hable con uno de los miembros de su «nueva familia», explicándole por qué está tan triste. La otra persona debe recomendarle hacer algo para que Ud. se sienta mejor.

¿DESEAS CASARTE Y BUSCAS LA PERSONA IDEAL A TUS PROPOSITOS...?
INSCRIBETE EN LA AGENCIA MATRIMONIAL
"EROS"
$50,000.00 POR UN AÑO MANDAR GIRO POSTAL A AZALIA GARZA DE BARRENECHEA. SALAMANCA 1403 COL. MITRAS CENTRO C.P. 64460 MONTERREY, N.L.
TEL. (91-83) 47-25-47.

C. Composición

Imagínese que Ud. busca un novio (una novia) por medio de la compañía «Eros», una agencia matrimonial. Escriba Ud. dos párrafos de 5 a 6 oraciones cada uno para informar a la persona que va a arreglar su cita.

(a) Primer párrafo: Descríbase Ud. a sí mismo/a y a su familia. Escriba un poco acerca de sus actividades favoritas, de sus estudios, de sus ambiciones, etcétera.

(b) Segundo párrafo: Haga una lista de 5 a 6 preguntas en que Ud. diga lo que quiere saber acerca de su presunto/a novio/a.

CAPITULO 2

¡REPASEMOS UN POCO!

Metas

- Hablar de la rutina diaria
- Narrar en el tiempo presente

Un día en la vida de los Suárez Robledo

A. Cuente lo que ocurre en la casa de los Suárez Robledo por la mañana. Luego invente una secuencia detallada de lo que hacen los miembros de la familia durante el resto del día. Termine con lo que hacen por la noche. Trate de desarrollar una narración original e interesante.

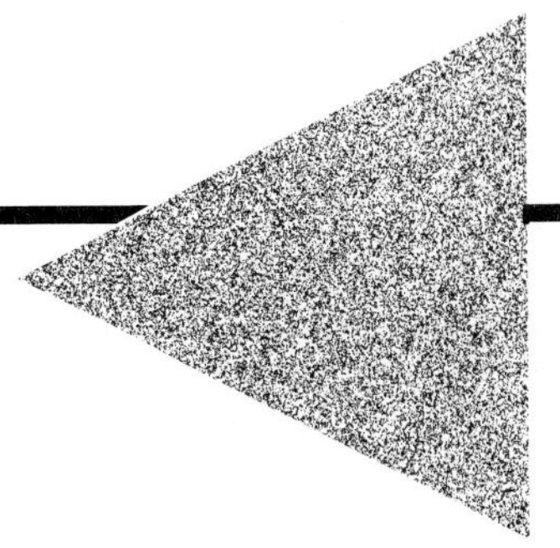

B. ¿Qué aspectos del día ilustrado son parte de la rutina de todos los días? ¿Qué sucesos (*events*) son extraordinarios? ¿Cómo lo sabe Ud.?

C. Divídanse en grupos pequeños para adivinar algunos secretos de la vida privada de los Suárez Robledo. Escojan uno de los miembros de la familia. Imagínense los secretos de esa persona (algo que ha hecho alguna vez o que acaba de hacer hoy) y también lo que le va a pasar en el futuro. Traten de desarrollar una narración completa.

Para comentar

A. ¿Qué hacen Ud. y sus amigos antes de ir a sus primeras clases? ¿y después de las clases? ¿y por la noche? Qué hacen Uds. los fines de semana que no hacen el resto de la semana? ¿Por qué no lo hacen entonces?

B. ¿Cuáles son las diferencias entre la rutina diaria de Ud. y la de sus padres? ¿y de las de sus hermanos menores? ¿y de las de sus profesores? ¿A qué se deben esas diferencias?

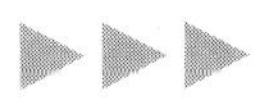

LECTURA: NARRACION

Vocabulario para leer

VERBOS

cazar	to catch; to hunt
matar	to kill
subir (a)	to climb up (to)

SUSTANTIVOS

el asunto	matter, subject
el cerro	hill
el excusado[1]	toilet
el fondo	bottom
la frontera	border, frontier
la lluvia	rain
el padrastro, la madrastra[2]	stepfather, stepmother
el paquete	package
el rato	period of time; (little) while
la sombra	shadow, shade
el vecino, la vecina	neighbor

[1] sinónimos: el inodoro, el retrete, el servicio, el wc [2] palabras relacionadas: el/la hijastro/a, el/la hermanastro/a (el/la medio/a/hermano/a)

ADJETIVOS

cómodo	comfortable
cuyo	whose
distraído	absent-minded, distracted
lejano	distant, far
suave	soft, smooth, gentle

ADVERBIOS

arriba	above, up
atrás	back

MODISMO

hacer(le) daño	to harm (someone)

A. Seleccione las palabras que mejor completan los párrafos siguientes.

Así son los niños

Esteban es un niño como cualquier otro. En primavera le gusta (subir a/echar de menos 1) los árboles para (entrenar/cazar 2) pajaritos, pero nunca los (mejora/mata 3). Todos creen que va a (hacerse daño/hacer gimnasia 4) allá arriba, pero cuando oye la voz (suave/cómoda 5) de su (asunto/madrastra 6), siempre baja en seguida.

Cuando llueve, Esteban pasa (ratos/fondos 7) en su habitación, mirando (el paquete/la lluvia 8) que forma pequeños ríos en los vidrios y soñando con (las fronteras de países lejanos/los cerros distraídos 9) de que ha leído. Cuando hace buen tiempo va a casa de una (vecina/sombra 10) (cuya/cuyos 11) hijos son muy amigos suyos. Todos son muy (aficionados/excusados 12) a los deportes y cuando se juntan, siempre salen corriendo por la puerta de atrás para jugar en el patio.

B. Escoja Ud. la definición de cada una de las siguientes palabras.

un rato	el bolsillo
la madrastra	el cerro
el vecino	el paquete
la sombra	el excusado
la lluvia	la frontera

1. el agua que cae del cielo cuando llueve
2. la mujer con quien se casa el padre de los hijos de un matrimonio anterior
3. un área oscura que resulta cuando algo o alguien pasa entre el sol y la tierra
4. la habitación más privada de una casa, un restaurante, un teatro, etcétera
5. la parte de los pantalones en que los niños guardan lo que encuentran en la calle
6. una línea, normalmente invisible, que separa dos países o dos estados
7. una cosa que frecuentemente contiene un regalo o una sorpresa; puede ser mandado por correo
8. una persona que vive cerca de la casa o el apartamento de otros
9. una medida (*measure*) imprecisa de tiempo
10. una parte elevada de la tierra

C. Los sustantivos que siguen se relacionan con los verbos entre paréntesis. ¿Puede Ud. explicar en español lo que significa cada sustantivo?

el matador (matar) el crecimiento (crecer) el cazador (cazar)

Introducción a la lectura

Can you remember the mysterious and fantastic world of your childhood? Most people can't, at least not with any detail. In "**Mi primer poema,**" the Chilean poet Pablo Neruda (1904–1973) returns to his past to show his own first steps in becoming a poet. A Nobel laureate in 1971, Neruda is perhaps the most widely read poet in the Hispanic world. His poems take us from the sublime heights of Machu Picchu, Peru's Incan ruins, to the commonplace pleasures of the tomato or the onion. No theme is too big or too small for Neruda.

"**Mi primer poema**" is a fragment from the poet's memoirs ***Confieso que he vivido*** (1974). The passage can be divided into two main parts: (1) the remembered world of childhood, which includes the fantasies opened up by reading, and (2) the creative world of writing. As you read each part, keep in mind the following questions and suggestions:

(1) In the first part, observe which verb tense Neruda uses to reenter the world of childhood. What effect does the use of this tense have on the reader?

Pablo Neruda in 1971

Neruda mentions the names of regional trees, fruits, and insects. The Spanish names are not of great concern; concentrate instead on the sensory experience they evoke.

(2) In the second part, which verb tense(s) does Neruda use to recount the writing of his first poem? Does the author's voice in this second part sound younger or older than in the first?

How would you characterize the relationship between the boy-poet and nature that is presented in the first part? And the relationship between him and his parents shown in the second part? Can you recall how your friends or family reacted to the first poem or story you ever wrote?

«Mi primer poema» (fragmento), selección de *Confieso que he vivido*

PABLO NERUDA

Mi padre no ha llegado. Llegará a las tres o a las cuatro de la mañana. Me voy arriba, a mi pieza. Leo a Salgari.° Se descarga° la lluvia como una catarata.° En un minuto la noche y la lluvia cubren el mundo. Allí estoy solo y en mi cuaderno de aritmética escribo versos. A la mañana siguiente me levanto muy temprano. Las ciruelas° están verdes. Salto° los cerros. Llevo un paquetito con sal. Me subo a un árbol, me instalo cómodamente, muerdo° con cuidado una ciruela y le saco un pedacito,° luego la empapo° con la sal. Me la como. Así hasta cien ciruelas. Ya lo sé que es demasiado.

Emilio Salgari (1863–1911) autor italiano de novelas de aventuras / Se... *It pours* / cascada

plums / *I jump over, vault*

I bite

le... *I take out a little piece* / la... *I soak it*

Como se nos ha incendiado la casa, esta nueva es misteriosa. Subo al cerco y miro a los vecinos. No hay nadie. Levanto unos palos.° Nada más que unas miserables arañas° chicas. En el fondo del sitio está el excusado. Los árboles junto a él tienen orugas.° Los almendros° muestran su fruta forrada en felpa° blanca. Sé cómo cazar los moscardones° sin hacerles daño, con un pañuelo. Los mantengo prisioneros un rato y los levanto a mis oídos. Qué precioso zumbido°!

sticks

spiders

caterpillars / *almond trees* / forrada... *covered with felt*

horseflies

sonido del moscardón

Qué soledad la de un pequeño poeta, vestido de negro, en la frontera espaciosa y terrible. La vida y los libros poco a poco me van dejando entrever misterios abrumadores.°

me... *keep revealing troubling mysteries to me*

No puedo olvidarme de lo que leí anoche: la fruta del pan salvó a Sandokan° y a sus compañeros en una lejana Malasia.

héroe de la novela de aventuras *Sandokan* por Salgari

No me gusta Buffalo Bill porque mata a los indios. Pero qué buen corredor de caballo! Qué hermosas las praderas y las tiendas cónicas de los pieles rojas°!

praderas... *meadows and the conical tents of the redskins*

Muchas veces me han preguntado cuándo escribí mi primer poema, cuándo nació en mí la poesía.

Trataré de recordarlo. Muy atrás en mi infancia y habiendo apenas° aprendido a escribir, sentí una vez una intensa emoción y tracé° unas cuantas palabras

habiendo... *having barely*

escribí

semirrimadas,° pero extrañas a mí, diferentes del lenguaje diario. Las puse en limpio° en un papel, preso° de una ansiedad profunda, de un sentimiento hasta entonces desconocido, especie de angustia° y de tristeza. Era un poema dedicado a mi madre, es decir, a la que conocí por tal,° a la angelical madrastra cuya suave sombra protegió toda mi infancia. Completamente incapaz de juzgar° mi primera producción, se la llevé a mis padres. Ellos estaban en el comedor, sumergidos en una de esas conversaciones en voz baja que dividen más que un río el mundo de los niños y el de los adultos. Les alargué° el papel con las líneas, tembloroso° aún con la primera visita de la inspiración. Mi padre, distraídamente, lo tomó en sus manos, distraídamente lo leyó, distraídamente me lo devolvió, diciéndome:

—De dónde lo copiaste?

Y siguió conversando en voz baja con mi madre de sus importantes y remotos asuntos.

Me parece recordar que así nació mi primer poema y que así recibí la primera muestra° distraída de la crítica literaria.

casi rimadas
Las... *I made a clean copy of them* / prisionero
tormento
a... *to the one that I knew as such*
evaluar
ofrecí / *shaky*
ejemplo

¿Cuánto recuerda Ud.?

Diga si la información que sigue es correcta o incorrecta. Si es incorrecta, corríjala.

1. Después de irse a su habitación el niño pasa horas estudiando matemáticas.
2. Se levanta muy temprano al día siguiente porque quiere reunirse con unos amigos de otro pueblo.
3. Su familia ha perdido recientemente su casa en un incendio.
4. Este niño vive en una ciudad grande y cosmopolita.
5. Le gusta subir a los cerros y a los árboles.
6. El chico se siente solo y le atrae el mundo de los libros.
7. El niño admira mucho a Buffalo Bill porque mata a los indios.
8. Escribe su primer poema para una clase de literatura.
9. Parece que el niño tiene una madrastra que lo quiere mucho.
10. Su padre lee el poema con gran atención y le dice que es magnífico.

¿Qué opina Ud.?

A. El joven Pablo Neruda se sentía muy solo a veces. ¿Es común que los jóvenes se sientan así? ¿Por qué? ¿Cree Ud. que hay algo en la personalidad de un poeta que lo aisla (*isolates*) del resto del mundo? ¿También se siente Ud. solo/a a veces? Explique por qué. ¿Qué hace en esos momentos?

B. En «Mi primer poema» Neruda narra unos recuerdos de su niñez (*childhood*). ¿Qué incidentes de esos recuerdos le parecen familiares a Ud.? ¿Hay otros detalles que no son tan comunes? ¿Cuáles son las diferencias entre la familia de Neruda y la suya? ¿entre la infancia de él y la suya?

C. El padre de Pablo lee distraídamente el primer poema de su hijo y reacciona con indiferencia. ¿Es esto lo que el niño espera? ¿Por qué no demuestra más interés su padre? ¿Le ha sucedido a Ud. algo parecido con sus padres, profesores o amigos? Cuénteselo a la clase.

GRAMATICA EN CONTEXTO

4. Using the Present Tense to Talk About the Past

A. **acabar de** + *infinitive* (*to have just* [*done something*])

This expression refers to an action that has just been completed, although the verb **acabar** is conjugated in the present tense.

Acabo de aprender a escribir.	*I have just learned how to write.*
Acaba de llegar mi padre.	*My father has just arrived.*

B. **hace** + (*time expression*) + **que** + *present tense* (*to have been* [*doing something*] *for* [*time expression*])

The expression **hace** + (*time expression*) + **que** refers to an action that has been going on for some time and may still be going on, but it is followed by a present tense verb. When **hace** follows the verb, the adverb **desde** (*since*) is used along with **hace.**

Hace más de una hora que leo el libro de Salgari. **Leo** el libro de Salgari **desde hace mas de una hora.**	*I've been reading Salgari's book for over an hour.*

Questions dealing with time and the expression **hace... que** take this form: **¿Cuánto tiempo hace que... ?**

¿**Cuánto tiempo hace que** Neruda **escribe** poesía?
¿**Cuántas horas hace que** el joven Neruda **lee** el libro de Salgari?

¡Practiquemos!

A. Entre padres e hijos. Trabajando en pares, imagínense que Ud. y su padre (o madre) se están riñendo (*quarreling*) y que él/ella está enojado/a. ¿Qué dice Ud. para defenderse?

MODELO: nunca limpiar el cuarto (tú) →
A: ¡Nunca limpias el cuarto!
B: ¡No es verdad! Acabo de limpiar el cuarto.

1. nunca apagar (*to turn out*) las luces (tú)
2. nunca terminar la tarea (Uds. [los hijos])
3. nunca hacer la cama (tú)
4. nunca cerrar la puerta (tu amigo Miguel)
5. nunca sacar la basura (tú)
6. nunca devolver mis discos a su sitio (tus amigos)

B. Entre amigos. Trabajando siempre en pares, háganse preguntas según el modelo e inventen las respuestas.

MODELO: leer ese libro (tú) →
A: ¿Cuánto tiempo hace que lees ese libro?
B: Hace una hora que lo leo.

1. estar aquí (tu amigo) 2. ser amigos (Uds.) 3. hacer ruido (*noise*) (los vecinos) 4. asistir a esta universidad (tú) 5. no ver a tu novio/a (tú) 6. vivir en esta ciudad (tu familia)

5. Using the Present Tense to Talk About the Future

A. Certain expressions in the present tense can be used to express future actions. The most common is **ir a** + *infinitive*.

Mi padre **va a leer** mi poema.	*My father is going to read my poem.*
Vamos a andar por los cerros esta tarde.	*We are going to walk around the hills this afternoon.*

B. The present tense of **pensar** + *infinitive* refers to future actions that have been thought out in advance.

Pienso escribir más versos esta noche.	*I'm planning on writing more lines of poetry tonight.*
¿**Piensas ir** a la fiesta con nosotros?	*Are you planning to go to the party with us?*

C. Repeated actions can be expressed by **volver a** + *infinitive.*

El niño **vuelve a subir** al árbol.	*The child climbs up the tree again.*
¿Por qué no **vuelves a escribir** este poema?	*Why don't you rewrite this poem?*

¡Practiquemos!

A. ¡Su compañero/a de cuarto cumple 21 años mañana! Deben hacerle una fiesta, ¿no? Trabajando en pares, pónganse de acuerdo y contesten las siguientes preguntas.

1. ¿Qué tipo de fiesta van a organizar Uds. (de sorpresa, de disfraces [*costume*], etcétera)?
2. ¿A quiénes piensan invitar?
3. ¿Quién va a llamar a los invitados?
4. ¿Vuelven a contratar el mismo conjunto (*band*) de la última fiesta o piensan contratar otro?
5. ¿Qué piensan ofrecer para comer y beber?
6. ¿Quién va a comprar la comida? ¿la bebida?
7. ¿Quién va a limpiar el sitio para la fiesta?
8. ¿Quién vuelve a limpiar el sitio después de la fiesta?

B. Nuestra rutina diaria. Trabajando en pares, imagínense que son las 11 de la mañana y acaban de despertarse de un sueño muy profundo. Vuelvan a escribir las siguientes frases «telegráficas» en oraciones completas.

MODELO: el reloj despertador/sonar (*ring*) (acabar de) →
El reloj despertador acaba de sonar.

1. despertarnos/a las 11 de la mañana (acabar de)
2. 9 horas/dormir (hace... que)
3. preparar/el desayuno (ir + a)
4. asistir/a las clases de las 12 a las 4 de la tarde (ir + a)
5. nuestros amigos/ir al cine por la noche (pensar)
6. mañana/hacer lo mismo (volver + a)

6. The Present Perfect Indicative Tense

The present perfect tense expresses an action that has already happened and may still be going on. It is formed with the present tense of the helping verb **haber** + *past participle* (**-ado** for **-ar** verbs; **-ido** for **-er, -ir** verbs).

he	hemos	+	llegado
has	habéis		querido
ha	han		subido

Mi padre no **ha llegado.**	*My father hasn't arrived.*
Muchas veces me **han preguntado** cuándo escribí mi primer poema.	*I have been asked many times when I wrote my first poem.*
Se nos **ha incendiado** la casa.	*Our house has burned down.*
Confieso que **he vivido.**	*I confess that I have lived.*

Some past participles are irregular in form. (See the **Unidad I indice morfológico** for a complete listing of irregular past participles.)

decir	dicho
hacer	hecho
escribir	escrito
cubrir	cubierto

¡Practiquemos!

A. Preguntas personales. Trabajando en pares, entrevístense usando las siguientes preguntas.

1. ¿Cuántos días feriados (*holidays*) has tenido este año?
2. ¿Qué has hecho en uno de estos feriados?
3. ¿Has ido a un restaurante de lujo? ¿Cuántas veces?
4. ¿Cuál es la comida más exótica (o extraña) que has comido en un restaurante?
5. ¿Has ido al cine recientemente? ¿Qué película has visto?
6. ¿Has llegado temprano a la universidad esta mañana? ¿A qué hora?
7. ¿Has dicho algo al entrar en la clase hoy? ¿A quién?
8. ¿Has escrito la tarea para hoy?

—¿Cómo? ¿Los niños? ¡Ah, muy bien! ¡No me han molestado en toda la tarde!

B. ¡No me han molestado! Trabajando en pares, imagínense dos conversaciones: (a) la primera entre la mamá de la tira cómica y su esposo; (b) la segunda entre la mamá y uno de sus hijos. Usen el tiempo perfecto para hacer preguntas y contestarlas según el modelo.

MODELO: MAMA: ¿Qué han hecho hoy los niños?
PAPA: Han pasado todo el día en la casa.
MAMA: Y ¿qué has hecho tú?
PAPA: He jugado con ellos un poco.

Para hacer sus preguntas y sus respuestas, pueden usar las sugerencias abajo o su imaginación.

LA MAMA	**EL PAPA**	**EL HIJO O LA HIJA**
¿ir a trabajar?	leer el periódico	pintar las paredes
¿limpiar la casa?	mirar televisión	poner los juguetes en su dormitorio
¿preparar la cena?	dormir un rato	no molestar a papá
¿bañar a los niños?	terminar el crucigrama (*crossword puzzle*)	romper una ventana
¿hacerse daño?	hablar con el vecino	cazar pajaritos
¿llamar a los abuelos?	pensar en otro asunto	jugar en la lluvia
¿escribir una carta?		subir a un árbol

7. Transitive Verbs and Reflexive Pronouns

All conjugated verbs have subjects, but not all verbs take objects. Those that take objects are called transitive verbs, and those that can't be used with an object are called intransitive. Normally, the object of the verb is a different person from the subject.

Roberto le escribió una nota a su hermana. (Roberto [*subject*] ≠ hermana [*object*])	*Roberto wrote his sister a note.*

When the subject and the object refer to the same person, a reflexive pronoun must be used for the object.

Roberto se escribió una nota. (Roberto [*subject*] = se [*object*, Roberto])	*Roberto wrote himself a note.*

Any transitive verb can be used reflexively by adding a reflexive pronoun (usually translated into English as *myself, yourself, herself, ourselves,* etc.), which agrees in person and number with the subject.

REFLEXIVE PRONOUNS	
me	nos
te	os
se	se

Me lavo todos los dias. (yo = me)	*I wash every day.* (reflexive)
Lavo los platos. (yo ≠ platos)	*I wash the dishes.*
Papá **se** mira en el espejo. (Papá = se)	*Dad looks at himself in the mirror.* (reflexive)
Papá me mira en el espejo. (Papá ≠ me)	*Dad looks at me in the mirror.*

Phrases such as **a mí mismo/a, a ti mismo/a, a sí mismos/as,** etc., can be added to the reflexive pronouns for emphasis.

Papá y mamá se leyeron el poema a **sí mismos.**	*Father and mother read the poem to themselves.*
Yo me escribo versos **a mí mismo.**	*I write poetry for myself.*

TRANSITIVE VERBS USED RECIPROCALLY

Reflexive pronouns may be used to express a reciprocal action. In this case, **mutuamente** or **el uno al otro** can be added for emphasis or clarification.

Se escriben (**mutuamente**) versos de amor.	*They write each other love poetry.*
Nos mostramos diferentes flores (**el uno al otro**).	*We show each other different flowers.*

¡Practiquemos!

A. Lo que hago todos los días. Trabajando en pares, describa su rutina diaria conjugando un verbo de la izquierda con alguna de las frases a la derecha.

MODELO: lavarse/el pelo →
Me lavo el pelo todos los días.

1. lavarse	a. en el espejo (*mirror*)
2. mirarse	b. los platos del desayuno
3. ponerse (*put on*)	c. la televisión
4. poner (*set*)	ch. el pijama
5. quitar (*take away*)	d. los dientes
6. quitarse (*take off*)	e. de la mesa los platos sucios
7. lavar	f. la mesa
8. mirar	g. la ropa

B. Después de levantarme... Trabajando en pares, háganse las siguientes preguntas.

1. ¿Te das una ducha (*shower*) larga o corta por la mañana?
2. ¿Cuáles son las primeras cinco cosas que haces todas las mañanas?
3. ¿En cuántos minutos te pones la ropa? ¿Te pones maquillaje (*make up*) también?
4. ¿Te miras en el espejo antes o después de la primera taza de café? ¿antes o después de la ducha?

C. ¡Así es el amor! Trabajando en pares, digan qué acciones hacen de manera recíproca dos jóvenes enamorados. Inventen sus respuestas según el modelo.

MODELO: decir →
Se dicen todo el tiempo cosas bonitas.

1. llamar
2. escribir
3. abrazar
4. comprar
5. mandar recados (*messages*)
6. besar (*to kiss*)

CH. ¿Vale la pena o no? Decida si hace falta o no añadir un pronombre reflexivo en el contexto del siguiente párrafo.

Soy poeta. Yo (1) _____ mantengo escribiendo poesía. Por la mañana, si quiero un café, yo mismo (2) _____ lo preparo porque mi mujer sale temprano a trabajar. Después, (3) _____ instalo en la mesa de trabajo y escribo. A veces mi mujer (4) _____ pregunta a sí misma si vale la pena vivir con un poeta. Otras veces cuando (5) _____ miramos con amor, sé que la vida del poeta es ideal. Entonces (6)_____ considero satisfecho.

---

8. Pronominal Verbs

Pronominal verbs are verbs that are always accompanied by a reflexive pronoun. The infinitive form of pronominal verbs is always listed with the reflexive pronoun in this book. Pronominal verbs are intransitive (i.e., they do not take an object), but many of them are followed by prepositions (**a, de, con,** etc.). Frequently used pronominal verbs include the following:

acordarse (ue) (de)	*to remember*
acostarse (ue)	*to go to bed*
alegrarse (de)	*to be happy (about)*
burlarse (de)	*to make fun (of)*
caerse	*to fall down*
cansarse	*to get tired*
casarse (con)	*to get married (to)*
comerse	*to eat up*
darse cuenta (de)	*to realize*
despertarse (ie)	*to wake up*
divertirse (ie, i)	*to have fun*
ducharse	*to take a shower*
enojarse	*to get angry*
irse	*to leave, go away*
levantarse	*to get up*
olvidarse (de)	*to forget*
perderse	*to get lost, to go astray*
preocuparse (por)	*to worry (about)*
quedarse	*to stay*
quejarse (de)	*to complain (about)*
reírse (i, i) de	*to laugh at*
sentarse (ie)	*to sit down*
sentirse (ie, i)	*to feel*
vestirse (i, i)	*to get dressed*

Pronominal verbs are often translated into English with the help of a preposition.

Mañana me levanto muy temprano.	*Tomorrow I'll get* **up** *early.*
Siempre me despierto temprano.	*I always wake* **up** *early.*
Se sienta en la yerba.	*He sits* **down** *on the grass.*
Se van por los campos.	*They go* **off** *through the fields.*
Ves una manzana y te la comes.	*You see an apple and you eat it all* **up.**

¡Practiquemos!

A. ¿Por qué estás de mal humor? ¿Qué te pasa? Trabajando en pares, uno hace la pregunta y el otro contesta según el modelo.

MODELO: a qué hora/acostarse por la noche →
A: ¿A qué hora te acuestas por la noche?
B: Me acuesto demasiado tarde.

1. cuándo/levantarse 2. por qué no/divertirse 3. de qué/quejarse 4. qué/olvidarse de hacer 5. con quién/enojarse 6. por qué no/irse de vacaciones 7. de quién/burlarse

B. Paseándonos por el campo. Trabajando en pares, decidan si hace falta un pronombre reflexivo.

Esta mañana mi amigo y yo (1) _____ hemos levantado temprano. Yo (2) _____ camino con mi amigo hacia el campo. Nosotros (3) _____ perdemos en el cerro. (4) _____ doy cuenta de que tengo hambre. Mi amigo (5) _____ cae. De repente (6) _____ grita un pájaro; creo que (7) _____ está burlando de nosotros. Luego (8) _____ vuela (*flies*) otro pájaro junto a mi amigo. En un minuto la noche y la lluvia (9) _____ cubren el mundo. Esta noche en mi cuaderno de aritmética (10) _____ escribo un poema sobre la experiencia.

PRONOMINAL VERBS THAT INDICATE CHANGE

Many pronominal verbs can be used to express a changed norm or state, translated in English by *to become* or *to get*. The condition resulting from this change is expressed by **estar** + *adjective/past participle* (see **Capítulo 1**, pages 35–38).

PRONOMINAL VERB OF CHANGE	RESULTING CONDITION
alegrarse (de) *to become happy*	estar alegre
cansarse (de) *to get tired (of)*	estar cansado
casarse (con) *to get married (to)*	estar casado
convertirse (ie) (en) *to change (into)*	estar convertido en
divorciarse (de) *to get divorced (from)*	estar divorciado
enamorarse (de) *to fall in love (with)*	estar enamorado
enflaquecerse (zc) *to get thin*	estar flaco
engordarse *to get fat*	estar gordo
enojarse *to get angry*	estar enojado
entristecerse (zc) *to become sad*	estar triste
equivocarse *to be wrong, mistaken*	estar equivocado
preocuparse (por) *to be worried (about)*	estar preocupado

¡Practiquemos!

A. ¿Qué ha hecho la gente? En las siguientes oraciones, las personas han hecho algo que ha resultado en una nueva situación o ha producido un cambio en su vida. Siga el modelo, usando el presente perfecto de un verbo pronominal para decir en qué situación se encuentran esas personas.

MODELO: Marta está muy cansada. →
Se ha cansado jugando con sus hijos.

1. Chico, ¡estás tan gordo! ¿_____ con tantos chocolates?
2. Todavía estoy enojada. _____ con mi novio porque me molesta su machismo.
3. Estamos divorciados desde hace un año. Nosotros _____ porque somos incompatibles.
4. ¡Esta vez Miguel está enamorado de verdad! _____ de la vecina que vive al lado (*next door*).
5. Jorge y María están casados desde hace sólo dos semanas. _____ en San Juan.
6. Por fin estamos flacos. Nosotros _____ siguiendo una dieta especial.
7. Estás alegre. Seguro que _____ con la llegada de la primavera, ¿no?
8. Papá, estás equivocado. Es la segunda vez esta semana que _____.

B. Preguntas personales. Trabajando en pares, háganse las siguientes preguntas.

1. ¿Te has enojado alguna vez? ¿Por qué? ¿Qué haces cuando te enojas?
2. ¿Con qué tipo de actividad te cansas más?
3. Cuando estás preocupado/a por algo, ¿qué haces para olvidarte de todo?
4. ¿Cuándo te alegras? ¿Qué haces cuando te alegras?
5. ¿Te has equivocado hoy? ¿Cuál es tu primera reacción cuando te equivocas?
6. ¿Te has enamorado alguna vez? ¿De quién? ¿Piensas enamorarte otra vez? ¿Por qué «sí» o por qué «no»?
7. ¿Con qué tipo de persona te vas a casar algún día?

Gramática en acción

A. Una discusión. Divídanse en grupos de tres. Uno hace el papel (*plays the role*) del hijo (de la hija) y los otros el de los padres. El problema es que el hijo (la hija) quiere irse a una universidad lejos de la casa para independizarse de sus padres. Los padres sugieren una universidad en la misma ciudad porque quieren evitarse los gastos de teléfono, viajes por avión, alquiler del apartamento estudiantil, tarjetas de crédito, etcétera, y además, quieren ver a su hijo/a con mucha frecuencia. Usando los siguientes verbos y otros, inventen la discusión entre padres e hijo/a.

PADRE/MADRE
- ▲ quedarse en casa
- ▲ mantener la familia
- ▲ perderse en una ciudad nueva
- ▲ preocuparse por las drogas
- ▲ equivocarse
- ▲ tener que obedecer
- ▲ enojarse con

HIJO/HIJA
- ▲ irse lejos de casa
- ▲ mantenerse a sí mismo/a
- ▲ acostarse y levantarse
- ▲ divertirse con prudencia
- ▲ burlarse de/reírse de
- ▲ negarse a (*to refuse*)
- ▲ independizarse/no estar bajo la autoridad

B. ¿Rompimiento o reconciliación?

1. Imagínese que está enamorado/a, pero las cosas no marchan bien con su novio/a y acaban de tener una discusión. Haga una lista de todas las cosas que su novio/a ha hecho con malos resultados para el noviazgo (*engagement*). Ahora haga una lista de las cosas negativas que Ud. ha hecho. Compare su lista con la de su compañero/a de clase.

2. Imagínese que quiere salvar el noviazgo en vez de terminarlo. Mutuamente deben decirse las cosas que van a hacer (piensan hacer / no van a hacer / no vuelven a hacer) en el futuro para mejorar las relaciones entre los dos.

C. ¿Famoso escritor? Divídanse en pares. Uno hace el papel de reportero/a y el otro el papel de un escritor famoso (una escritora famosa). El reportero (la reportero) le pregunta qué ha hecho para prepararse. Por ejemplo, ¿A qué universidad ha asistido? ¿Qué ha estudiado? ¿A qué lugares ha viajado? ¿Qué experiencia ha influido más en su vida? El escritor (la escritora) contesta, incluyendo en su respuesta sus actividades más recientes. Por ejemplo, «Acabo de hacer un viaje visitando todos los estados de América del Norte», «He vuelto a mi pueblo natal (*hometown*)», etcétera.

¡HABLEMOS, PUES!

A. Vocabulario útil: Las emociones (primera parte)

	SUSTANTIVOS	ADJETIVOS	VERBOS
affection	el cariño	cariñoso	sentir (ie, i) cariño, encariñarse
amusement	la diversión	divertido	divertir(se) (ie, i)
anger	el enojo	enojado	enojar(se)

depression	la depresión	deprimido	deprimir(se)
enthusiasm	el entusiasmo	entusiasmado	entusiasmar(se)
fear	el miedo	miedoso	tener miedo
fright	el susto	asustado	asustar(se)
happiness	la alegría	alegre	alegrar(se)
hate	el odio	odioso (*hateful*), odiado (*hated*)	odiar(se)
jealousy	los celos	celoso	tener celos
love	el amor	amoroso (*loving*), amado (*loved*)	amar, enamorarse (de)
relaxation	el descanso	descansado	descansar
resentment	el resentimiento	resentido	resentir(se) (ie, i)
sadness	la tristeza	triste	entristecer(se)
satisfaction	la satisfacción	satisfecho	satisfacer(se)
surprise	la sorpresa	sorprendido	sorprender(se)
worry	la preocupación	preocupado	preocupar(se)

1. Usando el **Vocabulario útil,** explique lo que pasa en el molino (*mill*) de los dibujos de la página 63. Trate de desarrollar una narración completa.
2. Imagínese que los siguientes incidentes acaban de ocurrir. ¿Cómo reaccionan Ud. y los demás?
   a. Su profesor(a) de español devuelve los primeros exámenes. Ud. ha sacado la mejor nota: una A+. Dos de sus amigos han recibido una F. ¿Se jacta Ud. (*boast*) de su nota? ¿Por qué? ¿Cómo reaccionan sus amigos? Y su profesor(a), ¿qué piensa?
   b. Ud. acaba de ver por primera vez al hombre más guapo (a la mujer más hermosa) del mundo. ¿Qué hace Ud.? ¿y su novio/a? ¿y el hombre guapísimo (la mujer hermosísima)?
   c. Ud. riñe (*quarrel*) con su hermano/a porque él/ella vuelve a ponerse la ropa de Ud. ¿Cuál es la reacción de él/ella? ¿y la de Ud.? ¿Qué dice su mamá?
   ch. Es la víspera del Día de los Muertos (*Halloween*). Ud. y sus amigos van a pasar la noche en un cementerio. ¿Por qué lo hacen? ¿Qué quieren demostrar?
   d. Ud. ve por primera vez a su sobrino que acaba de nacer el mes pasado. ¿Se emociona Ud. cuando lo ve? ¿Qué hace? Y el bebé, ¿qué hace él?
   e. Su prima juega al tenis en el equipo de su universidad. Ahora le cuenta a Ud. que la han invitado a ir a Hawai para participar en el campeonato nacional. ¿Cómo se siente ella? ¿y Ud.?
   f. Tres de sus amigos piensan hablar con el rector de la universidad para quejarse de uno de sus profesores. ¿Cómo va a reaccionar el rector? ¿y su profesor(a)? ¿y Ud.?

B. Dramatizaciones

1. Problemas familiares. Ud. es un padre (una madre) que se preocupa mucho por su hijo de diez años. Normalmente es un niño feliz, activo y lleno de entusiasmo, pero últimamente (*lately*) ha estado deprimido y preocupado. Ud. sospecha (*suspect*) que tiene algún problema en su clase. Vaya (*Go*) a ver a su maestro(a) para hablar con él/ella y tratar de descubrir el problema.
2. Cómo causar una buena impresión. Ud. acaba de conocer a los padres de su novio/a. Ellos quieren hacerle a Ud. muchas preguntas acerca de su familia, su educación y sus planes para el futuro. ¡Recuerde que quiere causarles una buena impresión!

C. Composición

Imagínese que el director de una revista chilena para niños invita a Ud. a escribir una narración acerca de una experiencia memorable de su niñez. Escriba dos párrafos de 5 a 6 oraciones cada uno, usando el tiempo presente, como lo hace Neruda en «Mi primer poema».

Primer párrafo: ¿Cuándo ocurre este incidente? ¿Dónde? ¿Quién(es) está(n) con Ud.? ¿Es importante eso para Ud.? ¿Por qué?

Segundo párrafo: ¿Qué pasa? ¿Cómo se siente Ud.? ¿Cómo reaccionan sus padres o sus amigos? ¿Aprende Ud. algo de este incidente? Explique.

CAPITULO 3

¡REPASEMOS UN POCO!

Metas

- Comentar algunas situaciones socioeconómicas
- Repasar los pronombres personales

Contrastes socioeconómicos

A. ¿Qué sabe Ud. de la situación socioeconómica de la familia Ramos? Cite todos los detalles del dibujo que apoyan (*support*) su conclusión.

¿Cuáles son las preocupaciones de los miembros de la familia Ramos? ¿De qué se quejan? ¿Cómo se divierten?

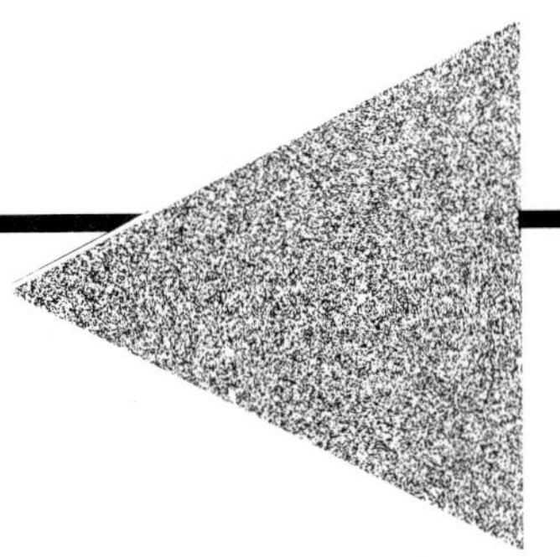

Y Amparo, ¿qué sabe Ud. de ella? ¿Por qué no está con su familia en este momento? ¿Dónde vive ahora? ¿Cuáles son las diferencias entre la vida que ella lleva y la de los miembros de la familia Ramos?

B. Compare detalladamente la situación socioeconómica de la familia Fuentes con la de la familia Ramos. ¿Cómo se explican estas diferencias?

¿De qué se preocupan los miembros de la familia Fuentes? ¿De qué se quejan? ¿Cómo se divierten? ¿Por qué se ponen tristes a veces?

C. Divídanse en parejas para comparar las familias de los dibujos con las de Uds. Hagan una lista de las semejanzas y las diferencias en que Uds. puedan pensar. (En mi familia..., En nuestra casa..., etcétera.) Luego den un informe a la clase de lo que han descubierto.

Para comentar

A. ¿Existen en los Estados Unidos las clases sociales? ¿Cuántas hay? ¿Cuáles son las diferencias entre unas y otras? ¿Cómo son las vidas de las personas de las diferentes clases? Compárelas. En nuestra sociedad, ¿cómo puede ascender una persona a una clase más alta? ¿Puede Ud. dar algunos ejemplos de hombres y mujeres que lo han hecho?

B. Para Ud., ¿cuáles son las cosas más importantes de la vida? ¿el dinero? ¿la reputación? ¿el poder (*power*)? ¿una casa elegante? ¿la felicidad? (Para mí...) Según su padre/su madre/su amigo, ¿cuál es lo más importante? (Mi papá/mamá/amigo dice... Según él/ella...) ¿Qué planes tiene Ud. para lograr lo que desea?

LECTURA: OPINION

Vocabulario para leer

VERBOS

aburrirse	to get bored
acercarse (a)	to approach
besar	to kiss
callarse	to be quiet, fall silent
enterarse (de)	to find out (about)
llevarse (bien/mal) (con)	to get along (well/badly) (with)
parecerse (a)	to resemble
ponerse + *adj.*	to become (*sick, cold, tired, etc.*)
resfriarse	to catch a cold

SUSTANTIVOS

el asesino	murderer
el/la criado/a, el/la sirviente/a	servant, maid
el retrato	portrait
el rostro	face
el soltero/la soltera	bachelor, unmarried woman
el suceso	event

ADJETIVOS

extraño	strange
sano	healthy, healthful

PREPOSICIONES

además de	besides
alrededor de	around
a pesar de	in spite of
a través de	through

MODISMOS

al aire libre	outdoor(s)
al fin y al cabo	after all, in the end
como de costumbre	as usual
tener prisa	to be in a hurry

A. Seleccione las palabras que mejor completan los siguientes párrafos.

Un tipo excéntrico

Don Torcuato Rojas y de la Vega es (un asunto muy mundial/un soltero muy extraño 1). Pasa el día en su biblioteca y casi nunca sale (al aire libre/de repente 2). Parece que le da miedo la posibilidad de (casarse/resfriarse 3) en la calle, aunque dice que nunca (se ha aburrido/se ha enfermado 4). (Se levanta/Se calla 5) a las cinco y cuarto cada mañana, y (tiene prisa por/se sube a 6) vestirse elegantemente. Luego pasa a la biblioteca para leer los diarios; quiere (parecerse a/enterarse de 7) todo lo que pasa en el mundo. No sale nunca hasta la hora de cenar.

Este hombre raro no (se lleva bien/sueña 8) con nadie, incluso con Raimundo su (asesino/criado 9) anciano. Y una vez, hace muchos años, cuando unas sobrinitas suyas trataron de (cazarlo/besarlo 10), don Torcuato (se mató/se calló 11) y nunca volvió a admitirlas en su biblioteca.

Don Torcuato habita en una casa antigua en el centro de la ciudad. (Además de/Alrededor de 12) ella hay un cerco (*fence*) enorme. (A través de/A pesar de 13) eso, insiste en que seis perros feroces la guarden de noche. Los pocos que han visto el interior de esta casa misteriosa dicen que las paredes están cubiertas de (retratos/paquetes 14) de unos nobles antepasados suyos. Según los que los han visto, el (rostro/rato 15) de don Torcuato (se acerca/se parece 16) más al de su bisabuelo, el famoso duque de la Vega. (De repente/Al fin y al cabo 17) hay que decir que a casi todo el mundo le fascina este (sirviente/soltero 18) por lo raros que son su carácter y su estilo de vida.

B. Los siguientes verbos se asocian con las palabras indicadas. ¿Puede Ud. explicar lo que significan?

1. asesinar: el asesino 2. suceder: el suceso 3. retratar: el retrato 4. soltar (ue): soltero 5. sanar: sano

C. Imagínese que su compañero/a de clase es un niño (una niña) de habla española. Explíquele en español lo que significa cada palabra.

1. el rostro 2. el soltero 3. la criada 4. besar 5. aburrirse 6. resfriarse 7. llevarse bien con alguien 8. (un café) al aire libre 9. tener prisa 10. como de costumbre

Introducción a la lectura

In painting as well as literature, Spanish art over the years has never lost contact with its greatest institution: the family. This certainly holds true for the short story "**Aniversario,**" by the prize-winning writer Luis Romero. Born in Barcelona in 1916, Romero is a prolific writer of novels, short stories, poetry, and books on history, art, and travel.

The Spanish family presented by Romero in "Aniversario" is both a unit with a common history and a collection of individuals with conflicting interests—a mixture of traditional and modern values. On this particular day, however, the family is united by one common event: an anniversary. But an anniversary of what? A marriage? The end of a war? Some momentous political event? A birth? A death? As reader, you must decide what event this family stops to remember, despite its busy lives and many concerns.

The narrator of the story seems to play a role in the marking of the anniversary. As you read, look for evidence in the text that identifies the narrator.

Una familia hispana cena en casa

«Aniversario»
LUIS ROMERO

Papá preside la mesa; al otro extremo, como siempre, está mamá. Lola y Joaquín se sientan del lado del balcón. Ninguno ha cambiado de lugar. En el centro humea la sopera.° Fuera, en la calle, hace frío y a través de los cristales se adivina° el triste mediodía de invierno.

humea... *the tureen of soup steams* / se... se ve

Joaquín tiene prisa; esta tarde se celebra un partido de fútbol importante. Continúa tan aficionado al fútbol como de costumbre. Pero físicamente ha cambiado mucho en estos años; ha crecido, ha ensanchado.° Se ha convertido en un hombre. Papá está silencioso, las arrugas° alrededor de la boca se le han acentuado hasta lo increíble.

agrandado, ampliado
wrinkles

—¿Queréis alguno un poco más de sopa?

Mamá tiene ya el cabello° completamente blanco. Lola está distraída; a media tarde va a ir al cine con su novio. Me resulta extraño que Lola pueda ya tener novio; si apenas era una niña... Lola come poco, pues no quiere engordar. Mamá le ha servido otro cazo° de sopa en el plato, y ella ha iniciado una protesta.

pelo
porción

—Cada día estás más flaca. Vas a terminar por enfermar.

La criada viene y se lleva la sopera. Esta chica se llama Jacinta; no llegué a conocerla. La anterior, Teresa, se casó, y ésta es del mismo pueblo. Es una vieja historia familiar; las chicas sirven unos cuantos años, y cuando se casan, viene para sustituirlas una prima, la hermana pequeña, o una moza cualquiera° del mismo pueblo. Esta no tiene novio todavía. Por la tarde irá a reunirse con otras sirvientas a casa de unos paisanos° que son porteros.

una... *(just) any girl*
gente de la misma provincia

Por el balcón penetra una luz blanquecina que empalidece° los rostros.

hace más pálidos

—Todavía no se sabe bien quién es el asesino; pero parece ser que la Policía ya tiene una pista.°

idea

A mi hermano Joaquín, además del fútbol le interesan los sucesos. No hace muchos días han cometido un crimen en la ciudad; una muchacha ha aparecido estrangulada. Mi madre también lee la página de los sucesos.

—Seguramente ha sido ese novio que tenía....

Papá calla. En su oficina, una diferencia ha perturbado la exactitud de la contabilidad,° y hasta que dé con° el error, estará muy preocupado.

accounting / hasta... *until he finds*

—Otra vez merluza,° mamá. Siempre comemos lo mismo.

pescado muy común en España

A Lola no le gusta la merluza; no le gusta casi nada. Pero desde que era pequeña, papá le impuso la obligación de comer cuanto le sirvieran.°

le... *forced her to eat everything they served her*

—Todo estaba carísimo° ayer en la plaza. Los sábados no se puede comprar.

costaba muchísimo

Papá levanta los ojos del mantel,° y exclama:

lo que cubre la mesa

—¡Así se hacen ricos los sinvergüenzas°!

shameless ones

Joaquín se sirve una copa de vino; un vino rojo que nos traían de un pueblo de la provincia en unas grandes garrafas.° Este debe ser todavía el mismo vino de entonces.

carafes

Lola está con mucho cuidado separando las espinas° del pescado; siempre ha tenido miedo a que se la atragantaran° las espinas.

fish bones
se... *they would choke her*

—¿Qué pensáis hacer esta tarde? ¿Por qué no os vais al cine? En el *Príncipe* proyectan una película muy bonita; yo la vi cuando la estrenaron°...

presentaron por primera vez

Mamá suspira; después sirve a Joaquín otro trozo° de merluza. Vuelve a suspirar.

porción

—No, hija, tu padre y yo nos quedaremos en casa.

Lola se mira en el espejo del aparador° y se compone el peinado.° Mi hermana es una muchacha muy hermosa y hace unos años era delgaducha y poco agra-

sideboard / su manera de llevar el pelo

ciada;° nadie hubiese podido prever entonces que se convertiría en° lo que es ahora. Lola se parece al retrato de mamá que hay en la sala, pero se la ve° más ágil, más joven, aunque mamá, cuando se retrató, era todavía soltera y debía tener la misma edad que ahora tiene mi hermana.

poco... no muy bonita / nadie... *nobody could have foreseen then that she would become*
se... parece

—Mamá, no sé cómo no os aburrís los dos toda la santa tarde en casa.

Papá calla y mira hacia el balcón; luego exclama de forma casi impersonal.

—Vais a tener frío en el fútbol.

Mamá en seguida piensa que Joaquín se va a resfriar, que tal vez atrapará una pulmonía,° que puede incluso morirse.

atrapará... *he'll get pneumonia*

—Joaquín, llévate la bufanda° gris.

scarf

El se ríe mientras se frota° las manos.

se... *rubs together*

—Pero si apenas hace frío, y estar al aire libre es sano.

De la pared ya no cuelga° aquel cuadro enmarcado° por falso bambú que representaba el morral° de un cazador, dos perdices y un conejo, colocados° sobre una mesa. En su lugar hay una copia de la Cena, de Leonardo, con marco dorado.°

hangs / *framed*
game bag / puestos
marco... *golden frame*

Jacinta entra con una fuente° de carne y la deja sobre el mantel. Se ha derramado° un poco de salsa.

platter
spilled

—¡Jacinta...!

Ha dicho mamá en tono de reconvención.° Joaquín está impaciente.

reproche

—Mamá, sírveme pronto, que si no voy a llegar tarde.

Papá le contempla con cierta extrañeza, como si no acabara de° comprenderle bien.

como... *as if he hadn't*

Lola dice de pronto:

—He pensado que no pudo ser el novio el que mató a esa chica. Al fin y al cabo, ¿para qué iba a matarla, si no la quería, si la acababa de abandonar?

Joaquín contesta con la boca llena:

—Tú eres tonta. ¿Qué sabes si la quería o no?

Mis hermanos nunca se llevaron bien. Acostumbraban a aliarse conmigo por turnos para atacarse. Una vez, Joaquín pegó° a Lola con un cinturón, y mamá le castigó un mes seguido° sin postre. Pero entonces eran todavía niños.

hit
entero

—Yo sé lo mismo que tú; lo que dicen los periódicos.

Papá levanta los ojos del plato.

—¿No os habéis enterado aún de que los periódicos no dicen más que tonterías°?

cosas no muy inteligentes

Ayer, a pesar de ser sábado, por la tarde acudió° a la oficina. Estuvo repasando todas las sumas° con su ayudante. No pudieron hallar el error, y papá se puso° tan nervioso, que apenas ha podido dormir en toda la noche. Mamá hace años que casi no duerme por las noches.

fue
números / se... llegó a ser

—¡Jacinta, traiga el postre en seguida! El señorito tiene prisa. Va a llegar tarde al partido.

Jacinta estaba hablando por la ventana de la cocina con la criada del primero, que es de un pueblo de la misma provincia.

—Manuel quiere establecerse por su cuenta.° Va a despedirse del empleo a fin de este mes.

por... *on his own*

Manuel es el novio de mi hermana Lola.

—¡Hija! ¿Qué dices? Es muy arriesgado° hacer semejante° cosa en estos tiempos. Un sueldo,° grande o pequeño, siempre es un ingreso° seguro.

Lola yergue° el busto.

—Pero ya sabéis que gana una miseria; con eso nunca podríamos° casarnos.

—Con mucho menos nos casamos tu padre y yo, y bien hemos vivido.

Mi hermano tiene la boca llena. Al salir de casa ha de ir a tomar el autobús, que le deja todavía bastante lejos del campo de fútbol; y sólo falta media hora para que comience el partido. A él, Manuel no le es antipático, pero tampoco le parece nada del otro jueves.° Lleva gafas y es de esos que leen libros de los que enseñan a triunfar en la vida.

Joaquín se pasa la servilleta por los labios, y se levanta sacudiéndose las migas del regazo.° Luego dice.

—Lola tenía razón. ¿Por qué no os vais esta tarde al cine? Con el frío que hace parece que da gusto ir al cine. Además, no es cuestión de que os paséis la vida encerrados.°

A mamá se le entristece el rostro; por un momento he temido que se pusiera° a llorar.

—¿Es que no os acordáis de qué día es hoy? Hoy precisamente hace cinco años de que vuestro pobre hermano...

Se le han saltado las lágrimas,° pero se domina. Papá se mira las uñas obstinadamente. Lola juguetea° nerviosa con el tenedor. Joaquín se ha quedado serio...

—Perdón, mamá; no me había acordado... Hace ya cinco años. ¡Cómo ha corrido el tiempo!

Mamá suspira:

—¡Pobre hijo mío!

Joaquín se acerca y la besa en la frente.° Lola se levanta y apoya° una mano en el hombro de mamá.

—Bueno; no te entristezcas ahora. Tú misma acabas de decirlo: hace ya cinco años.

En la cocina, Jacinta está canturreando° una canción de moda al compás° de una radio que se oye por el patio. Papá continúa mirándose obstinadamente las uñas.

imprudente / *such a*

dinero que uno gana / *income*

erguir = *to swell with pride*

nunca... *we would never be able to*

nada... nada extraordinario

sacudiéndose... *shaking the crumbs from his lap*

dentro de la casa

he... *I was afraid she would begin*

Se... *Tears have sprung up*

juega un poco

parte de la cara encima de los ojos y debajo del pelo / pone

cantando sin palabras / ritmo

¿Cuánto recuerda Ud.?

A. Diga si los siguientes sucesos ocurren o no en el cuento.

1. La familia está sentada a la mesa para almorzar mientras Jacinta le sirve la sopa.

2. El narrador observa que todo sigue más o menos igual que antes, aunque los miembros de la familia sí han cambiado mucho.
3. Joaquín tiene prisa por salir porque esta tarde se celebra un partido de fútbol importante.
4. Mamá se aburre y empieza a dormirse en su silla.
5. Hablan de los sucesos del día porque a Joaquín y a mamá les interesan muchísimo.
6. Papá se calla porque se ha cansado jugando al tenis con unos amigos suyos.
7. Mamá cree que Joaquín se va a resfriar si juega al aire libre.
8. Un desconocido viene a la puerta, llama a Lola, y la besa delante de todos.
9. Mamá se pone triste cuando Joaquín le dice que piensa casarse con Jacinta.
10. El narrador se levanta de su silla para confortar a mamá.

B. Identifique a la persona (mamá, papá, Lola o Joaquín) que hace cada declaración o pregunta. ¿A quién(es) le(s) habla?

1. —Cada día estás más flaca. Vas a terminar por enfermar.
2. —¡Así se hacen ricos los sinvergüenzas!
3. —¿Por qué no os vais al cine?
4. —Vais a tener frío en el fútbol.
5. —Pero si apenas hace frío, estar al aire libre es sano.
6. —Pero ya sabéis que gana una miseria; con eso nunca podríamos casarnos.
7. —Con mucho menos nos casamos tu padre y yo, y bien hemos vivido.
8. —¿Es que no os acordáis de qué día es hoy? Hoy precisamente hace cinco años que vuestro pobre hermano...

¿Qué opina Ud.?

A. Vemos todo lo que pasa en el cuento por los ojos del narrador. ¿Quién es? ¿Cómo lo sabe Ud.? ¿Cuáles son los indicios (*clues*) que nos señalan eso?

B. A lo largo de «Aniversario» hay sugerencias de que hoy no es un día ordinario, pero no se revela la razón hasta muy avanzado el cuento. ¿Cuáles son las cosas cotidianas (*everyday*) que ocurren? ¿Cuándo empieza Ud. a sospechar que en realidad no es un día como todos? ¿Qué incidentes extraños señalan eso? ¿De qué suceso es hoy el aniversario?

C. ¿Puede Ud. explicar por qué los padres de este cuento se preocupan tanto por la salud de Lola y Joaquín? ¿Es común en general que los padres se preocupen por cosas que a sus hijos no les molestan nada? ¿Se preocupa Ud. por algo en que no piensan mucho sus padres? ¿Por qué tienen los jóvenes preocupaciones tan distintas de las de los adultos?

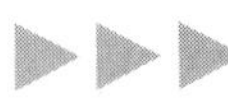

GRAMATICA EN CONTEXTO

9. More on Verbs That Indicate Change

As explained in **Capítulo 2,** verbs like **alegrarse, enojarse, casarse (con),** and **preocuparse (por)** indicate a change of state (*to become . . . , to get . . .*). Some of these verbs are used regularly with adjectives, especially those referring to mental states, to express such changes.

ponerse	alegre	alegrarse
	contento	contentarse
	enfadado (*angry*)	enfadarse
	enfermo	enfermarse, resfriarse
	furioso	enfurecerse (zc)
	nervioso	—
	triste	entristecerse (zc)
hacerse[1]	famoso	—
	rico	enriquecerse (zc)
quedarse	agotado (*exhausted*)	agotarse
	callado	callarse
	confundido	confundirse
	perplejo	—
	serio	—
	tranquilo	tranquilizarse, calmarse
volverse	histérico	—
	loco	enloquecerse (zc)
	orgulloso (*proud*)	enorgullecerse (zc)

¡Practiquemos!

A. ¿Por qué...? Trabajando en pares, un estudiante hace las preguntas y el otro las contesta según el modelo.

MODELO: volverse histérico (tú)/acabar de ver un ratón
A: ¿Por qué te has vuelto histérico?
B: Porque acabo de ver un ratón.

[1] **Hacerse** can be used with nouns as well: **Se hizo presidente** de la compañía en poco tiempo. *He became president of the company in a short time.*

1. ponerse nervioso (tú)/tomar mucho café
2. comprar los García un coche nuevo/acabar de hacerse ricos
3. ponerse muy alegre Lupe/ir a visitar a sus padres en Nueva York
4. pasar el día en la cama (tú)/ponerse enfermo
5. volverse loco Rafael/cuando enamorarse
6. quedarse perplejo el profesor/no entender la pregunta del alumno
7. ponerse triste José/su novia no querer hablar con él

B. ¿Cómo se siente Ud.? Explique cómo se ha puesto Ud.

MODELO: Acaba de recibir una carta de amor anónima. (quedarse perplejo) →
Me he quedado perplejo en cuanto al autor.

1. Acaba de salir con la persona de sus sueños. (enamorarse)
2. Acaba de asistir a un funeral. (ponerse triste)
3. Acaba de perder todo su dinero en Las Vegas. (volverse histérico)
4. Acaba de tomar un examen de física. (quedarse agotado)
5. Acaba de sacar una «A» en el examen. (ponerse alegre)

---

10. Object Pronouns

As explained in **Capítulo 2,** verbs are classified as transitive if they can take an object. Two types of objects can occur with transitive verbs: direct objects (usually a thing or idea) or indirect objects (usually a person). Both direct and indirect objects can be replaced by object pronouns when the referents are clear and the speaker wants to avoid repetitions. Remember that object pronouns refer to someone different from the subject of the verb; otherwise, they are reflexive pronouns.

A. The direct object pronouns can be placed either before a conjugated verb or attached to the end of an infinitive or gerund.

me	*me*	nos	*us*
te	*you*	os	*you (pl.)*
lo/la	*you, him, her, it*	los/las	*you (pl.), them*

Las chicas sirven unos años y luego vienen otras para sustituir**las.**
Aquella chica se llama Jacinta pero no llegué a conocer**la.**
Jacinta entra con una fuente de carne y **la** deja sobre el mantel.
Joaquín va a tomar el autobús que **lo** deja todavía bastante lejos del campo de fútbol.

B. The indirect object pronouns have the same form as the direct object pronouns, except for the third person. Depending on the context, the Spanish indirect object pronouns are translated into English using the prepositions *to, for, from, off, on,* as well as other equivalents.

me	*to me, for me, from me, etc.*	nos
te		os
le		les

An emphatic phrase—**a mí, a ti, a usted, a él, a ella, a nosotros, a ellos, a ustedes**—often occurs together with the indirect object pronoun for clarity, even when it seems redundant. These emphatic phrases cannot be used in place of the indirect object pronouns in Spanish; for example, **Te he dado el dinero,** or emphatically, **Te he dado el dinero a ti.** Even with names that function as the indirect object, Spanish tends to add the indirect object pronoun: **Le he dado el dinero a mi amigo Jorge.**

Mamá **le** ha servido otra ración de pescado (**a mi hermano**). (*to him*)
Joaquín se sirve un vino rojo que **nos** traían (**a nosotros**) de un pueblo de la provincia. (*for us*)
Papá **le** impuso (**a ella**) la obligación de comer toda la comida. (*on her*)
Lola **le** ha quitado los platos **a papá.** (*from him*)

¡Practiquemos!

A. Hablando de la familia. Simplifique el siguiente párrafo cambiando los nombres en cursiva (*italicized*) por pronombres del complemento directo o indirecto (*direct or indirect object pronouns*).

MODELO: Joaquín nunca habla *a Lola.* →
Joaquín nunca le habla.

Mis hermanos, Joaquín y Lola, nunca se llevan bien. A veces, Joaquín pega (1) *a Lola,* y entonces mamá castiga (2) *a Joaquín* y niega (3) *a Joaquín* el postre durante un mes. Después de la pelea, Lola no dice ni una palabra (4) *a Joaquín* y Joaquín nunca pide perdón (5) *a Lola.* Mamá quiere mucho (6) *a Joaquín y a Lola.* Mamá trata de dar más atención (7) *a Joaquín y a Lola,* pero no siempre tiene tiempo para vigilar (8) *a Joaquín y a Lola.* De todos modos, Joaquín y Lola se dan cuenta de que mamá tiene mucho trabajo y ellos tratan de ayudar (9) *a mamá* con el trabajo de la casa.

B. ¿Cuáles son los síntomas? Su compañero/a está enfermo/a. Ud. llama al médico y él le pregunta por teléfono acerca de los síntomas del enfermo. Ud. contesta «sí» o «no» con la ayuda de los pronombres del complemento directo o indirecto.

MODELO: —¿Ha visto Ud. a su compañero/a de cuarto?
—Sí, lo/la he visto.

1. ¿Tiene fiebre muy alta? 2. ¿Ha comido el desayuno esta mañana? 3. ¿Tiene los ojos rojizos? 4. ¿Su compañero/a les ha dicho algo a sus padres sobre los síntomas? 5. ¿Qué les ha dicho a Ud. y a los otros compañeros de cuarto? 6. ¿Ud. va a llevar a su amigo/a al hospital?

---

11. Verbs Like *gustar*

Most of the time, sentences in Spanish are constructed as follows:

SUBJECT (agent) + VERB (action) + OBJECT (recipient)

(SUBJECT and VERB: agree in person and number)

Yo comí otro cazo de sopa. — *I ate another portion of soup.*
Tú escribes mucho a mamá. — *You write to mother a lot.*

But not all sentences follow this pattern. A number of verbs—**gustar, importar, parecer, encantar, interesar, resultar, faltar** (*to be lacking*), **hacer falta** (*to be necessary*), **molestar** (*to be irritated*), **(des)agradar** (*to [dis]please*), **doler** (*to hurt*)—lack an agent, or a "doer." In these cases, what normally would be considered the logical object (a thing or idea) agrees in person and number with the verb as if it were the subject of the verb.

The person to whom the action is happening is not an agent but an "experiencer," the person affected by the action of the verb. The experiencer appears with **gustar**-type verbs as the indirect object. The emphatic phrases **a mí, a ti,** etc. can also occur in any order.

A mi hermano Joaquín, además del fútbol, **le** interesan los sucesos.
No **le** gusta comer merluza **a Lola.**
A él (**a Joaquín**) Manuel no **le** parece nada especial.
Me resulta extraño que Lola ya pueda tener novio.

Note that the verb **parecer** frequently occurs with adjectives and noun clauses, much like the linking verb **ser.**

Ese chico **me parece** guapo. = Ese chico es guapo.
Nos parece que Lola come poco. = Es que Lola come poco.

¡Practiquemos!

A. ¿Qué le gusta hacer? Trabajando en pares, uno de Uds. hace la pregunta y el otro la contesta, según el modelo.

MODELO: ¿a tu novio/a?/ir al cine
A: A tu novia, ¿qué le gusta hacer?
B: Le gusta ir al cine.

1. ¿a ti?/ver películas de ciencia ficción
2. ¿al profesor?/enseñar a los alumnos curiosos
3. ¿a tus hermanos?/asistir a las reuniones familiares
4. ¿a ustedes?/leer los sucesos del día
5. ¿a nosotros los norteamericanos?/comer hamburguesas y papas fritas

B. ¿Cuál es su opinión? Es fácil expresar las opiniones personales usando los verbos **gustar, importar, agradar, desagradar, encantar, molestar, interesar, parecer** o **resultar.** Use estos verbos para sustituir la información entre corchetes (*brackets*). Las opiniones en el primer párrafo son las suyas; las del segundo son las opiniones de sus padres.

MODELO: [Es desagradable] manejar en tráfico. →
No me gusta (agrada) manejar en tráfico.

Para mí...

[Son detestables] los políticos profesionales. [Es] que no hacen nada. Dicen cosas en la prensa que [no son importantes]. [Son irritantes] sus mentiras. Sus programas de acción [no son interesantes] y además [son] muy costosos.

Para mis padres...

[Es encantador] mi novio Jorge. [Da gusto] hablar con él porque [son agradables] sus modales (*manners*). Jorge no tiene mucho dinero pero la falta de dinero [no es importante]. [Es] muy trabajador. [Es] que una persona como él sería muy bienvenida en la familia.

Gramática en acción

A. Me vuelvo loco cuando... Divídanse en grupos de cinco. Cada persona selecciona uno de los estados mentales (ponerse contento, ponerse furioso, ponerse alegre, ponerse triste, ponerse nervioso, volverse loco, quedarse perplejo, etcétera) y explica cuándo él, ella u otro miembro de la familia se siente así y cómo y por qué esto ocurre. Por ejemplo, «Mi papá siempre se pone furioso cuando canto en el baño, especialmente cuando...». Debe darle al grupo explicaciones detalladas.

B. Una conversación melodramática. El siguiente diálogo entre Carlos y Elena es al estilo de una telenovela (*soap opera*). Complete los siguientes párrafos llenando los espacios en blanco con los pronombres del complemento directo o indirecto o con los pronombres reflexivos, según el contexto.

ELENA: Soy una mujer moderna e independiente. A mí no ____(1) gusta estar atada (*tied down*). Sé que una relación requiere mucha atención para mantener ____(2) fuerte. Pero la relación que ____(3) une a nosotros requiere un poco de trabajo, ¿no crees? No tienes que poner ____(4) tan nervioso en mi presencia, Carlitos. Ya sabes que yo ____(5) quiero mucho. A veces ____(6) vuelvo loca con la idea de casar ____(7) contigo. Pero cuando hablamos de matrimonio, siempre ____(8) dices (a mí) que no tenemos suficiente dinero. ¿Por qué (a ti) ____(9) importa tanto el dinero? Una familia no ____(10) hace rica de la noche a la mañana. A los otros enamorados siempre ____(11) importa más el amor, ¿no? ¿Los problemas del futuro? Podemos resolver ____(12) con amor, ¿no crees, Carlitos?

CARLOS: Querida, ya sabes que ____(13) encuentro muy contento con nuestra relación. Pero hay una cosa que ____(14) molesta. Quiero pedir ____(15) a ti un favor. Tienes que llamar ____(16) por mi nombre verdadero: soy «Carlos», no «Carlitos», ¿____(17) oyes? A mí ____(18) molesta el nombre de «Carlitos». Mis compañeros de fútbol van a burlar ____(19) de mí si te oyen llamar ____(20) «Carlitos».

ELENA: A ellos no ____(21) importa tu nombre, mi amor. Puedes dar ____(22) cualquier explicación. Ellos van a creer ____(23) sin duda alguna pero, ¿a ti no ____(24) parecen más importantes mis opiniones?

CARLOS: Claro que sí, querida. Tú eres mi vida.

ELENA: ¡Aaay! ¡Carlitos!

C. Compañeros de cuarto. Divídanse en grupos de dos o de tres. Imagínense que no se conocen y que van a ser compañeros/as de cuarto. Cada uno de Uds. debe decirles a los otros las cosas que (no) le agradan, que (no) le gustan, que (no) le importan, que (no) le interesan, que (no) le molestan, que (no) le encantan, etcétera.

MODELO: ¡A mí no me gusta el humo de los cigarrillos!

¡HABLEMOS, PUES!

A. Vocabulario útil: Las emociones (segunda parte)

	SUSTANTIVOS	VERBOS	ADJECTIVOS CON *ESTAR*
pride	el orgullo	enorgullecer(se) (zc)	orgulloso
gratitude	la gratitud	agradecer (zc)	agradecido
eagerness	el deseo	desear	deseoso de
relief	el alivio	aliviar(se)	aliviado
encourage-	el ánimo	animar(se)	animado
ment	el aliento	alentar(se) (ie)	alentado
	la ilusión	ilusionar(se)	ilusionado
discourage-	el desánimo	desanimar(se)	desanimado /
ment	el desaliento	desalentar(se) (ie)	desalentado
	la desilusión	desilusionar(se)	desilusionado
annoyance	la molestia	molestar(se)	molesto
confusion	la confusión	confundir(se)	confundido
displeasure	el disgusto	disgustar	disgustado
embarrass-ment	la vergüenza	avergonzar(se) (ue)	avergonzado
frustration	la frustración	frustrar(se)	frustrado
suspicion	la sospecha	sospechar	sospechoso

1. Usando el **Vocabulario útil** de este capítulo (y también el del **Capítulo 2**), explique lo que pasa en cada dibujo de la página 82. En su opinión, ¿por qué se siente molesta (orgullosa, agradecida, celosa, etcétera) cada persona?
2. Los siguientes sucesos acaban de ocurrir. Explique cómo reaccionan las personas indicadas.
   a. Amador Torres acaba de ver a su novia besando a su amigo Ignacio durante una fiesta. ¿Cómo se siente Amador? ¿Por qué? ¿Qué hace ahora?
   b. Sara y Esteban han trabajado juntos en un proyecto para la clase de química. El último día descubren que su profesor no valora un proyecto compartido (*shared*) de esa manera. ¿Cómo se sienten los dos? ¿Tiene razón el profesor o no?
   c. En España oímos que John Doe dice: «Yo estoy muy embarazado». ¿Cómo reaccionamos? ¿Cómo va a sentirse John dentro de poco? ¿Por qué? ¿Qué palabra debe haber usado el joven?

México
URSS
Italia
MÉX

el Sr. Elizondo
la Sra. Elizondo
Felisa
Camilo
Dionisio

ch. Su mejor amiga y una hermana suya están en un restaurante francés muy famoso. Cuando llega la sopa, su amiga ve que hay una mosca (*fly*) flotando en ella. ¿Cómo se siente? ¿y su hermana? ¿Qué le dicen al camarero? ¿Cómo reacciona él? ¿Por qué?

d. El peor estudiante de la clase de historia saca la mejor nota en el último examen. ¿Qué le dice el profesor? ¿Qué piensan los otros estudiantes? ¿Por qué?

e. Josefina participa hoy en una carrera (*race*) de los niños de la primaria. Han venido sus papás, su abuelita y unos primos suyos. ¿Por qué están allí todos? ¿Cómo se siente la niña al oírlos gritar? ¿Cómo va a sentirse si gana? ¿y si no gana?

B. Dramatizaciones

Imagínese que hoy es un día típico en la casa de una familia típica. Con un compañero (una compañera), preséntenle a la clase una de las siguientes escenas cotidianas en la vida de esta familia:

a. Son las siete y media de la mañana. Uno de los padres se acerca a la cama de uno de los hijos para despertarlo/la porque éste/ésta tiene hoy una entrevista en la compañía IBM.

b. Son las ocho y cuarto de la mañana. Los niños no pueden entrar en el baño porque hace casi una hora que el hermano (o la hermana) mayor está allí. La puerta del baño está cerrada con llave. Uno de los padres llama a la puerta.

c. Son las seis menos cuarto de la tarde. Uno de los padres está en la cocina preparando la cena y necesita la ayuda de uno de sus hijos. El/La joven prefiere mirar la televisión.

ch. Son las ocho en punto de la noche. Según uno de los padres, los niños tienen que acostarse ahora pero uno de los niños no quiere hacerlo.

d. Es medianoche. El hijo (La hija) mayor acaba de regresar a casa. Uno de sus padres quiere saber por qué vuelve tan tarde cada noche.

C. Composición

Mire el anuncio de la Tarjeta American Express en la página 84. Imagínese que una foto suya aparece en un anuncio parecido para otro producto. Escriba dos párrafos de cinco a seis oraciones cada uno acerca de esto.

a. Primer párrafo: Describa la fotografía que aparece en el anuncio. (Use una foto verdadera si es posible.) ¿Qué hace Ud. en la foto? ¿Dónde está Ud.? ¿Aparecen otras personas también? ¿Quiénes son? ¿Por qué están allí?

b. Segundo párrafo: Escriba el título y el testimonio personal que acompañan su foto. Explique su opinión sobre el producto que Ud. ha escogido. ¿Por qué lo usa? ¿Qué le pasa si se encuentra en algún lugar sin ese producto?

"¿Me conoce?"

Martha Chapa, pintora mexicana cuyos cuadros se admiran internacionalmente.

"Mis manzanas son famosas, pero a mí, pocos me identifican con ellas"

"Por eso, cuando salgo de compras o fin de semana, no resisto la tentación de llevar La Tarjeta American Express".

Con La Tarjeta American Express, usted siempre se siente tranquilo, porque no tiene límite preestablecido de cargos, y es bienvenida en los más selectos restaurantes, hoteles, tiendas y boutiques.

También es agradable saber que usted queda protegido si La Tarjeta llegara a perderse o fuera robada, y que American Express la repone en 24 horas.

Con La Tarjeta American Express, usted no necesita ser famoso para ser reconocido en los mejores lugares.

"Si aún no la tiene, lo invito a reunirse con nosotros que ya la disfrutamos".

Solicitud para LA TARJETA
Tome una solicitud

Solicítela hoy mismo. Llene y envíe la solicitud adjunta, o si ésta ya ha sido desprendida, tome una solicitud en cualquier establecimiento de prestigio. También puede pedir una solicitud al **598-71-22**. Si usted está fuera del D.F., llame por cobrar.

La Tarjeta American Express.
No salga sin ella.

UNIDAD I
INDICE MORFOLOGICO

A. PRESENT INDICATIVE OF *SER* AND *ESTAR*

ser	
soy	somos
eres	sois
es	son

estar	
estoy	estamos
estás	estáis
está	están

B. INTERROGATIVE WORDS

Note that all interrogative words have written accents.

¿qué?	*what?*
¿por qué	*why?*
¿para qué?	*why? what for?*
¿cuándo?	*when?*
¿cómo?	*how?*
¿dónde?	*where?*
¿adónde?	*(to) where?*
¿de dónde?	*(from) where?*
¿quién(es)?	*who?*
¿cuál(es)?	*which? (which ones?)*
¿cuánto(s)?/¿cuánta(s)?	*how much? (how many?)*

C. IRREGULAR PAST PARTICIPLES

abrir	abierto	morir	muerto
cubrir	cubierto	poner	puesto
decir	dicho	romper	roto
escribir	escrito	ver	visto
hacer	hecho	volver	vuelto

ENTREVISTA

María Teresa y Rodrigo Garretón

Los señores Garretón son de Chile, pero ahora viven cerca de Chicago, muy asimilados a la vida estadounidense. Sus dos hijas nacieron en los Estados Unidos. La autora los entrevistó en junio de 1988.

MARTHA MARKS: Quisiera saber algo acerca de cómo es la familia hispana, si es que existe una familia típica hispana. En Chile, digamos.

RODRIGO GARRETON: La familia típica de Chile es una familia numerosa comparada con lo que es una familia aquí. Generalmente tiene más niños.

MARIA TERESA GARRETON: Nosotros éramos cuatro.

RG: Nosotros éramos tres.

MTG: Es lo normal. No es como aquí que casi todas las familias tienen dos niños. Allá por lo menos tres.

RG: Por lo menos tres. Sería una familia pequeña. Y una familia normal, en la escuela adonde yo fui, eran cinco o seis. Y más. Ocho o nueve.

MTG: Pero no en la familia típica.

RG: No, pero en general la familia tiene más niños que acá. De tres para arriba.

MM: Y ¿a qué se debe eso?

RG: Es difícil explicar. Yo creo que más que nada tiene que ver con el origen agrícola de la cultura y de la economía, donde es importante tener más niños que pueden ayudar en las labores del campo, etcétera. Además, hay la tradición muy fuerte católica donde los niños son una bendición del cielo y mientras da más niños, mejor. Está cambiando, pero es la forma de sentir de la gente.

MM: ¿En qué consistían sus familias? ¿Los abuelos, los tíos y todo?

MTG: Era un poco distinto para nosotros. Mi abuelita vivía a dos o tres cuadras de la casa nuestra, pero siempre estaba. Es viuda. Mi abuelo murió cuando yo tenía dos años. Mis otros abuelos... Mi abuelo murió antes que yo naciera y mi abuela

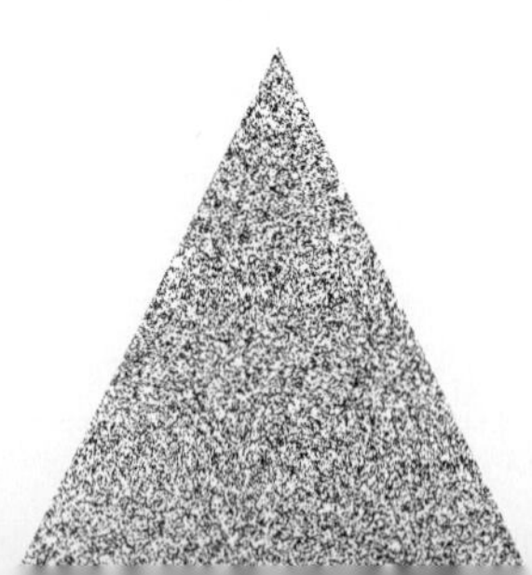

Rodrigo y María Teresa Garretón

vivía en otra ciudad. Así que con ella no teníamos la misma relación. Pero mi abuelita era parte de la familia.

MM: ¿Se veían todos los días?

MTG: Sí.

RG: En mi caso también. La mamá de mi papá, mi abuela paterna, vivía con nosotros. La familia nuestra era los tres niños y los tres adultos.

MM: ¿Y eso es lo normal?

RG: Es muy común que—sea un tío o los abuelos—que vivan en el mismo lugar. Las familias son mucho más grandes en ese sentido, más extendidas. La familia es un núcleo muy importante dentro de la sociedad. A todo nivel, en la clase más alta y la clase más baja también. Y también los tíos que no son tíos, son amigos que también son muy próximos a la familia... y los compadres, es decir los padrinos de los niños.

MM: Eso es algo raro aquí. ¿Me pueden explicar algo sobre quiénes son los compadres o cómo es su relación con la familia?

MTG: Bueno, los compadres empezaron por la parte religiosa, o sea... La idea es que los padrinos son las personas que se hacen cargo de los niños si los padres no están. Más que nada nació de la idea de que alguien tenía que encargarse de la parte religiosa. Pero eso se mantuvo aun en las familias que no practican la religión. En general son amigos. También puede ser que sean parientes. Puede ser que el hermano y la cuñada se conviertan en compadres, pero en general son amigos. Y así es como se pierden los padrinos, también. Le pasó a Rodrigo.

MM: Ah, ¿sí?

RG: Bueno, porque... Si los padres en el momento determinado, cuando nace el niño, son muy amigos de una pareja, los hacen padrinos. Pero si dejan de verse con el tiempo, se pierde la relación y el niño queda sin padrinos.

MM: ¡Pobre!

RG: ¡Sí! Es una relación muy especial, porque es una relación por los niños con estos adultos que no son familia pero sí son especiales para el niño. Y además es una relación de los adultos entre ellos, o sea cuando uno habla de «Ud., mi compadre», es algo muy especial.

MM: Es difícil, ¿no? Uds. se han trasladado a los Estados Unidos, viven acá donde no existen las mismas costumbres como allá en Chile. ¿Les ha sido difícil adaptarse a la vida aquí?

MTG: Al principio, yo diría que sí. Mucho. Las relaciones humanas son muy distintas. Al principio, los amigos, la familia... Uno los echa mucho de menos. Pero poco a poco la familia de Rodrigo venía a los Estados Unidos. Están todos acá. Y si estamos aquí, siempre pasamos la Navidad juntos. Siempre se junta la familia. Así se mantiene. Pero el resto es muy difícil porque mis hijas no tienen esa noción de la familia que teníamos nosotros.

RG: No, eso se pierde. Es difícil de aceptar. Y ahora tratamos de ir a Chile cuando podemos, cada dos años generalmente, para tratar de mantenerles por lo menos un sentido que existe otra gente que también es parte de lo que ellas son. Pero es difícil de mantener. Además, como las distancias aquí son tan grandes. Como estamos en Chicago y mi familia está en California, entonces no es cosa de llegar a verse los fines de semana.

MM: Como cualquier familia norteamericana que no vive cerca de los suyos.

RG: Uno echa eso mucho de menos. Se pierde eso. Además, yo creo que los amigos que uno tiene allá son más amigos. No sé por qué. Puede ser porque los que conocemos aquí los conocimos como adultos. Entonces no existe todo el pasado de haber crecido con la misma gente. La gente es mucho más formal.

MM: Además de eso y además del tamaño de la familia y además de que aquí hay muchas personas que escogen no tener hijos, lo cual casi no existe en Chile, ¿hay otras diferencias o contrastes que Uds. han notado?

RG: La relación de padres e hijos es distinta. Los niños tienen una relación un poco más formal, de más respeto, diría yo, por los adultos en general. Y por los padres también. Lo que dicen los padres es ley y no se discute. Generalmente no se contradice a los padres. Lo mismo con los profesores, con cualquier adulto. Aquí son mucho más libres. Los niños desde chicos se acostumbran a discutir, a contradecir, a tener su opinión, a hacer valer su opinión frente a los adultos sin importarles la diferencia de edad.

MM: ¿Es mejor acá o allá?

MTG: Yo creo que hay ventajas y desventajas en los dos sistemas.

MM: ¿Cuáles son?

MTG: Bueno, por un lado, a mí me gusta la idea que los niños respeten a los adultos. Pero por otro lado, aquí los niños tienen que aprender a expresar lo que quieren, lo que necesitan a una edad más temprana. Porque son personas.

RG: Son más independientes. Se crían los niños en forma mucho más independiente que allá porque es necesario. Allá siempre hay adultos en la casa. Si no están los padres, hay otros adultos. En cambio, aquí los padres generalmente trabajan, los dos, y los niños se crían más solos. Tienen que ser más responsables, tienen que saber defenderse, tienen que saber manejarse sin los adultos. Por lo tanto crean una distancia porque son personas mucho antes que los niños allá.

MM: ¿Es difícil criar a sus hijas en una cultura tan diferente?

MTG: Sí, es difícil más que nada porque en parte es una cultura ajena a nosotros, parte de nosotros rechaza muchas de las cosas.

MM: ¿Y cómo será cuando sus hijas lleguen a ser adolescentes?

RG: ¡Horrible! Es bien difícil, porque uno no puede alienarlas tampoco. No puede prohibirles ser como los otros niños. Ellas nacieron aquí, se están criando aquí, van a la escuela aquí, y obviamente tienen que funcionar en este medio ambiente. Ahora lo más que podemos hacer nosotros es tratar de demostrarles que esto no es todo lo que existe, que hay otro mundo distinto a éste donde se juega por otras reglas, donde hay otros valores. Pero no podemos obligarlas a que sean como nosotros queremos que sean. Van a ser lo que ellas quieran ser.

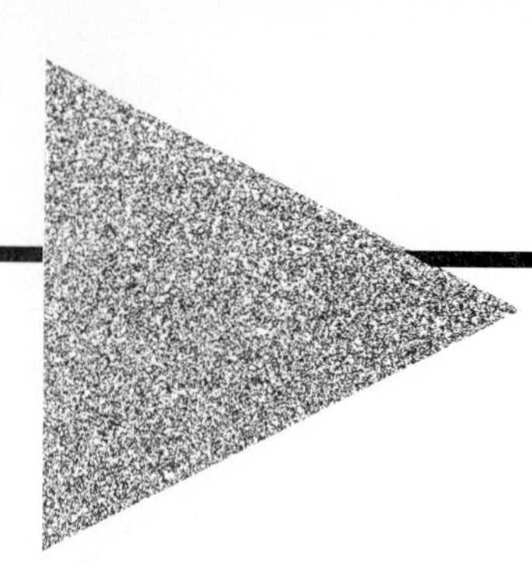

Pablo Picasso

Cristóbal Colón

Moctezuma

Gabriela Mistral

Guillermo Vilas

el Generalísimo Franco

Diego Rivera y Frida Kahlo

Miguel de Cervantes

UNIDAD II

ANTE EL PUBLICO

Alicia de Larrocha

© AP/WIDE WORLD PHOTOS

THE THEMATIC FOCUS OF **Unidad II** is public figures, especially how their public lives and their private selves coexist, how others regard them, and how they cope with fame. In **Capítulos 4** and **6** you will read about two prominent Hispanic figures: the current King of Spain and the powerful and controversial wife of a former president of Argentina. **Capítulo 5** contains a short story about a political strongman who pays a price for his power at the hands of a small-town dentist.

Unidad II emphasizes the same tasks as **Unidad I** (describing, narrating, and asking and answering questions), but now the time emphasis shifts to the past, in addition to the present. Activities in these chapters deal with people currently in the public eye as well as historical and popular figures of the past.

The following mini-index will help you find the key grammar points presented in this unit.

Jorge Luis Borges

© UPI/BETTMANN NEWSPHOTOS

12. Talking About the Past 99
13. More on the Past (Preterit/Imperfect) 117
14. Uses of the Present Participle 121
15. Multiple Object Pronouns 123
16. Past Perfect Tense 140
17. Stressed Possessive Adjectives and Possessive Pronouns 141
18. Demonstrative Pronouns 142
19. Pronouns After Prepositions 143
20. Review of Indicative Tenses 144

Unidad II índice morfológico 151

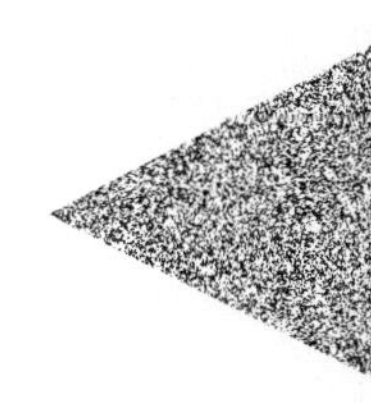

CAPITULO 4

¡REPASEMOS UN POCO!

Metas

- Describir algunos sucesos memorables
- Hablar del pasado

Desde aquel entonces...

A. ¿Qué sucede en este momento en casa de la familia Estévez? ¿Cuándo ocurrió la escena que el Sr. Estévez recuerda? ¿Por qué había tantos periodistas y fotógrafos en la sala aquel día? ¿Por qué estaba allí Adolfo Estévez? ¿Qué decía él en aquel momento?

¿Qué tipo de persona era el presidente? ¿Cómo se vestía? ¿Qué pensaba él mientras escuchaba a Adolfo Estévez? Usando su imaginación, trate Ud. de describir cómo ha cambiado la vida de Adolfo desde aquel entonces.

B. ¿Por qué están en la parada Miranda y Adriana? ¿Qué acaban de hacer? ¿Qué experiencia compartieron (*shared*) las dos hace años? ¿Cuántos años tenían? ¿Dónde ocurrió?

Describa detalladamente a Narciso Rabal. ¿Qué tipo de persona era? ¿Cómo se vestía? ¿Qué pensaban de él las dos chicas? ¿Cómo las trató Narciso Rabal? ¿Qué sucedió después que entraron en su vestuario (*dressing room*)?

C. Haga una lista de los privilegios y de los problemas particulares de ciertos grupos: las estrellas de televisión, los deportistas famosos, los políticos y las figuras de la alta sociedad.

Para comentar

A. ¿Ha conocido Ud. alguna vez a alguna persona famosa? ¿A quién? ¿Cómo era esa persona? ¿Dónde la conoció? ¿Fue un momento muy especial en su vida? ¿y en la vida de la persona famosa? Explique su respuesta.

B. Todos tenemos héroes personales. De todas las personas que viven o que ya han muerto, ¿a quién le gustaría (*would you like*) conocer más? (Me gustaría...) ¿A quién *no* le gustaría conocer? Explique sus respuestas.

LECTURA: DESCRIPCION

Vocabulario para leer

VERBOS

alejar	to remove to a distance; to move away (from), distance oneself (from)
aprovechar	to take advantage (of)
reñir (i, i)	to scold
soler (ue) + ***inf.***	to be accustomed to (*doing something*)

SUSTANTIVOS

la broma	joke, jest
la etapa	stage (*of one's life*)
la guerra	war
la luz	light
la niñez	childhood
la paz	peace
el peligro	danger
el piso	floor; apartment
el rasgo	trait, characteristic
el rey, la reina	king, queen
la risa	laughter
el ruido	noise

ADJETIVOS

callado	quiet
dispuesto	ready
fiel	faithful
oscuro	dark
sonriente	smiling

MODISMOS

darle vergüenza (a uno), tener vergüenza	to be embarrassed, ashamed	**tener chispa**	to be witty
más bien	rather	**no tener (más) remedio**	to be unavoidable, to have no (other) choice

---

A. Seleccione las palabras que mejor completan los siguientes párrafos.

Memorias de un tiempo perdido

Hace muchos años, durante mi (risa/niñez 1), estaba de visita en la casa de unos tíos míos. (Solía/Reñía 2) visitarlos en el campo porque en aquella época el país estaba en (broma/guerra 3) y mis papás pensaban que el (paquete/peligro 4) era mayor en la ciudad que en el campo. Mis primas y yo nos (enterábamos/aprovechábamos 5) de los (ratos/rasgos 6) libres para jugar. Era mucho mejor estar allí que en (el piso/la luz 7) de mis papás porque podíamos hacer todo (el ruido/la paz 8) que queríamos. En la ciudad, si gritábamos demasiado, nos (reñían/aprovechaban 9) y (no teníamos más remedio que/teníamos vergüenza de 10) estar (oscuros/callados 11). ¡Nos gustaba mucho más el campo!

Yo era un chico más bien (oscuro/extraño 12) en aquel entonces. Era un poco (distraído y callado/lejano y fiel 13). Les gritaba a los otros niños de vez en cuando y ahora me doy cuenta de que no (se divertían/se resfriaban 14) mucho jugando conmigo. Un día, por ejemplo, los hijos de unos (reyes/vecinos 15) nuestros llegaron para pasar un (fondo/rato 16) con nosotros. Uno de ellos (tenía mucha chispa/tenía vergüenza 17) y empezó a reírse de mí. No me gustaron nada sus (bromas/rasgos 18) y le respondí duramente. Ahora comprendo que en aquel entonces estaba pasando por una (sombra/etapa 19) muy difícil de mi vida, como la estaba pasando también el país entero. Acabó por fin todo aquello, igual que la guerra y mi niñez.

B. Busque la palabra que no corresponde en el grupo y explique por qué es diferente de las demás.

1. el vecino, el peligro, el criado, el asesino 2. la guerra, la paz, la sombra 3. el rato, el rey, la reina 4. la risa, el nivel, la broma, sonriente, reírse

C. Imagínese que su compañero/a de clase es un niño (una niña) de habla española. Explíquele en español lo que significa cada palabra.

1. la broma 2. el rey 3. la risa 4. la paz 5. el piso 6. el ruido 7. la guerra 8. el peligro 9. callado 10. oscuro

Introducción a la lectura

After the bloody Spanish Civil War (1936–1939), Spain spent thirty-six years under the dictatorship of Generalísimo Francisco Franco. Although Franco believed in the monarchy, he did not trust the heir apparent Don Juan de Borbón, who was living in exile in Switzerland. Instead of allowing Don Juan to assume his rightful throne, Franco began grooming Don Juan's ten-year-old son, Juan Carlos, as his eventual successor. Twenty-seven years later, on November 27, 1975, Franco died, and Juan Carlos was subsequently crowned King of Spain. Today King Don Juan Carlos de Borbón is one of the most popular and politically important of all the existing monarchs. Ironically, he is a staunch supporter of Spain's democratic government.

Juan Carlos has lived through three vividly different periods in Spanish history: the Civil War, Franco's dictatorship, and the transition to democracy. In this reading, the king and his sister reminisce about these experiences from a personal viewpoint. Notice that definite moments or dates aren't important to the narration, but rather day-to-day activities and impressions. How do some of these early experiences define the king's present personality? What lesson did the young prince learn about the meaning of patriotism? Why does a leader like Juan Carlos need a sense of humor? What incident shows that he has one?

La familia real de España se divierte esquiando en las montañas de su país.

El Rey cuenta su vida

VICTOR SALMADOR

Mientras don Juan Carlos niño reside en Roma, en un piso de la Viale Parioli, sus padres viven pendientes de° las noticias que llegan de España y del mundo. Primero, de la guerra civil española; después, de la guerra mundial.

Quien hoy recuerda mejor la etapa infantil de Roma es la infanta doña Pilar, hermana del Rey, un par de años mayor que él.

—Mi memoria de aquel tiempo—nos ha dicho—está asociada al ruido de las sirenas y a los bombardeos. Nunca bajábamos a guarecernos° a los refugios. Creo que nos parecía alucinante y hasta novelesco vivir aquella aventura de las habitaciones oscuras y en el cielo la luz de los reflectores, que debía parecernos como de relámpagos.° Pero no sentíamos miedo. Jamás° nos pasó por la cabeza la idea de que una bomba pudiera caernos encima.° Nuestros padres, con gran serenidad, alejaban de nosotros la angustia del peligro. Pero de todos modos, con nuestro traslado° a Suiza cambió todo aquel panorama. En Lausanne había paz. Jugábamos a subirnos a los árboles. Yo competía con mi hermano en aquellas peripecias.°

—¿No era Juan Carlos en aquella época un niño melancólico, triste, callado, introvertido, frágil?... Parece dar esa sensación en las fotografías.

—¡Pero qué va°! Ni era melancólico entonces ni lo ha sido nunca. Mi hermano era, antes como ahora y siempre, muy ocurrente° y lo más extrovertido y alegre que nadie pueda imaginar. Tiene verdadera "chispa". Estaba dispuesto a toda hora para la risa y la broma. Su expresión era más bien como de picardía,° de optimismo, de vitalidad. Nada de niño frágil. En realidad, ya era casi hercúleo para su edad.

—¿Cómo era don Juan Carlos niño? ¿Se sentiría° consciente del destino que le aguardaba? (Quien responde ahora es el propio don Juan Carlos y transcribimos textualmente sus palabras):

—Aquel niño se sentía extraño, confuso y bastante solo. Pero estaba acostumbrado a una disciplina rigurosa.

—¿Qué recuerda de su abuela, la Reina Victoria Eugenia?

—Me quería mucho y era una mujer extraordinaria. Unicamente me reñía por mi poco entusiasmo por la lengua inglesa. Esto necesita una explicación: Hubo un momento en que el problema de Gibraltar° y algunas otras cosas me tenían en situación de patriótico enfado° con Inglaterra y me resistía a estudiar el idioma. Me reñía mi padre, me reñía mi abuela, me reconvenían° los profesores, pero yo estaba empeñado° en no aprender inglés. Hasta que un día, durante un viaje que hice a Inglaterra con mi padre, fuimos a almorzar a Balmoral,° invitados por la reina; y al sentarnos a comer, mi padre le dijo a Isabel II: "Siéntalo a tu lado para que se avergüence° de no poder contestar en inglés a lo que le preguntes". Efectivamente, me dio mucha vergüenza tener que emplear el francés para hablar

viven... esperan ansiosamente

refugiarnos, escondernos

lightning bolts

Nunca

pudiera... *could fall on us*

cambio de residencia

aventuras juveniles

¡Pero... *What nonsense!*

chistoso

impishness

Se... *Did he feel . . . ?*

ciudad fortificada en la extremidad sur de España que los ingleses controlan

irritación, disgusto

lectured /decidido, resuelto

uno de los palacios de la reina de Inglaterra

para... *so he'll be ashamed*

con la reina. Comprendí que el patriotismo debía cifrarse° en otras cosas y que estaba obligado a aprender inglés, por mucha rabia que me diera° entonces.

¿Podríamos° imaginar que el transcurso del tiempo y las crecientes responsabilidades adquiridas hayan° modificado estos rasgos del carácter...? Más bien puede haber ocurrido—nos parece—que el carácter pervive,° pero que a la espontaneidad se haya superpuesto un freno° o coraza,° el "self control" al que obliga la responsabilidad y el gesto° inherente a la alta función. Cuando el Rey se encuentra, por ejemplo, de vacaciones en Mallorca, relajándose, distanciado de las tareas y protocolos del Estado, suele ser más fiel a su antigua personalidad. El argentino Ricardo Parrotta, que se ha dedicado a coleccionar anécdotas de don Juan Carlos, cuenta que en 1980 éste concurrió a la recepción que le ofreció un magnate árabe:

—Arribó° conduciendo un pequeño Ford. Descendió él primero y abrió las puertas del coche. Salieron la reina doña Sofía, la reina Federica° y las infantas Cristina y Elena.° El Rey fue entonces a la parte posterior del coche y abrió el maletero, de donde emergió sonriente el príncipe Felipe. El magnate árabe no pudo contener un gesto de asombro.° Juan Carlos, divertido por la sorpresa de su anfitrión,° comentó: "Es que con los precios que ha alcanzado el petróleo árabe no tenemos más remedio que aprovechar el espacio del coche".

basarse
por... *no matter how angry it made me*
Could we
subjuntivo de **haber**
todavía existe
brake / armor
actitud

Llegó
La reina Federica de Grecia fue la madre de doña Sofía.
Son las hijas de los reyes.

sorpresa
host

Tomado de Víctor Salmador, «El Rey cuenta su vida», *Tiempo* (Octubre 7 de 1985), págs. I–XVI.

¿Cuánto recuerda Ud.?

A. Organice los siguientes sucesos en órden cronológico.

_____ Nacieron las infantas Cristina y Elena y el príncipe Felipe.
_____ Don Juan Carlos y su hermana fueron a vivir a Roma.
_____ El Rey llegó a la recepción del magnate árabe conduciendo un pequeño Ford.
_____ Nunca bajaban a los refugios para escaparse de los bombardeos.
_____ Don Felipe, el único hijo del Rey, emergió del maletero del coche.
_____ La guerra civil empezó en España.
_____ Por fin encontraron paz en Suiza.
_____ La familia real (*royal*) visitó a la reina Isabel de Inglaterra.

B. Cada una de las siguientes oraciones contiene información falsa. Busque los errores y explíquelos.

1. Durante la guerra civil, los nietos del actual (*present*) Rey de España vivían pendientes de las noticias que llegaban de sus anfitriones polacos.
2. Doña Victoria Eugenia, reina de Inglaterra en 1940, reñía a veces a Juan Carlos porque el príncipe solía jugar fuera del palacio en sus ratos libres.

3. Durante su primera visita a Inglaterra, Juan Carlos conoció a la princesa Diana, quien insistía en conversar con él en ruso.
4. Durante la misma visita el futuro Rey descubrió que la reina de Inglaterra había aprendido a hablar español porque a ella le daba vergüenza no poder hablar con él.
5. El magnate árabe de la anécdota no pudo contener la risa cuando vio acercarse al Rey de España conduciendo un Porsche rojo y amarillo.

¿Qué opina Ud.?

A. Don Juan Carlos y doña Pilar eran los nietos del Rey de España, y Juan Carlos ahora tiene sus propios hijos. En general, ¿cómo es la vida de los hijos de las personas famosas o poderosas (*powerful*)? ¿Es diferente de la vida de los demás niños? ¿Cuáles son las ventajas y las desventajas en cada caso?

B. El autor del ensayo (*essay*) dice que la personalidad del Rey cuando está de vacaciones con su familia es diferente de la que presenta ante el público. ¿Es posible que el jefe de un país mantenga su poder (*power*) y su dignidad si es informal, sonriente y espontáneo ante el público? ¿Puede Ud. ofrecer algún ejemplo que confirme su opinión?

C. El autor del ensayo cita una anécdota para ilustrar que el Rey de España todavía mantiene su sentido del humor. ¿Ha oído Ud. alguna anécdota parecida acerca de algún presidente de los Estados Unidos o de algún miembro de la familia real de Inglaterra? Cuéntesela a la clase.

GRAMATICA EN CONTEXTO

12. Talking About the Past

Spanish has two simple past tenses: the imperfect and the preterit. Each provides a different focus for conceiving of the past event in question. Translating into English rarely helps to distinguish these different points of view, since English has only one set of past endings (*-ed*), while Spanish has two.

A. The imperfect tense (see the **Indice morfológico** for a review of verb forms, page 151) implies *indefinite past time,* with no temporal limitations, concerning the event being talked about. Consequently, the imperfect is used either to describe situations in the past or to narrate habitual or repeated past events. In the examples that follow, notice how the king and his sister use the imperfect to reminisce about their childhood; the beginning and end of particular actions aren't important for their story.

Description in the past (no time limits):

En Lausanne **había** paz.
Mi abuela me **quería** mucho y **era** una mujer extraordinaria.
Estaba dispuesto a toda hora para la risa y la broma.
No **sentíamos** miedo.
Estaba acostumbrado a una disciplina rigurosa.

Habitual or repeated events in the past:

Nunca **bajábamos** a guarecernos a los refugios.
Jugábamos a subirnos a los árboles.
Yo **competía** con mi hermano en aquellas peripecias.
Me **reñía** mi padre.

B. The preterit tense (see the **Indice morfológico** for a review of preterit verb forms, page 152) always implies *definite time* limitations in the past. It stresses the *beginning,* the *end,* or the *completion*—from start to finish—of the event in question. In other words, the preterit is used with actions that started and/or finished at some precise moment in the past. The preterit is also used to narrate *actions in succession,* ordered chronologically. The examples that follow contain events that have specific time restrictions, occurring one after the other.

Definite time limitations in the past:

Hice un viaje a Inglaterra. (expresses an event from start to finish)
Fuimos a almorzar a Balmoral. (expresses an event from start to finish)
Me **dio** vergüenza tener que hablar francés. (expresses one completed instance of this event)
Comprendí que el patriotismo era otra cosa. (indicates the moment when comprehension occurred)
El Rey no **pudo** contener su risa. (expresses one completed instance of this event)

Successive events in the past:

Descendió él primero; **abrió** las puertas del coche; **salieron** la reina y los otros; **abrió** el maletero y **emergió** sonriente el príncipe Felipe.

¡Practiquemos!

A. Recordando la niñez. Trabajando en pares, escriban de nuevo el siguiente párrafo como si estuvieran (*as if you were*) contando su propia niñez. Deben usar el imperfecto.

(1) Tengo una niñez común y corriente. Mis padres me (2) hacen trabajar mucho en casa—(3) limpio el cuarto, (4) pongo la mesa todas las noches, (5) hago mi tarea de escuela y luego (6) leo mis libros o (7) veo la televisión. Siempre (8) estoy haciendo algo. Pero también (9) aprovecho cualquier oportunidad para escaparme. (10) Juego mucho al fútbol en la calle con mis amigos; (11) competimos como unos locos para ganar. (12) Podemos jugar al fútbol toda la noche.

Los fines de semana, (13) vamos a la playa. (14) Nos bañamos en el mar o (15) corremos las olas. Nunca (16) sentimos miedo de los tiburones (*sharks*) porque (17) son pequeños y nosotros (18) nadamos rápido. Así (19) nos divertimos mucho.

B. Organizando los sucesos. Trabajando en pares, pongan en orden los sucesos importantes de la vida de cada uno de Uds., conjugando los verbos en el pretérito. Pueden asociar ciertas edades con ciertos sucesos por medio de expresiones como: **a los cinco años** (*at 5 years old*), **a los doce años** (*at 12 years old*), etcétera. El orden puede variar según cada persona.

_____ a. comprar/coche
_____ b. aprender a manejar
_____ c. ver mi primera película
_____ ch. regalarme (*to give me as a gift*)/bicicleta
_____ d. salirse el primer diente
_____ e. conocer la música de los Lobos
_____ f. graduarse en la escuela secundaria
_____ g. cumplir 16 años
_____ h. recibir la noticia de ser aceptado/a en la universidad

---

C. Verbs that refer to states. A verb that expresses a state (*to know, to have, to be in love, to be able to*), rather than an action, usually takes the imperfect when set in the past. A *state* refers to an unbounded or indefinite time period, as does the imperfect tense—an ideal match. But the preterit tense can be used with a verb that expresses a state, usually to refer to the onset of the state, the very moment in the past when it started.

STATE	INITIATION
Comprendía la situación. *I understood the situation.*	**Comprendí** que el patriotismo era otra cosa. *(At that moment) I understood (realized) that patriotism was something else.*
Conocía a Franco muy bien. *I knew Franco well.*	**Conocí** a Franco por primera vez. *I met (made the acquaintance of) Franco for the first time.*
No **sabía** su nombre. *He didn't know her name.*	Lo **supo** ayer. *He found it out (began to know it) yesterday.*

No **podía** llamarte. *I wasn't able to call you.*

No **pude** llamarte. *I (tried but) wasn't able to call you. (I couldn't get through.)*
Pude llamarlos. *I succeeded in calling them.*

Tenía un hijo. *She had a son.*

Tuvo un hijo. *She gave birth to a son.*

Quería decírtelo. *She wanted to tell it to you.*

Quiso decírtelo. *She tried to tell it to you.*
No **quiso** decírtelo. *She refused to tell it to you.*

¡Practiquemos!

A. Ilusiones infantiles. ¿Se acuerda Ud. de lo que quería ser cuando llegara a ser un adulto? Trabajando en pares, usen las siguientes sugerencias telegráficas para crear una descripción corta de las ilusiones infantiles de Elena, una niña imaginaria. Acuérdense que no hablan de acciones terminadas sino de estados.

cuando / tener 10 años
querer / ser astronauta
un chico vecino / tener telescopio
con el telescopio / (ellos) poder ver las estrellas
gustar / mirar la luna
pensar / visitar la luna
querer saber / dónde estar el queso (*cheese*)

B. Mis propias ilusiones infantiles. Ahora descríbale a su compañero/a sus propias ilusiones infantiles acerca de lo que quería ser y hacer cuando creciera (*when you grew up*).

CH. When expressed in the past, pronominal verbs of change (**alegrarse, cansarse, enamorarse, enojarse,** etc.) usually refer to the start of the change or new state. For this reason, they often take the preterit tense. The imperfect tense can then be used to describe the state that is the result of that change.

REFERS TO THE CHANGE	REFERS TO THE RESULTING STATE
Me alegré.	Estaba alegre.
Te cansaste, Susana.	Estabas cansada, Susana.
Se enojó.	Estaba enojado.
Nos enamoramos.	Estábamos enamorados.
Se sentaron.	Estaban sentadas.

¡Practiquemos!

Recordando el pasado. Trabajando en pares, cambien el tono del siguiente párrafo para que sea más bien una descripción de un recuerdo en vez de una narración de una serie de acciones sucesivas. Usen el imperfecto o la expresión del estado, **estar** + ***adjetivo,*** para modificar el tono de acción.

Mi padre y mi madre no (1) se conocieron al principio de la Segunda Guerra Mundial. (2) Estuvieron juntos en una base militar en Inglaterra el verano del 42. (3) Se enamoraron locamente. (4) Fue un verano maravilloso. Con la noticia del fin de la guerra, todo el mundo (5) se alegró mucho y (6) lloró de felicidad. Al regresar a los Estados Unidos, ya casados, (7) se quedaron muy contentos.

Gramática en acción

A. Trabajando en pares, miren los dibujos de la página 104 y lean los párrafos que siguen, escogiendo el pretérito o el imperfecto, según el contexto. Indiquen la razón por su selección en cada caso.

El Rey de España, don Juan Carlos, (nació/nacía 1) el 5 de enero de 1938. Con ocasión del cincuenta cumpleaños del Rey, un grupo de destacados dibujantes de humor (envió/enviaba 2) al palacio de la Zarzuela un regalo muy especial. (Fue/Era 3) la propia Reina quien (tuvo/tenía 4) la idea de este regalo de cumpleaños y se la (sugirió/sugería 5) a Antonio Mingote y a varios de sus colegas. Y esos dibujantes (esperaron/esperaban 6) complacer a doña Sofía. Algunas obras (fueron/eran 7) caricaturas, pero otros dibujantes (hicieron/hacían 8) retratos lo más fieles posible.

Aunque todos los dibujos (fueron/eran 9) extraordinarios, la revista *Semana* sólo (tuvo/tenía 10) espacio para cuatro reproducciones. En el del dibujante Mena, el Rey (estuvo/estaba 11) frente a un árbol en cuya corteza (*bark*) (hubo/había 12) un corazón con el mapa de España y encima las iniciales de don Juan Carlos. El dibujo (pareció/parecía 13) tierno (*tender*) y poético. En el de Mingote, el Monarca (montó/montaba 14) a una supuesta motocicleta que (aludió/aludía 15) al número de años que (cumplió/cumplía 16) don Juan Carlos. También se (vio/veía 17) en él un hombre que, sombrero en mano, (felicitó/felicitaba 18) al Rey. Lo que pocos (pudieron/podían 19) saber, es que el del sombrero en mano (fue/era 20) el propio dibujante caricaturizado. El artista Gallego y Rey (escogió/escogía 21) representar a don Juan Carlos como un fornido atleta que (sostuvo/sostenía 22) entre sus brazos un ejemplar de la Constitución Española. Y en el dibujo de Cabañas, la figura marinera del Rey (manejó/manejaba 23) con destreza (*skill*) una nave cuyos destellos (*signals*) (mostraron/mostraban 24) los colores de la enseña (*flag*) nacional.

Adaptado de «Así ven los dibujantes de humor a nuestro Rey», *Semana* (27 de enero de 1988).

B. Lo que hacíamos. Trabajando en pares, describan lo que sus familias hacían durante el verano cuando eran jóvenes. Usen el imperfecto para expresar estos recuerdos. Vocabulario útil: **aprovechar el tiempo libre, soler + *infinitivo,* tener chispa, hacer travesuras** (*to do mischief*), **reñir, dar vergüenza,** etcétera.

C. Una adivinanza (*Guessing game*). Trabajando en pares, uno debe declarar algo. (Por ejemplo: Acabo de entrar en la clase.) El otro tiene que adivinar cinco acciones que lógicamente tuvo que hacer antes. La primera persona confirma o niega las adivinanzas del otro.

MODELO: A: Acabo de comer una hamburguesa.
B: primero: Compraste la carne en una tienda.
entonces: Regresaste a casa.
después: Cocinaste la carne.
etcétera

1. Acabo de entrar en la clase. (**despertarse temprano, bañarse, beber una taza de café, lavarse los dientes, escoger la ropa, manejar el coche, caminar hasta la clase**)

   primero:_____
   entonces:_____
   después:_____
   entonces:_____
   y por fin:_____

2. Acabamos de mudarnos a un cuarto más grande en nuestra residencia. (**empaquetar, envolver nuestros vasos en papel, limpiar, sacudir** [*to dust*], **bajar y subir las cajas** [*boxes*], **llevar, arreglar**)
3. Mi novio/a y yo acabamos de salir del cine. (**llamar, charlar, invitar, responder, llegar a un acuerdo, recoger, ver la película, comer palomitas** [*popcorn*] **juntos**)
4. Acabo de sacar una «A» en el examen final de biología. (**asistir, tomar apuntes, leer, participar, escribir la tarea, cubrir toda la materia, comprender las preguntas en el examen, copiar** [*cheat*])
5. Mi equipo acaba de ganar el campeonato de fútbol (*soccer*). (**practicar, entrenar, levantar pesas** [*weights*], **correr, inventar unas jugadas** [*to invent some plays/moves*], **marcar muchos goles**)

¡HABLEMOS, PUES!

A. Vocabulario útil: La ropa

PARA PROTEGERSE DEL TIEMPO

las botas	*boots*
la bufanda	*scarf*
los chanclos	*rain (rubber) boots, overshoes*
la gorra	*cap*
los guantes	*gloves*
el impermeable	*raincoat*
el paraguas	*umbrella*
el suéter, el jersey	*sweater*
el sobretodo	*overcoat*

PARA LA VIDA INFORMAL

la americana, la chaqueta deportiva	*sports coat*
los bluejeans/vaqueros	*jeans*
la camiseta	*T-shirt, undershirt*
los pantalones cortos	*shorts*
las sandalias	*sandals*
la sudadera	*sweatshirt*
los zapatos deportivos	*sneakers, tennis shoes*

PARA LLEVAR EN EL DORMITORIO

la bata	*bathrobe, housecoat*
la camisa de dormir	*nightgown*
el pijama	*pajamas*
las zapatillas	*slippers*

LA ROPA INTERIOR

los calcetines	*socks*
los calzoncillos	*undershorts, pants*
las enaguas, el refajo	*petticoat, slip*
las medias	*stockings*
el sostén, el ajustador	*bra*

LOS ACCESORIOS

la cinta (para el cabello)	*(hair) ribbon*
el cinturón	*belt*
la corbata	*tie*
el corbatín/la corbata de mariposa	*bow tie*
el chaleco	*vest*
el pañuelo	*handkerchief*
los tirantes	*suspenders*

1. Usando el **Vocabulario útil,** describa la ropa de cada persona de los dibujos (**Tiene/Lleva la..., Se pone los...,** etcétera). Explique también lo que hace cada uno.
2. Imagine la ropa que las personas indicadas van a llevar para las siguientes ocasiones.
   a. Un magnate árabe invita al Rey de España a una recepción formal en Arabia Saudita. ¿Qué va a ponerse el Rey?
   b. Mohammed Alí piensa boxear una vez más en Madison Square Garden. ¿Qué debe ponerse? ¿Qué no debe llevar?
   c. Bárbara Walters acaba de conocer al príncipe Felipe de España y éste la ha invitado a cenar con él en Madrid. ¿Cómo quiere vestirse la señorita Walters? ¿y el Príncipe?

ch. El presidente de la Unión Soviética y el presidente de los EE.UU. tienen planeada una cumbre (*summit conference*). Quieren impresionarse mutuamente. ¿Cómo van a vestirse? ¿y sus esposas?

d. Ud. va a asistir a un almuerzo en donde Steve Martin y Cher son los invitados de honor. ¿Qué va a ponerse Ud.? ¿Cómo van a vestirse los dos actores?

e. Su profesor(a) de español invita a toda la clase a una fiesta en su casa. ¿Cómo se va a vestir él/ella? ¿Cómo se van a vestir Uds.?

B. Dramatizaciones

1. Comprando un regalo. Ud. busca un regalo para el cumpleaños de un amigo (una amiga) que lo tiene todo. Vaya (*Go*) a una tienda de ropa y trate de encontrar algo especial para él/ella. Uno de sus compañeros de clase va a hacer el papel de dependiente (de dependienta).
2. Pidiendo un autógrafo. Ud. ve a una persona famosa en la calle y quiere pedirle el autógrafo. Esa persona va a decirle a Ud. que no le gustan los cazadores de autógrafos (*autograph hounds*). Explíquele que Ud. tiene un motivo especial para querer su autógrafo.

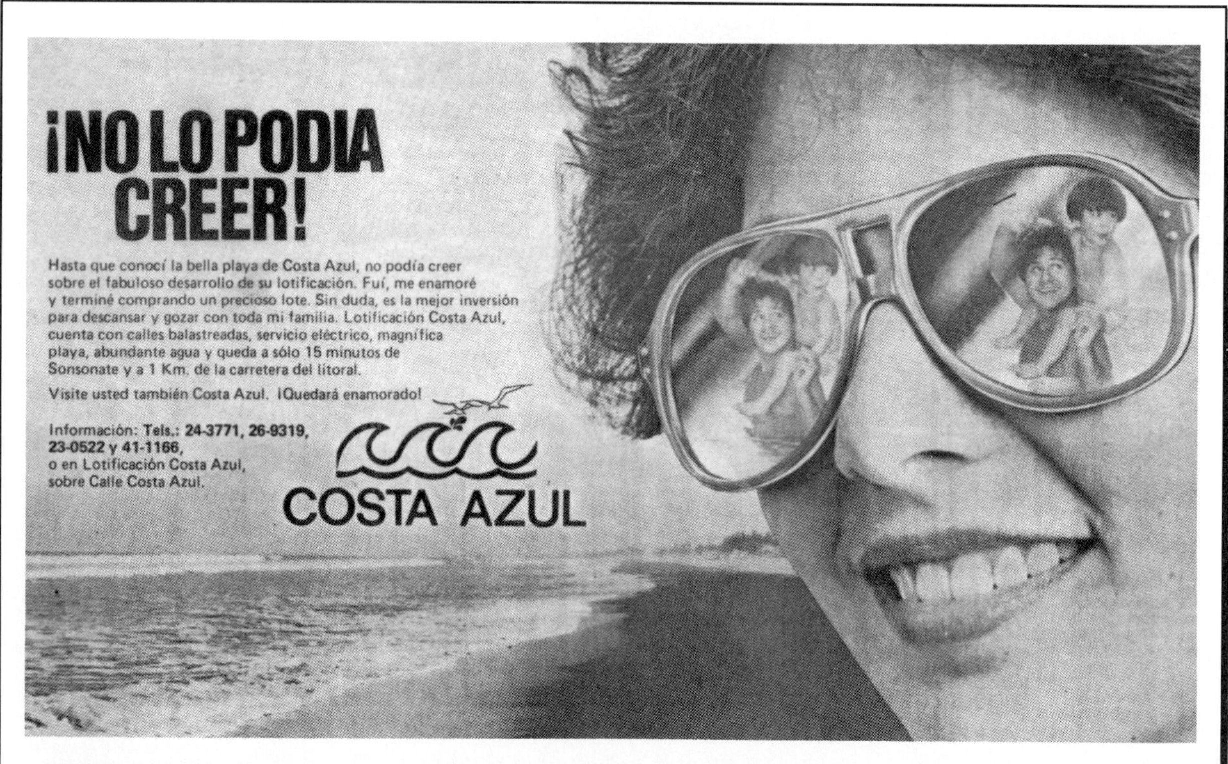

C. Composición

Imagínese que Ud. es una persona famosa que acaba de visitar una tienda de ropa cerca de donde vive. Ahora escriba un anuncio para llamar la atención del público acerca de todo lo que hay en esa tienda. Escriba dos párrafos de 6 a 8 oraciones cada uno acerca de lo que más lo/la impresionó. Usando el anuncio de Costa Azul como modelo, empiece el suyo con «¡No lo podía creer!»

a. Primer párrafo: ¿Cómo era la tienda? ¿Qué había en ella? ¿Qué tenía de excepcional lo que Ud. vio allí? ¿Cómo eran los precios? ¿los dependientes? Y la ropa, ¿por qué le gustó tanto?

b. Segundo párrafo: ¿Dónde está la tienda? ¿Queda lejos o cerca del centro de la ciudad? ¿Cómo se llega hasta allí? ¿Qué días está abierta? ¿A qué hora se abre y se cierra? ¿Hay alguna liquidación (*sale*) especial en estos días? ¿Cuánto tiempo va a durar?

CAPITULO 5

¡REPASEMOS UN POCO!

Metas

- Seguir hablando del pasado
- Practicar las formas progresivas

Dos candidatos políticos

A. ¿Qué está ocurriendo en el cuartel general (*campaign center*) de la candidata Velázquez de Barrios? ¿Por qué? ¿Qué está diciendo la Sra. Velázquez?

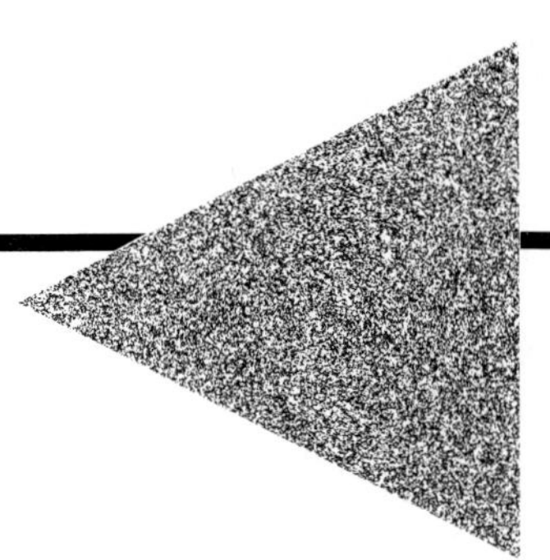

¿Qué están pensando ella, su familia y sus partidarios (*supporters*)?

Haga una lista de todo lo que está sucediendo en el dibujo.

B. Compare las escenas en los respectivos cuarteles generales de los candidatos Velázquez de Barrios y Pérez Rubio. ¿En qué difieren los estados de ánimo (*moods*) de los dos grupos?

¿Qué está diciendo el Sr. Pérez en este momento? ¿Cómo actúan sus partidarios? ¿Y qué está haciendo la Sra. de Pérez? ¿Qué está pensando?

Haga una lista de todo lo que están haciendo las otras personas en este momento.

C. Divídanse en grupos pequeños. Imagínense que Uds. estaban en esta ciudad durante las elecciones. ¿Qué sucedía en las calles durante los días anteriores a la votación? ¿Qué está sucediendo en este momento? ¿Qué va a suceder mañana?

En su opinión, ¿por qué ganó la Sra. Velázquez? Usando su imaginación, describan la ciudad cuando era gobernada por el viejo alcalde, el Sr. Pérez. ¿Cómo eran los servicios públicos? ¿los impuestos (*taxes*)? ¿los oficiales? ¿Qué cambios piensa hacer la nueva alcaldesa?

Para comentar

A. ¿Se interesa Ud. en la política? ¿Por qué? ¿Ha trabajado alguna vez para algún candidato o partido (*party*) político? ¿Cree que son más importantes las elecciones nacionales, las del estado o las locales? ¿O es que son todas de igual importancia? Explique sus respuestas.

B. ¿Qué partido político ganó en las últimas elecciones nacionales en los EE. UU.? ¿Qué candidatos ganaron? ¿Por qué? ¿Hicieron algo desastroso los candidatos que perdieron? ¿Por qué no los eligieron?

LECTURA: NARRACION

Vocabulario para leer

VERBOS

apresurarse (a) — to hurry
llenarse (de) — to fill up (with)
mover (ue) — to move (*something*)
respirar — to breathe
sacar — to take out, pull (*a tooth*)
secar* — to dry
suspirar — to sigh

SUSTANTIVOS

el alcalde — mayor
la barba — beard
el diente — tooth
el dolor — pain
la gaveta — drawer
el hueso — bone
la lágrima — tear
la mirada — look, glance

ADJETIVOS

cauteloso — cautious
tibio — lukewarm, tepid

MODISMOS

a medio + *inf.* — half + *past participle*
 a medio cerrar — half-closed
ponerse de pie — to stand up

*In this chapter's reading, **secar** is used reflexively to express the action of the subject drying itself: **El dentista regresó secándose las manos.**

A. Seleccione las palabras que mejor completan los siguientes párrafos.

Encuentro en el gabinete del dentista

Hace unos años mi hermano menor tuvo que ir al dentista porque le dolía mucho un (hueso/diente 1). Supimos aquella mañana que el pobre había pasado la noche entera con (lluvia/lágrimas 2) en los ojos y casi sin poder (nacer/respirar 3) del dolor, pero como el dentista siempre le daba (vergüenza/miedo 4) no nos lo había mencionado. Así era el pequeño Manolín: (callado y cauteloso/distraído y sonriente 5).

Mamá y yo (nos subimos/nos apresuramos 6) a llevarlo al dentista. La (gaveta/lluvia 7) dificultaba el viaje esa mañana, pero por fin llegamos. El Dr. Solís (cumplió treinta años/se puso de pie 8) cuando vio al pobre Manolín y (destacó/suspiró 9) con aire de frustración: —¿Por qué no me llamaste anoche, hijo mío?

Mientras estábamos allí, entró el (dolor/alcalde 10) del pueblo, un anciano de (barba/mirada 11) blanca. Parece que el dentista ya sabía que iba a (secarle las manos/sacarle un diente 12) al alcalde también, porque (llenó/acercó 13) la otra silla hacia donde él estaba y se la ofreció sin decirle nada. ¡De veras era (extraño/cauteloso 14) ver a Manolín y al famoso alcalde sentados, el uno al lado del otro, los dos con la boca (tibia/a medio abrir 15)!

B. Seleccione las palabras relacionadas y explique lo que tienen en común.

1. el alcalde, el campeón, el presidente, el rey
2. suspirar, el dolor, la lluvia, la lágrima
3. aburrirse, ponerse de pie, sentarse, levantarse
4. caliente, tibio, cauteloso, frío

C. Imagínese que su compañero/a de clase es un niño (una niña) de habla española. Explíquele en español lo que significa cada palabra.

1. la gaveta 2. el diente 3. la lágrima 4. la barba 5. el alcalde 6. el hueso 7. tibio 8. cauteloso

Introducción a la lectura

This chapter's reading comes from the pen of Colombian author Gabriel García Márquez, one of the leading writers of the Latin American literary boom. Winner of the Nobel Prize for literature in 1979, García Márquez is known for both his novels and short stories. His vivid portrayals of small-town characters, while being full of idiosyncratic (and sometimes fantastic) details, deal with familiar players in the larger sociopolitical scene of Latin America. His characters seem to be concrete individuals, yet they come from anywhere and nowhere in particular. García Márquez touches on social and political concerns without detracting from the art of telling a captivating story about individuals.

A case in point is the **caudillo** or **cacique** (*chief, boss man*) in "Un día de estos." He is both a stereotype of this familiar figure in Hispanic society—along the lines of other **caciques,** such as Franco, Castro, Pinochet, Stroessner, Somoza, Trujillo, Perón, and Noriega—and an individual with his own personal problems. Knowing that nineteenth-century Colombia endured a long civil war between the **colorados** (*liberals*) and the **azules** (*conservatives*), try to decide which side the main characters in this story, the dentist and the mayor, represent.

While reading "Un día de estos," notice whether you get to know the characters through their actions, their own words (or lack of words), or through the author's descriptions. What do you find out about the dentist's personality from just the first three paragraphs? What do you know about the town itself from the type of practice that the dentist has? What is a dentist "**sin título**"? Under what conditions would you go to a dentist "**sin título**"?

Gabriel García Márquez

«Un día de estos»
GABRIEL GARCIA MARQUEZ

El lunes amaneció° tibio y sin lluvia. Don Aurelio Escovar, dentista sin título y buen madrugador,° abrió su gabinete° a las seis. Sacó de la vidriera una dentadura postiza° montada aún en el molde de yeso° y puso sobre la mesa un puñado° de instrumentos que ordenó de mayor a menor, como en una exposición. Llevaba una camisa a rayas, sin cuello,° cerrada arriba con un botón dorado, y los pantalones sostenidos con cargadores elásticos. Era rígido, enjuto,° con una mirada que raras veces correspondía a la situación, como la mirada de los sordos.°

dawned
buen... se levantaba temprano / oficina
dentadura... *set of false teeth / plaster / handful*
camisa... *collarless striped shirt*
flaco
los que no pueden oír

Cuando tuvo las cosas dispuestas sobre la mesa rodó la fresa hacia el sillón de resortes° y se sentó a pulir° la dentadura postiza. Parecía no pensar en lo que hacía, pero trabajaba con obstinación, pedaleando en la fresa incluso cuando no se servía de ella.

rodó... *he rolled the drill toward the adjustable chair / polish*

Después de las ocho hizo una pausa para mirar el cielo por la ventana y vio dos gallinazos° pensativos que se secaban al sol en el caballete° de la casa vecina. Siguió trabajando con la idea de que antes del almuerzo volvería a llover. La voz destemplada° de su hijo de once años lo sacó de su abstracción.

buzzards / part of roof
alta

—Papá.

—Qué.

—Dice el alcalde que si le sacas una muela.°

molar

—Díle que no estoy aquí.

Estaba puliendo un diente de oro. Lo retiró a la distancia del brazo y lo examinó con los ojos a medio cerrar. En la salita de espera volvió a gritar su hijo.

—Dice que sí estás porque te está oyendo.

El dentista siguió examinando el diente. Sólo cuando lo puso en la mesa con los trabajos terminados, dijo:

—Mejor.

Volvió a operar la fresa. De una cajita de cartón donde guardaba las cosas por hacer, sacó un puente de varias piezas y empezó a pulir el oro.

—Papá.

—Qué.

Aún no había cambiado de expresión.

—Dice que si no le sacas la muela te pega un tiro.°

Sin apresurarse, con un movimiento extremadamente tranquilo, dejó de pedalear en la fresa, la retiró del sillón y abrió por completo la gaveta inferior de la mesa. Allí estaba el revólver.

—Bueno —dijo—. Díle que venga a pegármelo.

Hizo girar° el sillón hasta quedar de frente a la puerta, la mano apoyada en el borde de la gaveta. El alcalde apareció en el umbral.° Se había afeitado la mejilla° izquierda, pero en la otra, hinchada y dolorida,° tenía una barba de cinco días. El dentista vio en sus ojos marchitos° muchas noches de desesperación. Cerró la gaveta con la punta de los dedos y dijo suavemente:

—Siéntese.

—Buenos días—dijo el alcalde.

—Buenos—dijo el dentista.

Mientras hervían° los instrumentos, el alcalde apoyó el cráneo en el cabezal de la silla y se sintió mejor. Respiraba un olor° glacial. Era un gabinete pobre: una vieja silla de madera, la fresa de pedal, y una vidriera con pomos de loza.° Frente a la silla, una ventana con un cancel de tela° hasta la altura de un hombre. Cuando sintió que el dentista se acercaba, el alcalde afirmó los talones° y abrió la boca.

Don Aurelio Escovar le movió la cara hacia la luz. Después de observar la muela dañada, ajustó la mandíbula con una cautelosa presión de los dedos.

—Tiene que ser sin anestesia —dijo.

—¿Por qué?

—Porque tiene un absceso.

El alcalde lo miró en los ojos.

—Está bien —dijo, y trató de sonreír. El dentista no le correspondió. Llevó a la mesa de trabajo la cacerola° con los instrumentos hervidos y los sacó del agua con unas pinzas° frías, todavía sin apresurarse. Después rodó la escupidera° con la punta del zapato y fue a lavarse las manos en el aguamanil.° Hizo todo sin mirar al alcalde. Pero el alcalde no lo perdió de vista.

Era una cordal° inferior. El dentista abrió las piernas y apretó la muela con el gatillo° caliente. El alcalde se aferró° a las barras de la silla, descargó toda su fuerza en los pies y sintió un vacío helado en los riñones,° pero no soltó un suspiro. El dentista sólo movió la muñeca. Sin rencor, más bien con una amarga ternura,° dijo:

—Aquí nos paga veinte muertos, teniente.°

te... te va a matar

Hizo... *He turned*

la puerta

cheek / hinchada... *swollen and sore*

faded, languid

boiled

smell

pomos... botellas de cerámica

cancel... *cloth curtain*

afirmó... *dug in his heels*

pot

pincers / rodó... *rolled the spittoon*

basin

wisdom tooth

apretó... *pressed on the molar with the forceps* / se... cogió

kidneys

amarga... *bitter tenderness*

lieutenant

El alcalde sintió un crujido° de huesos en la mandíbula y sus ojos se llenaron de lágrimas. Pero no suspiró hasta que no sintió salir la muela. Entonces la vio a través de las lágrimas. Le pareció tan extraña a su dolor, que no pudo entender la tortura de sus cinco noches anteriores. Inclinado sobre la escupidera, sudoroso, jadeante,° se desabotonó la guerrera° y buscó a tientas° el pañuelo en el bolsillo del pantalón. El dentista le dio un trapo° limpio.

—Séquese las lágrimas —dijo.

El alcalde lo hizo. Estaba temblando. Mientras el dentista se lavaba las manos, vio el cielo raso desfondado° y una telaraña polvorienta° con huevos de araña° e insectos muertos. El dentista regresó secándose las manos. "Acuéstese —dijo— y haga buches° de agua de sal." El alcalde se puso de pie, se despidió con un displicente° saludo militar, y se dirigió a la puerta estirando las piernas, sin abotonarse la guerrera.

—Me pasa la cuenta —dijo.

—¿A usted o al municipio?

El alcalde no lo miró. Cerró la puerta, y dijo, a través de la red metálica:°

—Es la misma vaina.°

crunch

panting / desabotonó... *unbuttoned his military jacket* / a... *gropingly*

rag

cielo... *crumbling ceiling* / telaraña... *dusty spider web* / *spider*

haga... *gargle*

indiferente

red... *screen*

Es... Es lo mismo.

¿Cuánto recuerda Ud.?

A. ¿A quién describe cada oración, al dentista, a su hijo, o al alcalde del pueblo?

1. Abría temprano su gabinete todos los días.
2. Contestó la puerta y le dijo al alcalde que su padre no estaba.
3. Era flaco, con una mirada extraña.
4. Tenía un hijo de doce años.
5. Quería que el dentista le sacara una muela que le dolía.
6. Oyó todo lo que el dentista le dijo al niño.
7. Dijo que iba a pegarle un tiro al dentista si éste no lo ayudaba.
8. Estaba dispuesto a sacar un revólver que tenía en la gaveta inferior de su mesa.
9. Sólo tenía una mejilla afeitada; en la otra tenía una barba de cinco días.
10. Aunque tenía que sufrir sin anestesia, no suspiró, pero los ojos se le llenaron de lágrimas.
11. Dijo que el dolor del alcalde era su pago por veinte muertos.
12. Dijo que su dinero y el del pueblo eran indistintos.

B. Escoja entre las palabras siguientes para completar el párrafo. A veces tendrá que cambiar la palabra según el contexto de la oración.

alcalde
apresurarse
barba
cauteloso
gaveta
hueso
lágrima
ponerse de pie
secarse

Cuando entró el ____ (1) con la mejilla hinchada, el dentista notó que tenía una ____ (2) de cinco días, pero no se lo mencionó. Sólo se acercó a la mesa y abrió la ____ (3) para sacar sus instrumentos, todo sin ____ (4). La mirada del alcalde era ____ (5) porque sabía que el dentista nunca había sido amigo suyo. Por eso había dicho que iba a pegarle un tiro. Pero no lo hizo, y cuando se acabó la operación y ____ (6) el alcalde se sintió mejor. Aceptó un pañuelo para ____ (7) las ____ (8) antes de salir a la calle.

¿Qué opina Ud.?

A. ¿Qué clase de pueblo es el que describe García Márquez en su cuento? ¿Qué importancia tiene el alcalde en el pueblo? ¿Por qué dice el alcalde que no hay diferencia entre su dinero y el del municipio? ¿Hay casos parecidos en la ciudad o en el pueblo donde Ud. vive? Explique.

B. ¿Qué piensa del alcalde el dentista? Cuando el dentista le dice al alcalde que no puede usar anestesia, ¿le dice la verdad? ¿Cuál es la verdadera razón? ¿Se da cuenta de esto el alcalde? ¿Cómo lo sabe Ud.?

C. ¿A Ud. le da miedo ir al dentista? ¿Por qué? ¿Hay otra cosa que le dé más miedo a Ud.? ¿Qué le daba mucho miedo cuando era niño/a?

GRAMATICA EN CONTEXTO

13. More on the Past (Preterit/Imperfect)

A. Irregular preterit forms

The irregular preterit forms require some additional practice. Review them in the **Indice morfológico** (page 152) and then do the following exercises.

¡Practiquemos!

A. Una reunión de diplomáticos. Ud. acaba de representar a su país en una reunión de diplomáticos hispanoamericanos con el presidente de México. Cuando regresa de México, tiene que contestar las preguntas de un periodista (un compañero [una compañera] de clase) que quiere saber todo lo que pasó en la reunión y también lo que hizo Ud.

MODELO: ¿Cuántas horas/estar en el Palacio Nacional?
A: ¿Cuántas horas estuvo Ud. en el Palacio Nacional?
B: Estuve allí casi cinco horas.

1. ¿A qué hora/llegar a la capital desde el aeropuerto?
2. ¿Qué/hacer para prepararse para la reunión?
3. ¿Cuándo/llegar al Palacio Nacional?
4. ¿Cuántos diplomáticos/leer el informe oficial?
5. ¿Quién/pedirle un favor al presidente?
6. ¿Por qué/no divertirse Ud. en la reunión?
7. ¿Quién/traer malas noticias personales?
8. ¿Por qué/sentirse incómodo durante la reunión?
9. ¿De quiénes/despedirse al final?
10. ¿Adónde/ir después de la reunión?

B. Dos actores/dos espías (*spies*). Con un compañero (una compañera), cambie los siguientes párrafos al pretérito, añadiendo expresiones adverbiales donde se ve el asterisco (*) para mejorar la transición de una oración a otra.

Expresiones adverbiales:

primero, después, luego, entonces, una vez, al principio
al final, el año pasado, el primer día, de repente, siete veces

Raquel Ordaz, una gran actriz colombiana, y yo hacemos (1) los papeles de dos espías enemigos en «Espías hasta la muerte», una película filmada * . Raquel lee (2) el guión (*script*) * y * puede (3) repetirlo de memoria. Yo no. *tengo (4) que entender la personalidad de mi personaje; * comienzo (5) la memorización, lo cual es (6) difícil para mí.

En la película Raquel quiere (7) matarme y trata (8) de hacerlo * , pero al verla yo salgo (9) corriendo. Ella me persigue (10)* se cae, (11) se rompe (12) el brazo y me pide (13) ayuda. * le digo (14) que no; * decido (15) hacerlo. Le traigo (16) agua y ella me da (17) un beso. Nos enamoramos (18) inmediatamente. * vamos (19) a Brasil para escaparnos de nuestros gobiernos. Allí empezamos (20) una vida nueva.

B. Using the preterit to talk about what happened some time ago

To tell how long ago an action was accomplished, **hace** + *time expression* is combined with the preterit. Two constructions are possible, depending on whether **hace** + *time expression* precedes or follows the verb. The connector **que** is inserted if **hace** + *time expression* precedes the verb.

Fue al dentista **hace dos años.** **Hace dos años que fue** al dentista.	*He went to the dentist two years ago.*
El alcalde **apareció** en el umbral **hace cinco minutos.** **Hace cinco minutos que** el alcalde **apareció** en el umbral.	*The mayor appeared at the threshold five minutes ago.*

Contrast this use with **hace** + *time expression* + **que** + *present tense,* which means *to have been doing something for. . . .* (See **Capítulo 2,** page 52, #4: Using the Present Tense to Talk About the Past.)

Hace dos años que va a ver a ese dentista.	*He has been going to see that dentist for two years.*
Hace dos años que pelean en la guerra civil.	*They have been fighting in the civil war for two years.*

¡Practiquemos!

Una discusión entre senadores. Un senador veterano critica a otro más joven por no hacer lo que debe. El joven se defiende dando explicaciones según el modelo.

MODELO: hablar en voz alta/unos días
A: ¡Nunca hablas en voz alta!
B: No es verdad. Hablé en voz alta hace unos días.

1. ponerse un traje limpio/dos años
2. estar aquí cuando votamos/veinte minutos
3. besar a los bebés/tres días
4. decirme «buenos días»/cinco minutos
5. llegar a tiempo/un mes
6. ir a los discursos del presidente/dos meses
7. almorzar con los demás/una hora
8. leer el periódico/cuatro años

C. Sequential and simultaneous actions

You have already learned (**Capítulo 4**) that a series of verbs all in the preterit signals a succession of events, one after the other. Notice how García Márquez pushes the story line forward in "**Un día de estos**" with the succession of preterits given below.

> El alcalde se **puso** de pie, se **despidió** con un displicente saludo militar, y se **dirigió** a la puerta.... El alcalde no lo miró. **Cerró** la puerta..., y **dijo,** a través de la red metálica....

In order to indicate that two past events happened at the same time, at least one of the verbs must be conjugated in the imperfect. Note that the conjunctions **cuando, mientras,** or **en el momento en que,** are frequently used to link two such events. Past actions introduced by the conjunction **mientras** are durative and, consequently, are expressed in the imperfect tense.

Vio dos gallinazos pensativos que **se secaban** al sol.	*He saw two pensive buzzards (that were) drying themselves in the sun.*
Mientras hervían los instrumentos, el alcalde apoyó el cráneo en el cabezal de la silla.	*While the instruments boiled, the mayor rested his cranium on the chair's headrest.*
Trabajaba con obstinación, pedaleando en la fresa incluso cuando no **se servía** de ella.	*He worked obstinately, pedaling the drill even when he wasn't using it.*

CH. The imperfect can also indicate anticipation (i.e., the idea of the future) in the past, especially with verb phrases such as **ir a** + *infinitive,* or **pensar** + *infinitive.*

Antes del mediodía **iba a llover.**	*Before noon it would (was going to) rain.*
Iba a mandar la cuenta al cabildo.	*He would (was going to) send the bill to City Hall.*
Pensaba sacar la muela sin anestesia.	*He planned (was going) to extract the molar without anesthesia.*
Mañana **pensaba ir** a ver al dentista.	*Tomorrow he planned to go (was thinking about going) to the dentist.*

D. The expression **acabar de** + *infinitive* (*to have just . . .*) always takes the imperfect when referring to past events.

Acababa de salir del dentista cuando empezó a dolerle el diente.	*He had just left the dentist's office when his tooth started to hurt.*

¡Practiquemos!

Una visita al dentista. Trabajando en pares, describan Uds. una visita ficticia al dentista ayer en que una serie de dos acciones ocurrieron al mismo momento. Usen expresiones como **cuando, mientras** y **en el momento en que** para coordinar las dos acciones.

MODELO: (yo) llamar al dentista/él hablar con otra persona. →
Cuando yo llamé al dentista, él hablaba con otra persona.

1. (yo) llegar a la oficina/no estar el dentista
2. (yo) ir a salir/entrar el dentista
3. (yo) sentarme/él lavarse las manos
4. el dentista pensar usar anestesia/(yo) decirle «no»
5. (yo) apoyarse en el sillón/trabajar el dentista
6. el dentista sacarme el diente/dolerme la boca
7. (yo) todavía sufrir/decirme «adiós» el dentista
8. (yo) acabar de salir de la oficina/empezar a llorar

14. Uses of the Present Participle

A. Expressing ongoing actions: the progressive form

The verb phrase **estar** + *present participle* (**-ndo**) (see page 154 for forms) explicitly emphasizes that an event is ongoing or in progress. Its use is mostly optional in Spanish (in contrast to English). Any tense can be used with the auxiliary **estar.** However, states (e.g., **tener, contener, ser**) aren't normally expressed by the progressive form, since by nature they already convey an ongoing perspective.

EMPHATIC	NONEMPHATIC
Estaba puliendo un diente de oro.	Pulía un diente de oro.
Estaba temblando.	Temblaba.
Dice que sí estás porque te **está oyendo.**	Dice que sí estás porque te oye.

B. The **-ndo** form can also be used to describe how an action was done. In this respect, it functions like an adverb, telling us how or in what manner an event is (was, or will be) accomplished. Verb of motions (**ir, venir, seguir, continuar, andar**) are often accompanied by this adverbial **-ndo** form.

Trabajaba con obstinación, **pedaleando** en la fresa.
Siguió **examinando** el diente.
El dentista regresó **secándose** las manos.

¡Practiquemos!

A. ¿Quién fue el ladrón? Alguien cometió un robo en su residencia estudiantil. La policía ha venido para interrogarle. Conteste Ud. usando el mismo tiempo verbal que usa el policía, pero ponga énfasis en el aspecto progresivo del evento. Es decir, use las formas progresivas.

MODELO: ¿Qué hizo ayer desde las 3 hasta las 5? (estudiar en la biblioteca) →
Estuve estudiando en la biblioteca.

1. ¿Dónde estaba a las 9 de la noche? (hablar con la gente de la fiesta)
2. ¿Qué bebidas servían en la fiesta? (servir Coca-Cola y ron)
3. ¿Qué hacían Ud. y sus compañeros de cuarto a las 11 de la noche? (salir de la fiesta)
4. ¿Qué hizo después de regresar a casa? (leer el periódico)
5. Y después de eso, ¿qué hizo? (bañarse desde las 11:30 hasta las 11:45)
6. ¿Por qué no me contesta más rápido? (tratar de recordar)
7. ¿Qué hacía anoche a las 12 de la noche? (dormir)
8. ¿Me dice la verdad? (decir la verdad)
9. ¿Qué hacía cuando lo/la llamé por teléfono esta mañana? (secarse el pelo)
10. ¿Y qué hace ahora? (explicarle todos los sucesos de la noche)

B. Según el informe... En las siguientes oraciones se ve el resto del informe que Ud. le dio a la policía respecto a sus compañeros de cuarto. Junte las oraciones por medio de un participio presente (**-ndo**), eliminando las palabras que sobran (*that are excessive*).

MODELO: Salió del cuarto. Estaba hablando. →
Salió del cuarto hablando.

1. Los compañeros regresaron a casa a las once y media de la noche. Estaban cantando.
2. Se ducharon con agua fría. Estaban riéndose como locos.
3. Siguieron todos en la sala. Estaban tomando unos tragos.
4. El vecino llamó a la puerta. Estaba quejándose del ruido.
5. Entonces se fueron a la cama. Estaban soñando con los angelitos.

---

15. Multiple Object Pronouns

To avoid repetition when the context is clear, it is possible to use two object pronouns together. You have already studied direct object, indirect object, and reflexive pronouns. But how do you combine two or more of them? Here's the basic left-to-right order:

$PRO_{REFLEX} + PRO_{IND} + PRO_{DIR}$

Multiple pronouns are positioned like single pronouns: (1) before the conjugated verb; (2) attached to the end of the infinitive or **-ndo** as one word; (3) attached to the end of affirmative commands; and (4) before negative commands.

El dentista **se lo dio.** (se = al alcalde; lo = un trapo limpio)	*The dentist gave it to him.*
Díle **que venga a sacármela.** (me = la persona que habla; la = una muela)	*Tell him to come and pull it out for me.*
El dentista regresó **secándoselas.** (se = PRO_{REFL}; las = las manos)	*The dentist returned drying his hands.*
Séqueselas. (se = PRO_{REFL}; las = las lágrimas)	*Dry your tears (i.e., for yourself).*
No me la pase, por favor. (me = la persona que habla; la = la cuenta)	*Please don't give it to me.*

Notice that in the second, third, and fourth examples a written accent mark has been added to maintain the correct pronunciation of the verb.

¡Practiquemos!

¿Qué pasó? Conteste Ud. las preguntas basándose en lo que sabe del cuento «Un día de estos». Cambie los sustantivos usados como objetos a pronombres.

MODELO: ¿El dentista le dio la mano al alcalde? →
No, el dentista no se la dio.

1. ¿Iba el alcalde a pegarle un tiro al dentista?
2. ¿Le examinó la boca con cuidado al alcalde?
3. ¿El dentista le sacó la muela sin anestesia?
4. ¿A quiénes les va a pagar veinte muertos el alcalde? ¿a las fuerzas de oposición política?

5. ¿Quién se secaba las lágrimas al final?
6. ¿Pensaba el dentista presentarle la cuenta al municipio?
7. ¿Quién le dijo al dentista «es la misma vaina»?
8. ¿Nos está describiendo García Márquez con humor al perfecto cacique?

Gramática en acción

A. Divídanse en pequeños grupos e inventen la historia en el pasado para la serie de dibujos del Sr. Morales que ven abajo. Usen el vocabulario que está debajo de cada dibujo, conjugando los verbos en el pasado, y terminen la historia de una manera original.

despertarse, no sentirse bien, doler la muela

hacerse el desayuno, no poder comer, estar deprimido, decidir ir al dentista

subir al coche, ir llorando, continuar doliendo

llegar, estacionar, entrar apoyando la mandíbula en la mano

B. La Computadora Apple Autoeditor (*word processing program*). Lea el siguiente anuncio. La ejecutiva de la foto cuenta una historia en la que su computadora le sirvió para producir en pantalla (*on the screen*) una circular según se lo ordenó la Dirección (*head office*).

1. Conteste las preguntas usando los pronombres del complemento directo e indirecto para evitar la repetición.

    a. ¿La ejecutiva tenía que mandarles un catálogo a todos los clientes?
    b. ¿Quién podía hacerles la circular en menos de 24 horas?
    c. ¿En dónde desarrolló cada tema aplicando gráficas y tablas?
    ch. ¿Iba confeccionando (*preparing*) en la pantalla los originales de la circular?
    d. ¿Cuándo le entregó el trabajo a la Dirección?
    e. ¿Cuánto dinero le ahorró (*saved*) a la empresa (*company*)?

2. Trabajando en grupos, inventen su propia historia acerca de una ocasión en que tuvieron que entregar urgentemente un informe de grupo para alguna clase. ¿Qué pasó la noche anterior? ¿Qué hicieron para entregarlo a tiempo?

La circular que mi Apple Autoeditor y yo desarrollamos para los clientes en dos horas, y encima nos ahorramos medio millón.

Teníamos que remitir urgentemente una circular a todos nuestros clientes comunicándoles el nuevo catálogo de productos, listado de precios, descuentos y acciones promocionales para el año 86.
Los clientes tenían pendientes sus pedidos y Dirección quería resultados inmediatos y calidad. Nadie hubiera podido hacernos la circular en menos de 24 horas.
Por suerte, contaba con Apple Autoeditor. Siguiendo el borrador de la circular, analicé y desarrollé punto por punto en pantalla cada tema del modo que quería, definiendo márgenes y espacios, tipos y tamaños de letra, aplicando gráficos y tablas donde era necesario, etc. Y si no me gustaba, en la misma pantalla ampliaba, reducía o modificaba su composición hasta que resultara perfecto.
Apple Autoeditor y yo íbamos confeccionando en pantalla, página por página, los originales de la circular.
Luego, bastó sólo pulsar un botón para que todo apareciese impreso con la calidad y definición de una imprenta.

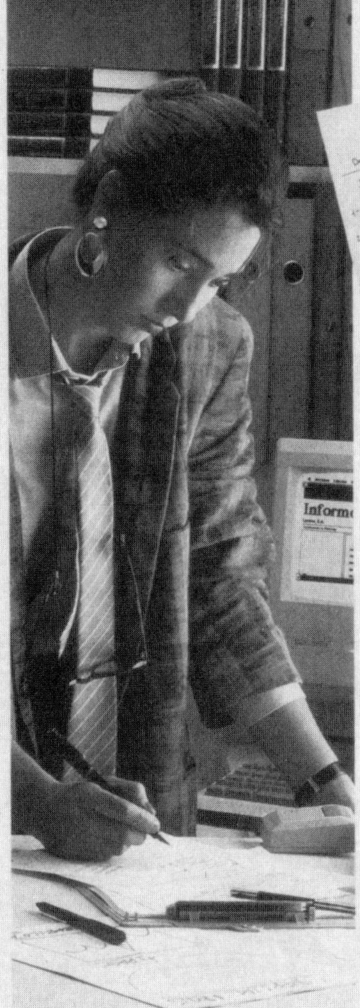

Entregué el trabajo a Dirección aquella misma tarde y, además, al no mediar proveedores ni cargos de urgencia, pudimos ahorrar a la empresa medio millón de pesetas.
Sistema Apple Autoeditor
Del borrador al impreso en momentos desde tu despacho.

Apple Computer

Existen muchos casos más del que Vd. ha leído, y el suyo es tan fácil de solucionar como éste. No dude en consultárnoslo.

Infórmese: Telf. (93) 218 32 40

O cumplimente este cupón y remítalo al Apartado de Correos 36.136. Barcelona.

Nombre y apellidos

Empresa
Cargo
Dirección
Ciudad y C.P.
Provincia
¿Qué tipos de trabajos le interesa desarrollar?

Sistema Apple Autoeditor

TIEMPO BBDO

¡HABLEMOS, PUES!

A. Vocabulario útil: Rasgos físicos

LAS FACCIONES	**FEATURES**
la barbilla	*chin*
el bigote	*mustache*
las cejas	*eyebrows*
la frente	*forehead*
los labios	*lips*
la mandíbula	*jaw*
la mejilla	*cheek*
la oreja	*(outer) ear*
las pestañas	*eyelashes*

ADJETIVOS PARA DESCRIBIR EL PELO

canoso (las canas)	*gray (gray hairs)*
crespo	*curly, kinky*
lacio, liso	*straight*
ondeado, ondulado	*wavy*
rizado (los rizos)	*curly (curls)*

ADJETIVOS PARA DESCRIBIR UNA PERSONA

arrugado (las arrugas)	*wrinkled (wrinkles)*
bien parecido	*good-looking*
calvo	*bald*
ciego	*blind*
coqueta	*coquettish, flirtatious*
cortés	*debonaire*
distinguido	*distinguished*
esbelto	*slim*
mudo	*mute*

pecoso (las pecas)	*freckled (freckles)*
sordo	*deaf*
travieso	*mischievous*
zurdo	*left-handed*

1. Usando el **Vocabulario útil,** describa lo que ve en los dos dibujos. ¿Cómo es cada persona físicamente? ¿Cómo se viste? ¿Qué acaba de ocurrir? ¿Qué está sucediendo en este momento? ¿Qué va a ocurrir un poco más tarde?
2. ¿Cuáles *son* los rasgos físicos más notables de las siguientes figuras públicas?

   a. Michael Jackson
   b. Cyndi Lauper
   c. Arnold Schwarzenegger
   ch. Brian Bosworth
   d. Joan Rivers
   e. Elizabeth Taylor

   ¿Cuáles *eran* los rasgos físicos más notables de las siguientes figuras? ¿Sabe Ud. algo acerca de sus vidas? Explíqueselo a la clase.

   a. Abraham Lincoln
   b. Santa Claus
   c. la reina Victoria
   ch. Helen Keller
   d. Shirley Temple, de niña
   e. Clark Gable

B. Dramatizaciones

1. Mientras su compañero/a de cuarto estaba fuera, alguien llegó a buscarlo. Ud. recibió a esa persona, que no dejó ni su nombre ni su número telefónico. Con un compañero (una compañera) de clase, dramatice una escena en la cual Ud. trata de recordar la apariencia física de la visita, todo lo que dijo y el mensaje que dejó para su compañero/a.
2. Su amigo/a quiere arreglar una cita entre Ud. y una persona que Ud. no conoce. Haga preguntas a su amigo/a (un compañero [una compañera] de clase) sobre la personalidad y las características físicas de esa persona.

C. Composición

Lea la tira cómica de «Mafalda» que aparece aquí. «Mafalda» es una niña traviesa que aparece cada día en las tiras cómicas de algunos periódicos hispánicos. (Mafalda está a la izquierda en estos dibujos.) Imagínese que Ud. tiene que escribir un informe sobre Mafalda para su clase de sicología infantil, analizándola primero y luego relacionándola con sus propias experiencias vividas por Ud. Escriba dos párrafos de 6 a 8 oraciones cada uno, usando como guía las preguntas de abajo.

Primer párrafo: ¿Qué está haciendo Mafalda en el primer dibujo? ¿Qué empieza a hacer en el segundo? Su amiga está ayudándola en el tercer dibujo. ¿Cuál es el resultado? ¿Cómo reacciona Mafalda? ¿Qué se puede decir de su personalidad y de la de su amiga? ¿Son típicas de las niñas de su edad? ¿Son diferentes de alguna manera los niños varones (*male*)?

Segundo párrafo: ¿Se enojaba Ud. a veces con sus amigos/as cuando era niño/a? Cuente lo que pasó una vez en que Ud. se enojó con un amigo (una amiga). Explique lo que Ud. aprendió de esa experiencia, tratando de desarrollar una narración completa.

[a] se me... *I spilled the inkwell over the page* [b] ¡Me... *I got so mad* [c] *Silly person!* [ch] *Fool!!* [d] *sin*

CAPITULO 6

¡REPASEMOS UN POCO!

Metas

- Hablar de acciones en el presente y en el pasado
- Repasar lo estudiado antes

* ¡Los nuestros ganan la copa! *

¡José María vuelve a ganar tres puntos!

Se enfrenta con el contrario.

El público celebra la victoria.

El héroe habla con los reporteros.

Visita al José María que no conocemos tanto

Siempre tiene tiempo para los aficionados.

A veces se divierte con sus viejos amigos.

Lo que más le gusta es estar con los suyos.

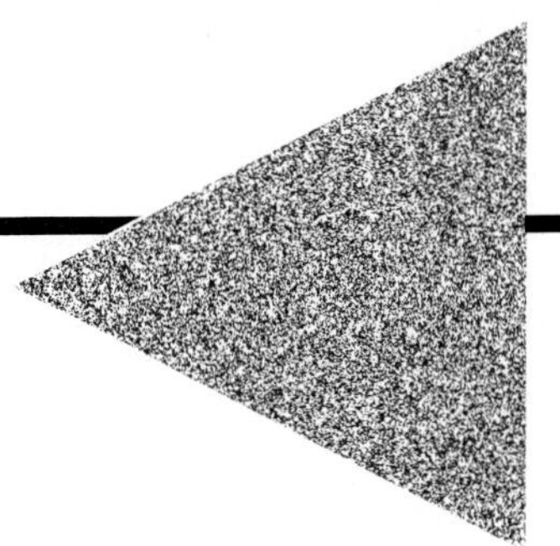

A. José María Vasconcelos es un jugador de fútbol muy conocido en el mundo deportivo. Su equipo acaba de ganar la Copa Mundial y José María fue el héroe en ese partido. Explique Ud. lo que piensan de él el equipo contrario, el público, los periodistas, los aficionados, sus viejos amigos y su familia.

B. Cuando José María contempla su vida y su carrera, ¿cómo se siente? ¿Se considera un hombre especial? ¿Se cree más importante que los demás a causa de su fama? ¿Cuáles son las cosas que le dan más satisfacción? ¿Qué aspectos de su vida le gustaría cambiar? ¿Por qué?

C. Divídanse en grupos pequeños para inventar la biografía de José María Vasconcelos, usando como guía las preguntas que siguen.

¿Dónde nació José María? ¿Quiénes eran sus padres? ¿Cómo era la vida de su familia en ese entonces, buena o dura? ¿Por qué? ¿Qué hacía José María cuando era niño? ¿Cómo comenzó a interesarse en el fútbol? ¿Quién lo influenció más que nadie?

¿Cómo conoció a su mujer? ¿Qué hacían los dos para divertirse antes de casarse? ¿Qué les gusta hacer ahora? ¿Es su fama un impedimento o una ventaja para la vida social de los dos? ¿Por qué? ¿Qué planes tienen José María y su familia?

Para comentar

A. Hoy en día la gente tiene mucho interés en conocer los detalles de la vida de los actores de cine y de televisión, los atletas, los políticos y otras figuras públicas. ¿A qué se debe esa fascinación? ¿Cree Ud. que este fenómeno social es positivo o negativo? Explique su respuesta.

B. Piense en una persona cuyo rostro aparece con gran frecuencia en los periódicos y en las revistas populares. ¿Qué se dice de esa persona? ¿Qué aspecto de su vida parece interesarles más a los reporteros? ¿Cree Ud. que los periodistas relatan siempre la verdad o que exageran a veces? ¿Puede ofrecerles a sus compañeros/as de clase un ejemplo de eso?

LECTURA: OPINION

Vocabulario para leer

VERBOS

desarrollar	to develop
elegir (i, i) (j)	to choose; to elect
golpear	to strike, hit, beat
luchar	to fight
perseguir (i, i)	to persecute
sobrevivir	to survive

SUSTANTIVOS

el acontecimiento	event
el esfuerzo	effort
la esperanza	hope
el éxito	success
la fábrica	factory
el gobierno	government
la muerte	death
el obrero, la obrera	laborer
el pueblo	people; town
el taller	workshop

ADJETIVOS

(in)capaz	(in)capable
humilde	humble
(des)leal	(dis)loyal
vivo	living, alive

PREPOSICION

incluso	even, including

MODISMOS

en cambio	on the other hand
llevar a cabo	to carry out, accomplish
representar (hacer) un papel	to play a role, act

A. Seleccione las palabras que mejor completan los siguientes párrafos.

Una visión pesimista

Es difícil (sobrevivir/desarrollar 1) en el mundo de hoy. Todavía hay (peligros/vecinos 2) y problemas sociales. Por ejemplo, parece que el prejuicio está tan vivo como siempre, aunque hay muchos que siguen (suspirando/luchando 3) por la igualdad. Los idealistas también hacen (un esfuerzo/una broma 4) para (matar/crear 5) un mundo sin guerras, pero hasta ahora no han (representado sus papeles/tenido mucho éxito 6).

Muchos obreros trabajan en (los pisos y las gavetas/los talleres y las fábricas 7) para sobrevivir y sostener a sus familias, pero otros no pueden (ponerse de pie/llevar a cabo 8) sus deseos. Todavía hay muchos hogares en donde la enfermedad y la (barba/muerte 9) siempre están presentes, y no se oye allí mucha (risa/luz 10).

La situación política no ha (mejorado/secado 11) mucho tampoco. A veces los (paquetes/gobiernos 12) no les ofrecen protección a los humildes. Los que (eligen/besan 13) a los gobernantes muchas veces lo hacen por intereses personales. Incluso en los países democráticos, hay personas (desleales/incapaces 14) dispuestas a traicionar a sus compatriotas.

A pesar de todo esto no debemos perder por completo la (madrastra/esperanza 15). La bondad de la gente casi siempre aparece cuando más se necesita, y esto es reconfortante.

B. Busque en la lista de vocabulario un sinónimo o un antónimo para cada una de las siguientes palabras.

1. seleccionar 2. el fracaso 3. el trabajador 4. el suceso 5. la gente 6. el régimen 7. arrogante 8. sin 9. devoto 10. muerto

C. Imagínese que su compañero/a de clase es un niño (una niña) de habla española. Explíquele en español lo que significa cada palabra.

1. representar un papel 2. perseguir 3. sobrevivir 4. desarrollar 5. el taller 6. la muerte 7. el éxito 8. el acontecimiento 9. el pueblo 10. la fábrica

---

Introducción a las lecturas

Without a doubt, the most charismatic female figure in Latin America in this century has been Eva Duarte Perón (1919–1952). Eva Duarte was one of five children born to a lower-class seamstress in the provincial town of Los Toldos, Argentina. Her father was a middle-class merchant who was already married, with another family in a nearby town. He died when Eva was six years old. Provincial life was economically hard and socially rigid. As a teenager, Eva dreamed of becoming an actress, and at age fifteen she set out for Buenos Aires with a traveling tango singer to seek a job in radio broadcasting.

From 1935–1944, she modeled and acted with some success. Then she met Colonel Juan Perón and, with this liaison, her acting career soared. Perón was a nationally recognized figure, simultaneously holding the offices of vice-president, minister of war, and minister of labor. He controlled one of the most powerful labor unions. In 1945, however, he was forced to resign and was jailed for a short time. He and Eva were married shortly after his release.

In 1946, Perón successfully ran for president. Eva took over Perón's old office at the Ministry of Labor and began to orchestrate her own political and social programs which would convert her into a saint in the eyes of the **descamisados** (the "shirtless ones" or laborers). The favorable contracts she negotiated for union members won her and her husband the unwavering support of the working class. Through her personal charity foundation, she established a kind of national lottery for the poor; anyone could be a big winner if Evita learned of their plight and took notice. Cheered on by union officials, she agreed to be Perón's running mate for president in 1951, then resigned under heavy political pressure from the Argentine upper classes who could not tolerate a woman of her "background" holding political office. She died of cancer the next year, mourned by thousands of working-class Argentines.

Juan Perón y su esposa Eva saludan al pueblo argentino en octubre de 1950. Cerca de dos años después murió la Sra. de Perón.

How can the life of this woman, Eva, or that of the public persona, Evita, be evaluated in retrospect? There are many conflicting opinions. In the following reading selections you will examine three different viewpoints. Notice how all three passages emphasize the two roles she played in real life. How does Eva perceive her own influence in Argentine politics? How do the other writers characterize it? Do her actions justify the almost religious adoration she received (and continues to receive) from members of Argentina's labor party (**los peronistas**)? As you read, consider whether you would agree with the statement that Eva Perón is a most admirable person.

Primera lectura

The first selection is taken from Eva Perón's official autobiography, *La razón de mi vida.* The fact that her autobiography was compulsory reading in all public schools in the early 1950s is a measure of the impact she had on Argentine society. Notice how she contrasts the personality of Eva with that of Evita. What emotions, abstract concepts, and segments of society are associated with each name in her mind? Which persona is easier for her to play?

«Evita», fragmento de *La razón de mi vida*
EVA PERON

Cuando elegí ser "Evita" sé que elegí el camino de mi pueblo.

Nadie sino el pueblo me llama "Evita". Solamente aprendieron a llamarme así los "descamisados". Los hombres de gobierno, los dirigentes° políticos, los embajadores,° los hombres de empresa,° profesionales, intelectuales, etc., que me visitan suelen llamarme "Señora"; y algunos incluso me dicen públicamente "Excelentísima o Dignísima Señora" y aun, a veces, "Señora Presidenta".

Ellos no ven en mí más que a Eva Perón.

Los descamisados, en cambio, no me conocen sino como "Evita".

Yo me les presenté así, por otra parte, el día que salí al encuentro de los humildes de mi tierra diciéndoles "que prefería ser «Evita» a ser la esposa del Presidente si ese «Evita» servía para mitigar algún dolor o enjugar una lágrima°".

La verdad es que, sin ningún esfuerzo artificial, sin que me cueste íntimamente nada,° tal como si hubiese nacido° para todo esto, me siento responsable de los humildes como si fuese° la madre de todos; lucho codo a codo° con los obreros como si fuese de ellos una compañera más de taller o de fábrica; frente a° las mujeres que confían° en mí me considero algo así como una hermana mayor, en cierta medida° responsable del destino de todas ellas que han depositado en mí sus esperanzas.

Reconozco que en el fondo, lo que me gusta es estar con el pueblo, mezclada° en sus formas más puras: los obreros, los humildes, la mujer...

Con ellos no necesito adoptar ninguna pose de las que me veo obligada a tomar a veces, cuando hago de° "Eva Perón". Hablo y siento como ellos, con sencillez y con franqueza llana° y a veces dura, pero siempre leal.

No vaya a creerse° por esto que digo que la tarea de Evita me resulte fácil. Más bien me resulta en cambio siempre difícil y nunca me he sentido del todo contenta con esa actuación. En cambio el papel de Eva Perón me parece fácil. Y no es extraño. ¿Acaso no resulta siempre más fácil representar un papel en el teatro que vivirlo en la realidad?

Y en mi caso lo cierto es que como Eva Perón represento un viejo papel que otras mujeres en todos los tiempos han vivido ya; pero como Evita vivo una realidad que tal vez ninguna mujer haya° vivido en la historia de la humanidad.

He dicho que no me guía ninguna ambición personal. Y quizás no sea° del todo cierto.

Sí. Confieso que tengo una ambición, una sola y gran ambición personal: quisiera que el nombre de Evita figurase° alguna vez en la historia de mi Patria.

jefes
ambassadors / negocios
enjugar... consolar
sin... *without it costing me anything* / tal... *as if I had been born*
como... *as if I were* / codo... *shoulder to shoulder (lit., elbow to elbow)*
frente... ante
trust
en... hasta cierto punto
identificada con ellos
hago... represento el papel de
sencillez... *simplicity and plain frankness*
No... *Don't think*
subjuntivo de **haber**
subjuntivo de **ser**
quisiera... *I'd like the name of Evita to figure*

Quisiera que de ella se diga, aunque no fuese más que° en una pequeña nota, al pie del capítulo maravilloso que la historia ciertamente dedicará° a Perón, algo que fuese más o menos esto:

Quisiera... *I'd like it to be said of her, although it might be only*
va a dedicar

"Hubo, al lado de Perón, una mujer que se dedicó a llevarle al Presidente las esperanzas del pueblo, que luego Perón convertía en realidades."

Y me sentiría debidamente, sobradamente° compensada si la nota terminase de esta manera:

completamente

"De aquella mujer sólo sabemos que el pueblo la llamaba, cariñosamente, *Evita.*"

Segunda lectura

The second reading is from an obituary that appeared in a Belgian newspaper shortly after Eva Perón's death. Which persona does this obituary describe, Eva or Evita? Is it a favorable description?

Eva Perón, ídolo del pueblo

JOURNAL DE BRUGES

Eva Perón, nacida del pueblo y en el pueblo, debe su éxito a la alta posición de esposa del Presidente y al azar[a] de los acontecimientos que se han desarrollado en el país. La gran cualidad de esta mujer es la de no haber olvidado su origen y la de haber aprovechado la situación privilegiada que alcanzó,[b] para hacer el bien.

Su rol fue simple y siempre discreto. Comprendiendo mejor que cualquiera[c] las necesidades y miserias de su pueblo, puso toda su acción para remediarlas de una manera adecuada.

Fue primero la organización sindical[ch] y profesional que era prácticamente inexistente en Argentina. Después, la construcción de escuelas primarias en las que la enseñanza es gratuita,[d] el desarrollo de la enseñanza media, normal[e] y universitaria. Había que crear escuelas profesionales y técnicas, centros de educación y formación[f] de enfermeras y de asistencia social. Luego fue la creación de maternidades, hospitales, clínicas, casas de descanso y de pensionados Sanatorios y dispensarios, jardines de infantes, institutos correctivos y de reeducación, etcétera.

Y todo este programa formidable de reorganización, de construcción social, había que llevarlo a cabo.

Este trabajo de titanes fue dirigido por una mano suave de mujer, pero cuyo corazón poseía recursos sin fin.

[a] destino [b] logró [c] *anyone* [ch] de los sindicatos (*unions*) [d] no se paga por ella [e] de maestras [f] preparación

En Eva Perón la bondad[g] no era una debilidad de carácter ni el deseo de agradar. Su bondad no era una ilusión, sino una realidad en acción viva. Amaba a los humildes y a los pobres, pues había comprendido que eran los que tenían ante todo necesidad de sostén[h] moral y material. Llegó a ser la Madre del pueblo.

Lo que es más extraordinario en la muerte de esta mujer admirable, es que no es sólo llorada por su pueblo, sino que en todos los países del mundo se comulga[i] con el pueblo argentino, dolorido por la muerte de la persona a quien más quería.

Eva Perón quedará como el símbolo eterno y viviente de la paz y de la bondad.

[g] generosidad [h] protección, apoyo [i] comparte

Tomado de «Eva Perón, ídolo del pueblo», *Journal de Bruges,* Brujas, Bélgica, 20, VIII, 1952, en Francisco de Virgilio. *Eva Perón: Heroína y Mártir de la patria.* (Buenos Aires: Talleres Gráficos Optimus, 1957), págs. 61–69.

Tercera lectura

The third passage is by the Argentine biographer Román J. Lombille. Does he seek to understand the persona of Eva or Evita? According to Lombille, how do the following contrasting pairs of words help explain her life: **lobezna** (*she-wolf*)/**víctima, santa/demoníaca, ser actriz/ponerse careta** (*to wear a mask*)? What does Lombille mean when he says that she plays many parts in life in order to survive?

Eva Perón: El culto de la representación

ROMAN J. LOMBILLE

Le ha sido difícil sobrevivir. Tuvo que ir abjurando° del pasado. El pasado del hambre. El pasado de enfermedad y de vergüenzas. El pasado de respeto a los niños diferentes a ella. Niños con padre, con zapatos, con delantales° limpios y cabellos perfumados. Crueles niños que la perseguían por las calles, recordándole su origen. En la metamorfosis de la pobrecilla niña sacrificada por un padre insensible y una madre ignorante, y por toda la sociedad mal ordenada, una inocente ha sido estrangulada, y de esa muerte espantosa y precoz, ha nacido una dura lobezna, que no conoce la compasión ni la dulce sonrisa beatífica° de los que han venido al mundo con padre, fortuna, salud y amor. Hubo, sí, una criatura sacrificada, pero de sus restos sanguinolientos° renació una mujer que hizo cosas abominables.

abjurando: renunciando
delantales: *pinafores*
beatífica: plácida, tranquila
sanguinolientos: cubiertos de sangre

Su miserable vida de mujer, explotada por sus hermanos y su marido, de doméstica vergonzante° en pensiones de "cabaret-girls", la aterroriza hasta° en sus momentos de triunfo definitivo e incontrastable, cuando centenares de miles de seres la adulan y temen.° Entonces ella tiene accesos° de miedo, y golpea. Golpea sin objeto y sin piedad.° A cualquiera que se le ponga delante.° Sean ellos° generales, ministros, diputados,° obreros o el mismo Presidente de la República. Esos terrores histéricos que transforman a Eva Perón, arrancándole° la máscara de bondad y generosidad, para mostrar el verdadero rostro sanguinolento y horrible de la niña muerta que hay en ella, hacen de Eva un tenebroso campo de batalla psicológico, en que se apuñalean y entrematan° la santa y la demoníaca, la perversa y la inocente, la explotadora y la explotada, la justiciera y la víctima, el verdugo° y la crucificada.

Su mentalidad es más que revolucionaria, pero en una dimensión no real. Ella no quiere ser una líder, ni una reformadora. Ella quiere ser santa. Su ignorancia humilde no basta° para hacer de ella una revolucionaria social, capaz de revisar el código° de las relaciones humanas. Para Eva las bases de la organización eran inconmovibles.° Hay ricos y hay pobres. Hay propietarios° y hay policías y hay empresarios de la banca y del teatro. Nada más. Su ignorancia le impidió dar un contenido° revolucionario superior a su acción. ¿Hay un rico que no le da una parte de su fortuna? ¡Guerra a ese rico! ¿Hay un pobre que se muere de hambre? Cien pesos a ese pobre y una canasta de víveres° para su familia. ¡Pobre Evita, víctima del prejuicio y la ignorancia, que la hizo pertenecer a la turbia° categoría de los que odian a los ricos porque no son ricos ellos mismos! Pero—¡cuidado!—allí no se detiene° Eva Perón. La miseria, la humillación, la enfermedad, la esterilidad, el espantoso° resentimiento de los tiempos de desgracia,° han puesto un dínamo en su alma. Ella crea su culto. Culto burgués.° Culto de representación. Porque Eva Perón es una actriz.

No se crea° que Eva es una actriz innata por un irresistible deseo de «representar». No. Eva representa para vivir. O mejor: para sobrevivir. Cambia una careta° por otra, desde Junín a Buenos Aires. Hasta que la careta se le pega al rostro,° y Eva, la pésima actriz de antaño,° se transforma en la gran actriz de sus últimos años.

que da vergüenza
incluso
le tienen miedo a ella / momentos
lástima
cualquiera... *anyone who opposes her* / Sean... *Be they* / *congressmen*
quitándole
se... *stab and kill each other*
executioner
no... no es suficiente
code
imposibles de mover
personas que tienen propiedades
content
canasta... *basket of groceries*
pertenecer... *belong to the obscure*
se... se para
que da miedo
mala suerte
de la clase media
No... No se debe creer
máscara
se... *sticks to her face* / pésima... malísima actriz del pasado

Tomado de Román J. Lombille. *Eva, la predestinada: alucinante historia de éxitos y frustraciones.* (Buenos Aires: Gure, 1955), págs. 9–13.

¿Cuánto recuerda Ud.?

Diga si Eva Perón, el autor del segundo ensayo o el del tercero diría (*would say*) lo que sigue y explique en qué se basa su conclusión.

1. Muchas personas por todo el mundo lloraban cuando Eva murió porque se daban cuenta de que los argentinos habían perdido a una gran líder.
2. Evita se sentía responsable de los humildes y estaba más contenta cuando estaba con los obreros y las mujeres.
3. De niña y de joven, Eva tuvo una vida triste y malsana (*unhealthy*).
4. La mujer del Presidente era admirable porque llevó a cabo la organización y la construcción de escuelas, hospitales, sanatorios, jardines de infantes, etcétera, con mano suave.
5. Cuando por fin consiguió el poder, esa misma mujer se convirtió en un monstruo que golpeaba a cuantos se oponían a ella.
6. Evita era ambiciosa; a ella le habría gustado ver su nombre inscrito en la historia de la Argentina.
7. Es más fácil hacer el papel de un personaje en el teatro que ser esa persona en la realidad.
8. La mujer del Presidente mostró su personalidad tiránica tratando cruelmente a los ricos que no compartían con ella lo que tenían.
9. A causa de su pobreza original, Eva comprendió mejor que nadie las necesidades de su pueblo y dedicó todos sus esfuerzos para beneficiarle.
10. Al principio Eva era una mala actriz que representaba para sobrevivir, pero al final de su vida se convirtió en una gran actriz que pudo engañar (*deceive*) a todos.

¿Qué opina Ud.?

A. Entre los argentinos parece que sólo había los que amaban a Evita o los que la odiaban. ¿Por qué cree Ud. que esta mujer era tan popular y tan odiada a la vez?

B. Con frecuencia en el curso de la vida se nos presentan varios puntos de vista—a veces contradictorios—acerca de una persona o de un problema. En estos casos tenemos que elegir en cuál vamos a creer. ¿Es posible que haya algo de verdad en cada una de estas lecturas contradictorias? ¿Cuál de las tres versiones acerca de Eva Perón le parece a Ud. la más interesante? ¿la más influenciada por los intereses personales del autor? Explique sus respuestas.

C. En dos de estas lecturas se ve un tema común: que a veces la vida es sólo una representación teatral. ¿Puede Ud. explicar este concepto? ¿Qué dice Evita de los varios papeles que ha representado? ¿Una persona ordinaria suele también representar algún papel en la vida diaria? ¿Lo ha hecho Ud.? Explique sus respuestas.

GRAMATICA EN CONTEXTO

16. Past Perfect Tense

Like the present perfect tense, the past perfect (see forms on page 155) is used to signal that a particular event happened prior to the rest of the narration. In contrast to the present perfect, however, the past perfect is used when the main body of the story recounts past events (conjugated in the preterit or imperfect).

Eva no toleraba ninguna oposición porque su vida **había sido** tan dura.	*Eva did not tolerate any opposition because her life had been so hard.*
Evita **había comprendido** que eran los pobres los que más la necesitaban.	*Evita had understood that the poor were the ones who needed her most of all.*
En una ocasión, **había dicho** que no le guiaba ninguna ambición personal.	*On one occasion, she had said that she was not guided by any personal ambition.*

¡Practiquemos!

A. ¿Qué dijo el político? Imagínese que Ud. es un reportero para la televisión que recuenta lo que un político ha dicho en su discurso. Revise las siguientes oraciones empleando el pasado perfecto.

MODELO: Hemos escuchado al pueblo. →
El político dijo que ellos habían escuchado al pueblo.

1. No nos hemos sentido satisfechos con soluciones fáciles.
2. Se han resuelto los conflictos nacionales.
3. Yo siempre he tratado de hacer lo mejor para el pueblo.
4. He tenido una sola ambición: hacer el bien para el país.
5. Como consecuencia, la vida de los trabajadores ha mejorado considerablemente.

B. Lo que se dijo de Evita. Se narra el siguiente párrafo en el presente. Ud. debe recontarlo en el pasado, cambiando los verbos según el sentido.

MODELO: Evita dice que ha hecho mucho por el obrero. →
↕ ↕
Evita dijo que había hecho mucho por el obrero.

El historiador piensa que a Evita le ha sido difícil sobrevivir. Muchas veces ella ha creído que va a morir de vergüenza y de enfermedad. En la metamorfosis de la pobrecilla niña cuyo padre la ignora, una inocente ha sido estrangulada, y de esa muerte espantosa, ha nacido una dura lobezna, que no conoce la compasión ni la dulce sonrisa de los que han venido al mundo con padre, fortuna, salud y amor. La miseria, la humillación y el resentimiento son los factores que han puesto un dínamo en su alma.

---

17. Stressed Possessive Adjectives and Possessive Pronouns

You already know how to use the possessive adjective forms that precede the noun (***mis*** **inclinaciones,** ***tu*** **vida,** ***sus*** **esperanzas,** ***su*** **marido,** ***nuestro*** **país,** etc.). (See page 21 for a review of these forms.) To emphasize the idea of possession, the following forms can be used after the noun or a linking verb. These forms are called stressed possessive adjectives.

mío/a/os/as	nuestro/a/os/as
tuyo/a/os/as	vuestro/a/os/as
suyo/a/os/as	suyo/a/os/as

Estas observaciones no son **mías** sino **tuyas.**	*These observations aren't mine but yours.*
Evita pudo hacer mucho porque el marido **suyo** era el presidente.	*Eva accomplished a lot because her husband was the president.*

Possessive pronouns are formed by adding a definite article before the stressed forms.

Lo que estoy haciendo me parece lo más adecuado a mi vocación, no a **la tuya.**	*What I am doing seems to me to be right for my vocation, not for yours (your own).*
Siempre ha sido una mujer admirada por sus compatriotas y por **los nuestros** también.	*She has always been a woman admired by her compatriots and by ours (our own) also.*

18. Demonstrative Pronouns

You are also familiar with the use of demonstrative adjectives to point out something (or someone) that is close to or far away from you (***este* libro, *ese* libro, *aquel* libro**). (See page 21 for the complete set of forms.) Remember that the choice of form depends on the speaker's own relative sense of distance (**este** = near the speaker; **ese** = near the listener; **aquel** = far away from both the speaker and the listener).

If the noun is omitted, as in the examples from the reading given below, the demonstrative adjective becomes a pronoun. The pronominal forms are distinguished from the adjectival ones by a written accent.

> Lo extraordinario de la vida de **ésta,** es que a pesar de todo, casi todo el mundo la quería. (ésta = esta mujer)
> Cien pesos a **ése** y una canasta de víveres para su familia. (ése = ese hombre)
> De **aquélla,** sólo sabemos que el pueblo la llamaba «Evita». (aquélla = aquella mujer)

Abstract thoughts, which have no gender, are referred to by the *un*accented, neuter singular forms: **esto, eso, aquello.**

> No debes creer por **esto** que la tarea de Evita me parezca fácil.
> Por **eso** yo dije que fue una persona muy admirable.
> Todo **aquello** fue un incidente muy desagradable en nuestra historia.

¡Practiquemos!

¿De quién es la prenda (*item of clothing*)? Trabajando en pares, imagínense Uds. que dos compañeros de cuarto van separando las prendas después de lavar la ropa. Usen los pronombres demostrativos y posesivos para identificar qué prenda pertenece a quién.

MODELO: ¿De quién es esta camisa? →
A: Jorge, ésta es tuya, ¿verdad?
B: Sí, ésa es mía. (No, ésa no es mía.)

1. ¿De quién es este par de calcetines?
2. ¿De quién son estos vaqueros?
3. ¿De quién es este pantalón gris?
4. ¿De quién es esta camiseta de Harvard?
5. ¿De quién es esta playera amarilla?
6. ¿Esta mini-falda es de la vecina de enfrente?
7. ¿Estas servilletas son de nosotros?
8. ¿De quién son estas toallas?

9. ¿Estos trapos (*dust rags*) son de nosotros?
10. ¿De quién es este pijama?

19. Pronouns After Prepositions

The pronouns that can occur after the following prepositions are similar to the forms for the personal subject pronouns except for **mí**[1] and **ti.** Remember that the preposition **con** when followed by **mí** or **ti** forms a new word: **conmigo** and **contigo,** respectively.

Prepositions	Singular	Plural
a, por, para, sin, sobre, en, de, (con)	mí	nosotros/as
	ti	vosotros/as
	él, ella, Ud.	ellos, ellas, Uds.

Han depositado **en ti** sus esperanzas.
Para ella representar es vivir.
Durante mi niñez nadie se preocupó **de mí.**
Los historiadores han escrito docenas de libros **sobre ella.**
No tuve un pasado de respeto como el que han tenido los niños diferentes **a mí.**
Lo que más me gusta es estar **contigo.**

Other prepositions are followed by pronominal forms that are identical to the subject pronoun forms.

Prepositions	Singular	Plural
según, entre	yo	nosotros/as
	tú	vosotros/as
	él, ella, Ud.	ellos, ellas, Uds.

Entre mis padres y yo no había mucho afecto.
Según él, ella quería ayudar a los trabajadores.
Hay muchas diferencias **entre tú y yo.**

[1] Pronominal **mí** is accented to distinguish it from the possessive adjective (e.g., *mi* **libro**).

¡Practiquemos!

Una carta de amor. Termine la siguiente carta de amor con los pronombres personales apropiados.

Gabriel, quiero estar con ____ (1) toda mi vida. No puedo vivir sin ____ (2). Nunca debes estar lejos de ____ (3). Yo confío en ____ (4) porque sé que no hay secretos entre ____ (5) y ____ (6). Sin embargo, cuando le dije algo a mi papá sobre ____ (7), él se enojó bastante. Según ____ (8), no ganas suficiente dinero. Entre ____ (9) y ____ (10) siempre hay desacuerdos y discusiones. Pero para ____ (11) eres perfecto, Gabriel; no me importa el dinero. ¿Quieres casarte pronto con ____ (12)? Con mucho cariño, Felisa.

20. Review of Indicative Tenses

Verb tenses serve to put events in order—either before, simultaneous with, or after (later than) some point in real time (e.g., present time or past time). For example, the future tense represents a speaker's anticipation *in the present time* of some imagined or unrealized event.

When telling a story, a speaker is free to choose a moment *now* (present time) or *then* (past time) as the point of reference used to order events. When writing, try to maintain one real-time point of reference throughout the composition, either the present or the past, and then order the events by using the verb tenses that correspond to that particular real-time reference as shown in the following chart. Switching your point of real-time reference tends to confuse the listener or reader.

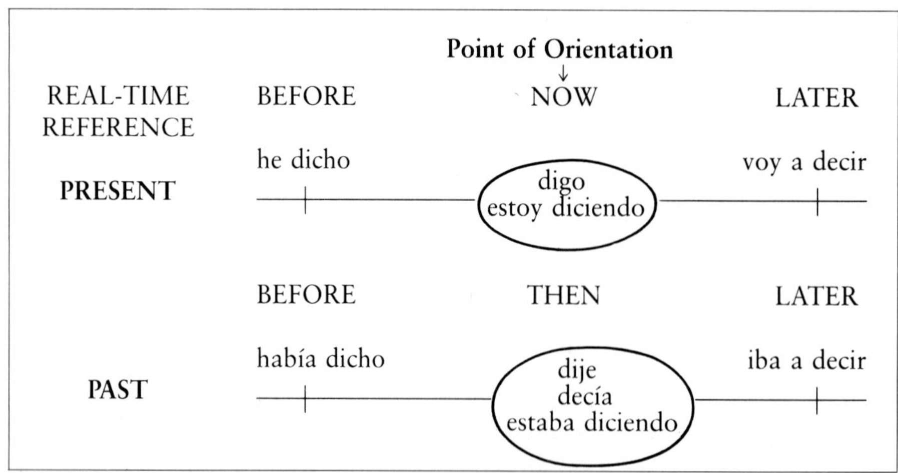

Present real-time reference (with respect to a moment *now*):

Eva nos dice/está diciendo (*now*) que va a conseguir (*later*) para los pobres todo lo que ella no poseía (*before*) en su niñez.	*Eva is telling us* (now) *that she will provide* (later) *for the poor everything she didn't possess* (before) *in her childhood.*
Por fin tiene (*now*) el poder.	*She finally has* (now) *the power.*
Ha sufrido (*before now*) muchos insultos.	*She has suffered* (before now) *many insults.*
Evita va a fortalecer (*later than now*) a los sindicatos.	*Evita will/is going to strengthen* (later than now) *the unions.*

Past real-time reference (with respect to a moment *then*):

Eva nos estaba diciendo/decía/dijo (*then*) que iba a conseguir (*later*) para los pobres todo lo que ella no había tenido (*before*) en su niñez.	*Eva was telling/told us* (then) *that she would/was going to provide* (later) *for the poor everything she hadn't possessed* (before) *in her childhood.*
Por fin tenía (*then*) el poder.	*She finally had* (then) *the power.*
Había sufrido (*before then*) muchos insultos.	*She had suffered* (before then) *many insults.*
Evita iba a fortalecer (*later than then*) a los sindicatos.	*Evita would/was going to strengthen* (later than then) *the unions.*

Gramática en acción

A. ¿Qué había hecho Eva? Con un compañero (una compañera), haga una lista de todo lo que Eva había hecho antes de ser famosa.

MODELO: Había aprendido a actuar y había participado en unas pequeñas representaciones regionales.

Expresiones posibles: visitar los teatros regionales, conocer a un cantante, confiar en, salir para Buenos Aires, conseguir un puesto en la radio, dedicarse a ser modelo/actriz, conocer al coronel Perón, casarse, etcétera.

B. Un resumen de opiniones. Ya ha oído Ud. muchas opiniones acerca de Eva Perón provenientes de las diferentes lecturas y de las ideas de sus propios compañeros de clase. Con un compañero (una compañera), prepare un resumen de la vida de Eva Perón, narrado en el pasado, tomando en cuenta todas esas diversas opiniones. Use algunas de las siguientes expresiones para organizar sus ideas: **para mí** (**Lombille, él, ella,** etcétera); **según...**, **entre... y...**, **sin...**, **con....**

C. Trabajando en pares, inventen el texto para un anuncio publicitario para un nuevo producto. Usen el anuncio para Café Monky como modelo. Traten de usar los pronombres demostrativos y posesivos cuando puedan.

¡HABLEMOS, PUES!

A. Vocabulario útil: La conducta humana

ADJETIVOS	**SUSTANTIVOS**
altruista	el altruismo, la caridad
ambicioso	la ambición
codicioso	la codicia (*greed*)
compasivo	la compasión
condenado	la condenación
devoto, religioso	la fe, la convicción, la devoción
egoísta	el egoísmo
envidioso	la envidia
espiritual	el espíritu
	el alma (*f.*) (*soul*)

pecador, pecaminoso	el pecado (*sin*), el pecador (*sinner*)
penitente	la penitencia
pío, piadoso	la piedad
(ir)responsable	la responsabilidad
salvado	la salvación
santo, bendito	la santidad, la bendición
vicioso	el vicio
virtuoso	la virtud

VERBOS

bendecir	*to bless*
compadecer (zc)	*to feel pity for*
condenar	*to damn*
conmover (ue)	*to touch, move (emotionally)*
maldecir	*to curse*
pecar	*to sin*
salvar	*to save*
tentar (ie)	*to tempt*

---

1. Usando las palabras del **Vocabulario útil,** comente lo que pasa en los dibujos de la página 147.

   ¿Qué hace siempre el Sr. Santos? ¿Tiene algún motivo especial para hacerlo? ¿Qué opina Ud. de él? ¿Qué rasgos tienen en común él y Ud.?

   ¿Qué hace Satanás en estos dibujos? ¿Cuál es su motivo? ¿Cómo se sienten los que son tentados por él? ¿Tienen esperanza sus víctimas? ¿Cómo pueden escaparse de la tentación?

   Se dice que el demonio aparece a veces en forma humana. ¿Conoce Ud. a algún «demonio»? ¿Cómo es?
2. Las siguientes personas imaginarias tienen ciertos rasgos interesantes. Explique lo que Ud. «sabe» de cada una.
   a. Alejandro Véguez es un solterón riquísimo cuya única hermana se murió hace tres meses. El anciano ya no tiene familia. ¿Qué piensa hacer con todo el dinero que ha ahorrado (*saved*)? ¿Por qué va a hacer eso? ¿Qué va a pensar de él la gente?
   b. Los Larreta tienen cinco hijos, incluso un recién nacido. El bebé nació hace cuatro meses justamente cuando el Sr. Larreta perdió su trabajo. Desgraciadamente, él no ha podido encontrar otro puesto y poco a poco va perdiendo la esperanza. ¿Qué trabajo había tenido antes el Sr. Larreta? Y su mujer, ¿había trabajado también? ¿Cómo hacen los Larreta para sobrevivir ahora los siete? ¿Qué piensan de ellos los demás?
   c. Nada le preocupa nunca a Nina Montes. Es rica y puede comprarse todo lo que necesita pero no comparte nada con los demás. ¿Por qué

se siente tan tranquila? ¿Debe preocuparse por algo? ¿Conoce Ud. a alguien como ella?

ch. Maritza Arias Centeno nació muy pobre, pero a los sesenta años consiguió ser elegida alcaldesa de su pueblo. ¿A qué se debió su éxito? ¿Qué opinaba ella de sus viejos amigos que no ascendían mucho en sus profesiones? ¿Qué pensaban ellos de ella? ¿Qué pasó cuando ella se murió?

B. Dramatizaciones

1. Tratando de hacer lo mejor. Imagínese que Ud. conoce a una persona muy codiciosa a quien no le importan nada los demás. Un día esa persona viene a hablar con Ud. de una idea que tiene para enriquecerse (robar una tienda o un banco, defraudar al gobierno o a la seguridad social, venderle algo de baja calidad a la gente humilde, etcétera). Explíquele por qué no le parece una buena idea. Trate de disuadir a esa persona usando argumentos originales.
2. Entrevistando a una persona famosa. Imagínese que Ud. es un reportero (una reportera) de televisión que va a la casa de una persona famosa para entrevistarla. Dígale algo de su propósito y empiece una conversación con él/ella, comentando un poco algunos asuntos de interés general (actividades, libros, películas y comidas que prefiere). Luego pídale sus opiniones sobre los problemas mundiales (las armas nucleares, la pobreza, la corrupción política, etcétera).

C. Composición

Imagínese que, como el jefe de publicidad de una compañía que fabrica un producto de lujo tal como los pantalones de Calvin Klein, un Jaguar descapotable (*convertible*), chocolates muy finos de Suiza, etcétera, Ud. tiene que escribir un anuncio publicitario para ese producto. Ud. ya ha conseguido autorización para usar la foto de una estrella (Robert Redford, Debra Winger, Burt Reynolds u otra) que usa el producto que Ud. anuncia.

Escriba dos párrafos de 6 a 8 oraciones cada uno acerca de esa persona y el producto. Lea el anuncio de Rolex de la página 150 como inspiración, y empiece el suyo con la frase: «Todo es excepcional en... ».

Primer párrafo: ¿En qué es excepcional la persona del anuncio? ¿Qué dicen de él/ella los críticos? ¿Qué ha hecho esta estrella este año? Y el año pasado, ¿qué hizo? ¿Adónde fue? ¿Por qué? ¿Qué dice él/ella de su carrera y de su vida? ¿Está contento/a o no? Explique por qué se siente así.

Segundo párrafo: ¿Por qué es excepcional el producto que usa esta estrella? ¿Dónde se fabrica? ¿Es importado de otro país? ¿Quién lo hace? ¿Es hecho a mano (*by hand*) o por máquinas en una fábrica especializada? ¿Cuánto tiempo dura su fabricación? ¿Dónde se vende? ¿Por qué lo ha escogido la estrella?

Todo es excepcional en Plácido Domingo: su carrera, su voz, su Rolex.

Excepcional. Esta es la palabra que acompaña a Plácido Domingo y a todo lo que le rodea.

Excepcional es ser como él es. Excepcional es conseguir lo que él ha conseguido. Excepcional es el fervor de sus seguidores.

Y es que Plácido Domingo se ha convertido en un mito. Un mito por el que se forman largas colas delante de los teatros de Hamburgo, París, Londres o Nueva York.

"Sólo puedo cantar cinco o seis obras al mes —dice— para poder dar, en cada representación, todo lo que el público espera de mí".

Plácido Domingo es un nombre conocido por todo el mundo, incluso por aquellas personas que nunca han pisado un teatro de ópera. Para sus admiradores es simplemente "El Tenor".

Pero Plácido Domingo es bastante más que "El Tenor". Es un músico completo. Virtuoso del piano y director de orquesta.

"Para comprender realmente cada una de mis interpretaciones comienzo por estudiar a fondo la partitura y el texto. Esta es para mí la única forma de transmitir lo que el autor ha querido expresar. ¡Qué suerte tengo de poder hacerlo!"

El reloj que Plácido Domingo ha escogido es un Rolex Oyster GMT-Master en oro de 18 quilates.

"Es el reloj perfecto para mí. Me indica simultáneamente la hora en dos países distintos, lo cual, teniendo en cuenta lo que yo viajo, me es de una gran utilidad. Además es infatigable. Ojalá pudiera yo decir lo mismo".

Para el músico completo, el reloj completo. Rolex.

ROLEX
of Geneva

Rolex GMT-Master. En oro de 18 quilates o acero, con brazalete a juego.

Relojes Rolex de España, S.A. - Serrano, 45 - Apartado 859 - Madrid-1

UNIDAD II
INDICE MORFOLOGICO

A. IMPERFECT INDICATIVE

1. Regular Verbs

To form the imperfect indicative of all **-ar** verbs, add the corresponding endings to the stem of the infinitive. The **nosotros** form carries a written accent mark.

Infinitive	Stem	Endings	
cantar	cant-	aba	ábamos
estudiar	estud-	abas	abais
hablar	habl-	aba	aban
mirar	mir-		
trabajar	trabaj-		

To form the imperfect indicative of regular **-er** and **-ir** verbs, add the corresponding endings to the stem. All forms carry a written accent mark on the endings.

Infinitive	Stem	Endings	
comer	com-	ía	íamos
correr	corr-	ías	íais
tener	ten-	ía	ían
escribir	escrib-		
recibir	recib-		
vivir	viv-		

2. Three verbs are irregular in the imperfect indicative.

ir		**ser**		**ver**	
iba	íbamos	era	éramos	veía	veíamos
ibas	ibais	eras	erais	veías	veíais
iba	iban	era	eran	veía	veían

B. PRETERIT

1. Regular Verbs

To form the preterit tense of regular verbs, add the endings below to the stem of the infinitive.

-ar verbs			
cantar	cant-	é	amos
estudiar	estud-	aste	asteis
pensar	pens-	ó	aron
soñar	soñ-		

Note the written accent mark on the first and third person singular of **-ar** verbs.

-er and -ir verbs			
aprender	aprend-		
deber	deb-		
parecer	parec-	í	imos
		iste	isteis
abrir	abr-	ió	ieron
salir	sal-		
subir	sub-		

As in **-ar** verbs, the first and third person singular of **-er** and **-ir** verbs have a written accent mark.

2. Several verbs undergo either an orthographic change or a stem change in the preterit. Most of their endings, however, are regular.

a. Orthographic-changing verbs that end in **-zar, -car,** and **-gar** have a spelling change in the first person singular of the preterit in order to preserve the original pronunciation of the infinitive.

z > c	**comenzar**	comen**cé**	comenzamos
		comenzaste	comenzasteis
		comenzó	comenzaron

Other verbs in this category: **alcanzar, almorzar, cazar, cruzar, empezar, forzar, organizar, rezar.**

c > qu	**buscar**	bus**qu**é	buscamos
		buscaste	buscasteis
		buscó	buscaron

Other verbs in this category: **atacar, comunicar, explicar, pescar, practicar, significar.**

g > gu	**jugar**	ju**gu**é	jugamos
		jugaste	jugasteis
		jugó	jugaron

Other verbs in this category: **colgar, llegar, navegar, negar, pagar.**

When the stem of an **-er** or **-ir** verb ends in a vowel, the **i** of the third person preterit ending changes to **y.**

leer	leí	leímos
	leíste	leísteis
	leyó	leyeron

Other verbs in this category: **creer, concluir, construir, contribuir, distribuir, excluir, incluir, poseer.**

Stem-changing **-ir** verbs register a stem change in the third person singular and plural of the preterit.

e > i	**sentir**	sentí	sentimos
		sentiste	sentisteis
		sintió	sintieron

Other verbs in this category: **consentir, divertir**(se), **pedir, preferir, repetir, seguir, servir, sugerir.**

o > u	**dormir**	dormí	dormimos
		dormiste	dormisteis
		durmió	durmieron

Morir undergoes the same changes as **dormir.**

3. Some common verbs are irregular in the preterit, both in the stem and in some of the endings. Note that none of these forms carries a written accent mark.

andar	anduv-		
estar	estuv-		
caber	cup-		
haber	hub-		
poder	pud-		
poner	pus-	e	imos
saber	sup-	iste	isteis
tener	tuv-	o	ieron
querer	quis-		
hacer*	hic-		
conducir†	conduj-		
decir†	dij-		
traer†	traj-		

C. PRESENT PARTICIPLE

1. The present participle is formed by adding **-ando** to the stem of **-ar** verbs and **-iendo** to the stem of **-er** and **-ir** verbs.

mirar	mir-	+	ando	=	mirando
comer	com-	+	iendo	=	comiendo
escribir	escrib-	+	iendo	=	escribiendo

2. When the stems of **-er** and **-ir** verbs end in a vowel, the **i** of the present participle changes to **y.**

creer	cre-	+	iendo	=	creyendo
construir	constru-	+	iendo	=	construyendo

*The form for the third person preterit of **hacer** is **hizo.**

†When the preterit stem ends in **-j-**, the **-i-** of the third person plural ending is dropped (**ieron** > **eron**), as in **decir: dije, dijiste, dijo, dijimos, dijisteis, dijeron.** Other verbs in this category: **deducir, producir, traducir.**

3. The present participle of **ir** is **yendo,** but the form is seldom used.
4. The following changes occur in **-ir** stem-changing verbs:

e > i	sentir > sintiendo servir > sirviendo

Other verbs in this category: **decir, pedir, reír, seguir, venir.**

o > **u**	morir > m**u**riendo dormir > d**u**rmiendo

Poder (**pudiendo**) follows this pattern, but the form is seldom used.

CH. PAST PERFECT INDICATIVE

The past perfect tense, or pluperfect, is formed with the imperfect of **haber** + *past participle* and is translated into English with *had* + *past participle.*

había preparado	habíamos preparado
habías preparado	habíais preparado
había preparado	habían preparado

ENTREVISTA

Xavier Suárez

De niño, Xavier Suárez emigró con su familia de Cuba a los Estados Unidos. Se graduó en Derecho en la Universidad de Harvard en 1975, y en 1985 fue electo alcalde de la ciudad de Miami. El distinguido señor Suárez tuvo la bondad de concederle a la autora una entrevista en su oficina en abril de 1988.

MARTHA MARKS: Lo que me interesa es el tema de lo que es ser una figura pública. Ayer llegué a eso del mediodía y pasé tres horas en la Pequeña Habana y otras dos en el centro de Miami. Mencioné el nombre de Ud. a varias personas que conocí, y lo que más me impresionó es que todos me dijeron algo como «Ah, ese Xavier Suárez... es un buen hombre, un buen alcalde, una persona muy buena». Y yo me dije, pues, por eso estoy aquí, porque me han dicho que es un hombre muy simpático. Pero, ¿cómo se siente Ud. al oír tales cosas?

Xavier Suárez

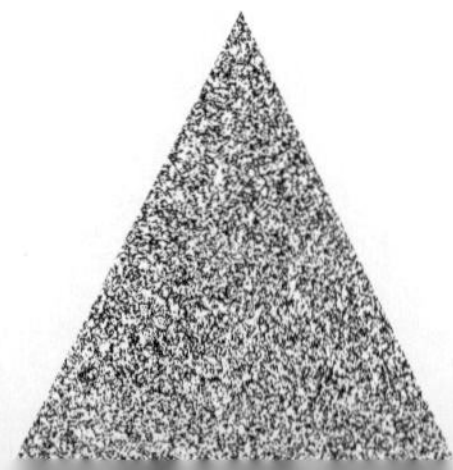

XAVIER SUAREZ: Bueno... interesante. Ser simpático y ser buen alcalde no son necesariamente dos cosas relacionadas... He estudiado mucho en mi vida y quisiera poder aplicarlo al gobierno. Cuando a mí me dicen «Esto se ha hecho de esta manera por veinte años», para mí es una buena razón para cambiarlo. El pueblo quiere cambios. El pueblo no está satisfecho con el sistema existente... Y siempre he tenido—y esto tiene mucho que ver con la cosa familiar y con la cosa hispana—yo siempre he tenido un fenómeno muy interesante. ¡Vale! Los jóvenes típicamente se identifican conmigo. ¿Por qué? Por los deportes. Por los estudios.

MM: Porque Ud. es joven.

XS: Exacto. Pero también los viejos se identifican conmigo. Los muy viejos. ¿Por qué? Porque les he prestado atención, porque soy de la Pequeña Habana, porque soy, vamos a suponer, del *ghetto* hispano. Yo siempre viví en el área de la Pequeña Habana. En fin, se me ha visto mucho.

MM: Supongo que en política importa mucho que el pueblo lo vea frecuentemente a uno.

XS: Sí, y en las áreas—yo diría—más empobrecidas, por donde hay personas mayores, se dice «Xavier siempre ha estado con nosotros». Nunca me llaman Suárez. Entonces se hablan entre ellos. Los padres, los nietos y los abuelos explican su posición muy enfáticamente, entonces los padres son un poquitico afectados por eso, y en fin eso me ha ayudado mucho en la política. La familia es muy importante en nuestra idiosincracia cultural.

MM: ¿Qué es lo mejor de ser alcalde de Miami?

XS: (Riendo y señalando el panorama de Biscayne Bay que se ve desde su escritorio): Tengo una vista lindísima...

MM: ¡Sí, es maravillosa! Pero además de eso, ¿hay otras ventajas de estar en la vida pública? ¿O es que hay más desventajas?

XS: El político que diga que no hay gratificación en ser conocido y ser bien recibido y en que la gente lo escuche a uno, está mintiendo. Eso siempre ha sido un factor. Sobre todo la parte... no tanto de ser aplaudido como de ser escuchado. Yo me pasé toda la vida con una serie de ideas y conceptos y escritos y ensayos y leyendo mucho... Y no tenía la oportunidad de decir «Mira, esto se pudiera cambiar si hiciéramos esto...»

MM: ¿Le gusta ese *bully pulpit* de que habló Roosevelt?

XS: Sí, ¡el *bully pulpit*! Poder decir «Vamos a llevar a cabo cosas que de verdad aumentan y mejoran el nivel de vida de nuestros ciudadanos». Hay una gratificación enorme. Para mí la más importante. A mí... el ego, por supuesto, y la cosa personal, pero lo que me hace despertarme tempranito por la mañana son los noventa y cuatro proyectos que tengo ahí. Es pensar que en alguna parte de la ciudad algo se está haciendo para mejorar la condición de vida de esta gente o la belleza de la ciudad, que tiene algo que ver con el *input* mío. Y eso es una ventaja enorme. Eh, viajar... He podido viajar más. No soy una persona que mi profesión me haya llevado a viajar mucho porque he sido abogado, no internacionalista, sino de litigio. Y de alcalde he podido viajar. Fui a Venezuela recientemente, y a Israel. He ido a Panamá, he ido a Canadá, y dentro de los Estados Unidos he viajado mucho.

MM: ¿Y las desventajas o lo peor del trabajo?

XS: La frustración de la burocracia es un factor muy negativo. Uno da una orden, una sugerencia, aprueba un concepto a nivel de la comisión y no se lleva a cabo. Inclusive dentro de mi propia oficina... A mí me gusta hacer las cosas hoy y ayer. Otra frustración es el tiempo que le quita de la familia. Tengo cuatro jóvenes. El mayor tiene diez años y la menor tiene tres. Y yo encuentro que no es tanto que ellos me necesiten a mí—aunque es un factor también pero, bueno, eso tendría que preguntárselo a ellos o a su mamá, que puede dar la perspectiva de cuánto ellos me necesitan a mí. Es que yo los necesito a ellos.

MM: Ud. está perdiendo una parte importante de la vida.

XS: Y a mí me afecta. Me afecta. Yo soy muy de familia. Soy el noveno de catorce hermanos yo mismo. Yo he vivido mucho en familia y el *networking* que ocurre en una familia, de *belonging,* de aceptación, aunque uno sea supuestamente el jefe—o cojefe de la familia con su esposa. El hecho de no estar con ellos, ¿no? Es un factor negativo. Y el otro factor negativo, yo diría, es la crítica personal a que a veces uno se expone en los periódicos.

MM: ¿Ud. ha tenido que desarrollar una cáscara para protegerse?

XS: Con la prensa, sí. Sobre todo con la prensa. El pueblo no. El pueblo es más... el pueblo es más tolerante.

MM: ¡Lo adora! El pueblo lo adora.

XS: La prensa es mucho más escéptica... Los editores... muchos de ellos son personas de buena fe, y yo creo que a veces escriben cosas que reflejan un poquitico de mal entendimiento. Pero... Esas son algunas de las frustraciones.

MM: Ud. llegó a Miami al venir de Cuba, ¿no? Cuando tenía ocho años, es lo que creo que leí.

XS: Llegué a los Estados Unidos a los once. Entré por Miami... Miami Beach, de hecho. No viví en Miami. Fui a vivir en Washington a los once.

MM: Si alguien le hubiera dicho, ese año, que algún día llegaría a ser alcalde de Miami, ¿qué le habría dicho?

XS: No lo hubiera creído. Yo fui a una iglesia, en los tres días que estuve aquí en Miami antes de ir a Washington. Fui a una iglesia el domingo y me acuerdo de dos impresiones. Primero que no entendía nada de lo que decía el sacerdote en el sermón. Nada. Nada. Y eso que estudié inglés como buen estudiante. ¡Vaya! Pensé que sabría algo de lo que estaba diciendo. Nada. Nada. Nada. Dije «Dios mío, ¿cómo yo voy a entender el idioma de este país?» Y la otra impresión que fue increíble y muy *poignant* es que cuando vino el *collection basket* mi hermano puso un centavo, y yo pensé «Estoy hasta el fondo de la estrata social». Tampoco quiero implicar que yo a los once años pensaba que iba a ser siempre un pobre emigrante en un país desconocido sin tener absolutamente ninguna influencia.

MM: ¿Sabía que iba a subir, pero no sabía cómo?

XS: Bueno, yo siempre he tenido un *very competitive spirit.*

MM: ¿Les recomendaría la vida pública a otros?

XS: Sí, sí. Una cosa muy bonita que mi padre nos inculcó—que no refleja a veces el sentimiento de algunos cubanos que eran muy cínicos sobre la política en general. Estaba cambiando eso en los años cuarenta y cincuenta. Mejores personas se estaban ofreciendo para el servicio público, para la política—pero todavía tenían... algunas personas tenían una noción de que la política era una cosa medio sucia. Pero mi padre no. El siempre pensaba que la política era una de las vocaciones más importantes, posiblemente la más importante que no sea una vocación estrictamente religiosa. Y la obligación de una persona que tenga dotes de liderazgo era muy importante. La importancia de llevar adelante a la sociedad y de garantizar los derechos humanos a todas las personas, no sólo en el país donde uno vive, en la comunidad donde uno vive, sino en todas partes del mundo. La universalidad de los derechos humanos, y de una vida decente para todos, de una educación, del cuidado de la salud, etcétera, es una cosa que desde chiquitico a mí me inculcaron mucho. Y libertad también, por supuesto. Y que en alguna medida es una obligación de todos. El que tenga algunos dotes de liderazgo u oportunidades de liderazgo, más obligación, pero de todos los miembros de la sociedad... Y entonces, a lo menos, votar, y votar de una manera informada, y, a lo más, ser funcionario público y electo, al nivel que lo lleve a uno la política, sin preocuparse demasiado, porque una de las cosas que a mí no me preocupa mucho es que si voy a seguir a otro nivel. No. Yo pensaba en un momento, pensé que no me valía la pena ir para comisionado. Había perdido dos veces para comisionado. Y perdí para alcalde. Así que había perdido tres veces. Unas personas me dijeron «¿Por qué no tratar de nuevo para comisionado?» y yo creo que en ese momento yo decidí «Bueno, si no llego hasta el nivel de alcalde, entonces a lo mejor... » Algunas personas le llaman el destino, yo le llamo más bien la providencia. ¿No? Y no creo que hay que estar todo el tiempo pensando en subir a otra posición más alta, porque uno llega a veces a un nivel que le llama a uno mucho y lo satisface.

MM: Ese también es el *Peter Principle,* ¿no? Que uno no debe subir a...

XS: Exacto. Exacto. Y de hecho hay un *built-in Peter Principle* para cualquiera que no nació en este país, que por ejemplo no puede ser presidente. Yo no puedo estar con esa obsesión que tienen a veces los políticos.

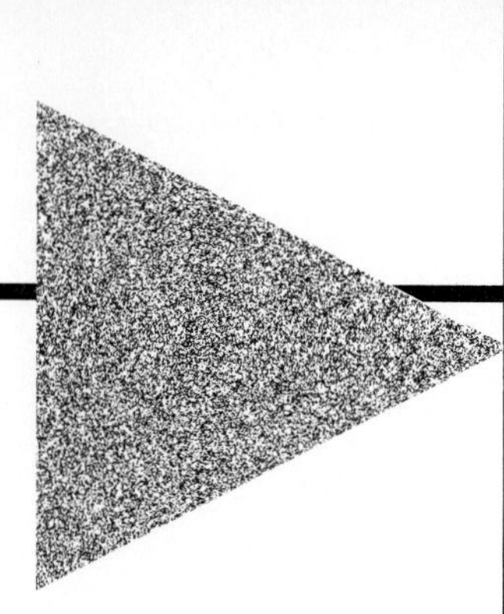

"¡Por amor de Dios, Marta! ¡Deja entrar al gato! Ha estado llorando y gimiendo y arañando la puerta toda la noche...".

Condorito
Hola, compadre. ¿Supo que murió Josecho?

No tenía idea, compadre ¡Qué cosa tan penosa! Era un gran tipo...

Y cuáles fueron sus últimas palabras?
Ninguna, compadre!...

Su esposa lo acompañó hasta el último momento...
plop!

...Y OS DECLARO MARIDO Y MUJER AD NAUSEAM

—¡Ya entiendo por qué estabas tan impaciente por casarte!

TE MATO PORQUE ESTOY HARTO DE COMPRAR ASPIRADORAS, LAVADORAS, FRIGOS, TELEVISORES, VIDEOS...
POR EL PRECIO DE ESA PISTOLA, PODRÍAMOS HABER COMPRADO UN TOSTAPAN, UN SECADOR UNA BATIDORA...

UNIDAD III

HOMBRES Y MUJERES

—No, no lloro porque te dejó plantada a ti, sino porque me dejó a mí con 1.500 sandwiches.

UNIDAD III FOCUSES ON men and women: their relationships, misunderstandings, and mutual appreciation. **Capítulo 7** gives a view of how Spanish advertising presents couples. **Capítulo 8** contains a journalistic analysis of a romantic triangle from a man's point of view. In contrast, **Capítulo 9** presents a tongue-in-cheek look at men, written for readers of a women's magazine.

The key language functions of this unit include describing and narrating in present and past time, talking about the future, and surviving real-life situations. You will be asked to talk about both real and imaginary couples in a variety of contexts.

The following mini-index will help you find the key grammar points presented in this unit:

21. Formal *(Ud., Uds.)* Commands 171
22. Future Tense 172
23. Indicative Versus Subjunctive 184
24. Informal *(tú)* Commands 205
25. More on Indicative Versus Subjunctive in Adverbial Clauses 206
26. Indicative Versus Subjunctive After Verbs of Affirmation, Fear, Doubt, and Denial 209

Unidad III índice morfológico 215

CAPITULO 7

¡REPASEMOS UN POCO!

Metas

- Hablar del futuro
- Dar mandatos formales

Planes para el futuro

A. Matías piensa llamar a Adela para invitarla a ir a una discoteca la semana que viene. ¿Cómo le contestará ella? ¿Le dirá que «sí» o que «no»? ¿Por qué? ¿Qué cosas tendrán que hacer los dos antes de esa noche especial? Haga una lista de todo lo que harán.

B. Jaime, un joven de Barcelona, va a una agencia de viajes para planear sus próximas vacaciones. Si decide ir a Chile para esquiar, ¿qué tendrá que hacer antes de partir? ¿Y después de llegar? ¿Conocerá a alguien muy interesante? ¿Cómo será esa persona?

C. Marcela quiere ir a una prestigiosa universidad el año que viene. ¿Qué hará la consejera para ayudarla? ¿Qué tendrá que hacer Marcela? ¿Qué harán sus profesores y sus padres? ¿Cuáles serán las diferencias entre su vida universitaria y la actual (*present-day*)?

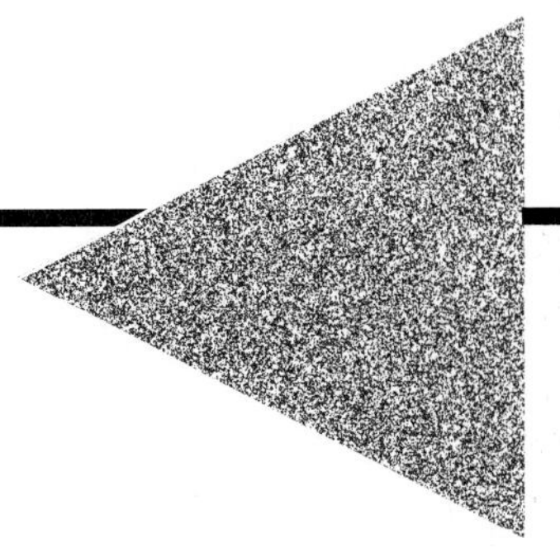

Para comentar

A. Imagínese que ésta es la primera semana del año académico. Su profesor(a) hace el papel de un nuevo (una nueva) estudiante que Ud. acaba de conocer. Ud. descubre que esta persona es muy tímido/a. Explíquele las particularidades de la vida social universitaria y aconséjele cómo actuar en este lugar.

B. Divídanse en grupos pequeños para hacer algunos planes para un viaje o una fiesta para la clase de español. ¿Invitarán a otras personas a participar? ¿Tratarán de conocer nuevos amigos allí o se divertirán entre Uds.? Usen su imaginación para crear algo muy divertido.

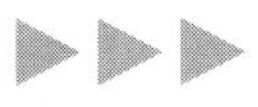

LECTURA: DESCRIPCION

Vocabulario para leer

VERBOS

comprometerse (**a**)	to commit oneself (to)
disfrutar (**con, de**)	to enjoy
enviar	to send
mezclar	to mix
mojar	to wet, dampen
probar (**ue**)	to try out; to test
realizar	to fulfill, carry out

SUSTANTIVOS

la cantidad	quantity
la dirección	address
el hielo	ice
los negocios	business
la pesadilla	nightmare
el premio	prize
el sabor	flavor
la temporada	season
la vivienda	residence, housing

ADJETIVOS

cualquier (*pl.* **cualesquier**)	any
(**des**)**igual**	(un)even
junto	together
semanal	weekly

ADVERBIO

despacio	slowly

PRONOMBRE INDEFINIDO		MODISMOS	
cualquiera (*pl.* cualesquiera)	anyone	**por supuesto**	of course
		saber de sobra	to know full well

A. Seleccione las palabras que mejor completan los siguientes párrafos.

Un matrimonio contemporáneo

El Sr. y la Sra. del Pozo son una pareja excepcional. Trabajan (juntos/suaves 1) en la fábrica que hizo construir el abuelo de la Sra. del Pozo en Montevideo hace cuarenta años. Los dos tienen responsabilidades (iguales/despacio 2) en su negocio. (Se han aburrido de/Se han comprometido a 3) fabricar las mejores copas de cristal del país y parece que ya han (mezclado/realizado 4) su meta. Este año enviarán una gran (cantidad/sombra 5) de copas a las mejores tiendas de mundo, donde serán compradas por quienes busquen lo mejor para su mesa. Tienen tanto éxito porque siguen (probando/representando 6) nuevos métodos de producción.

No se debe pensar, sin embargo, que los Sres. del Pozo no se (mojan/divierten 7) nunca. Al contrario, aprovechan de cualquier tiempo libre para (reírse/alejarse 8) un poco de sus (talleres/peligros 9). Esas cortas vacaciones (cautelosas/semanales 10) les permiten pasar algunos ratos con sus hijos. La semana que viene, por ejemplo, pasarán un día en el Cabo Polonio. En otra (temporada/lluvia 11) por supuesto harán un viaje a Buenos Aires para disfrutar del (dolor/sabor 12) cosmopolita de esa ciudad. Mantienen en la capital argentina una (pesadilla/vivienda 13), cuya (dirección/frontera 14) es un secreto. Nadie podrá molestarlos mientras estén allí.

B. Decida dónde y cuándo se encontrarán los siguientes objetos. Busque las respuestas en las listas correspondientes.

1. unos cubitos de hielo
2. una estatuilla del «Oscar»
3. la dirección de la Srta. Estefanía Arrizabalaga Garchitorena
4. una vivienda para una pareja con cinco hijos, dos perros y tres gatos
5. un pastel con sabor de frutas o de almendras (*almonds*)
6. una revista semanal

¿DONDE SE ENCONTRARA?

- en un lugar de honor en la vivienda de la persona que la ganó
- en una panadería
- en un vaso de agua o de cualquier refresco
- en la sección de anuncios del diario *El país*
- en un quiosco o en una librería
- en el librito negro de José Luis Cunqueiro Goicochea

¿CUANDO SE ENCONTRARA?

- un día después de que él la conozca
- por seis días después de su publicación
- en un día muy caluroso
- por casualidad y con muchísima suerte, porque no hay propietarios que quieran tales familias
- todos los días
- por el resto de la vida de esa persona privilegiada

C. Imagínese que su compañero/a de clase es un niño (una niña) de habla española. Explíquele en español lo que significa cada palabra.

1. la pesadilla
2. el hielo
3. la dirección
4. la vivienda
5. el premio
6. disfrutar
7. probar
8. realizar
9. mojar
10. mezclar

Introducción a la lectura

Man is, above all else, a social being. It should come as no surprise, then, that advertisers seek to portray pleasant human interactions in their ads in order to sell their products—from chicken soup to fine liquors.

This chapter's reading consists of a series of ads from Spanish magazines. As you read each ad, think about the type of couple or group of people that is being presented. What are their ages? their occupations? their educational backgrounds? their style of dress? their life-styles? Are they married? Do they have children? What other social activities do they probably get involved with in their spare time? How would you describe their interpersonal relationships in general?

In other words, to what section of society are the advertisers trying to appeal? What implicit statement do they make about people who use their respective products or services? To what extent are these ads representative of the normal, "real-life" interpersonal relationships with which you are familiar?

Writing ad copy requires something special: in a short amount of space, a lot must be said with maximum impact. For this reason, copywriters select their language with care. The frequent use of direct commands and the future tense, for example, give an ad's prose an active feeling, a sense of urgency, and an expression of will. Nouns also stand out in the text, flagging the important concepts, while adjectives tend to occur infrequently or in small print.

As you read the four ads that follow, determine which aspects of each attract your attention the most. Do you trust what they are telling you? Why or why not?

Cuatro anuncios comerciales

Por mil pesetas, nada más, viaje con su marido en coche-cama
Cuando su marido tenga que viajar, entérese si lo hace en Día Azul. Casi seguro que sí. Hay más de 300 Días Azules cada año. Después dígale por las buenas que le apetece acompañarle. Y en tren.
¿Se resiste? Pues se le convence explicándole que por sólo 1.000 pesetas más de lo que le cuesta a él su viaje en coche-cama, pueden viajar los dos. Tan cómodamente y a cualquier lugar de España.
Acto seguido, infórmele de que usted sabe de sobra que en los viajes de negocios siempre hay un tiempo libre. Y lo estupendo que sería disfrutarlo juntos.
Al final, verá como a su marido le parece una buena idea. Decídase a ponerla en práctica.
RENFE
Un tren de descuentos.

y gane premios como una casa.

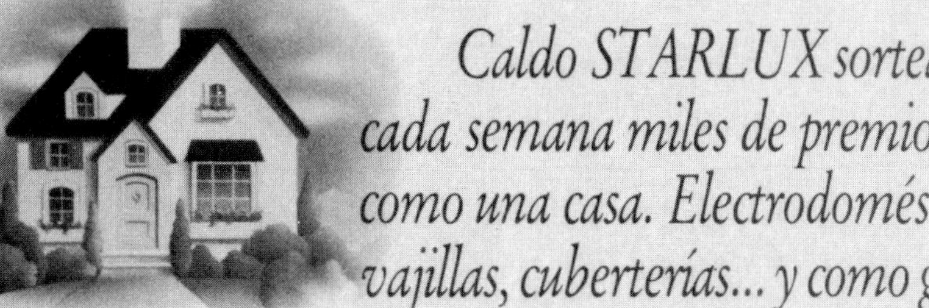

Caldo STARLUX sortea cada semana miles de premios como una casa. Electrodomésticos, vajillas, cuberterías... y como gran premio una casa valorada en cinco millones de pesetas.

Ganar es muy fácil. Escriba su nombre y dirección al dorso de un estuche de Caldo STARLUX.

Envíelo a STARLUX. Apartado 2525-Barcelona 08080. Y un premio como una casa puede ser suyo, en cualquiera de los sorteos semanales que se realizarán hasta el 18-4-86.

Doble Caldo

STARLUX

éxito en casa

Cointreau presenta los sabores de la nueva temporada

SABORES diferentes enriquecidos por el sabor único de Cointreau. Es la moda Cointreau para este otoño: cócteles, combinaciones, long drinks y, por supuesto, como siempre, el clásico, universal e inconfundible Cointreau on the rocks. Pruébelos y hágalos probar a sus invitados. Es la mejor forma de variar sin cambiar su bebida preferida.

Cointreau on the rocks

Directamente en un vaso, ponga dos o tres cubitos de hielo y tres dedos de Cointreau.

Cointreau Daiquiri

En un vaso mezclador, ponga hielo, una cuarta parte de Cointreau, otra de jugo de limón y dos de Rhum St. James Blanc. Mézclelo todo mediante una varilla o una cuchara de mango largo y sírvalo muy frío.

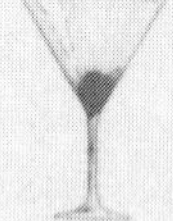

Dama Blanca

En vaso mezclador, ponga hielo, una cuarta parte de Cointreau, otra de jugo de limón y dos de Gin Rolls. Mezcle y sírvalo muy frío.

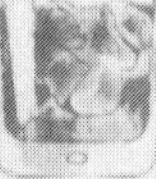

Orange Bloom

En una coctelera, hielo picado y partes iguales de Cointreau, Gin Rolls y Martini rojo, mezcle agitando y sírvalo en vaso corto.

Margarita

Mezcle con hielo, en una coctelera, una tercera parte de Cointreau, dos de tequila Cuervo y el zumo de medio limón. Ponga sal en el borde de la copa. Para conseguirlo, invierta la copa y moje su borde en un platito con agua. Después, haga lo mismo en un plato rasado de sal fina.

Con Citibank España, comprar la casa de nuestros sueños no fue una pesadilla.

Ahora sólo 15,5% de tipo de interés.

En sólo 15 días, nos dieron el 80% del valor total.

Si cree que todos los créditos vivienda son iguales, venga a Citibank España.

Hablaremos más despacio de tres importantes diferencias.

El tiempo de tramitación: 15 días para concedérselo.

E incluso nos comprometemos a adelantarle —ya durante nuestra primera entrevista— el resultado.

El límite de crédito: Hasta el 80%.

Sobre el valor actualizado de su vivienda, y hasta los 20 años para pagar.

Además el tipo de interés es el mismo para cualquier cantidad y plazo: sólo 15,5%.

La cuota: Para empezar, 12.917 ptas. por cada millón.

Si le ayuda un período inicial durante el que no amortizará capital, esto es todo lo que pagará cada mes durante los dos primeros años.

A partir de entonces pagará una cuota de amortización de 13.778 ptas., durante los 18 años restantes.

Sabemos que la compra de su vivienda es una de las decisiones más serias de su vida.

Ponérsela más fácil es nuestra forma de trabajar con usted. Y la forma de que usted trabaje con nosotros.

CITIBANK ESPAÑA

Ganamos cuando usted gana.

LINTAS

¿Cuánto recuerda Ud.?

Diga si las siguientes instrucciones o declaraciones aparecen en el anuncio de Renfe, Caldo Starlux, Cointreau o Citibank España. Trate de hacerlo sin volver a mirar los anuncios.

1. Infórmele de que usted sabe de sobra que en los viajes de negocios siempre hay un tiempo libre.
2. Directamente en un vaso, ponga dos o tres cubitos de hielo...
3. Ganar es muy fácil. Escriba su nombre y dirección...
4. Al final, verá como a su marido le parece una buena idea.
5. Tenga éxito y gane premios como una casa.
6. Mézclelo todo... y sírvalo muy frío.
7. Si cree que todos los créditos vivienda son iguales, venga a...
8. Y un premio como una casa puede ser suyo, en cualquiera de los sorteos semanales que se realizarán hasta...
9. Pruébelos y hágalos probar a sus invitados. Es la mejor forma de variar sin cambiar su bebida preferida.
10. Si le ayuda un período inicial durante el que no amortizará capital, esto es todo lo que pagará cada mes durante los dos primeros años.
11. Hablaremos más despacio de tres importantes diferencias.
12. (Viajen Uds.) tan cómodamente y a cualquier lugar de España.

¿Qué opina Ud.?

A. Las parejas que aparecen en estos cuatro anuncios son casi idénticas: jóvenes, guapas y profesionales. No se sabe si tienen hijos o no. ¿Son ejemplos representativos de la mayor parte de las personas casadas? Explique.

Imagínese que Ud. tiene la responsabilidad de crear otro anuncio de este tipo para anunciar un producto que atrae a un público menos adinerado (*well-to-do*). ¿Cómo serán los modelos para este anuncio? Indique los otros cambios que hará en el anuncio.

B. Estos anuncios presentan una imagen atrayente (*attractive*) de los hombres y de las mujeres y también de los productos que quieren promover. Parecen esposos típicos de la clase media de cualquier país y también productos típicos: la sopa, un tren, un banco y una bebida alcohólica.

¿Es común esta clase de anuncio en nuestro país? ¿Cuáles son algunas campañas publicitarias (*advertising campaigns*) parecidas que Ud. ha visto? ¿Han tenido éxito?

Estos anuncios aparecieron originalmente en revistas españolas de alta calidad, fotografiados en colores muy bonitos. ¿En qué otros medios de comunicación aparecen anuncios de tales productos? En su opinión, ¿por qué se promocionan estos productos de esta manera? ¿Qué efecto produce en la sociedad la abundancia de anuncios de productos lujosos de este tipo?

GRAMATICA EN CONTEXTO

21. Formal (*Ud., Uds.*) Commands

Commands (or the imperative forms) are the most direct way of trying to influence another person's behavior. In sentences that contain commands the verb nearly always comes first, unlike the normal order in declarative sentences (subject + verb + object).

The command forms for **-ar** verbs end in **-e/-en** (**Ud., Uds.**). The command forms for **-er/-ir** verbs end in **-a/-an.** The same type of irregular stem changes (**e** > **ie, e** > **i, o** > **ue**) found in some present tense verbs also appear in their command forms. (For a review of irregular command forms, see the **Indice morfológico,** page 218.)

Desp*i*erte.	*Wake up.*
C*u*enten la moneda.	*Count the coins.*
P*i*da la cuenta.	*Ask for the bill.*
V*eng*a a verme mañana.	*Come (back) to see me tomorrow.*

Object pronouns are affixed as one word to affirmative commands, following the expected order: first the reflexive pronoun (if present), then the indirect, then the direct (i.e., Verb-PRO_{REFL}-PRO_{IND}-PRO_{DIR}).

Pruébelos y **hágalos** probar a sus invitados. (los = PRO_{DIR})
Entérese si lo hace en Día Azul. (se = PRO_{REFL})
Envíeselo a STARLUX.[1] (selo = $\text{PRO}_{\text{IND}}\text{PRO}_{\text{DIR}}$)

With negative commands, the object pronouns are "sandwiched" as separate words in between **no** and the verb.

No le diga «adiós». ¡Viaje con su marido en coche-cama!
No se decida hasta leer este anuncio.
Siga la dieta Biomanán Komplett—«**No se cambie** nunca».

¡Practiquemos!

Lo que manda el médico. Los Sres. Gordotes tienen exceso de peso (*weight*) y el colesterol muy alto. Conversan con el doctor sobre su problema, y él les da una serie de instrucciones que deben seguir al pie de la letra. Cuando sea posible, use los pronombres de complemento directo o indirecto o los pronombres reflexivos.

[1] Remember that the word **se** in this command is the indirect object pronoun **le** (= **a Starlux**), in combination with the direct object pronoun **lo.**

MODELO: No deben comer pasteles de chocolate. →
¡No los coman!

1. El Sr. Gordotes debe dejar de tomar bebidas alcohólicas.
2. Los dos deben evitar los productos lácteos (derivados de la leche).
3. La Sra. Gordotes debe hacer ejercicio aeróbico.
4. El Sr. no debe ponerse furioso en la oficina.
5. Los dos deben reducir el número de tazas de café que toman diariamente.
6. El Sr. debe perder 5 kilos.
7. La Sra. debe dormir ocho horas cada noche.
8. Los Sres. Gordotes no deben pedir hamburguesas y papas fritas.
9. Los dos no deben añadirle sal a la comida.
10. El Sr. Gordotes debe venir a ver al doctor cada dos semanas.
11. Los dos deben divertirse más para reducir las tensiones.
12. Los Sres. Gordotes deben seguir esta dieta rigurosamente.

22. Future Tense

A. Different Ways to Express the Future

You have already studied two ways to express future time.

1. Use the present tense in a future context (especially with verbs of movement).

   Mañana **salgo** para Buenos Aires en un vuelo de la PanAm.

2. Use the expression **ir a** + *infinitive* in the present tense.

   Mañana **voy a salir** para Buenos Aires en un vuelo de la PanAm.

A third way to signal future time is to use the future tense, which is formed by adding the following endings to the end of most infinitives:

Infinitive			
		-é	-emos
-ar, -er, -ir	+	-ás	-éis
		-á	-án

Al final, **verá** como a su marido le parece una buena idea.
A partir de entonces **pagará** una cuota.
Hablaremos más despacio de tres importantes diferencias.
Una casa puede ser suya en cualquiera de los sorteos que se **realizarán** hasta febrero.

Note that for some verbs, the future endings are added to an irregular stem form.

decir > **dir-**	poner > **pondr-**	tener > **tendr-**
haber > **habr-**	querer > **querr-**	valer > **valdr-**
hacer > **har-**	saber > **sabr-**	venir > **vendr-**
poder > **podr-**	salir > **saldr-**	

B. Other Meanings of the Future Tense

In colloquial speech future time is most often expressed with the present tense of **ir a** + *infinitive*. The future tense is more frequently used to stress the idea of willpower or implied command.

Will: **Iré** a la fiesta a pesar de no tener invitación.	*I am going to the party despite not having an invitation.*
Implied Command: **Vendrás** a mi oficina mañana a las diez.	*You will (must) come to my office tomorrow at ten.*

¡Practiquemos!

A. ¡Ud. piensa comprar un coche nuevo! Con un compañero (una compañera) de clase, decida lo que tiene que hacer.

MODELO: leer los anuncios en el periódico →
Leeré los anuncios en el periódico.

1. ir a una agencia de coches
2. salir a buscar el coche ideal
3. ver muchos modelos diferentes
4. preguntarle al comerciante las especificaciones de cada uno
5. hacer una inspección de los frenos (*brakes*), del volante (*steering wheel*) y del motor
6. escoger un Jaguar
7. dar una vuelta y ponerlo a prueba
8. decirle al comerciante que lo quiere comprar
9. pagarle una fianza (*down payment*)
10. tener que celebrar y disfrutar de la nueva compra

B. Ahora, su compañero/a de clase debe repetir esta historia del coche describiendo lo que va a hacer Ud.

MODELO: leer los anuncios en el periódico →
Leerá los anuncios en el periódico.

C. Cuando me gradúe... Algún día Ud. va a terminar su carrera universitaria. Con un compañero (una compañera) de clase, conteste las siguientes preguntas personales que tienen que ver con su futuro.

1. ¿En qué año saldrá de la universidad?
2. Al graduarse, ¿en qué campo podrá conseguir un trabajo?
3. ¿Qué será algún día, médico, abogado, político, comerciante? ¿O escogerá otra profesión?
4. Al graduarse, ¿tendrá Ud. una dirección fija para toda su vida?
5. Después de graduarse, ¿seguirán viéndose Ud. y sus amigos?

Gramática en acción

A. Consejero de la residencia. Trabajando en pares, uno hace el papel de consejero de la residencia (*resident dorm adviser*) y el otro el de estudiante «rebelde». El estudiante expresa su voluntad diciendo cómo piensa vivir en la residencia en el futuro y el consejero lo contradice con una serie de mandatos negativos. (Usen el pronombre de complemento directo o indirecto cuando sea apropiado.)

MODELO: escuchar música «rock» hasta muy tarde. →
ESTUDIANTE: Escucharemos música «rock» hasta muy tarde.
CONSEJERO: ¡No la escuchen después de las 11!

1. acostarse muy tarde 2. pedir pizza para todos los del primer piso 3. hacer fiestas de sorpresa 4. salir de la residencia después de la medianoche 5. fumar en los cuartos 6. jugar *hockey* por los pasillos de la residencia 7. no venir al comedor para el desayuno de los sábados 8. no limpiar los cuartos 9. compartir los baños con las mujeres (o con los hombres) 10. no cerrar las puertas al salir.

B. Mi receta especial. Usando el anuncio de Cointreau en la página 168 como modelo, escriba Ud. las instrucciones para hacer su propia bebida especial. (Puede ser sin alcohol: por ejemplo, un batido de yogurt [*smoothie*].) Luego lea su receta a la clase.

ACCIONES	CANTIDAD	FRUTA	INGREDIENTES
mezclar	dedo	piña	yogurt
añadir/agregar	onza (*ounce*)	cereza	leche
poner	parte	coco	jugo/zumo
mojar	vaso mezclador	toronja	hielo
agitar	pizca (*pinch*)	naranja	miel
servir		papaya	azúcar
batir (*to shake*)		fresa	
invertir (ie)		limón	
exprimir (*to squeeze*)		naranja	

C. En conjunto con dos o tres compañeros, imagínense que todos están de vacaciones en Madrid. Tienen dos semanas libres y pasajes de EURORAIL.

Hagan una lista de todos los planes para esas dos semanas: ¿Adónde viajarán primero, segundo, etcétera? ¿Comprarán cama-litera (*sleeping berth*) o coche-cama? ¿Dormirán de noche en el tren para ahorrar dinero y tiempo? ¿Traerán consigo su comida al tren? ¿Qué clase de comida? ¿De qué sacarán fotos?

¡HABLEMOS, PUES!

A. Vocabulario útil: Telas (*Fabrics*), adornos y joyas

TELAS NATURALES

el algodón	*cotton*
la lana	*wool*
la pana	*corduroy*
la seda	*silk*

MATERIALES SINTETICOS	
el nilón	*nylon*
el plástico	*plastic*
el poliester	*polyester*
OTROS MATERIALES	
el cuero	*leather*
la piel	*skin, hide, fur*
el tejido	*knit*
ADORNOS Y ROPA ESPECIAL	
el cuello alto	*turtleneck*
el encaje	*lace*
de escote (*adj.*)	*low neckline*
el lazo	*bow*
el smoking, el esmoquin	*tuxedo*
el volante	*ruffle*
JOYAS	
el anillo	*ring*
el broche	*(tie) pin*
la cadena	*chain*
el collar	*necklace*
el diamante, el brillante	*diamond*
la esmeralda	*emerald*
los pendientes, los aretes	*earrings*
la perla	*pearl*
la pulsera	*bracelet*
el rubí (*pl.* rubíes)	*ruby*

1. Usando el **Vocabulario útil,** describa lo que llevarán los Domínguez (de la página 175) en cada ocasión. ¿Por qué se pondrán cada prenda?
2. Imagínese que las siguientes parejas son invitadas a una fiesta en la Casa Blanca. Por suerte, todos—¡incluso los anfitriones (*hosts*)!—le piden consejos a Ud. sobre lo que deben ponerse para la gran fiesta. Dígales a todos la ropa y las joyas que deben llevar.

   a. el Presidente y la Primera Dama b. Elton John y Dolly Parton c. Fidel Castro y la Reina de Inglaterra ch. Oprah Winfrey y Sean Penn d. Robin Williams y Molly Ringwald e. su profesor(a) de español y ?

B. Dramatizaciones

1. Comprando ropa para un viaje. Ud. va a una tienda de ropa antes de salir de vacaciones. Un compañero (una compañera) de clase hace el papel de dependiente. Discuta con él/ella lo que Ud. debe comprar para su viaje a Acapulco (o Siberia, Africa, etcétera).

2. Reportando un robo. Ud. vuelve a casa y descubre que mientras estaba ausente, alguien entró y le robó (*stole*) todas sus joyas. Llame a la estación de policía y explíqueselo al policía. Recuerde que el policía tendrá que saber todos los detalles del robo.

C. Composición

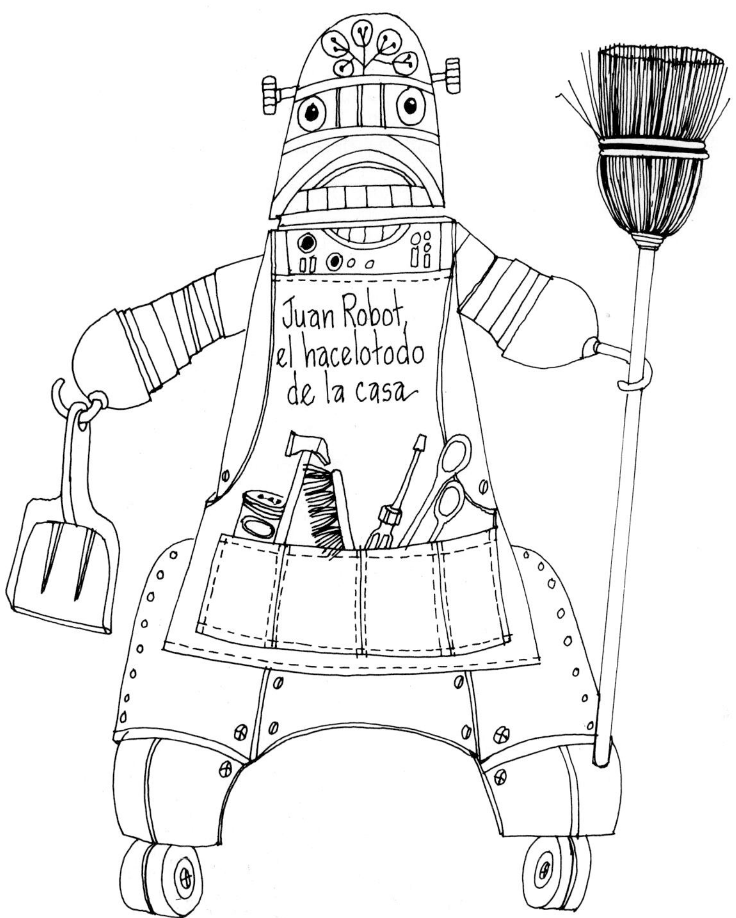

Imagínese que Ud. está encargado/a (*given the responsibility*) de escribir un anuncio para un nuevo y fenomenal producto: un robot que lo hace todo en la casa. Escriba dos párrafos de 6 a 8 oraciones cada uno sobre ese robot.

Primer párrafo: ¿Cómo ayudará el robot con los quehaceres (*chores*) de la casa? ¿Qué hará todos los días? ¿Qué es lo que ya no tendrán que hacer las personas de la familia? ¿Cómo les servirá el robot? ¿Cómo cambiarán las vidas de los seres humanos ahora que se ha inventado este robot tan fenomenal?

Segundo párrafo: Dígale Ud. al lector todo lo que tiene que hacer para poder ver, probar y comprar el nuevo producto. ¡Déle instrucciones muy claras!

CAPITULO 8

¡REPASEMOS UN POCO!

Metas

- Analizar algunos conflictos sociales
- Hablar más del futuro

A. La vida social de estas seis personas es muy complicada. ¿Puede Ud. averiguar (*find out*) por qué están todas tan frustradas? Explíqueselo a la clase.

1. ¿Qué le aconseja Ud. a Hugo? ¿a Gilda? ¿a Marisol? ¿Por qué?
2. ¿A quién es preferible que invite Porfirio? ¿a Verónica, a Gilda o a Marisol? ¿Por qué?
3. ¿Quién debe pedirle a Marisol que vaya al cine con él? ¿Por qué?
4. ¿Es aconsejable que Verónica llame a Ramiro o a Hugo? ¿Por qué?

Triángulos románticos

Verónica desea que Hugo la invite. | Hugo espera que Gilda lo acompañe. | Gilda prefiere que la llame Ramiro. | Ramiro quiere que Marisol sea su novia. | Marisol sueña con salir con Porfirio. | Porfirio le pide a Verónica que salga con él.

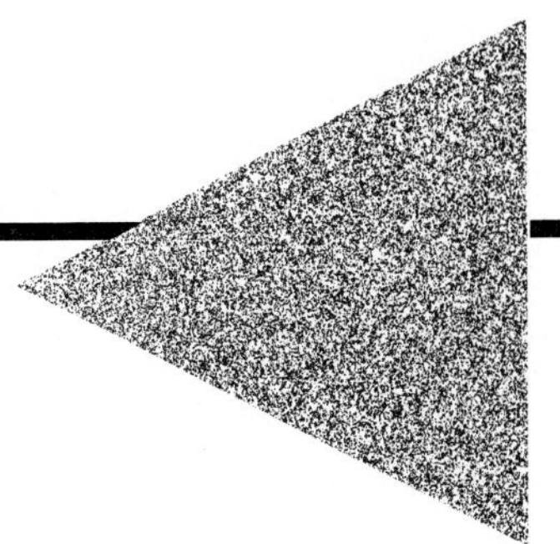

B. Imagínese que todas estas personas van a la misma fiesta. Divídanse en grupos para resolver el dilema de quién acompañará a quién. ¿Qué pasará cuando Gilda vea a Ramiro? ¿Qué hará Marisol cuando descubra que Porfirio baila con Gilda? ¿Qué le dirá Hugo a Verónica cuando ella lo salude? Cuando salgan todos de la fiesta, ¿se hablarán cordialmente?

Para comentar

A. ¿Es importante para unas buenas relaciones que un hombre y una mujer tengan los mismos intereses? ¿Es mejor que sean parecidos o muy diferentes? ¿Es necesario que sean de la misma clase social? ¿que piensen igual?

B. Hace años una mujer no podía llamar a un hombre para invitarlo a salir con ella. ¿Han cambiado mucho las costumbres? ¿Es necesario hoy en día que una mujer espere hasta que la llame un hombre? ¿Está prohibido, según las tradiciones sociales, que ella lo invite a salir? ¿Qué opinan los hombres de las mujeres seguras e independientes?

C. ¿Qué hace Ud. cuando ve a un joven atractivo (una joven atractiva)? ¿Le dice inmediatamente que Ud. lo considera guapísimo (la considera guapísima) o prefiere esperar hasta que él/ella inicie una conversación? ¿Qué hace Ud. si lo más posible es que nunca más vuelva a ver a esa persona?

LECTURA: NARRACION

Vocabulario para leer

VERBOS

advertir (ie, i)	to warn; to notice
carecer (de) (zc)	to lack
coser	to sew
padecer (zc)	to suffer
pretender	to claim; to try to
soportar	to endure, bear, stand

SUSTANTIVOS

el ama de casa (*f.*)	housewife
la ausencia	absence
el botón	button
el esclavo, la esclava	slave
el paraíso	paradise
el pedazo	piece

el riesgo	risk
el tipo	guy
la tribu	tribe
la vela	candle

ADJETIVOS

ambos	both
cariñoso	affectionate, loving
genial	pleasant; outstanding; creative
sencillo	simple, uncomplicated

ADVERBIO

quizás (quizá)	maybe

MODISMOS

de golpe	all of a sudden
en absoluto	absolutely not

A. Seleccione las palabras que mejor completan los siguientes párrafos.

Lamento de un ama de casa

Ante todo, déjenme decirles que soy una mujer tradicional, un ama de casa. Sigo tan (enamorada/aburrida 1) de mi marido como el día de nuestra boda porque él es un tipo (cariñoso, genial y leal/soltero, suave y sonriente 2), aunque a veces (se llena/carece 3) de interés por lo que hago todos los días.

Cuando (advierto/cometo 4) que falta un (botón/oído 5) en su camisa, siempre se lo (coso/mezclo 6) en seguida. (Pretendo/Suspiro 7) llegar a ser la esposa perfecta. De sol a sol hago todo lo posible para que nuestro hogar sea (una pesadilla/un paraíso 8) para él.

Mañana, por ejemplo, ambos nos levantaremos a las seis y media y después que él salga para su (gabinete/vivienda 9), pasaré el día entero comprando comestibles, limpiando la casa, lavándole y planchándole la ropa, y por último tendré que empezar a prepararle la cena. Y después de tanto trabajo, ¿qué pasará? Este (tipo/pedazo 10) sólo querrá mirar la televisión sin acordarse de que existo.

A veces me viene (de golpe/de sobra 11) la idea de que soy su (madrastra/esclava 12) y entonces pienso que no podré (realizar/soportar 13) en absoluto esta vida un día más. Me gustaría conseguir un trabajo interesante, pero él no quiere que trabaje fuera de la casa. Ojalá que se dé cuenta algún día de que (respiro/padezco 14) de aburrimiento; quizás los dos podamos hablar entonces de mis (esperanzas/tribus 15). No es necesario que me lleve cada noche a un restaurante con flores y (asuntos/velas 16) en la mesa; sólo quiero que me escuche de vez en cuando.

B. Busque las cosas que se relacionan con cada verbo. Ojo: A veces hay más de una respuesta.

A	B
1. coser	a. de dinero o de esperanza
2. cruzar	b. la falta o la ausencia de algo o de alguien
3. cometer	c. un sueño o una meta
4. carecer	ch. a una persona cariñosa
5. soportar	d. un crimen o un error

6. advertir
7. realizar
8. amar

e. a una persona repulsiva
f. un botón en la camisa
g. una pesadilla que se convierte en realidad
h. algo que nos hace daño, como el prejuicio
i. la frontera entre dos paises.

C. Imagínese que su compañero/a de clase es un niño (una niña) de habla española. Explíquele en español lo que significa cada palabra.

1. el esclavo 2. la vela 3. la tribu 4. el paraíso 5. el ama de casa 6. el riesgo 7. cariñoso 8. sencillo 9. genial 10. de golpe

---

Introducción a la lectura

Fidelity and legitimacy are important concerns to all personal relationships, whether in marriage or casual friendships. In "La otra," Josep-Vicent Marqués tries to come to grips with these ideas in the context of marriage in Spain, where divorce has become a legal recourse only recently. The author, a regular columnist for the Sunday magazine *El país,* is interested in finding a balance between a healthy emotional life and other needs for security and legitimacy. He explores the question of how a couple can keep an established relationship exciting and criticizes the age-old solution of "complementing" a spouse with a lover.

To launch his editorial, Marqués takes advantage of a well-known writer's technique: the anecdote, a story which illustrates his point. In this case, the story is fictitious and trivialized by the presence of flat characters much like those of a television sit-com. As an added twist, the columnist invites us to imagine several different endings, each with its own emotional consequences. On what small detail does the success of the anecdote depend? What would your reaction be under similar circumstances if you were one of the spouses or the "other"?

In the last paragraph, does the author offer any hope that one person can be both an exciting companion and a faithful spouse? How does the possibility of divorce blur the distinction between "la otra (el otro)" and "la legítima (el legítimo)"? After divorce and a second marriage, how is the formerly illicit lover, now the legitimate spouse, similar to the exmilitant revolutionary, now the respectable, law-abiding government adviser?

LA OTRA

Josep-Vicent Marqués

El día en que María Z. cometió el error, Juan había ido a cenar con ella en su apartamento.

—Puedo quedarme hasta las dos, quizá las dos y media—dijo Juan al llegar.

—¿Qué has contado esta vez?

—Ceno con un antropólogo neozelandés,[1] un tipo que ha venido a hacer un estudio sobre las horchaterías valencianas.[2]

María sacaba el asado[3] del horno.[4]

—¿Cómo puedes contarle a tu mujer esas bolas[5] tan estúpidas?

—No son tan estúpidas. Mis estudios sobre el origen de la sangría[6] son conocidos en varias universidades extranjeras. Además, si la historia cuela, que colará,[7] se puede ampliar muchísimo.

María había llevado el asado a la mesa y encendía las velas. Juan explicó mordisqueando una aceituna.[8]

—El antropólogo querrá después estudiar la vida nocturna de Valencia. Y después las discotecas que abren a las cinco de la mañana. Podré pasar contigo toda la noche. ¿No es eso lo que quieres?

—Preferiría que le dijeses[9] la verdad.

—No lo entendería. El asado está delicioso. Es una mujer muy sencilla, muy tradicional. La casa... Los niños...

—Ya.

—Yo quiero a mis hijos, María—dijo Juan, poniéndose de repente muy serio—. No soportaría[10] verlos sólo un fin de semana de cada dos. Además, no puedo decirle a Julia así las cosas, de golpe. Está esperando un niño.

María se levantó de la mesa y se refugió en el cuarto de baño sollozando.[11] Juan la siguió enarbolando[12] todavía un pedazo de asado en el tenedor.

—Lo siento. Compréndelo. Fue después de una fiesta. Ella se puso muy cariñosa. Yo había bebido bastante...

María se sonó[13] ruidosamente y su propio estruendo[14] le dio risa. Además Juan estaba muy cómico con su cara compungida[15] y accionando[16] el tenedor. Juan también empezó a reír. Hicieron el amor.

Después fue cuando María cometió el error.

—Te falta un botón en la camisa. Déjame que te lo ponga.

A la mañana siguiente, la mujer de Juan, que había advertido cuando éste salía a cenar la ausencia del botón, supo que había otra mujer en su vida.

Aquí la historia se ramifica[17] en diversas versiones posibles. Por ejemplo, ésta:

—¿Te cosió este botón tu amigo el antropólogo?

—¿Cómo? Sí, claro. Es un tipo genial. Sabe hacer de todo. Como está acostumbrado a ir de tribu en tribu...

La explicación no es mala, pero una mujer sabe que aunque un hombre sepa coser un botón sólo otra mujer puede padecer realmente por la ausencia de un botón.

—¿Es eso lo que buscas en otras? Pretendes decir que no te cuido, que no soy una buena ama de casa?

© ULRIKE WELSCH

O bien:

—¡Hace falta ser gilipollas[18]! ¡Al menos te hubieses buscado una golfa[19]! Pero otra madraza[20] como yo... es mucho insulto.

Hay otras versiones del final de la historia. Julia, la mujer de Juan, hace como que no ha visto el botón. Con el tiempo se puede incluso llegar a no verlo en absoluto. Cabeza y corazón se unen en un mismo cálculo y esperanza: no puede existir otra, y si existe ya se le pasará.

La legítima y la otra. Dos formas de credulidad[21] o de paciencia, o de ambas cosas reunidas. Las legítimas suelen creerse la cena con el antropólogo

[1] de Nueva Zelanda [2] horchaterías... establecimientos donde se hace horchata (una bebida) o se sirve horchata [3] rosbif [4] *oven* [5] mentiras [6] bebida típica española [7] si... si su mujer cree la historia [8] mordisqueando... *chewing an olive* [9] Preferiría... *I would prefer that you tell her* [10] No... *I couldn't stand* [11] llorando [12] *waving about* [13] se... *blew her nose* [14] gran ruido [15] triste [16] moviendo [17] se... se divide [18] estúpida, tonta [19] Al... *at least you could have looked for a prostitute* [20] personalidad de tipo muy maternal [21] capacidad de creer

neozelandés o simulan creerlo esperando que él vuelva a casa. Las otras suelen creerse lo del amor de él a los niños o lo de que la legítima tiene leucemia. Si he de optar, prefiero a las otras: corren más riesgos, carecen de estado, consideran el alba[22] en solitario, comulgan con algún pluralismo afectivo[23] y todo ello afina su silueta y su mirada.[24] Sé que generalizo demasiado, pero no hay gracia[25] alguna en esa legítima que ignora el desierto afectivo[26] en el que vive hasta que aparece *la rival*, que se cree necesaria por ser legalmente obligatoria, que salmodia[27] un «éramos tan felices hasta que apareció aquella tipa». La legítima, ese esquirol,[28] ese esclavo insolidario, esa persona que necesita que se lo digan. Las legítimas reinventan siempre el mito de Eva: estaba Adán, noble y simplote[29] en el paraíso del aburrimiento, cuando llegó Eva, manzana, mujer y serpiente, a estropear[30] la cosa.

Supongo que me he pasado. Bueno, nadie se dé por aludido.[31] Tengo una amiga que es la otra y la legítima y lo lleva bastante bien. Además, desde que hay divorcio la frontera se hace difusa: la otra de hoy puede ser la legítima de mañana. Si las otras hacen oposición a señoras en segundas nupcias,[32] ¿qué quedará del romanticismo? Cuando las otras consiguen concertar[33] una lista de boda hay en el aire un silencio como de toma de posesión[34] de ex militante revolucionario como concejal[35] socialdemócrata.

[22] primera luz de día [23] comulgan... *they share some emotional pluralism* [24] todo... *all that refines their silhouette and their glance* [25] benevolencia [26] desierto... *emotional desert* [27] repite monótonamente [28] *strikebreaker* [29] muy simple [30] destruir [31] nadie... *nobody should think he's being singled out* [32] matrimonio, boda [33] arreglar [34] como... *inauguration* [35] *alderman, councilman*

«La otra» apareció en *Diario 16*, el 25 de mayo de 1986, pág. 116.

¿Cuánto recuerda Ud.?

¿A quién describe cada frase, a Juan, a María («la otra»), a Julia («la legítima») o al antropólogo neozelandés imaginario?

1. Advirtió la ausencia de un botón y lo cosió.
2. Le preparó a su amigo un asado al horno.
3. Parece muy tradicional porque se queda en casa con los niños.
4. Querrá estudiar la vida nocturna de Valencia, especialmente la de las discotecas que abren a las cinco de la mañana.
5. Ha puesto esta noche una mesa muy bonita con velas.
6. Le ha contado una historia estúpida a su mujer, pero cree que ella se la ha creído.
7. Supo que había otra mujer en la vida de su marido porque notó que alguien le había cosido el botón.
8. No podría soportar ver a sus hijos sólo un fin de semana de cada dos.

¿Qué opina Ud.?

A. La anécdota de Josep-Vicent Marqués nos presenta una visión pesimista del amor y del matrimonio. Parece decir que es difícil mantener el amor en una relación legítima, que se pierde el interés ante la monotonía de la vida cotidiana (*everyday*) y que sólo es atractiva una relación prohibida. ¿Qué opina Ud.? ¿Es posible vivir con una persona día tras día sin perder el amor y la atracción física? ¿Qué se puede hacer para no correr el riesgo de que esto ocurra? Antes de casarse, ¿es preferible que dos personas conozcan el mundo un poco y que salgan con otras personas?

B. Imagínese que la esposa de Juan («la legítima») lee este artículo y también lo hace la amante de Juan («la otra»). ¿Cómo reacciona cada mujer a lo que piensa Juan? ¿Qué opina cada una de su rival? ¿Cómo explica sus propias acciones? ¿Cómo se diferencian las dos versiones de lo que en realidad pasó? ¿Qué tendrán en común?

GRAMATICA EN CONTEXTO

23. Indicative Versus Subjunctive

A. General Concept

All sentences have at least one main clause with a subject and a conjugated verb. Complex sentences consist of two clauses: a main and a subordinate clause, connected in Spanish by **que** or some other adverbial conjunction (e.g., **cuando, para que, aunque, tan pronto como, con tal de que,** etc.). Main clauses contain verbs exclusively conjugated in the indicative tenses or verbs expressed as direct commands. (In previous chapters, six indicative tenses have been reviewed: for example, **digo** [NOW], **diré** [later than NOW], **he dicho** [before NOW], **dije** [THEN, a point], **decía** [THEN, a duration or repetition], **había dicho** [before THEN].

main clause + **que** + subordinate clause

Indicative tenses:
- **Te digo** que ella está en casa.
- **Te he dicho** que ella está en casa.
- **Te dije** que ella está en casa.

Command: **Dígale** a Jorge que ella está en casa.

An event in the subordinate clause can be introduced by the main clause as either realized, taking the indicative in the subordinate clause, or as unrealized or nonexistent, taking the subjunctive. (An event is considered unrealized or nonexistent if it has not yet happened or is unlikely to occur.)

La esposa informa que su marido **sale** (*indicative*) con otra.
La esposa le prohibe a su marido que **salga** (*subjunctive*) con otra.

The meaning of the main-clause verb largely determines the status of the event in the subordinate clause and, consequently, the choice between the subjunctive and the indicative. By nature, verbs of denial, doubt, anticipation, will, wishing, or influence introduce subordinate events that are as yet unrealized with respect to the moment of speech.

Doubt:	**Dudo** que esto **sea** (*subjunctive*) la verdad.
Denial:	**Es imposible** que las esposas no **sepan** (*subjunctive*) nada.
Will:	**Quiero** que se **calme** (*subjunctive*) pronto.
Influence:	**Te aconsejo** que **digas** (*subjunctive*) la verdad.
Anticipation:	**Esperamos** que nos **llamen** (*subjunctive*) esta noche.
Wishing for:	**Ojalá** que mi esposa me **traiga** (*subjunctive*) buenas noticias.

Certain adverbial expressions can also introduce unrealized or nonexistent subordinate events.

Aunque el hombre **sepa** (*subjunctive*) coser un botón, sólo una mujer se fija en su ausencia.	*Even though a man may know how to sew on a button, only a woman notices its absence.*
Le digo esto **para que** se **calme** (*subjunctive*) un poco.	*I am telling you this so that you will calm down a little.*

When a subordinate clause describes a nonexistent person or an imagined thing, its verb will also be conjugated in a subjunctive tense, as illustrated by the following pairs.

Busco **una mujer** que no **haga** (*subjunctive*) bolas.	*I am looking for a wife who doesn't lie.*
Busco **a una mujer** que **trabaja** (*indicative*) aquí como antropóloga.	*I am looking for a woman who works here as an anthropologist.*
No hay **ninguna persona** que **defienda** (*subjunctive*) a ese hombre.	*There is no one who defends that man.*
Hay **algunas personas** que lo **defienden** (*indicative*).	*There are some people who (will) defend him.*

B. Forms of the Present Subjunctive

The conjugated forms of the present subjunctive are similar to the regular and irregular patterns of the formal commands. Consult the **Indice morfológico** (page 215) for a complete review.

Irregular Present Subjunctive Forms

o > ue (**contar**) cuente, cuentes, cuente, contemos, contéis, cuenten
e > ie (**cerrar**) cierre, cierres, cierre, cerremos, cerréis, cierren
e > i (**pedir**) pida, pidas, pida, pidamos, pidáis, pidan
e > ie, i (**divertir**) divierta, diviertas, divierta, divirtamos, divirtáis, diviertan
-g- (**salir**) salga, salgas, salga, salgamos, salgáis, salgan
-p- (**saber**) sepa, sepas, sepa, sepamos, sepáis, sepan
-zc- (**conocer**) conozca, conozcas, conozca, conozcamos, conozcáis, conozcan

C. Subjunctive Following Verbs of Will and Influence

Spanish offers various linguistic options to the speaker who wishes to ask someone else to do something. The speaker may use a direct command; for example, **Cósame ese botón.** A less abrasive option is a construction in which a main-clause verb of will or influence introduces the desired action in the subordinate clause. Since all events that depend on expressions of will or influence are unrealized, the subordinate-clause verb will always be conjugated in a tense of the subjunctive.

Quiero que me **cosa** este botón.

Notice that each clause has a different subject: one person does the "willing" (or influencing) and another is supposed to accomplish the prescribed act. If the same person performs both actions, use the construction *verb + infinitive:* **Quiero coserme este botón.**

1. Verbs of Will

a. **querer, preferir, necesitar, desear**

Marqués no **quiere** que nadie se **dé** por aludido.	*Marqués doesn't want anyone to think he's being singled out.*
Prefiero que me **digas** la verdad.	*I prefer that you tell me the truth.*
Ese hombre **necesita** que se lo **digan.**	*That man needs them to tell it to him.*

Remember that object pronouns directly precede a verb conjugated in a tense of either the indicative or subjunctive.

b. Impersonal expressions of will

Impersonal expressions consist of **ser/estar** + *adjective,* without a specified subject; the subject is understood to be *it.* Like verbs of will (see previous section), these expressions can introduce subordinate clauses that take the subjunctive. As you will see in the following sections and the next chapter, there are impersonal expressions of will, influence, doubt, denial, and emotion.

Es preferible
Es necesario
Es preciso
Hace falta
} que **tengamos** un poco de discreción.

c. Indirect commands that express will

With verbs of will, the main clause can be omitted in order to form an indirect command. The person being commanded is not addressed directly.

(Quiero) **¡Que me lo explique** directamente!	*Let him explain it to me directly!*
(Es preciso) **¡Que no se entere** María de mis mentiras!	*Let María not find out about my lies!*
(Prefiero) **¡Que lo haga** él!	*Let him do it!*

2. Verbs of Influence

a. **pedir, mandar/exigir** (j) (*to demand*)/**ordenar, dejar/permitir, obligar, invitar, decir, rogar** (ue) (*to beg*), **forzar, animar** (*to encourage*), **recomendar** (ie), **sugerir** (ie, i), **prohibir, aconsejar** (*to advise*)

Juan le **pide** a María que **saque** el asado del horno.
Déjame que **te ponga** el botón.

Normally in Spanish, two events with two different agents require both a main clause and a subordinate clause. Verbs of influence, however, such as **dejar** or **permitir**, can be followed either by a subordinate clause in the subjunctive or by an infinitive complement. These two constructions have the same meaning.

Juan le **permite** (a María) **sacar** el asado del fuego. = Juan le **permite** que **saque** el asado del fuego.
Déjame ponerte el botón. = **Déjame** que te **ponga** el botón.

b. Impersonal expressions of influence (**es aconsejable, está prohibido, no está permitido, es forzoso**)

Está prohibido que **salgas** con otra.
Es aconsejable que se lo **expliques** todo a tu amigo.

3. Anticipated Events

a. The verb **esperar** anticipates an event; subordinate-clause verbs following **esperar** take the subjunctive.

Las esposas creen el cuento **esperando** que él **vuelva** a casa.

b. The exclamation **ojalá** (*I hope that*) is always followed by the subjunctive. The connector **que** is optional.

Ojalá (**que**) mi novia **tenga** confianza en mí.

¡Practiquemos!

A. ¿Qué le dice el jefe? Su jefe le ha dado a Ud. unas instrucciones y sugerencias. Cuente a su compañero/a qué es lo que le ha dicho el jefe.

MODELO: no hablar por teléfono con mis amigos →
El jefe me **aconseja** (quiere, pide, demanda, sugiere, etcétera) que no **hable** por teléfono con mis amigos.

1. ser más respetuoso con sus clientes
2. no cometer más errores
3. llegar a tiempo a la oficina
4. seguir aumentando la productividad
5. no salir a tomar café por la mañana
6. vestirse con discreción para la oficina
7. buscar cierto informe y traérselo

B. La primera cita. Trabajando en parejas (un estudiante con una estudiante), imagínense que Uds. acaban de salir juntos por primera vez. Están en un restaurante y empiezan a darse sugerencias mutuamente. Hablan de sus preferencias y también de sus deseos en cuanto a la comida. Terminen las siguientes frases según las indicaciones.

MODELO: Quiero que tú <u>*comas*</u> (comer) lo suficiente.

1. Te aconsejo que _____ (probar) la sopa de pollo.
2. No quiero que _____ (servirnos) algo con ajo (*garlic*).
3. Los dueños del restaurante prefieren que nadie _____ (fumar) en esta sección.
4. Pídele al camarero que _____ (traernos) agua.
5. No oigo bien. Necesito que (tú) _____ (hablarme) más fuerte.
6. Ojalá que _____ (llegar) pronto la comida.
7. Es preferible que (nosotros) _____ (pedir) cuentas (*bills*) separadas.

C. ¡Qué perezoso! Ud. es perezoso/a y no quiere hacer nada. Prefiere que otras personas le hagan todo.

MODELO: lavar la ropa/mamá →
¡Que me la lave mamá!

1. prepararme la cena/Miguel
2. poner en orden la casa/Dina y Angela

3. hacer una fiesta de sorpresa/Adán y Tomás
4. venir a visitarme/mi novio/a

CH. Subjunctive Versus Indicative in Adverbial Clauses

Choosing the indicative or the subjunctive after adverbial time conjunctions such as **cuando, hasta que, después de que, en cuanto/tan pronto como** (*as soon as*) depends on the timing of the action in the subordinate clause. If that action has already happened, use the present or past indicative (as in 1a, 2a, and 3a below); if it has not yet occurred, use the present subjunctive (as in 1b, 2b, and 3b below). Habitual or frequently repeated actions are treated as "realized" events and take the indicative. Once again, the indicative versus subjunctive contrast distinguishes between a realized or unrealized subordinate-clause event.

Realized Actions	Unrealized Actions
1a. Cuando **aparece** (*indicative*) «la rival», la esposa se da cuenta del vacío afectivo que hay entre ella y su marido.	1b. Cuando **aparezca** (*subjunctive*) «una rival», la esposa se dará cuenta al observar ciertos detalles, como la falta de un botón.
2a. Estaba contento Adán, noble y simplote, hasta que **llegó** (*indicative*) Eva a estropear la cosa.	2b. Estará contento Adán hasta que **llegue** (*subjunctive*) Eva a estropear la cosa.
3a. En cuanto **vio** (*indicative*) el botón nuevo, se dio cuenta de la mentira.	3b. En cuanto **vea** (*subjunctive*) el botón nuevo, se dará cuenta de la mentira.

Notice that the subjunctive verbs in adverbial clauses can have the same subject as the main-clause verbs, unlike the subjunctive verbs of will or influence.

¡Practiquemos!

A. La fiesta de sorpresa para Luz y Rafael. Ud. y sus compañeros están planeando una fiesta de sorpresa para sus amigos Luz y Rafael, quienes acaban de casarse. Con un compañero (una compañera) de clase, decida qué actividades ocurrirán en la fiesta.

MODELO: Prenderemos las luces cuando Luz y Rafael *abran* (abrir) la puerta.

1. Gritaremos «¡SORPRESA!» en cuanto ____ (entrar) los recién casados (*newlyweds*).
2. Cenaremos después de que los novios ____ (llegar).
3. La música no empezará hasta que Olga ____ (traer) los discos.
4. Luz y Rafael siempre bailan como unos locos cuando se ____ (poner) música de «salsa».
5. Haremos un brindis (*toast*) por los novios cuando ____ (ser) las doce.
6. Saldremos de la fiesta después de que (tú) ____ (darles) una serenata a nuestros amigos.
7. Nadie regresa a casa temprano cuando ____ (haber) tanto que celebrar.
8. Los invitados no dormirán hasta que ____ (volver) a casa.

B. Preguntas personales. Con un compañero (una compañera) de clase, conteste las siguientes preguntas personales añadiendo una cláusula principal (*main clause*) y otra subordinada después de la conjunción adverbial.

MODELO: ¿Cuándo vas a tener tu propio coche? →
Voy a tener mi propio coche cuando *salga de la universidad.*

1. ¿En qué circunstancias sales con alguien? ____ persona tan pronto como ____.
2. ¿Cuándo tuviste una cita (*date*) con alguien por primera vez? ____ cuando ____.
3. ¿Cuándo vas a casarte? No ____ hasta que ____.
4. ¿Dejarás de trabajar algún día? ____ en cuanto ____.
5. ¿Después de qué evento serás totalmente responsable de tus propias acciones? Después de que ____, yo ____.

Gramática en acción

A. Diseñadores de ropa (*Fashion designers*). Trabajando en pares, imagínense que son diseñadores de ropa. Uno/a de sus clientes viene a su tienda y quiere que le digan qué tipo de ropa debe llevar: (1) para ir a una cena, (2) para sus vacaciones, (3) para trabajar. Inventen Uds. la identidad de esta persona: su edad, sexo, profesión, apariencia física, etcétera. Preparen un texto con las recomendaciones que le harán y que luego pueden compartir con toda la clase.

CLIENTE:

nombre:

edad:

profesión:

destino:

descripción de su apariencia:

RECOMENDACIONES:

MODELO: sugerir/vestir de color rojo →
Le sugerimos a Ud. que se vista de color rojo.

1. recomendar/comprar...
2. preferir/ser...
3. aconsejar/buscarlo en...
4. es preferible/tener...
5. hace falta/llevar...
6. es preciso/ponerse...

B. Agente de seguros (*Insurance agent*). Trabajando en pares, imagínense que uno de Uds. es un/una agente de una compañía de seguros de vida. El otro quiere comprar una póliza de seguro (*life insurance policy*). El/La cliente es casado/a; tiene dos niños y un buen trabajo. ¿Qué pasará en caso de que se enferme, que tenga un accidente, otro hijo, etcétera? El cliente hace preguntas sobre todas las diferentes situaciones posibles y el agente le da las respuestas según las reglas de la compañía.

C. Imagínese que no podrá ver a su novio/a durante todo un año porque asisten a diferentes universidades. ¿Cómo se sentirá hasta que lo/la vea? Cuando vea a su novio/a, ¿qué hará Ud.? ¿Qué le dirá? ¿y después? Explique todas estas acciones futuras, paso a paso.

¡HABLEMOS, PUES!

A. Vocabulario útil: Las partes del cuerpo (primera parte)

DE LOS HOMBROS PARA ARRIBA	FROM THE SHOULDERS UP
el cuello	*neck*
la garganta	*throat*
la sien	*temple*

DE LOS HOMBROS PARA ABAJO	**FROM THE SHOULDERS DOWN**
el abdomen	*abdomen*
la cadera	*hip*
la cintura	*waist*
la espalda	*back*
la nalga	*rump*
el ombligo	*navel*
el pecho, el seno	*chest, breast*

LAS COYUNTURAS	**JOINTS**
el codo	*elbow*
la muñeca	*wrist*
la rodilla	*knee*
el tobillo	*ankle*

LOS DEDOS DE LA MANO	**FINGERS**
el anular	*ring finger*
el índice	*index finger*
el meñique	*little finger*
el pulgar	*thumb*
la uña	*fingernail, toenail*

LAS PARTES DE LA PIERNA	**PARTS OF THE LEG**
el dedo del pie	*toe*
el muslo	*thigh*
la pantorrilla	*calf*
el talón	*heel*
ADJETIVOS Y ANTONIMOS	
ancho/estrecho	*wide/narrow*
bien desarrollado	*well-developed*
doblado, encorvado	*bent*
fornido/esbelto	*stocky/slim*
fuerte/débil	*strong/weak*
largo/corto	*long/short*
recto, erguido	*straight*
redondo/plano	*round/flat*
VERBOS Y EXPRESIONES	
abrazar	*to hug, embrace*
arrodillarse	*to kneel*
estrechar la mano	*to shake hands*
levantar pesas	*to lift weights*
ponerse/mantenerse en forma	*to get/stay in shape*

1. Usando el **Vocabulario útil,** describa a las dos personas en la ilustración. (Tiene el pecho muy... Tiene el cuello...) ¿Qué han tenido que hacer para lograr sus metas? Imagínese que ellos se conocerán en el futuro. ¿Qué harán cuando se conozcan? ¿Qué pensará él de ella cuando la vea? Y ella, ¿qué opinará de él? ¿Saldrán juntos los dos? ¿Cómo será su primera cita? ¿Y el resto de sus vidas? ¿Cómo se divertirán juntos?
2. ¡Adivine el futuro! Explique lo que sucederá en las siguientes situaciones.
   a. En un momento romántico, Ernesto Leal le regalará un anillo de oro a su amada, Estela Funes. ¿Dónde se lo pondrá? ¿Qué le dirá mientras se lo dé? ¿Cómo reaccionará Estela? ¿Cómo se sentirán los dos en ese momento? Si Ernesto es un tipo tradicional, ¿qué habrá hecho antes de pedirle a Estela que se case con él?
   b. El famoso atleta Sergio Remón correrá en un maratón de 26 millas, pero se caerá antes de terminar. ¿Qué le dolerá? ¿Volverá a correr algún día? ¿Qué tendrá que hacer antes?
   c. Durante la operación, el cirujano (*surgeon*) Matamoros tendrá que repararle el corazón al Sr. Espinoza. ¿Qué se pondrá el médico en las manos antes de empezar la operación? ¿Qué tendrá que cortar? ¿Quiénes lo ayudarán? ¿Qué le dirá al paciente cuando éste se despierte?
   ch. A los cinco años, Martita Trujillo se pondrá los zapatos de tacón alto (*high-heeled*) de su mamá y se caerá en la calle cuando trate de

correr. ¿Se hará daño? ¿en dónde? ¿Qué hará después de caerse? ¿Adónde irá a buscar consuelo (*consolation*)? ¿Qué le dirá su mamá? ¿Qué le dará después?

B. Dramatizaciones

1. Iniciando una conversación. Ud. acaba de conocer a un/una joven muy interesante. Inicie una conversación con él/ella, tratando de descubrir intereses mutuos, y luego invítelo/la a salir. Los dos harán planes para una cita muy especial.
2. Dándole consejos a un amigo. Su mejor amigo/a está enamorado/a de la novia (del novio) de otra persona que Ud. conoce. Explíquele todo lo que Ud. sabe acerca de esas relaciones y déle consejos sobre lo que debe hacer para conseguir una cita con esa persona, que tanto le interesa.

C. Composición

Lea la tira cómica de Juan Ballesta. Ahora imagínese que Ud. es un consejero (una consejera) matrimonial que quiere ayudar a esta pareja. Escriba una composición de dos párrafos de 6 a 8 oraciones cada uno inventando la conversación que tendrá lugar entre Ud. y ellos.

Primer párrafo: Los esposos le explicarán a Ud. algo acerca de su matrimonio (cuánto tiempo hace que están casados, cómo se sentían mutuamente cuando se casaron, cómo ha cambiado esa relación desde que se casaron, qué desea cada uno que haga el otro, qué le pide el uno al otro, etcétera).

Segundo párrafo: Ud., el consejero, les aconseja. Les dice lo que deben hacer para poder mejorar su matrimonio (usando especialmente los verbos **aconsejar, sugerir, recomendar,** etcétera). No se olvide de emplear las formas del subjuntivo cuando sea necesario.

wrinkles

no... *I can't stand those little veins*

chupar... *sucking on the dessert spoon*

mad (hydrophobic)

toilet

claims

poeta español (1881–1958)

me... *I go crazy for your ears*

CAPITULO 9

¡REPASEMOS UN POCO!

Metas

- Desarrollar la trama (*plot*) de una teleserie
- Dar mandatos familiares y formales

¡Una teleserie inolvidable!

«Nido de Serpientes» es una teleserie muy parecida a las que aparecen con frecuencia en la televisión norteamericana. Lea Ud. el anuncio. Luego, usando lo que sabe acerca de tales (*such*) programas, conteste las siguientes preguntas para desarrollar la trama a partir de (*beginning with*) «Cándido escapa en secreto, pero con demasiados testigos... » ¡Sea sumamente original!

A. ¿A qué clase social pertenecen Cándido, Mateus y María Clara? ¿Cuáles son los rasgos típicos de los hombres de esa clase? ¿y de sus mujeres? ¿Cuáles son las diferencias entre estas tres personas?

B. ¿Se escapa Cándido porque ha cometido algún crimen? ¿para que su familia sea más rica? ¿para que sus herederos pierdan lo que iban a heredar? ¿para que sufran? ¿para que... ?

C. ¿Por qué ayuda el abogado a Cándido? Y Mateus, ¿cuál puede ser su motivación?

CH. ¿Por qué es importante que Cándido salga sin que nadie lo vea? ¿Qué debe hacer Cándido antes de escapar? ¿Puede realizar eso o no? ¿Por qué?

D. ¿Qué harán los testigos después de que vean a Cándido? ¿Qué hará él ahora para que los testigos no le digan nada a la policía? ¿Hay algo que él no pueda hacer?

E. A menos que la policía lo encuentre y lo devuelva a su familia, ¿cómo pasará Cándido el resto de su vida? ¿Volverá a su casa algún día? ¿cuándo? ¿por qué?

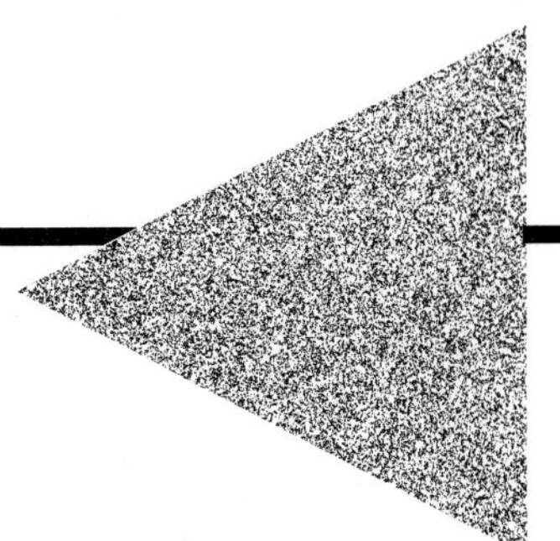

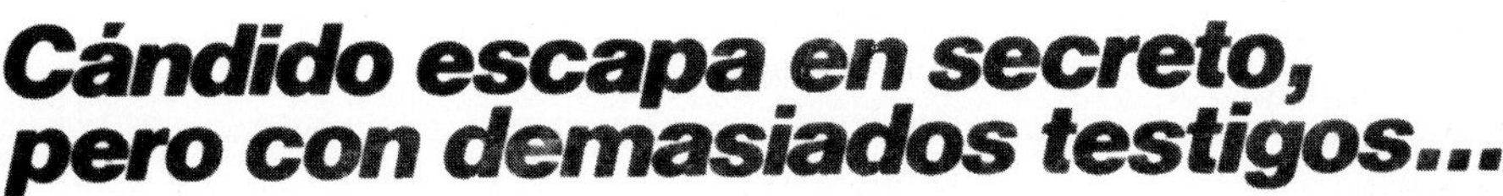
Cándido escapa en secreto,
pero con demasiados testigos...

Sin que su familia lo sospeche, con la ayuda de Mateus y su abogado, Cándido escapa una noche de su hogar. Así cumple con su plan de desaparecer y castigar a sus herederos.

Lo que Cándido ignora es que hubo varios testigos: María Clara, una empleada, un niño...

Siga esta apasionante teleserie de lunes a sábado a las 19:00 hrs. y, excepcionalmente, los viernes a las 20:00 hrs.

Nido de Serpientes
Universidad de Chile
Televisión

UN ENFOQUE ORIGINAL

Palabras del anuncio

el testigo	*witness*
sospechar	*to suspect*
el hogar	*home*
cumplir con	*to fulfill*
castigar	*to punish*
el heredero	*heir*
ignorar	*to not know*
el nido	*nest*

Para comentar

A. Imagínese que su profesor(a) es Cándido y que por fin se ha puesto en contacto con su familia. Ud. es uno de sus parientes: Mateus, María Clara, un heredero de Cándido, u otro. Háblele a Cándido usando la forma **tú.** Explíquele lo que Ud. piensa acerca de sus acciones, lo que duda que él sepa, lo que le pide que haga o no haga, etcétera. Cándido responderá a todo lo que Ud. le diga.

B. Ahora imagínese que Ud. es otro personaje (*character*) que no conoce tan bien a Cándido: el abogado, la empleada, el niño, el policía, u otro. Usando la forma **Ud.,** aconséjele, pídale algo o simplemente dígale lo que Ud. opina acerca de lo que él ha hecho.

LECTURA: OPINION

Vocabulario para leer

VERBOS

atraer (g)	to attract
enfrentarse (a)	to confront, face up (to)
evitar	to avoid
fingir (j)	to pretend, fake, feign
huir (y)	to run away, flee
juzgar	to judge
mantener (ie) (g)	to maintain
rechazar	to reject
temer	to fear

SUSTANTIVOS

la cárcel	jail
la fuerza	strength
el hogar	home
la madurez	maturity
el mensaje	message
el orgullo	pride
la pareja	couple
el pavor, el temor	fear

ADJETIVOS

(**in**)**digno**	(un)worthy
(**in**)**maduro**	(im)mature
opuesto	opposite
poderoso	powerful

ADVERBIO

acaso	maybe, perhaps

MODISMOS

hecho y derecho	full grown, fully mature
saltar a la vista	to be self-evident, obvious

A. Seleccione las palabras que mejor completan los siguientes párrafos.

Hombres y mujeres: Algunos estereotipos tradicionales

Déjame que te hable un rato de los rasgos característicos de los sexos opuestos para que los comprendas. ¿Está bien?

Salta a la vista que un hombre hecho y derecho (se parece/se enfrenta 1) a todos los peligros y a las presiones de la vida diaria sin (llenarse/quejarse 2) nunca de nada. No le (teme/persigue 3) a nadie. Su (lágrima/fuerza 4) física es su protección contra cualquiera que se le oponga. Conquista a cualquier mujer que puede y se jacta de esto aunque sea casado. Tiene que parecer (incapaz/poderoso 5) y duro si quiere que los demás hombres lo respeten. Debido a su (premio/orgullo 6) masculino no (huye/disfruta 7) nunca de una lucha. Por eso también (rechaza/golpea 8) en absoluto la posibilidad de que su mujer trabaje, porque teme que otros piensen que no puede (mantener/cazar 9) a su familia. Incluso cuando el marido está en la (sombra/cárcel 10), no quiere que su mujer lleve otra vida fuera del (temor/hogar 11).

La mujer ideal, en cambio, es siempre pasiva, (callada/indigna 12) y humilde, cualidades que atrajeron a su marido hace unos años. Pasa sus días (juzgando/cosiendo 13) la ropa familiar, cuidando a sus hijos y mirando telenovelas. Finge no saber que su marido sale a veces con otras mujeres. Su gran (pavor/paquete 14) es que él piense que ella quiere meterse (*meddle*) en sus (asuntos/pesadillas 15). Sus ideas sociales y políticas son diferentes de las de él, pero a pesar de eso ella (mata/evita 16) siempre una discusión. Pero es probable que en el fondo todos se den cuenta de que en realidad es la mujer quien con su (madurez/cárcel 17) mantiene la estabilidad de la pareja y de la sociedad.

¿Estás de acuerdo con el (hielo/mensaje 18) que te he comunicado aquí? ¿No? Pues, ¡repasa los dos párrafos y cambia lo que quieras y donde lo quieras para que reflejen lo que de veras opinas!

B. Busque las semejanzas y las diferencias que hay entre las siguientes palabras y explíquelas.

1. hecho y derecho, inmaduro
2. orgulloso, humilde
3. atraer, rechazar
4. fingir, pretender
5. el hogar, la vivienda
6. huir, evitar, enfrentarse a
7. niño/niñez, joven/juventud, maduro/madurez, viejo/vejez

C. Imagínese que su compañero/a de clase es un niño (una niña) de habla española. Explíquele en español lo que significan las siguientes palabras.

1. la cárcel
2. la pareja
3. el mensaje
4. el temor, el pavor
5. el fondo
6. la fuerza
7. digno
8. juzgar
9. enfrentarse a
10. poderoso

Introducción a la lectura

In Hispanic countries, as in the United States, there exists a certain class of magazine dedicated to reporting on people's personal lives and to giving advice. This chapter's reading comes from one such popular magazine, *Tú,* distributed from Panama throughout the rest of Latin America and the United States.

Notice how the author of this article addresses you directly on an informal level, as if a conversation were taking place on a coffee break. In keeping with the conversational and chatty tone, the author's advice often takes the form of informal (**tú**) commands, rather than the formal commands you studied in **Capítulo 7.** Articles of this type abound in suggestions, opinions, and advice, which means the subjunctive mood will be used even more frequently than in other types of prose.

Consider the title "¿Por qué los hombres le huyen al matrimonio?" Is this article being written from the point of view of a man or a woman? Do you think marriage is being portrayed as a desirable objective for everyone? As you read, try to pick out the author's main point. Bear in mind that not every article of this genre tries to support the conclusion with a logical argument. Does this author supply the necessary evidence to support the conclusion, or is it assumed that the reader is already in agreement? In informal conversations with friends do you often assume a foregone conclusion in order to spend more time emphasizing your personal reactions?

¿Por qué los hombres le huyen al matrimonio?

¡La eterna batalla! La mujer desea formar un hogar... el hombre... ¿**qué** quiere el hombre?

Pues si vamos a juzgar por las apariencias, el hombre quiere conquistar, pero **no** comprometerse. Ahí está la clave[1] de la mayoría de los conflictos hombre-mujer: ella busca el compromiso formal (léase[2] matrimonio) y él ¡le huye! ¿Acaso no los hemos oído alardear[3] de que "estoy soltero y sin compromiso"? (¿A cuántas mujeres oímos decir lo mismo con tanto orgullo?)

La gran ironía es que, según estudios sociológicos realizados por expertos en materia de familia nuclear, el hombre suele ser mucho más feliz que la mujer en el matrimonio; el porcentaje de hombres que respondió que era feliz en su matrimonio es mucho más alto que el de las mujeres. Otra sorpresa: los hombres casados generalmente viven más que los solteros (¡la felicidad les da **vida**!) Entonces... ¿por qué continúan huyendo? ¿Por qué palidecen[4] ante la palabra "matrimonio" y tratan de mantener sus relaciones amorosas en un plano[5] superficial (a nivel de sentimientos, porque en lo que respecta a lo sexual... ¡no quieren conocer límites!)? Realmente, es un caso digno de análisis...

© OWEN FRANKEN

¿Niños grandes o grandes niños?

Desde niño, le inculcaron[6] dos reglas básicas: el hombre debe conquistar y acumular un gran número de aventuras amorosas para ser un "macho" de verdad... y ¡cuidado con dejarse atrapar! "El matrimonio es una cárcel", le decían padres, tíos, hermanos...

Sin embargo, aunque estos dos motivos son muy poderosos y muchos hombres creen que debido a[7] ellos evitan comprometerse seriamente, la realidad es que sólo son una cortina de humo.[8] Existen razones ocultas que son las que hacen que el hombre evite profundizar en sus relaciones amorosas.

La palabra mágica: miedo. El hombre teme compro-

[1] *key* [2] se puede leer [3] *brag* [4] se ponen pálidos [5] nivel [6] enseñaron [7] debido... a causa de [8] cortina... *smoke screen*

meterse y no porque va a perder su preciosa libertad, pues lo cierto es que esa traída y llevada libertad de la que tanto hablan, es otra cárcel; una que los mantiene alejados[9] del amor y la madurez emocional. ¿A qué le teme entonces? Vayamos por partes[10]...

En primer lugar, a crecer. Muchos hombres son los eternos niños traviesos[11] de mamá y, en el fondo, se sienten "Peter Pan", el chico que nunca creció (tan así es, que en los Estados Unidos el libro "El Síndrome de Peter Pan" ha vendido millones de copias, mayormente a mujeres que no saben qué hacer con sus niños grandes o sus grandes niños). Un compromiso los fuerza, por lógica, a definirse como hombres, a madurar. Y es que la relación formal de una pareja requiere un intercambio a nivel mental, físico y espiritual, que sólo pueden llevar a cabo "la gente grande". Un niño suele ser egocéntrico, irresponsable, impulsivo. Y lo que más atrae a estos hombres: los niños son todo potencial; no tienen limitaciones. Por lo tanto, mientras ellos se mantengan en esa "infancia" emocional, se sentirán libres, capaces de cualquier cosa. Una vez que crecen y se definen, tienen que aceptarse como son en realidad: con todas sus limitaciones (y virtudes también, aunque ellos suelen pasar éstas por alto).[12]

Increíble, pero cierto: ese hombre hecho y derecho que ves ante ti, emocionalmente es un niño que no quiere enfrentarse al mundo real. Por lo mismo, corre de aventura en aventura, exactamente igual que cuando tenía 8 años y alardeaba de *coleccionar* novias...

Y surge el "ego"

Por supuesto, el asunto no termina ahí. Existe otra fuerza poderosísima que mantiene al hombre en la cárcel de su libertad: el ego.

El ego es, naturalmente, su orgullo masculino. Y digan lo que digan[13] sobre la fuerza de los hombres... la verdad es que éste es su talón de Aquiles.[14] El porqué[15] salta a la vista cuando revisamos su historia: para ser un hombre de verdad, hay que llenar una serie de requisitos. ¿Cuáles... ? Revisa tu propio concepto del sexo opuesto y encontrarás palabras como: responsable, maduro, ambicioso, emprendedor,[16] viril, etc. Lo cierto es que ese niño grande—aunque proyecte todas esas cualidades—casi nunca se convence a sí mismo de que las posee[17]... él cree que las finge a la perfección (y que otros hombres **sí** son así de perfectos) y de que, además, te tiene muy bien engañada.[18] ¡Está lleno de inseguridades y teme que un mal día, todo se le descubra!

Para él, esa posibilidad es una pesadilla. ¿Qué pasará el día que todos vean al fin que él no es ni tan maduro, ni tan ambicioso ni tan emprendedor? ¿Qué sucederá si tú te enteras de que, en el fondo, tantas cosas le aterran[19]? Aunque este temor es casi siempre a nivel inconsciente, es lo suficientemente poderoso como para paralizarlo.

Supermán... ¡huye!

Visto de cerca, "Supermán" es un "Clark Kent" inseguro, que se esconde tras su fachada[20] de hombre independiente e incazable. Lo cierto es que—repetimos: esto generalmente sucede a nivel inconsciente—él teme que, visto de cerca, la mujer descubrirá sus imperfecciones y lo rechazará. Aunque él no sepa o no pueda verlo de esta forma, esos sentimientos trabajan en su interior y se convierten en una especie de impulso a huir que él interpreta como ansias[21] de libertad. Pero ya tú sabes la realidad: su ego es increíblemente frágil y él siente pavor de acercarse mucho a una mujer, y que ésta pueda ver "detrás de la fachada", y lo eche a un lado[22] porque no lo considera un "Supermán", como el resto del universo masculino (que también siente igual, pero él no lo sabe).

Se descubre otro secreto

En su afán[23] de huir para salvar su orgullo, el hombre a veces llega a extremos insospechados.[24] Muchos evitan sentirse atados[25] a una mujer, y se refugian en el adulterio. Nos explicamos: en su lógica masculina, ellos—no todos, hablamos del ejemplar que concierne a este artículo—piensan que dedicarse en cuerpo y alma a una sola mujer equivale a rendirse,[26] a capitular. Se sienten dominados, encarcelados... y buscan su "liberación" en la promiscuidad. De esta forma se

[9] los... *keeps them distanced* [10] Vayamos... *Let's take it in stages* [11] *mischievous* [12] pasar... *pass over these* [13] digan... *say what they will* [14] talón... *Achilles' heel* [15] El... La razón [16] muy trabajador [17] se... *convinces himself that he possesses them* [18] *deceived* [19] dan pánico [20] se... *hides behind his facade* [21] deseos [22] lo... *throw him aside* [23] deseo [24] que no se pueden sospechar [25] unidos [26] equivale... *is the same as surrender*

crean la ilusión de que son ellos quienes llevan las riendas[a27] de su vida, al estar involucrados[28] con varias mujeres a la vez; es decir, se sienten dominadores, no **dominados.**

Y llegamos al miedo básico

Ya dijimos que el hombre tiene miedo a perder su "identidad"; al menos la que le fabricó la sociedad. Detrás de todo esto oculta el temor básico: ser vulnerable ante una mujer; mostrarse tal como es... y que su verdadero "Yo" no sea suficiente para hacerla feliz. Todo nos lleva a la misma raíz:[29] temor al rechazo. Por lo mismo, ellos evitan darnos la oportunidad de rechazarlos... y se mantienen—al menos a nivel emocional—a cierta distancia de nosotras. Sí, tras esa actitud frívola de hombre de mundo que no quiere saber de compromisos, se oculta un "niño grande" que desea ser aceptado tal cual[30] es... pero que siente pánico ante la posibilidad de bajar las defensas, amar profundamente a una mujer... y que ésta lo desprecie.[31] ¡Los hombres son más complejos de lo que pensamos!

Cómo tú puedes atenuar la situación

Una vez que conozcas[32] cómo funciona el mecanismo de defensa masculino, podrás lidiar[33] con el sexo opuesto en una forma mucho más beneficiosa para ambos. Y es que si ya sabes cuál es su lado débil, podrás hacer todo lo posible por evitar golpearlo precisamente ahí.

En primer lugar, no alimentes[34] sus fantasías de "Supermán". Esto no quiere decir que debes "desenmascararlo[35]", pues entonces él se sentirá humillado y huirá con rapidez. Se trata de que ajustes la imagen mental que tienes de él y le des espacio, para que sea genuino contigo. ¿Cómo se logra esta maravilla[36]... ?

* Lo que es obvio: sé genuina con él. Muchas mujeres fingen una personalidad idealizada ante los hombres... lo cual[37] lo impulsa a él a hacer lo mismo. "Esta super-mujer necesita un super-hombre", piensan ellos... y se ponen una máscara para lidiar con ellas. Muéstrate tal como eres y él sentirá menos impulsos de alardear y meterse en una armadura.[38]

* Celebra sus triunfos y logros... pero no sólo el resultado, sino cada uno de los pasos que él dio para llegar a la meta. Por ejemplo: él se enfrentó a una situación difícil y salió airoso.[39] No cometas el error de decir: "Eres increíble; yo jamás podría haber hecho[40] tal cosa... Eres taan valiente, pero yo soy taan poca cosa". Lo más seguro es que él también experimentó[41] temor; si dices que ésta es una cualidad despreciable y das a entender que eres poca cosa por sentir así... ¿cómo crees que se sentirá él, quien es hombre, y no se supone que experimente emociones

[27] *reins* [28] *involved* [29] *root* [30] tal... *just as* [31] *scorns* [32] Una... *Once you know* [33] pelear [34] estimules [35] quitarle la máscara [36] *wonder, marvel* [37] lo... *which* [38] *suit of armor* [39] salió... *came out with flying colors* [40] jamás... *I could never have done* [41] *experienced*

''femeninas''? Lo correcto sería tratarlo como a una persona vulnerable, NO como a un super-hombre. ''Creo que cualquier persona tiene que sentir miedo en una situación así'', puedes decirle. ''Pero tú actuaste a pesar de todo. Eso tiene mucho mérito''. De esta forma, estás reconociendo su lado débil y vulnerable; el aspecto humano y, al mismo tiempo, lo estás felicitando[42] por superar su temor. Esto le envía a él un mensaje muy claro: ''Sé que eres una persona con virtudes y defectos; no tienes que hacerte el 'macho' ante mí, todo el tiempo. 'Te acepto como eres'... ''. Si tu interés es genuino, él captará[43] que contigo puede ser ''de verdad'' y bajará las defensas. Entonces no sentirá impulsos de huir cuando te sienta demasiado cerca en el plano emocional.

* Aliéntalo a que hable de sí[44]... pero no lo presiones. Deja que él se exprese con comodidad. Y esto es muy importante: exprésate tú con honestidad, y llega hasta el plano que quisieras que él llegara.[45] En otras palabras: si te gustaría que él hablara[46] de su infancia, por ejemplo, háblale de la tuya. Esta clase de confidencias no sólo crean confianza entre las personas, sino que tus recuerdos evocarán los de él y pronto tocará el tema que deseas. Es un ''truquito''[47] sicológico que ¡funciona!

Muuucha paciencia

Ante todo, no olvides que se atrae más con miel[48] que con vinagre. No lo presiones, dijimos y no nos cansamos de repetir. Cuando él se sienta cómodo junto a ti... ¡ya no querrá huir! ¿Acaso conoces a alguien que desee alejarse de la verdadera felicidad?

[42] *congratulating* [43] va a comprender [44] aliéntalo... *encourage him to talk about himself* [45] el... *the plane that you'd like him to reach* [46] si... *if you'd like him to talk* [47] *trick* [48] *honey*

¿Cuánto recuerda Ud.?

Las declaraciones que siguen *no* concuerdan con las opiniones de la autora del artículo. Cámbielas para que sí concuerden.

1. Los parientes masculinos siempre le dicen al niño: «Cásate muy joven porque el matrimonio será para ti un paraíso».
2. El hombre cree que va a tener más libertad cuando se case. Por eso no pretende nunca evitar el matrimonio.
3. El orgullo masculino hace que los hombres rechacen los estereotipos. Ninguno cree que es necesario ser responsable, maduro, ambicioso, emprendedor y viril, así que nunca finge serlo.
4. El hombre típico quiere que todos descubran sus imperfecciones. No desea que alguien lo considere un «Supermán».
5. El ego de este hombre típico es increíblemente fuerte. El nunca siente pavor al acercarse a una mujer porque sabe que nadie puede ver «detrás de la fachada».
6. Una mujer que espere penetrar esa fachada masculina debe decirle frecuentemente a su hombre, «¡Tú eres increíble!» o «¡Eres taan valiente, pero yo soy taan poca cosa!».
7. La mujer debe aconsejarle al hombre que sea más abierto, que exprese sus temores y sus inseguridades para que todos se rían de él. De esa manera él se sentirá mucho más maduro.
8. La mujer debe preguntarle frecuentemente al hombre sobre las experiencias de su vida pasada sin decirle nada en absoluto de sus propias experiencias. Es mejor que un hombre no sepa nada de lo que su mujer hizo antes de conocerlo.

¿Qué opina Ud.?

A. Este artículo se basa en varias premisas sobre la naturaleza del varón (*male*) y de la hembra (*female*) y sobre la influencia de las fuerzas sociales en su desarrollo. ¿Cuáles son estas premisas? ¿Cree Ud. que son verdaderas hoy en día en nuestra sociedad? Explique.

B. La autora de este artículo analiza los conflictos que existen entre lo que algunos hombres consideran los rasgos del varón ideal y sus propias inseguridades. En su opinión, ¿tienen todos los hombres este dilema personal? ¿Es algo que aprenden de la sociedad? ¿de sus propios padres?

C. ¿Cuál es el ideal de la «mujer perfecta» en nuestra sociedad? ¿Qué hacen las madres para enseñarles a sus hijas las reglas de conducta femenina? ¿Cuáles son las cosas que la tradición prohíbe que una joven haga si quiere ser popular con los chicos? ¿si quiere casarse? ¿si quiere seguir una carrera? ¿Han cambiado esas reglas en los últimos veinte años? Explique.

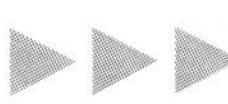

GRAMATICA EN CONTEXTO

24. Informal (*tú*) Commands

Most affirmative informal (**tú**) commands (**Indice morfológico,** page 219) look just like the third person singular forms of the present indicative tense. Object pronouns are attached to the end of the verb in the normal order (reflexive + indirect + direct), as they are with the formal (**Ud.**) commands (see **Capítulo 7,** page 171). A number of verbs have irregular informal command forms.

decir: di	**poner:** pon	**tener:** ten
hacer: haz	**salir:** sal	**venir:** ven
ir: ve	**ser:** sé	

> **Sé** genuina con él.
> Para animar a tu amigo, **celebra** sus triunfos y logros.
> **Muéstrate** tal como eres.
> **Deja** que él se exprese con comodidad.
> **Dile** la verdad.

Negative informal commands have the same form as the second person singular form of the present subjunctive tense. Object pronouns are positioned directly in front of the negative **tú** command form, as in the case of formal negative commands.

> **No lo presiones.**
> **No le alimentes** sus fantasías de «Supermán».
> **No cometas** el error de decirle: «Eres increíble».
> **No olvides** que se atrae más con miel que con vinagre.
> No **le digas** todo lo que piensas.

¡Practiquemos!

¡Me siento mal hoy! Trabajando en pares, el uno hace el papel de un amigo enfermo que no puede salir de casa. El otro trata de ayudarlo. El amigo hace las preguntas y el enfermo contesta. Deben usar los pronombres de complemento directo e indirecto y colocarlos en el lugar correcto.

MODELO: A: ¿Te preparo un café?
B: Sí, prepárame un café. *o*
Sí, prepáramelo. *o*
No, no me lo prepares.

1. ¿Llamo a tus padres?
2. ¿Le digo al médico que estás mal?
3. ¿Te traigo las flores que están en la mesa?
4. ¿Mantengo alta la temperatura del cuarto?
5. ¿Te pongo otra manta?
6. ¿Te hago un té caliente?
7. ¿Salgo pronto?
8. ¿Me siento a tu lado?
9. ¿Debo irme ya?
10. ¿Quieres que te visite mañana?

---

25. More on Indicative Versus Subjunctive in Adverbial Clauses

A. In **Capítulo** 8 (page 189) it was explained that the choice between the indicative and subjunctive with adverbial clauses (**cuando, hasta que, después de que, en cuanto/tan pronto como**) depends on whether the subordinate-clause event has already been realized (indicative) or remains unrealized (subjunctive). Adverbial conjunctions such as **mientras** (*while*), **una vez que** (*as soon as . . .*), and **aunque** (*although*) are others that govern the choice between indicative and subjunctive in this fashion.

1. When using **mientras**, the crucial factor in choosing between the indicative and the subjunctive is whether the event's duration can be determined. Unlike the second example below, in the first example an indeterminate time period (i.e., you do not know when it will end) is reflected by the use of the subjunctive.

   Length of time undetermined:

   Mientras los hombres **se mantengan** (*subjunctive*) en esa «infancia» emocional, se sentirán capaces de cualquier cosa.

   Length of time determined:

   Mientras **eran** (*indicative*) novios, él no expresaba sus sentimientos.

2. The expression **una vez que** functions like **cuando** or **tan pronto como.** In the first example below, growing up is seen as a predictably habitual or repeatedly realized action and, therefore, takes the indicative. In the second example, reaching an understanding of man's behavior is contingent on the reader's own background and experience (some readers may never understand "how a man's defense mechanism functions"); the duration of the situation cannot be determined beforehand, which explains

the use of the subjunctive. The reader's understanding is only potentially possible, but not yet fully realized.

Una vez que los hombres **crecen** y **se definen** (*indicative*), tienen que aceptarse como son en realidad.
Una vez que **conozcas** (*subjunctive*) cómo funciona el mecanismo de defensa masculino, podrás entenderlos mejor.

3. After **aunque** the indicative is used if the speaker maintains that an event's existence is true. If the speaker merely concedes the possibility of its being true, without ever affirming it or taking a stand, the subjunctive is used.

Aunque este temor **es** (*indicative*) casi siempre a nivel inconsciente, es lo suficientemente poderoso como para paralizar al hombre.
Aunque el hombre no **sepa** o no **pueda** (*subjunctive*) verlo de esta forma, esos sentimientos trabajan en su interior y se convierten en una especie de impulso a huir.

B. These adverbial conjunctions are invariably followed by verbs in the subjunctive because their meaning implies a condition as yet unrealized or a desired final result:

con tal (de) que (*provided that*)
antes de que (*before*)
sin que (*without*)
para que (*so that, provided that*)
a menos que (*unless*)

Para que is by far the most frequently used expression in this group.

El hombre debe conquistar y acumular un gran número de aventuras amorosas **para que** todos **sepan** que es un «macho» de verdad.
Para que sea un hombre de verdad, tiene que ser responsable, maduro, ambicioso, emprendedor y viril.
Trátalo de esa forma **para que sea** genuino contigo.

¡Practiquemos!

A. ¿Cómo son los hombres de veras? Termine la frase con el subjuntivo o el indicativo del verbo entre paréntesis según el contexto.

MODELO: Algunos adultos siguen siendo niños emocionalmente aunque _son_ (ser) grandes.

1. Un hombre se siente atrapado una vez que ____ (acercarse) una mujer.
2. Los hombres hacen lo imposible para que nadie les ____ (quitar) su libertad.

3. No puede haber una relación satisfactoria sin que ____ (haber) confianza mutua.
4. Tienen que dejar de ser «niños grandes» algún día aunque ____ (resistirse) a hacerlo.
5. Un hombre no huirá con tal de que la mujer no lo ____ (rechazar).
6. Mientras no ____ (crecer) emocionalmente una persona no puede aceptar la realidad.
7. El hombre se comporta como un «super-hombre» para que no ____ (descubrir) la gente sus inseguridades.
8. Cuando él ____ (sentirse) cómodo junto a ti el hombre no querrá huir.
9. La mujer debe alentar al hombre para que él ____ (expresarse) con honestidad.
10. No atraerás el interés de otra persona a menos que tú ____ (inspirar) confianza.

B. Estudiando con María José. Trabajando en pares (hombre y mujer) terminen la conversación entre Sebastián y Milagros completando la frase subordinada (*subordinate clause*).

Sebastián tiene un examen de biología mañana. Por eso piensa pasar toda la tarde en la biblioteca preparándose con la ayuda de la mejor estudiante de su clase, María José. Por la noche va a salir con su novia Milagros.

SEBASTIAN: Estaré en la biblioteca toda la tarde pero te llamo en cuanto ____.

MILAGROS: Quizás no debemos salir esta noche para que tú ____.

SEBASTIAN: No, chica, todo saldrá bien con tal de que esta tarde ____.

MILAGROS: Hombre, si no estudias más, no te vas a graduar aunque ____.

SEBASTIAN: ¡No te preocupes! No tendré problemas mientras María José ____.

MILAGROS: Sebastián, una vez que ____, no quiero que pases tanto tiempo con María José.

SEBASTIAN: ¡Vaya! No puedo hablar con otra mujer sin que tú ____. Una relación personal no funciona a menos que los dos ____. Aunque ____, prometo no estudiar más con ella después de este examen, ¿está bien?

MILAGROS: Gracias, Sebastián. No puedo esperar hasta que ____.

26. Indicative Versus Subjunctive After Verbs of Affirmation, Fear, Doubt, and Denial

A. The choice between the indicative and the subjunctive can also be used to help reinforce and convey opinions. Subordinate-clause events that are feared or whose existence is doubted or denied are expressed in the subjunctive and, consequently, help portray the event as "less than real" (unrealized). In contrast, subordinate-clause events whose existence is affirmed or asserted to be true are expressed in the indicative.

Fear: El hombre **teme** que la mujer le **quite** (*subjunctive*) su libertad.
Siente pánico ante la posibilidad de que la mujer lo **desprecie** (*subjunctive*).

Doubt: Un hombre **duda** que una mujer **descubra** (*subjunctive*) su inseguridad.
No creo que **tenga** (*subjunctive*) tantas inseguridades.

Deny: Algunos hombres **niegan** que una mujer **pueda** (*subjunctive*) comprenderlos.
Niego que todos los hombres **sean** (*subjunctive*) tan inmaduros.

Affirm: El hombre **cree** que nadie se **da** cuenta (*indicative*) de su vulnerabilidad.
Yo **digo** que tanto los hombres como las mujeres **juegan** (*indicative*) con las apariencias.

B. Impersonal expressions that affirm, fear, doubt, and deny a subordinate event govern indicative/subjunctive choices in the same manner.

Deny: **No es verdad** que los hombres le **huyan** (*subjunctive*) al matrimonio.

Doubt: **Es dudoso** que las personas **echen** (*subjunctive*) a un lado la fachada.

Affirm: **Es cierto** que esa libertad **es** (*indicative*) otra cárcel.
Es seguro que él siente (*indicative*) algún temor.

Expressions of affirmation when negated become expressions of doubt and take the subjunctive.

Affirm: El hombre **cree** que alguien se **da** cuenta (*indicative*) de su vulnerabilidad.

Deny: El hombre **no cree** que nadie se **dé** cuenta (*subjunctive*) de su vulnerabilidad.

Affirm: **Es verdad** que los hombres le **huyen** (*indicative*) al matrimonio.

Deny: **No es verdad** que los hombres le **huyan** (*subjunctive*) al matrimonio.

C. Main-clause impersonal expressions such as (**no**) **es posible**, (**no**) **es probable**, and **es** (**im**)**posible** represent a special case in that they convey different degrees of doubt but still refer to an event viewed as less than real. They require the subjunctive in their subordinate-clause verbs. (Negation has no effect: these expressions always express some degree of doubt, whatever their form.)

Doubt: **Es posible** que la mujer **descubra** (*subjunctive*) que él no es un «Super-hombre».
No es posible que **esté** (*subjunctive*) consciente de este mecanismo de su «ego».

¡Practiquemos!

¿Qué ha hecho Cándido? Trabajando en pares, vuelvan a mirar el anuncio «Nido de Serpientes» (pág. 197). Luego escojan una de las expresiones de la columna A (no tienen que seguir un orden especial) para formar una oración compleja con las frases a la derecha. Hay muchas respuestas posibles.

MODELO: (no) creer que/Cándido va a casarse pronto. →
No creo que Cándido vaya a casarse pronto.
Creo que Cándido va a casarse pronto.

A

1. (no) creer que
2. (no) ser probable que
3. (no) sentir pánico (de) que
4. (no) ser seguro (de) que
5. (no) negar que
6. (no) ser imposible
7. (no) ser cierto
8. (no) dudar que
9. (no) ser verdad que

B

a. María Clara va a hablar con la policía.
b. A Cándido le importa mucho su familia.
c. Cándido desaparece sin dejar una huella (*trace*).
ch. El abogado sabe adónde huyó Cándido.
d. María Clara se enfrenta a la familia con la verdad.
e. La ausencia de Cándido atrae la atención de los vecinos.
f. Cándido volverá el día siguiente.
g. Cándido tiene mucho orgullo.
h. Mateus se compromete a no hablar del escape de Cándido.
i. El programa se repite todos los viernes a las 4.

Gramática en acción

A. Lea el siguiente poema de Alfonsina Storni (Argentina, 1892–1938) y luego conteste las preguntas.

Hombre pequeñito

Hombre pequeñito, hombre pequeñito,
suelta° a tu canario que quiere volar... — deja en libertad
yo soy el canario, hombre pequeñito,
déjame saltar.

Estuve en tu jaula,° hombre pequeñito, — *cage*
hombre pequeñito que jaula me das.
Digo pequeñito porque no me entiendes,
ni me entenderás.

Tampoco te entiendo, pero mientras tanto
ábreme la jaula, que quiero escapar;
hombre pequeñito, te amé media hora,
no me pidas más.

1. Trabajando en pares, identifiquen y subrayen (*underline*) los mandatos informales, tanto afirmativos como negativos, en el poema.
2. Trabajando en conjunto decidan qué quiere decirnos la poeta argentina. ¿Cuáles son las semejanzas y las diferencias entre la filosofía de Storni y el punto de vista de la periodista de «¿Por qué los hombres le huyen...?»? ¿Qué opina cada autora sobre la posibilidad de comunicación entre los hombres y las mujeres? Abajo se encuentra una lista de expresiones que pueden usar para formular sus ideas.

	(no) cree que...
	teme que...
La periodista:	duda que...
La poeta (Storni):	niega que...
	dice que es (im)posible que...

B. En mi opinión... ¿De qué dependen las relaciones entre los hombres y las mujeres? Den en conjunto sus opiniones sobre este tema usando como punto de partida las siguientes declaraciones sin concluir.

MODELO: La gente decide actuar antes de que *ocurran ciertas circunstancias.*

1. Una persona tendrá confianza en otra persona con tal de que ____.
2. La gente te tratará con respeto para que ____.
3. Un hombre y una mujer se llevarán bien a menos que ____.
4. La communicación entre los hombres y las mujeres siempre será un problema mientras ____.

¡HABLEMOS, PUES!

A. Vocabulario útil: Las partes del cuerpo (segunda parte)

LAS PARTES DE LA CABEZA

el cerebro, los sesos	*brain*
la córnea	*cornea*
el iris	*iris*
la lengua	*tongue*
el oído	*inner ear*
el tímpano	*eardrum*

LOS ORGANOS QUE SE ENCUENTRAN EN EL TORAX

el corazón	*heart*
el estómago	*stomach*
el hígado	*liver*
el intestino	*intestine*
el pulmón	*lung*
el riñón	*kidney*

EL ESQUELETO

la costilla	*rib*
el cráneo	*skull*
la espina dorsal, la columna vertebral	*spinal column*

1. Usando el **Vocabulario útil,** describa a las tres personas nombradas. (Tiene el cráneo muy... Tiene los brazos...) Diga lo que las otras personas en la ilustración opinan de cada una. Invente también el «fondo histórico» de cada dibujo: ¿Dónde estaba la figura central hace una hora o unos días? ¿Qué hacía allí? ¿Qué ha hecho desde entonces hasta este momento? ¿Qué hará en el futuro? ¿Por qué?
2. ¡Sea Ud. profeta de nuevo! ¡Adivine el futuro una vez más!
   a. Mientras viaje por otro país, Alvaro Serra tomará agua no purificada y se enfermará. ¿Qué órganos le molestarán más? ¿Adónde irá Alvaro en busca de ayuda? ¿Qué le dirá el médico cuando lo vea?
   b. Siempre le ha encantado a Anastasio Calvo la música «rock». Pasa una gran parte de su juventud escuchándola a todo volumen por los audífonos de su estéreo. ¿Cuáles serán los efectos de esto en su organismo? ¿Cambiarán sus gustos musicales a lo largo de los años? ¿Qué pensarán de esos gustos suyos sus hijos y sus nietos?
   c. Hace cuatrocientos años don Quijote de la Mancha, el gran personaje de la literatura española, se volvió loco leyendo demasiadas novelas extrañas. ¡Se le «secaron los sesos»! ¿Hay algo que pueda «secarle los sesos» a Ud.?

3. Explique la función biológica de las siguientes partes del cuerpo. ¿Puede explicar en términos generales cómo funcionan?

   a. el cerebro (los sesos)
   b. el corazón y las venas
   c. la garganta y la lengua
   ch. el ombligo
   d. la córnea y el iris
   e. la oreja, el oído y el tímpano
   f. el estómago y los intestinos
   g. la espina dorsal

B. Dramatizaciones

1. Una conversación matrimonial. Un estudiante de la clase hace el papel de un esposo cuya mujer no está contenta con su vida. Una estudiante de la clase será la esposa. Hablen Uds. sobre lo que pueden hacer para ayudarla a resolver sus frustraciones.
2. El diagnóstico. Ud. es un doctor (una doctora). Una persona famosa (Michael J. Fox, Lisa Bonet, etcétera—¡use su imaginación!) es llevada en condición muy grave a su hospital para que Ud. la atienda. Después Ud. tiene que contestar las preguntas de un periodista que quiere saber lo que pasó. Describa en detalle la condición física y psicológica en que se encuentra esa persona.

C. Composición

Lea los horóscopos de Géminis, Sagitario y Piscis que vienen de la revista *Garbo*. Luego escriba un horóscopo para una persona de otro signo (Leo, Virgo, Capricornio, Acuario, Tauro, Libra, Escorpio, Aries o Cáncer). A imitación del horóscopo de la revista, haga el suyo incluyendo las mismas categorías pero siguiendo las instrucciones que se dan en la lista que sigue. Use la forma **tú** y las formas del subjuntivo cuando sea necesario.

Lo que debes hacer: Sea positivo y original en sus sugerencias para la persona cuyo horóscopo Ud. está escribiendo.

Debes reprimir (repress): Explíquele a la persona lo que no debe hacer y por qué.

Tendrás suerte y *Será peligroso:* Pronostique (*Predict*) algo acerca del futuro de esa persona.

Personal: Déle a esa persona alguna información personal, muy especial que sólo podrá saber si lee su horóscopo.

horóscopo de 

Semana del 12 al 18 de marzo

géminis
(21 de mayo al 21 de junio)

Lo que debes hacer: En el ejercicio de tu profesión, debes hacerte oír. Busca el contacto con tus jefes y exprésales tus opiniones, tus ideas, porque quedarán maravillados con tu capacidad intelectual y te subirán el sueldo.

Debes reprimir: Procura hacer las paces con tus aliados, con tu cónyuge, porque ese estado de discordia puede poner barreras a tu ascenso profesional y social.

Tendrás suerte: Un amigo puede servirte de intermediario con tu cónyuge para mejorar la convivencia. Solicita sus buenos oficios.

Será peligroso: Si hay en tu vida algún lío amoroso, mejor que lo pongas todo en claro, antes de que se descubra.

Días afortunados: 16, 17, 18.
Días críticos: 14, 15.

Personal: Gozas de la protección de una personalidad que puede ayudarte en la concesión de un crédito o puede ser tu socio capitalista.

sagitario
(23 de nvbre. al 21 de dicbre.)

Lo que debes hacer: Es un buen momento para indagar asuntos relacionados con tu pasado ancestral. Enfréntate con tu árbol genealógico y a lo mejor descubres que un antepasado tuyo era noble y puedes usar su título.

Debes reprimir: La violencia con los miembros de tu familia. Tu carácter debe ser dulcificado, sobre todo en lo que se refiere a los tuyos. Trátalos mejor.

Tendrás suerte: En los asuntos relacionados con tus hijos y con el mundo infantil. Suerte también en el juego.

Será peligroso: No te metas en asuntos raros y misteriosos, porque podrías perder en ellos mucho dinero. No trafiques.

Días afortunados: 12, 13.
Días críticos: 16, 17, 18.

Personal: Puede venirte mucho dinero de la familia, bien sea directamente o porque te comunican un misterio que vale su peso en oro.

piscis
(20 de febrero al 20 de marzo)

Lo que debes hacer: Pon toda tu inteligencia en el diseño de las nuevas cosas que han de constituir tu futuro. Todo lo que pongas en marcha ha de salirte a pedir de boca, y cuanto más te apliques en ello, mejor te saldrá.

Debes reprimir: No caigas en la tentación de quererlo todo. Tú mismo debes autolimitar el espacio en el que has de moverte. Toma lo más interesante y deja el resto.

Tendrás suerte: En los asuntos relacionados con el dinero. Tu trabajo es ahora más rentable y con menos esfuerzos consigues más.

Será peligroso: No te dejes ganar por las quimeras de un amigo, que podría poner en peligro tu economía.

Días afortunados: 14, 15.
Días críticos: 16, 17, 18.

Personal: Pisa a fondo el acelerador para realizar tus anhelos. Tu triunfo sobre tus adversarios será absoluto y los dejarás con la boca abierta.

UNIDAD III
INDICE MORFOLOGICO

A. PRESENT SUBJUNCTIVE

1. Regular Forms

The forms of the present subjunctive closely resemble those of the present indicative, except for a difference in theme vowel. The theme vowel connects the verb's stem to the personal endings and identifies its conjugation: in the indicative, **-a-** for **ar** verbs (e.g., logras) and **-e-** for **-er/-ir** verbs (e.g., corres, divides). The present subjunctive reverses the normal indicative theme vowels: **-e-** is used for **-ar** verbs (e.g., logres) and **-a-** for **-er/-ir** verbs (e.g., corras, dividas). To form the present subjunctive, find the first person (**yo**) form of the present indicative, drop the **-o** ending, and add the appropriate subjunctive ending to that stem.

	STEM	PRESENT SUBJUNCTIVE	
-ar lograr	logr-	logre logres logre	logremos logréis logren
-er correr	corr-	corra corras corra	corramos corráis corran
-ir dividir	divid-	divida dividas divida	dividamos dividáis dividan

2. Irregular Forms

a. Stem-changing verbs

The present subjunctive for **-ar** and **-er** stem-changing verbs (**e** > **ie, o** > **ue**) follows the pattern described in the preceding chart, except that the **nosotros** and **vosotros** forms have regular stems. (See the **Cápitulo preliminar,** page 17.)

	STEM(S)	PRESENT SUBJUNCTIVE	
cerrar (ie)	cierr-/cerr-	cierre cierres cierre	cerremos cerréis cierren
querer (ie)	quier-/quer-	quiera quieras quiera	queramos queráis quieran
contar (ue)	cuent-/cont-	cuente cuentes cuente	contemos contéis cuenten
poder (ue)	pued-/pod-	pueda puedas pueda	podamos podáis puedan

The **nosotros** and **vosotros** forms of the subjunctive of **-ir** stem-changing verbs have irregular stems as well (**e** > **i** and **o** > **u**).

	STEM(S)	PRESENT SUBJUNCTIVE	
divertir (ie, i)	diviert-/divirt-	divierta diviertas divierta	divirtamos divirtáis diviertan
pedir (i, i)	pid-	pida pidas pida	pidamos pidáis pidan
dormir (ue, u)	duerm/durm	duerma duermas duerma	durmamos durmáis duerman

b. Stem-changes based on first person singular (**yo**) form

The present subjunctive for the following verbs is based on the first person singular (**yo**) form of the present indicative, followed by the subjunctive theme vowel and personal endings.

	YO FORM	STEM	PRESENT SUBJUNCTIVE	
conocer (zc)	conozco	conozc-	conozca conozcas conozca	conozcamos conozcáis conozcan
caer (g)	caigo	caig-	caiga caigas caiga	caigamos caigáis caigan
decir (g)	digo	dig-	diga digas diga	digamos digáis digan
hacer (g)	hago	hag-		
oír (g)	oigo	oig-		
poner (g)	pongo	pong-		
salir (g)	salgo	salg-		
tener (g)	tengo	teng-		
traer (g)	traigo	traig-		
venir (g)	vengo	veng-		
huir (y)	huyo	huy-		

Other verbs in this group:

(zc) carecer, deducir, nacer, obedecer, ofrecer, padecer, parecer, producir, traducir
(g) atraer, distraer
(g) bendecir, maldecir, predecir
(g) componer, disponer, imponer
(g) contener, entretener, mantener, retener
(g) intervenir
(y) concluir, construir, destruir, influir

3. Verbs Whose First-person Singular (**yo**) Form Ends in **-oy**

Verbs whose first person singular (**yo**) form ends in **-oy** in the present indicative show irregularities in all forms of the present subjunctive.

dar	dé, des, dé, demos, deis, den
estar	esté, estés, esté, estemos, estéis, estén
ir	vaya, vayas, vaya, vayamos, vayáis, vayan
ser	sea, seas, sea, seamos, seáis, sean

The verbs **haber** and **ver,** while not ending in **-oy** in the first person singular, can be included in this group.

haber	haya, hayas, haya, hayamos, hayáis, hayan
ver	vea, veas, vea, veamos, veáis, vean

4. Spelling Changes

Spelling changes are necessary when writing the subjunctive form for certain verbs. These changes are determined by convention to maintain the verb's original pronunciation.

a. zar > ce

almorzar (**ue**) almuerce, almuerces, almuerce, almorcemos, almorcéis, almuercen

Included in this group: cazar, comenzar (ie), empezar (ie).

b. gar > gue; guir > ga

llegar llegue, llegues, llegue, lleguemos, lleguéis, lleguen
seguir (**i**) siga, sigas, siga, sigamos, sigáis, sigan

Included in this group: colgar (ue), jugar (ue), negar (ie), pagar.

c. car > que

buscar busque, busques, busque, busquemos, busquéis, busquen

Included in this group: acercar, atacar, comunicar, pescar

ch. g > j

escoger escoja, escojas, escoja, escojamos, escojáis, escojan

Included in this group: coger, elegir (i, i), fingir, recoger.

B. FORMAL *(UD., UDS.)* COMMANDS

The formal commands are patterned after the third person singular and plural forms of the present subjunctive (see A).

	SINGULAR COMMAND	PLURAL COMMAND
preparar	prepare Ud.	preparen Uds.
correr	corra Ud.	corran Uds.
cerrar (ie)	cierre Ud.	cierren Uds.
divertirse (ie)	diviértase Ud.	diviértanse Uds.
contar (ue)	cuente Ud.	cuenten Uds.
pedir (i)	pida Ud.	pidan Uds.
hacer (g)	haga Ud.	hagan Uds.
venir (g)	venga Ud.	vengan Uds.
ir	vaya Ud.	vayan Uds.

dar	dé Ud.	den Uds.
llegar	llegue Ud.	lleguen Uds.
buscar	busque Ud.	busquen Uds.

C. INFORMAL (*TU*) COMMANDS

1. Regular Informal Commands

The affirmative informal (**tú**) commands are patterned after the third person singular form of the present *indicative*. The negative informal commands are based on the second person singular form of the present *subjunctive*.

	AFFIRMATIVE COMMAND	NEGATIVE COMMAND
preparar	prepara	no prepares
correr	corre	no corras
cerrar (ie)	cierra	no cierres
contar (ue)	cuenta	no cuentes
divertirse (ie)	diviértete	no te diviertas
pedir (i)	pide	no pidas
dar	da	no des
llegar	llega	no llegues

Ciérrala. — No la cierres.
Cuéntamelo. — No me lo cuentes.

2. Irregular Informal Commands

Eight verbs have irregular affirmative command forms. Note that they are regular in the negative form.

	AFFIRMATIVE COMMAND	NEGATIVE COMMAND
decir	di	no digas
hacer	haz	no hagas
ir	ve	no vayas
poner	pon	no pongas
salir	sal	no salgas
ser	sé	no seas
tener	ten	no tengas
venir	ven	no vengas

Dímelo.	No me lo digas.
Hazlo ahora.	No lo hagas.

CH. FUTURE TENSE

1. Regular Verbs

To form the future tense of regular verbs, add the following endings to the infinitive:

-é	**-emos**
-ás	**-éis**
-á	**-án**

correr correré, correrás, correrá, correremos, correréis, correrán
abrir abriré, abrirás, abrirá, abriremos, abriréis, abrirán

2. Irregular Stems

The following verbs have irregular stems in the future tense but take the same endings as regular verbs:

	IRREGULAR STEM	FUTURE ENDINGS
decir	dir-	
haber	habr-	
hacer	har-	
poder	podr-	
poner	pondr-	
querer	querr-	**é, ás, á, emos, éis, án**
saber	sabr-	
salir	saldr-	
tener	tendr-	
valer	valdr-	
venir	vendr-	

Ellos **sabrán** las actividades semanales.
No **tendremos** los resultados hasta el final.
Podré acompañarte al cine.

ENTREVISTA

Berta Armacangui

Berta Armacangui, una peruana casada con un profesor norteamericano, vive en Madison, Wisconsin, donde es la directora de un instituto lingüístico. La autora la entrevistó en Madison en mayo de 1988.

MARTHA MARKS: Berta, quisiera que me dijeras en qué son diferentes los hombres anglosajones de los hispanos, si es que hay diferencias que se pueden señalar.

BERTA ARMACANGUI: Ah, claro que sí. Yo creo que en cualquier cultura, la mujer es hecha para el hombre de su cultura y el hombre es hecho para la mujer de su cultura. Entonces creo que la sociedad los prepara para comprenderse. Es el problema que realmente yo he tenido... Otros patrones culturales, moldes de comportamiento... Yo personalmente he tenido influencia de mi abuela. Ella es completamente india, pero a pesar de ser india era muy liberal.

MM: ¿En qué sentido?

Berta Armacangui

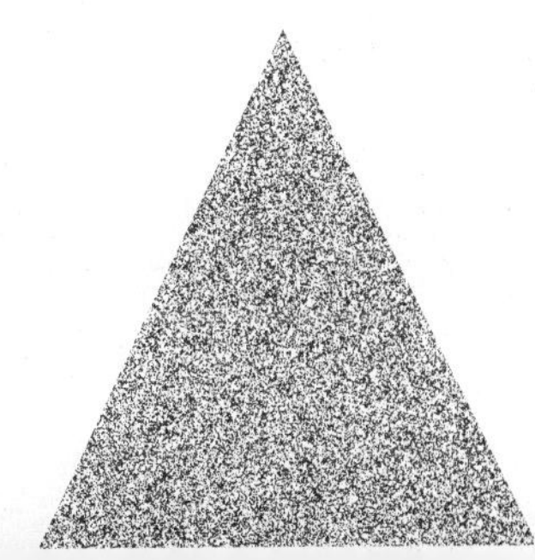

BA: Pues... Para ella la mujer y el hombre eran completamente idénticos. El hombre tenía que lavar, la mujer tenía que lavar. Pero tenía otra abuela que me mostraba con su comportamiento que la mujer tenía que servir al hombre. Era la mujer la que era el centro de la familia. Estaba a cargo de los hijos, estaba a cargo del esposo, estaba a cargo de los problemas de la casa, etcétera...

MM: Esa es la herencia española, ¿no?

BA: Probablemente. Entonces... a mí mi abuela me enseñaba que yo no tenía porqué lavarle la ropa a mis hermanos. Pero a muchas de las mujeres de mi nivel... a ellas sí se les ha enseñado eso... que la mujer tiene que atender y servir al hombre. Especialmente en la labor de la casa, en la cuestión económica, en la cuestión de ¿quién controla el dinero?, es la mujer la que controla el dinero.

MM: ¿De veras? Eso me parece un poco raro.

BA: Y también la mujer es la que dirige en cierta forma lo que van a hacerse los hijos. Depende del nivel social quizás, porque mi padre... él no quería que fuéramos al colegio. Porque él no tuvo buena educación. Mi madre... ella quería que estudiáramos, y realmente somos producto de mi madre porque ella tenía un carácter muy fuerte. No podíamos faltar. Teníamos que hacer tarea. Ella es la que nos ha empujado a entrar a la universidad. Mi papá decía «¿Para qué van a estudiar si realmente me van a ayudar en el campo?» Mi madre decía «No, mis hijos tienen que hacer algo más».

MM: ¿De dónde venían esas ideas suyas?

BA: De su familia, porque su familia en cierta forma pertenecía a un grupo social un poco más alto. Ella tenía influencia un poco más española. Entonces quería mejorar la condición social. La única forma de mejorar la condición social es darles profesión a los hijos y salir de ese lugar donde había muchas personas que no estudiaban. Y diferenciarse.... Volviendo a tu pregunta original, creo que el esposo peruano espera más de la mujer, espera que le sirva la cena en la mesa, que le lave los pantalones y todo... como una muestra de cariño.

MM: Así que la mujer no puede dejar de hacerlo.

BA: Claro, y muchas veces ahora en 1988 la mujer trabaja y gana dinero. Y si tiene un trabajo de ocho horas, llega a la casa, cocina, lava y plancha. Depende del nivel social y económico que tengan. Si los dos tienen trabajo, es posible que tengan una empleada. Pero el hispano lo espera como muestra de cariño. El norteamericano no es así. No creo que el norteamericano diga «Mi esposa me quiere y ella me plancha los pantalones, me lava... » No, es más flexible. A mí me gustan los esposos norteamericanos.

MM: ¿El tuyo es así?

BA: Sí. Los norteamericanos no tienen un patrón con el que se les haya educado. La mujer y el hombre no tienen un rol definido. Todos son iguales. En cambio en la cultura latina sí hay roles definidos, y hay problemas. Por otro lado, se dice a veces que el esposo norteamericano es frío. No es que sea más frío sino que no sabe expresar todos sus sentimientos. Pues, no sé. Yo no debo generalizar con el norteamericano, pero—sobre todo en el nivel personal—sicológicamente, el hombre latino comprende más a la mujer. Creo que incluso le adivina los pensamientos. Sabe la sicología de la mujer. No sé cómo lo hace.

MM: ¡Qué interesante! ¿De dónde viene esa comprensión?

BA: Quizás de la madre latina que le inculca al hijo ciertas formas de ser. Por ejemplo, le dice que tiene que respetar a la mujer, que no puede pegarle a la mujer porque está mal. Hay ciertas reglas, ¿no?

MM: Aquí en los Estados Unidos oímos hablar tanto del machismo. Casi nos burlamos a veces de los machos hispanos, pero ellos mismos lo toman muy en serio. Y no es una burla, es una manera de vivir y de pensar. ¿Qué opinas tú del machismo, de ese concepto del hombre?

BA: Existe. Depende del hombre y de las madres. Mi madre quizás haya sido una de las que inconscientemente lo haya formado. Por ejemplo, ella decía «Mi hijo, hombre varón». Es decir, mi hijo es hombre y por eso lo hace. O, el hombre es fuerte y no debe llorar. O, el hombre es más fuerte físicamente, entonces tiene que resistir más. Pero tengo que decirte que hay diferentes expresiones del machismo. A veces sale muy suave.

MM: ¿En qué sentido?

BA: Por ejemplo, la forma de protección. Se considera que es machismo que el hombre proteja a la mujer. Pero creo que el comportamiento de muchos ha llegado a la exageración.

MM: Una caricatura, casi.

BA: He oído de hombres que han llegado incluso a matar a la mujer simplemente por mantener su machismo. Creo que han retrocedido al siglo XVII, cuando la honra era lo más importante.

MM: Pero las cosas van cambiando hoy en día, ¿no?

BA: No lo sé. Por ejemplo, algunas mujeres tienen todavía miedo de estar detrás del volante. Piensan que manejar un carro es labor de un hombre. Pero creo que la influencia occidental está avanzando cada vez más en las nuevas parejas modernas. Son como las norteamericanas, creo yo, excepto en mantener la apariencia del machismo. La mujer no va a estar en público tanto como el hombre. Públicamente la mujer va a ser más callada y obediente... Pues, depende de la pareja.

MM: Además de poder trabajar fuera de la casa, ¿en qué otro sentido está cambiando el papel de la mujer latina?

BA: Son más agresivas ahora, inclusive en la relación del hombre y la mujer. Las que se están casando ahora creo que ya no esperan que el hombre dé la iniciativa, sino a veces la mujer. Para mi generación... Yo soy de la convicción que es el hombre el que da la iniciativa y no la mujer. Y así se define el sexo. Yo no podría...

MM: ¿...llamar por teléfono a un hombre? Incluso aquí en los Estados Unidos la situación era igual para las de mi generación.

BA: Digamos en relaciones de hombre y mujer, la mujer sigue al hombre. En mi generación, si el hombre me abraza, yo lo abrazo. Pero él tiene que dar la iniciativa, ¿no? El hombre me dice primero «Te quiero». Yo doy mucho más de lo que me da, pero yo no puedo estar dando la iniciativa. Pero para haberme casado con un norteamericano, que es completamente diferente a un latino, he tenido que cambiar.

MM: Y lo has hecho, a mi parecer. Cuando te conocí hace medio año, lo que más me impresionó en tu personalidad y en tu carácter fue la fuerza—que tú tienes opiniones y las expresas bien y con firmeza y claridad. Las mujeres hispanas que he conocido—y tampoco debo generalizar, porque algunas han sido fuertes y agresivas—pero la mayoría de las veces me parece que no quieren expresarse bien. No es que no tengan ideas ni habilidad de expresarse, sino que han aprendido, quizás por la experiencia, que las mujeres no se expresan con firmeza, que las mujeres difieren...

BA: Yo he roto la regla en cierta forma como lo hacen muchas mujeres que salen de su país por razones diversas. La vida golpea mucho y le enseña muchas cosas.

MM: Eso es lo que más me interesa. Tú me pareces femenina, pero también eres fuerte. Feminista, digamos. A mi juicio, por lo menos.

BA: Porque, por las influencias que he tenido, por las experiencias personales... Tendría que contarte toda mi historia, y... ¡no tenemos tiempo para todo eso!

MM: ¡Claro que no! Pero me interesa muchísimo esa herencia india que me has mencionado.

BA: Mi abuela india era una mujer ignorante que no tuvo ni un año de colegio, pero cuando vine yo a Estados Unidos, me dije «Pero, ¿cuál es la diferencia entre los norteamericanos muy liberales y esta abuela que es completamente ignorante? No sabe nada, sólo habla quechua... »

MM: Parece que tenía sentido común en cuanto a la vida.

BA: Sentido común, sí. Yo creo que la mujer tiene muchas veces más sentido común que el hombre.

MM: ¿Crees que son las mujeres las que se sacrifican más para mantener el matrimonio?

BA: Claro. En general una vez que una mujer empieza a tener hijos, crece la responsabilidad y la opinión de que «realmente ya no soy importante sino para mis hijos». Y aquí, aunque puedo tener ciertos placeres de leer, de educación, de hacer algo un momento... pero realmente mis hijos son el centro de mi vida. En el caso de mi madre... ella se ha callado muchísimas cosas simplemente para dar felicidad a sus hijos. Y ha querido mantenerse con su esposo para mantener una familia unida. El divorcio no es aceptable por los hijos.

MM: ¿Todavía no es una opción?

BA: Quizás ahora esté cambiando. Creo que va cambiando. Sobre todo si la mujer trabaja. Entonces hay más posibilidad de separación. Y hay más posibilidad de conocer otras mujeres—en el caso de los hombres—y otros hombres—en el caso de las mujeres. Y la mujer tiene que arreglarse un poco más, entonces se ve más atractiva, y hay una posibilidad de volver a enamorarse. ¿No?

MM: Sin duda. Es lo que pasa en todo el mundo. En realidad las dos culturas no me parecen tan distintas hoy en día.

SEGUNDA PARTE

Los lugares

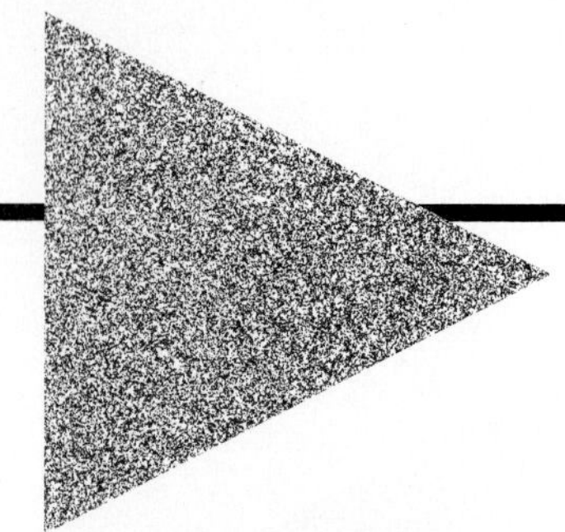

© PETER MENZEL/ STOCK, BOSTON

El Alcázar de Segovia

© GEORGE HOLTON/PHOTO RESEARCHERS

La Alhambra, Granada

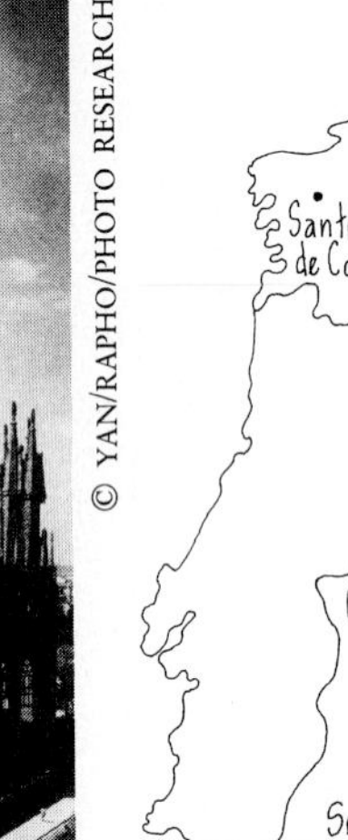

© YAN/RAPHO/PHOTO RESEARCHERS

La Sagrada Familia, Barcelona

© GEORGE HOLTON/PHOTO RESEARCHERS

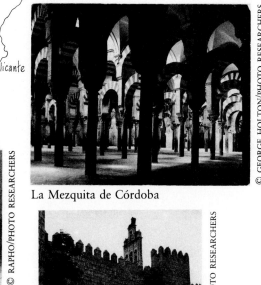

La Mezquita de Córdoba

© TOM BROSS/STOCK, BOSTON

Vista panorámica, Cáceres

© RAPHO/PHOTO RESEARCHERS

Corriendo con los toros, Pamplona

© FRITZ HENLE/PHOTO RESEARCHERS

Muros medievales, Avila

© VICTOR ENGLEBERT/ PHOTO RESEARCHERS

El Palacio Real, Madrid

UNIDAD IV

ESPAÑA

IN THE SECOND HALF OF ***Al corriente*** the focus changes from people to places: Spain, Latin America, and the United States, which has a large population of Hispanics and people of Hispanic descent.

All the cities and towns of Spain mentioned in **Unidad IV** are shown on the map you see here. Even if you have never been there, you will enjoy getting into the spirit of Spain and discussing its history, economy, political leaders, customs, sense of humor, and so on. Although it is difficult to capture the essence of an entire nation in just three chapters, these materials will give you a sample of the variety of Spanish life. **Capítulo 10** contains an article about the **plaza mayor,** which is both literally and figuratively the heart of each Spanish town. In **Capítulo 11** you'll read a selection from a humorous Spanish novel dealing with the misadventures of a young American woman writing her doctoral dissertation in Spain. **Capítulo 12** includes an essay by Felipe González, Spain's socialist president, and a short anecdote about the nation's transition from dictatorship to democracy.

Paseándose en la calle, Sevilla

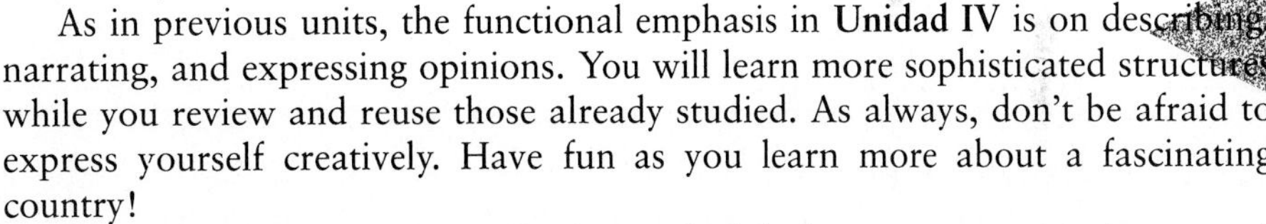

As in previous units, the functional emphasis in **Unidad IV** is on describing, narrating, and expressing opinions. You will learn more sophisticated structures while you review and reuse those already studied. As always, don't be afraid to express yourself creatively. Have fun as you learn more about a fascinating country!

The following mini-index will help you find the key grammar points presented in the unit.

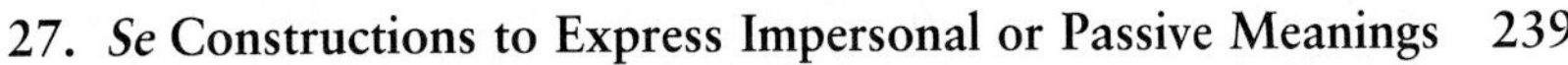

27. ***Se*** **Constructions to Express Impersonal or Passive Meanings** 239
28. **Adjective Clauses and Relative Pronouns** 242
29. **Subjunctive Versus Indicative with Adjective Clauses** 260
30. **Subjunctive with Other Types of Relative Clauses** 261
31. ***Por*** **Versus** ***Para*** 262
32. **Review of the Subjunctive** 278
33. **Present Perfect Subjunctive** 279
34. **Imperfect Subjunctive** 281

Unidad IV índice morfológico 288

Una calle medieval, Santillana del Mar

CAPITULO 10

¡REPASEMOS UN POCO!

Metas

- Conversar un rato de España
- Repasar los usos de **se**

Vistas de España

A. La vida diaria española es tan variada como la de otros países. Describa lo que ve en cada foto.

B. ¿A qué lugares se puede ir para tomar una copa de jerez (*sherry*) o de vino o un vaso de cerveza fría? ¿Por qué va la gente a Jerez de la Frontera si puede tomar jerez cerca de donde vive? ¿Hay lugares en los Estados Unidos que se parezcan a Jerez de la Frontera?

La Plaza Mayor de Toledo

Probando el jerez, Jerez de la Frontera

© MARK ANTMAN/THE IMAGE WORKS

Barcos de pesca, San Vicente de la Barquera

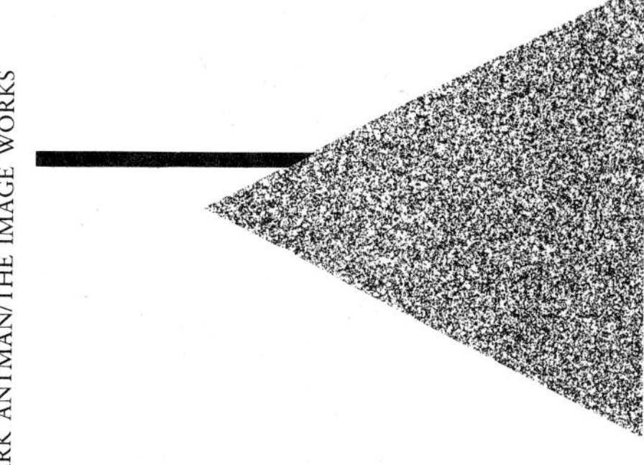

© BERYL GOLDBERG

La playa, Torremolinos

La playa, Santander

© MARK ANTMAN/THE IMAGE WORKS

Las Ramblas, Barcelona © PETER MENZEL/STOCK, BOSTON

C. Además de tomar una copa, ¿por qué suele ir la gente a los cafés al aire libre? ¿Cuál es la atracción de esos cafés? ¿Cree Ud. que se encuentran con más frecuencia en el norte de España o en el sur? ¿en lugares de turismo internacional o en lugares frecuentados sólo por los españoles? Explique sus respuestas. ¿Hay cafés al aire libre en los Estados Unidos también? ¿En dónde se encuentran? ¿En dónde no son muy comunes? ¿Por qué? ¿Quiénes suelen frecuentar los cafés en los Estados Unidos?

CH. Un viejo refrán dice que Madrid tiene «ocho meses de invierno y cuatro meses de infierno (*hell*)». ¿Puede Ud. adivinar por qué en el siglo XIX la familia real (*royal*) española solía salir de Madrid para pasar el verano en Santander? ¿Puede adivinar también por qué muchos franceses y alemanes viajan a Barcelona y al norte de España? ¿Por qué viajan tantos norteamericanos e ingleses a Andalucía y a Torremolinos?

D. La gente que vive en los pequeños pueblos de pescadores lleva una vida muy diferente de la que llevan los que viven en Barcelona o en Madrid. Identifique Ud. algunos aspectos característicos que diferencian estos dos estilos de vida. ¿Cuáles son las atracciones turísticas de un pueblo de pescadores? ¿Hay pueblos en los Estados Unidos como éstos? ¿En dónde se encuentran?

Para comentar

A. En cualquier país hay diferencias regionales que influyen mucho en la vida de los habitantes. Por ejemplo, ¿en qué se diferencian las personas del sur de los Estados Unidos de las del norte? ¿las de la ciudad de Nueva York de las de Des Moines, Iowa? ¿En qué son distintos los españoles que viven en las montañas cerca de Francia de los que viven en la Costa del Sol? ¿Y en qué se diferencian los de Cáceres, un pueblo histórico no muy visitado por los turistas, de los de Toledo, uno de los lugares históricos más visitados? Explique sus respuestas.

B. Imagínese que Ud. es un(a) agente de viajes. Los siguientes clientes quieren pasar sus vacaciones en partes del mundo que sean un poco diferentes de los lugares en donde viven. ¿Qué clase de vacaciones va Ud. a sugerirles?

1. un matrimonio de Jerez de la Frontera
2. un barcelonés
3. una familia de un pequeño pueblo de pescadores
4. una mujer que trabaja en un gran hotel de Torremolinos
5. dos chicos de Cáceres

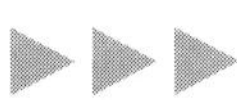

LECTURA: DESCRIPCION

Vocabulario para leer

VERBOS

acontecer (zc)	to happen, occur
atravesar (ie)	to cross
durar	to last, endure
edificar	to build, construct
presenciar	to observe, witness
recorrer	to go over, examine, scout
rodear	to surround
trasladar	to move from one spot to another, change location

SUSTANTIVOS

la actualidad	present time
la bandera	flag
el incendio	fire
el mercader, la mercadera	merchant
el nacimiento	birth, crèche
el plano	city map, layout
la planta (**baja**)	(ground) floor
el puesto	booth, shop (*in a market*)

ADJETIVOS

actual	present-day
divertido	amusing, entertaining
espantoso	frightful
imprescindible	indispensable, essential
real	royal
repleto	full, complete, spilling over

A. Seleccione las palabras que mejor completan los siguientes párrafos.

Recomendaciones para cualquiera que piense viajar al norte de España

Los que lleguen a Santander descubrirán una ciudad encantadora. Desde cualquier balcón de los (nacimientos/pisos 1) superiores de casi todas las casas que se (cosieron/edificaron 2) en otra época, se ve el Mar Cantábrico iluminado por el sol como por (una vela/un incendio 3). Los visitantes querrán (atravesar/golpear 4) el bulevar y (secar/recorrer 5) las famosas playas donde las familias (reales/actuales 6) del siglo XIX solían pasar los veranos. Disfrutarán del buen tiempo de esa temporada para (enfrentarse/pasearse 7) debajo de las palmas que (huyen/rodean 8) las playas o para (presenciar/trasladar 9) una divertida corrida de toros. Y una visita al mercado central será (espantosa/imprescindible 10), ya que en los (planos divertidos/puestos repletos 11) se vende casi todo lo que se puede desear.

Si tienen tiempo, los viajeros podrán hacer un viaje corto a Santillana del Mar, un monumento histórico que le ofrece al (mercader/extranjero 12) una vista inolvidable de la vida española de hace tres o cuatro siglos.

Otro lugar impresionante del norte de España es Covadonga, el lugar donde se dio comienzo a la Reconquista de España. En las montañas de la (cariñosa/actual 13) provincia de Oviedo se reunieron los visigodos para combatir a los moros que se habían apoderado de la península. La Reconquista (respiró/duró 14) ochocientos años, pero nadie se ha olvidado de lo que (suspiraron/lograron 15) el héroe don Pelayo y sus compañeros en esa primera batalla que (aconteció/mezcló 16) en Covadonga. En la (bandera/actualidad 17) se encuentra allí una basílica católica.

B. Las palabras que siguen se derivan o tienen la raíz (*root*) de una palabra que Ud. ya conoce. ¿Puede identificar esa palabra? ¿Es sustantivo, adjetivo o verbo?

1. durar 2. edificar 3. rodear 4. atravesar 5. trasladar 6. la belleza 7. el nacimiento 8. la actualidad

C. Imagínese que su compañero/a de clase es un niño (una niña) de habla española. Explíquele en español lo que significan las siguientes palabras.

1. presenciar 2. recorrer 3. acontecer 4. el incendio 5. el mercader 6. el puesto 7. la planta baja 8. la actualidad

---

Introducción a la lectura

The architecture of a place, like its people, has its own recognizable character. Would New York City be the same without the Empire State Building or Times Square? How would Paris function without its Latin Quarter or Champs-Élysées? A Spanish city without its **Plaza Mayor** (*main square*) would be an anomaly.

The **Plaza Mayor** is more than an architectural concept; it is a forum for maintaining tightly knit social bonds, even in a large cosmopolitan city like Madrid. Before starting to read "Las Plazas Mayores de España," think about the social functions that the **Plaza Mayor** serves in Spanish cities. For example, closely associated with the **Plaza Mayor** is the custom of the **paseo.** What time frame do you think is needed for a **paseo** and what specific activities can or can't be accomplished on a **paseo?** How does the "car culture" of the twentieth century affect the **Plaza Mayor?** Compare the layout of American cities to that of Spanish cities with their **Plazas Mayores.** (Consider some old American cities like Boston and Philadelphia, as well as newer ones like Los Angeles and Houston.) Make a list of all the different uses you imagine the **Plaza Mayor** may have served in Spain over the centuries.

Travel articles tend to focus on places and buildings in an impersonal way, without making reference to specific people. Notice how the author of this article from *GeoMundo,* a travel-oriented journal, repeatedly employs the **se** construction for impersonal descriptions, whereas a writer in English would normally use the passive voice:

De Salamanca **se ha dicho** que es la Universidad y la Plaza Mayor.	*It's been said about Salamanca that it consists of the University and the* ***Plaza Mayor.***

Also expect to see lots of adjectives and adjectival clauses that modify a noun just like a single-word adjective:

Los apartamentos **que hay en ella** son muy valorados.	*The apartments that are on it (the plaza) are very valuable.*

Las Plazas Mayores de España

JUDITH GLYNN

Desarrollándose en todos los sentidos, España es hoy día una nación moderna, adaptada a nuevas costumbres y maneras de apreciar las cosas. Pero no por ello se olvida totalmente de cómo disfrutar de la vida, algo que el español ha convertido en un arte. Para ellos, las relaciones humanas son muy importantes; de ahí la relevancia del *paseo,* que se convierte en un acto social, cultural y bien relajador.

Muy vinculada° con este concepto del paseo, está la existencia de las *Plazas Mayores,* que fueron y son—en muchas ciudades y poblaciones españolas—los lugares escogidos para reunirse y para celebrar fiestas especiales y patronales,° corridas de toros y días de mercado. Las del centro y el norte de España, en particular, son deliciosas de explorar, y aquí vamos a recorrer, redescubriéndolas, algunas de las más famosas.

vinculada° relacionada
patronales° de santos

En Salamanca: una de las más bellas

De Salamanca se ha dicho que es la Universidad y la Plaza Mayor. Esta, que se encuentra situada estratégicamente en el centro de la ciudad, es el imprescindible punto

La Plaza Mayor de Salamanca

de reunión y lugar de paseo de la población. Por su armonía y belleza artística, pocos disputan su fama de ser la plaza más bella de España. Incluso los habitantes de otras regiones—a pesar de su típica lealtad española al lugar de su nacimiento—así lo admiten.

La Plaza Mayor salmantina surgió° al buscarse un lugar donde instalar el mercado, muy importante en la vida de la ciudad. Antiguamente se llamó Plaza San Martín, por estar en un extremo de ella la iglesia de ese nombre, y era más grande que la actual plaza.

A finales del siglo XVI se edificaron las "carnicerías° reales" y las casas que las rodeaban. La plaza comenzó a perder sus enormes proporciones, que fueron disminuyendo al construirse la Casa Consistorial en el siglo XVII. A principios del siglo XVIII comenzaron los trabajos de edificación de la plaza nueva, que habrían de° durar muchos años. En la actualidad, aún se conservan en la Alcaldía° los planos de la plaza, de estilo barroco, que fueron trazados° por los arquitectos Andrés García de Quiñones y Alberto Churriguera, de la famosa familia de arquitectos españoles que ha dado su nombre al estilo churrigueresco (equivalente a una arquitectura bastante recargada° de adornos).

Lejos de lo ocurrido con otras plazas españolas, la Plaza Mayor de Salamanca sigue siendo el centro de vida de los salmantinos, que la han conservado con orgullo y no la han arrinconado° como un monumento nacional, mera reliquia del pasado desprovista de toda vigencia.° A cualquier hora del día o del atardecer, la plaza está animada. Hay en ella numerosos establecimientos e incluso un pequeño centro comercial de 24 tiendas, el *Multi-Plaza,* quizá algo fuera de lugar—con las luces de su marquesina° y su moderna apariencia—junto a los antiguos edificios que lo rodean.

El mejor momento de apreciar la vida de la plaza es el domingo por la tarde, cuando se invade con familias enteras. Los cafés y restaurantes se llenan y las mesas de las terrazas, con el buen tiempo, son el lugar ideal para observar a esta especie° de colmena° humana en que la plaza se convierte.

Toledo: una plaza histórica

Durante muchos siglos, la plaza más importante de Toledo fue la de Zocodover, nombre arábigo que significa "mercado de las bestias". Esta plaza fue por mucho tiempo el centro de la vida toledana, el lugar de todo lo bueno y lo malo que les acontecía a los moradores° de la ciudad. Además de los tradicionales mercados—llamados *los Martes* por tener lugar ese día—, también se celebraban en ella las corridas de toros e innumerables fiestas, así como las ejecuciones de los condenados.

Por esta famosa plaza desfilaron° las diferentes culturas que poblaron la ciudad: judíos,° árabes, mozárabes° y castellanos.° De esta mezcla de razas y lenguajes, se fundió° en Zocodover un solo idioma y un solo pueblo, llegando a culminar esta unidad en el siglo XVI. (Paradójicamente, en ese mismo siglo—1560–61—, Felipe II tomó la decisión de trasladar la residencia de la Corte española de Toledo a Madrid.)

En el habitual bullicio° de esta plaza, principalmente durante los días de mercado, estudiaron las populares y picarescas costumbres de su época Cervantes° y Quevado,° trasladándolas fielmente a sus inmortales obras.

apareció

butcher shops

habrían... *would have to*

Oficinas del alcalde

planeados, diseñados

cubierta

dejado fuera de uso

desprovista... sin vida

marquee

clase

beehive

habitantes

pasaron

hebreos / cristianos que vivían entre los moros / personas de Castilla

unió

ruido

Miguel de Cervantes (1547–1616), autor de *Don Quijote de la Mancha* / Francisco de Quevedo (1580–1645), autor de prosa y poesía satíricas

Pero no todo era alegría en la plaza, pues en ella tenían lugar asimismo los suplicios° y, durante muchos años, para recordarlos, se podía ver en su centro el cadalso° de piedra allí plantado. Finalmente, la ciudad logró librarse de él, haciendo que tan sólo apareciera° en los días de las ejecuciones, que solían ser frecuentes.

asimismo... también las torturas / *scaffold*
haciendo... *having it appear only*

Con el paso de los años, la plaza ha ido sufriendo transformaciones y, paulatinamente,° perdiendo su interesante carácter. Hoy día, aunque todavía se celebran en ella varios actos, incluyendo procesiones, Zocodover es víctima del tráfico moderno, irónicamente creado en parte por la misma afluencia turística que llega a Toledo para apreciar su importancia histórica y artística. Aunque existe ahora un movimiento para volverle a dar la popularidad de que antes gozó, Zocodover, de momento, pertenece a los automóviles que constantemente la atraviesan.

lentamente

La Plaza Mayor de Chinchón

Una tradición castellana

No sólo las cuidades importantes tuvieron sus Plazas Mayores. En Castilla, ellas forman parte de la tradición y llegaron a ser imprescindibles en la vida de cualquier población, por pequeña que ésta fuera.°

por... *no matter how small it was*

Cerca de Madrid, se encuentra Chinchón, donde los madrileños° pasan frecuentemente los fines de semana. Además de su iglesia parroquial, con un neoclásico retablo° de Goya, la población cuenta, naturalmente, con su Plaza Mayor. De forma circular, tiene el anillo exterior empedrado con guijarros,° y el centro de arena.° Los edificios que la rodean son de madera con soportales.° La planta baja de estos edificios está ocupada por tiendas, y en el piso superior hay apartamentos.

personas de Madrid
decoración de un altar
empedrado... *paved with cobblestones* / como en una playa
arcadas

Al contrario de otras villas, en las que las plazas han perdido gran parte de su antigua importancia, la Plaza Mayor de Chinchón (quizá por ser necesario atravesarla para trasladarse de un lugar de la ciudad a otro) ha conservado su animación. Allí se celebran regularmente mercados, representaciones de obras religiosas durante la Semana Santa, fuegos artificiales° y, en agosto, en honor de San Roque, fiestas taurinas,° para las cuales los balcones se engalanan° con banderas y mantones° de Manila. Durante estas fiestas, la juventud de la villa toma parte con algo bien típico de Chinchón. Colocan en el centro de la plaza botellas del renombrado anís° que allí se produce, y tratan de burlar° al toro y evitarlo mientras se esfuerzan bravamente en recobrar las botellas.

fuegos... *fireworks* / de toros
decoran / pañuelo grande que sirve de adorno
renombrado... famoso licor
jugar con, torear

La Plaza Mayor de Madrid

La más conocida de España

Tan famosa como la Puerta del Sol es la Plaza Mayor de Madrid, que en tiempos pasados fue un agitado escenario de la historia de la ciudad, bajo los Austrias (hasta 1700) y, después, bajo los Borbones, que ahora, con Juan Carlos I, han vuelto a reinar.

La Plaza Mayor estaba formada por 136 casas, de cinco pisos cada una, dispuestas° en forma rectangular. Entre todas ellas se sumaban° más de 400 balcones corridos° en los que, durante los festejos° y acontecimientos, se podían acomodar unas 50.000 personas. En una de las casas de la parte norte de la plaza, llamada Casa de Panadería, los reyes tenían sus propias habitaciones en la primera planta, para poder presenciar las fiestas desde sus balcones.

arregladas, puestas / se... había *overhanging* / festividades

En 1620, un año después de haber sido acabada la plaza, se celebró en ella la beatificación de San Isidro, el patrono de Madrid, con procesiones, danzas y máscaras. Al año siguiente, la plaza adquirió° un aspecto más trágico al ser decapitado allí don Rodrigo Calderón,° ministro de Felipe III.

tuvo

favorito del duque de Lerma y del rey Felipe III; cayó en desgracia y fue decapitado en 1621

Durante los años, continuó la plaza siendo el lugar favorito para muchos de los más importantes espectáculos de la capital española.

La plaza ha pasado también sus épocas de desastres y tumultos. En 1631, ocurrió en ella un espantoso incendio que destruyó toda la parte sur. En 1672, de nuevo un incendio acabó con la otra parte de la plaza. A pesar de esto, continuó siendo el centro de espectáculos divertidos o trágicos, desde corridas de toros hasta ajusticiamientos° y, más tarde, durante el reinado de Felipe V, ya en la primera mitad del siglo XVIII, se convirtió en mercado público. La Plaza Mayor representó también un papel

ejecuciones

muy importante en el célebre motín° de Esquilache (ministro de Carlos III). Unos cuantos años después, ocurrió el tercer incendio que, al reducir a cenizas° la parte este hizo necesaria la total reedificación de la plaza, que no se acabó por completo hasta 1853.

rebelión
reducir... destruir

En la actualidad, la Plaza Mayor es un lugar comercial, pero sobre todo de atracción turística. Los apartamentos que hay en ella son muy valorados, y desde los mismos se pueden apreciar bien los conciertos y danzas folklóricas que se celebran en la plaza, especialmente durante las fiestas de San Isidro en plena primavera, en mayo de cada año. En la época de las Navidades, los mercaderes establecen sus puestos con tenderetes° de adornos, hechos a mano, para exhibir y vender los *nacimientos* y árboles navideños.

puestos de venta al aire libre

Para bien saborear el gusto de la plaza, hay que visitarla a la hora del aperitivo de los domingos, cuando las terrazas de sus varios bares y restaurantes se encuentran repletas de familias madrileñas y turistas. Muchas personas la visitan semanalmente, atraídas por el mercado numismático y filatélico° que allí tiene lugar todos los domingos. En medio de todo este bullicio, los niños corretean° y juegan alrededor de la estatua de Felipe III erigida° en el año 1848.

numismático... de monedas (*coins*) y estampillas
corren alegremente
construida

La Plaza Mayor de Madrid continúa en nuestros días—así como muchas otras de diferentes regiones de la Península Ibérica—siendo un vigoroso y muy animado centro de la vida española. A la vez, resulta una genuina expresión del alma tan peculiar y rica de ese pueblo, fundador de las naciones de Hispanoamérica.

Tomado de *GeoMundo,* enero de 1985.

¿Cuánto recuerda Ud.?

Las declaraciones que siguen se refieren a las Plazas Mayores de España *en general.* ¿Hay algunas declaraciones que sean incorrectas? Si las hay, corrija los errores.

1. Los españoles valoran las antiguas Plazas Mayores de sus ciudades y las preservan como si fueran (*as if they were*) museos. Hay que comprar un billete para entrar en ellas.
2. El paseo es una de las costumbres españolas más reverenciadas. Desde la antigüedad tiene lugar en la Plaza Mayor, donde la gente suele reunirse para disfrutar de los ratos libres.
3. Los habitantes de cada población de España opinan que su plaza local es más bella que la de Salamanca.
4. Los españoles de otros siglos edificaron las Plazas Mayores para formar el centro del pueblo: el sitio del mercado principal.
5. En las Plazas Mayores acontecían toda clase de actividades: espectáculos, corridas de toros, representaciones teatrales, proclamaciones reales, canonizaciones y ejecuciones de condenados.
6. En otros siglos tanto la gente común como los nobles se sentaban en los balcones que rodeaban la Plaza Mayor para presenciar los acontecimientos del día.
7. En la actualidad lo común es sentarse en los restaurantes y cafés de la Plaza Mayor para conversar y mirar a los demás.
8. Nunca ha tenido lugar nada triste ni feo en las Plazas Mayores porque la gente siempre ha insistido en que sean lugares para divertirse.

¿Qué opina Ud.?

A. Este artículo describe un fenómeno cultural muy importante tanto en la España histórica como en la contemporánea. ¿Puede Ud. identificar las necesidades cívicas y sociales que contribuían a su importancia en el pasado? ¿Hay algunas invenciones del siglo XX que hayan disminuido el papel que hacen los lugares centrales como la Plaza Mayor en las ciudades? Explique.

B. Se ha dicho que la vida hispana es más lenta y tranquila que la de ciertas otras culturas y que los hispanos parecen ser más sociables que otros. La autora de este artículo menciona dos costumbres españolas: el paseo y la visita al café al aire libre para charlar un rato con los amigos. ¿Tienen su origen estas costumbres en alguna tradición histórica o tienen que ver con los valores culturales? ¿con el clima? ¿con la manera de diseñar las ciudades? ¿Por qué no tienen los norteamericanos las mismas costumbres? ¿Hay algo en la actual sociedad norteamericana que sustituya a la Plaza Mayor?

GRAMATICA EN CONTEXTO

27. *Se* Constructions to Express Impersonal or Passive Meanings

Most sentences are active, consisting of an agent (the subject), an action (the verb), and, in the case of a transitive verb, a recipient (the direct and/or indirect object):

Subject ↓ Verb ↓ Direct Object ↓

Felipe II trasladó la Corte española a Madrid.
Philip II moved the Spanish Court to Madrid.

But not all sentences are active; either the agent can go unmentioned ("It's said that . . . ", "The doors open at five.") or no possible agent exists, such as with natural or "spontaneous" phenomena ("The ship sank," "The car broke down," "The house burned down," "The clock stopped," "The milk burned.") In Spanish, one type of impersonal sentence can be formed by using the third person plural form of any verb and leaving the subject unexpressed. The implied subject, *they,* refers to no one in particular.

Construyeron la plaza en el siglo XVI.	*They (no one in particular) built the plaza in the 16th century.*

Likewise, the agent can be deemphasized by using a passive construction. (This construction, not widely used in Spanish, will be covered in detail in **Capítulo 14.**)

La plaza fue construida en el siglo XVI.	*The plaza was built in the 16th century.*

In terms of frequency and style, Spanish generally prefers an impersonal or agentless construction formed by **se** + *third person verb.* Depending on the semantic content of the verb, the English translation of such constructions varies (*one . . . , you . . . , they . . . , people . . . , it . . . ,* or the use of an English passive construction).

Se dice que Salamanca consiste en la Universidad y la Plaza Mayor.	*It's said that Salamanca consists of the University and the* Plaza Mayor.
Se toma café a toda hora en la plaza.	*They drink coffee at all hours in the plaza.*
En Salamanca **se vive** bien.	*You (People) live well in Salamanca.*

Having decided to use an impersonal or agentless sentence, the speaker need only decide whether the third-person verb that follows **se** should be singular or plural.

A. **Se** + *third-person verb* (*singular*). **Se** is followed by a third-person singular verb when no subject noun is present in the same clause. In the following examples, there is no subject noun that the verb can agree with; the verb therefore is singular. The agent is considered indefinite, a fact conveyed by the use of the **se** construction.

Anoche **se cantaba** y **se bailaba** en la plaza.	*Last night they (people) sang and danced in the plaza./. . . there was singing and dancing . . .*
Se habla mucho en la plaza.	*You talk (one talks, people talk) a lot in the plaza./There is a lot of talking in the plaza.*

B. **Se** + *third-person verb* (*singular/plural*) + *noun* (*singular/plural*). When a subject noun is present in this construction, a third-person singular verb is used if the noun is singular; a third-person plural verb is used if the noun is plural.

En Zocodover **se fundió** (*singular*) un solo pueblo (*singular*).
Se edificaron (*plural*) las carnicerías reales (*plural*).
Los restaurantes (*plural*) **se llenan** (*plural*) por la tarde.
Se podía (*singular*) ver en su centro el cadalso (*singular*) de piedra allí plantado.

Entire clauses, always considered to be singular, can also serve as the verb's subject.

Se ha dicho (*singular*) que Salamanca tiene la plaza más bella (*singular*).

C. **Se** Constructions for Unplanned Occurrences.

se + *indirect object pronoun* (**me, te, le, nos, os, les**) + *third-person verb* (*singular/plural*) + *noun* (*singular/plural*)

A special use of the **se** construction is to express spontaneous or unplanned events. The person who experiences the effects of the action is indicated by an indirect object pronoun (just as indirect object pronouns are used with **gustar**-like verbs, **Capítulo** 3, page 78). This type of **se** construction occurs most often with the verbs **acabar, caer, ocurrir, olvidar, perder, quedar, romper.**

Se **nos quedó el dinero** en casa; siempre **se nos olvidan las cosas** más importantes.	*Our money got left at home; the important things always slip our minds (i.e., we forget).*
Se **le descompuso el coche** a mi amigo.	*My friend's car broke down.*

CH. **Se** constructions Versus Pronomial Verbs. The **se** construction should not be confused with the **se** of pronominal verbs (**Capítulo 2,** page 59).

Pronominal verbs:

El paseo **se convierte** en un acto social.	*The walk turns into a social act.*
La ciudad logró **librarse** del cadalso.	*The city managed to get rid of the scaffold.*

In order to use a pronominal verb in an impersonal construction, the word **uno** (**una**) must be added.

Se convierte **uno** en una atracción más estando en la plaza.	*One becomes yet another attraction by being in the plaza.*
Una se destaca más llevando ropa de colores vivos.	*One (f.) stands out more by wearing brightly colored clothing.*

¡Practiquemos!

A. ¿Qué se hace en la Plaza Mayor de Salamanca? Trabajando en pares, conviertan el verbo principal en una construcción impersonal con **se.**

MODELO: Nosotros atravesamos la plaza a pie. →
Se atraviesa la plaza a pie.

1. Muchos dicen que la Plaza Mayor era el antiguo mercado.
2. Antes los salmantinos luchaban con toros en ella.
3. En el siglo XVIII la ciudad construyó nuevos edificios en la plaza.
4. Los reyes podían presenciar las fiestas caballerescas desde los balcones.
5. Hoy en día tú observas mejor la vida de la plaza los domingos por la tarde.
6. Los niños corren constantemente entre los arcos de la plaza.
7. Puedes beber y comer tranquilamente en los restaurantes de la plaza.
8. Las chicas se destacan usando ropa de última moda.

B. ¿Qué les pasó a los pobres turistas? Trabajando en pares, imagínense que Uds. son miembros de un grupo de turistas en Madrid. Usen las siguientes «frases-telegrama» para describir todas las cosas inesperadas que les sucedieron a los miembros del grupo. Usen el pretérito en cada oración.

MODELO: romper/el autobús (al guía) →
Se le rompió el autobús (al guía).

1. olvidar/el nombre de su hotel (a las chicas de Nueva York)
2. perder/los cheques de viaje (a mí)
3. acabar/el dinero (a ti)

4. quedar/las gafas de sol en el hotel (a Jaime)
5. caer/el plano de la ciudad (a nosotros)
6. romper/las sandalias (a Gabriela)
7. ocurrir/dar un paseo por la Plaza Mayor (a Miguel)
8. perder/los pasaportes (a todos)

---

28. Adjective Clauses and Relative Pronouns

An adjective clause modifies a noun just like any single-word adjective.

En Chinchón se encuentra una plaza **viva.**
En Chinchón se encuentra una plaza **que tiene mucha vida.**

An adjective clause is joined to the noun to which it refers by means of a relative pronoun. **Que** is the relative pronoun most frequently used in Spanish for both people and things. Stylistically, the use of adjectival clauses helps to reduce the redundancy created by a series of separate sentences that mention the same noun, as the following examples show:

A. **Que** for both people and things.

Los edificios son de madera. Los edificios rodean la plaza. →
Los edificios **que** rodean la plaza son de madera.
o: Los edificios, **que** son de madera, rodean la plaza.

La Plaza Mayor es el imprescindible punto de reunión. La Plaza Mayor se encuentra situada en el centro. →
La Plaza Mayor, **que** se encuentra situada en el centro, es el imprescindible punto de reunión.
o: La Plaza Mayor, **que** es un imprescindible punto de reunión, se encuentra situada en el centro.

Los estudiantes se sientan en la terraza para tomar un café. Los estudiantes atraviesan la plaza constantemente. →
Los estudiantes **que** atraviesan la plaza constantemente se sientan en la terraza para tomar un café.

Allí está el hombre. Ayer vi al hombre en la plaza.
Allí está el hombre **que** vi ayer en la plaza.

B. **Donde.** When the adjective clause modifies a place, **donde** can be used instead of the relative pronoun **que.**

Cerca de Madrid, se encuentra Chinchón. Los madrileños pasan frecuentemente los fines de semana en Chinchón. →

Cerca de Madrid se encuentra Chinchón, **donde** los madrileños pasan frecuentemente los fines de semana.

C. **Quien(es).** For nouns that refer to people, the relative pronouns **quien/quienes** (depending on the number of the noun referred to) must be used instead of **que** following a preposition or when functioning as the indirect object of the clause.

El arquitecto Alberto Churriguera, **de quien** se ha derivado el estilo «churrigueresco», trazó los planos para la plaza.
Los turistas, **a quienes** les acontecen tantas aventuras, pueden descansar tomando café en la terraza.

CH. **Cuyo(os/a/as). Cuyo** (*whose*) is a possessive relative pronoun that agrees in gender and number with the thing possessed. It is a stylish equivalent to **de que, del cual, de quien, de lo cual,** used mostly in formal writing.

El centro de Salamanca es bello. Su fundación se debe a la búsqueda de un lugar adecuado para el mercado. →
El centro de Salamanca, **cuya** fundación (o: la fundación **de la cual**) se debe a la búsqueda de un lugar adecuado para el mercado, es bello.

D. Prepositions + relative pronouns that refer to things.

(el/la) que **(los/las) que** **el/la cual** **los/las cuales**	agree with the noun being referred to

After one-syllable prepositions (**a, de, en, con**) the relative pronoun **que** is most frequent when referring to things. The forms preceded by an article are considered more emphatic and literary.

La terraza es el lugar ideal para observar a esta colmena humana **en que** la plaza se convierte.[1]
Al contrario de otras villas, **en las que** las plazas han perdido su importancia, la Plaza Mayor de Chinchón ha conservado su animación.

After prepositions of more than one syllable—and also **por, para,** and **sin**—the relative pronouns **el/la cual** and **los/las cuales** are generally preferred to those with **que,** but individual styles may vary.

Es una ciudad **por la que** han pasado muchos doctores y licenciados.
En agosto se celebran fiestas taurinas, para **las cuales** se engalanan los balcones con banderas.

---

[1] Remember that a Spanish clause cannot end with a preposition, which explains why in this sentence **en** has been moved in front of the relative pronoun **que.**

E. Parenthetical clauses that modify people.

quien/quienes	**los/las que**
que	**el/la cual**
el/la que	**los/las cuales**

Any of these options can be used in parenthetical statements (i.e., clauses set off by commas) that refer to people. The forms with *article* + **que/cual**(es) are employed to clarify the identity of the antecedent when two or more possible referents exist.

La hija del profesor, **la cual** ha pasado toda su vida en Salamanca, fue a Madrid para continuar sus estudios.

Miguel de Unamuno, **quien** se opuso al régimen de Franco después de la Guerra Civil, fue uno de los más ilustres profesores de Salamanca.

¡Practiquemos!

La vida salmantina. Escoja **que, donde, quien**(es), **cuyo** (os/a/as) o ***artículo*** + **cual**(es) para completar las siguientes frases que hablan de la vida salmantina. Primero, determine si la referente que está marcada en negrilla (*boldface*) es una persona o una cosa. Segundo, determine si precede una preposición (larga o corta). A veces hay más de una respuesta correcta.

MODELO: **Los apartamentos** *que* hay en la plaza son muy valorados.

1. Disfrutar de la vida es **algo** ____ el salmantino ha convertido en un arte.
2. Hay **medallones** ____ inmortalizan figuras de la historia española.
3. Miguel de Unamuno es el **profesor** de ____ te hablé.
4. **La plaza,** por ____ han desfilado tantas personas, es el centro de la ciudad.
5. **Estos arcos y pasajes,** detrás de ____ se esconden los niños, son parte del encanto de la plaza.
6. Esos salmantinos pertenecen a **una generación** para ____ el paseo todavía resulta ser una necesidad.
7. Se construyó la Plaza Mayor al buscarse **un lugar** ____ instalar el mercado.
8. A finales del siglo XVI se edificaron las carnicerías reales ____ **paredes** rodean la actual plaza.
9. **Los salmantinos,** ____ siempre han disfrutado de la Plaza Mayor, no les prestan mucha atención a los turistas que la visitan.

10. **El paseo,** sin ____ los salmantinos no podrían vivir a gusto, siempre será una parte importante de la vida diaria.
11. **Esas jóvenes** ____ ves en la entrada de la plaza son guías municipales.
12. La señora ____ **puesto** está en la esquina se llama Lourdes Ochoa.

Gramática en acción

A. Sentando cátedra. Trabajando en grupos pequeños, hagan una lista de todas las actividades que pueden ver en el dibujo del anuncio «Sentando cátedra» de la página 246. Aquí tienen algunas sugerencias.

MODELO: estudiar para las clases →
Se estudia para las clases.

servir a los clientes
saludar a los compañeros
lograr ver a todos
tomar café y charlar
hacer una tertulia
discutir nuevas ideas
leer el periódico
sentarse con los amigos
poder hablar con los profesores

B. ¡Evitemos la redundancia! Abajo se encuentra un texto que podría servir para el mismo anuncio «Sentando cátedra», pero es muy redundante. Para evitar la redundancia, junten algunas frases usando los pronombres relativos.

Siempre han pasado por Salamanca buenos profesores. Los profesores de Salamanca están entre los mejores de cualquier país. Los estudiantes se preparan para muchas carreras. Las carreras que siguen son el comercio, la agricultura, la medicina y la enseñanza. La ciudad seguirá siendo un centro de estudio. Muchos doctores y licenciados, como el inmortal Miguel de Unamuno, han pasado por la ciudad. En la Plaza Mayor hay un ambiente de tertulia. No se puede estudiar bien sin el ambiente de tertulia. Todos los compañeros pasan por la plaza. Compartes la vida diaria con los compañeros. La ciudad ya justifica ser nombrada la Plaza Mayor del vivir y del saber. La ciudad ha producido tanta gente ilustre.

C. ¡Me robaron la cartera! Trabajando en pares, un estudiante hace el papel de un turista que va a la oficina de la compañía American Express porque le robaron la cartera con todo el dinero en efectivo (*cash*), los cheques de viaje, una receta médica y todos los documentos de identidad. El otro estudiante hace el papel de dependiente de la American Express y tiene que hacer un informe del incidente: ¿cuándo?, ¿cómo?, ¿cuánto? Traten de usar las construcciones con **se** (i.e., *unplanned occurrences*).

SENTANDO CATEDRA.
Desde siempre han pasado por sus dos Universidades, la Pontificia y la Civil, y sus Colegios Mayores, el elenco de profesores más prestigiosos que haya podido tener Universidad alguna de cualquier país. Haciendo escuela. Luis de Leon, Miguel de Unamuno, pasando por Torres Villarroel..., sin desmerecer los de un pasado inmediato... y sin citar, para no herir su modestia, a los actuales se ha hecho buena la frase de "a aprender a Salamanca". Y ha sido esta permanente capacidad de asombro, la que ha hecho del salmantino persona fácil de sentar cátedra, amigo de tertulias y del sano chalaneo, buen corredor de comercio, mejor tratante de ganado, único en entender tanto de telas como del laboreo.
Oficios que, al sol de la Plaza Mayor aprenden, generación tras generación, los estudiantes novatos.
Una ciudad por la que han pasado, y seguirán pasando, doctores, licenciados, inmortalizados muchos por el mejor de los migueles, que perdone el arcángel, bachilleres en las mil y una ramas del conocimiento, ciegos que veían más allá que sus lazarillos, justifica ya ser nombrada...
Plaza mayor del vivir y del saber. Todos los salmantinos en pos de lograr para SALAMANCA, la Capitalidad Cultural Europea y la Sede de la Universidad Internacional e iberoamericana.
SALAMANCA
CAPITAL CULTURAL

¡HABLEMOS, PUES!

A. Vocabulario útil: Preposiciones imprescindibles

PARA HABLAR DE UN LUGAR	
a (al) través de	*across*
al lado de	*beside*
alrededor de	*around*
cerca de/lejos de	*near/far (from)*
delante de/detrás de	*in front of/behind*
dentro de/fuera de	*inside, within/outside*
encima de/debajo de	*above, on top of/below, under*
enfrente de	*in front of, opposite*
entre	*between, among*
frente a	*facing, opposite*
junto a	*next to*
más allá de	*beyond*
sobre	*on, upon*

PARA HABLAR DE UN LAPSO DE TIEMPO	
a lo largo de	*throughout*
a mediados de	*around the middle of*
a principios de/a finales de	*at the beginning of/at the end of*
antes de/después de	*before/after*
desde... hasta	*from . . . to*
durante	*during*

PALABRAS ADICIONALES PARA HABLAR DE CACERES	
el arco	*arch*
la bocacalle, el cruce	*intersection*
la cuesta	*hill*
la esquina	*street corner*
la muralla, los muros	*strong fortress wall(s)*
cl palacio	*palace*
el portal	*city gate*
el rincón	*inside corner, nook*
la torre	*tower*
correr paralelo a	*to run parallel to*
(no) estar conectado a	*(not) to be connected to*
quedar a (una) cuadra/manzana de	*to be (one) block from*

1. Utilizando el **Vocabulario útil,** describa en términos generales la ciudad de Cáceres que se ve en la página 248.
2. Estudie el plano y diga dónde queda cada uno de los siguientes edificios, plazas y calles principales de Cáceres. Hay muchas maneras de identificar la ubicación (*location*) de cada uno. ¡Sea específico!

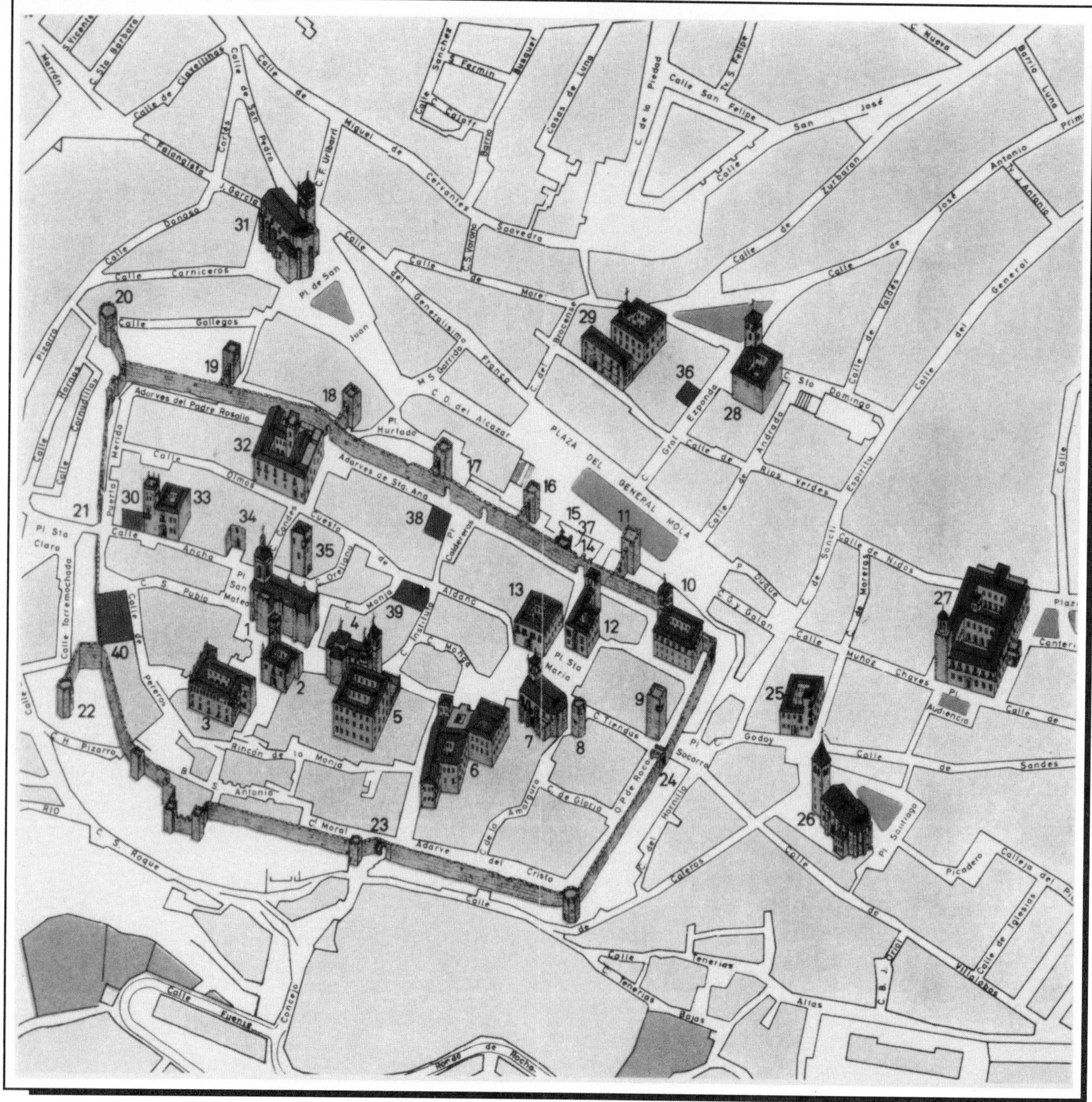

a. la Iglesia de Santa María (#7) b. la Torre Bujaco (#11)
c. el Palacio de Godoy (#25) ch. el Colegio Menor «Luisa de Carvajal» (#5)
d. la Casa de los Ulloa (#34) e. el Palacio de Justicia (#27)

3. ¿Sabe Ud. lo que pasó en España en los siguientes momentos históricos? La columna a la derecha contiene todas las respuestas.

a. en el año 711, después de la llegada de los primeros moros a la penísula ibérica
b. durante el siglo XI, a mediados de la Reconquista
c. a finales de la Reconquista, la cual fue completada en 1492 por los reyes Fernando e Isabel
ch. a lo largo del siglo XVI, cuando España era el imperio más poderoso del mundo
d. en 1898, después de perder la guerra contra los Estados Unidos
e. desde 1936 hasta 1939, un poco antes de la Segunda Guerra Mundial
f. en 1976, antes del comienzo de una nueva época democrática en España
g. en 1977, poco después de iniciarse el reinado de Juan Carlos I

1. el descubrimiento de América por Cristóbal Colón
2. el héroe don Pelayo y sus compañeros comenzaron a luchar contra los moros
3. la exploración de una gran parte de las Américas
4. ganó fama y gloria Rodrigo Díaz de Vivar, el Cid, el gran héroe nacional
5. la Guerra Civil española
6. la primera elección general en 50 años
7. la pérdida de casi todas las restantes colonias españolas
8. la muerte de Francisco Franco, dictador de España desde 1939 hasta 1976

B. Dramatizaciones

1. Orientando al extranjero. Un estudiante extranjero acaba de llegar a la universidad donde Ud. estudia y necesita su ayuda. Ud. trata de explicarle dónde quedan la biblioteca, las residencias estudiantiles, la cafetería, la secretaría (*administration*), el departamento de química y las oficinas de los profesores de lenguas extranjeras.
2. Orientándose. Ud. llega por primera vez a la Oficina de Turismo de Cáceres (#37 en el plano). Busca un hotel y un buen restaurante. Un empleado de Turismo le explica a Ud. las diferentes opciones que hay en el pueblo y también los lugares de interés turístico.

C. Composición

Imagínese que la Cámara (*Chamber*) de Comercio de su ciudad (o pueblo) le invita a escribir dos párrafos (de 8 a 10 oraciones cada uno) para un folleto de turismo.

Primer párrafo: ¿Dónde queda este lugar? ¿Por qué lo conoce Ud. tan bien? ¿Cuáles son las partes que Ud. conoce mejor? Describa esas partes.

Segundo párrafo: ¿Qué otras cosas interesantes hay en la ciudad (el pueblo) que Ud. describe? ¿Cómo es el centro? ¿Tiene parques? ¿rascacielos (*skyscrapers*)? ¿jardín zoológico? ¿barrios fuera de lo común? ¿una Plaza Mayor? ¿algo extraordinario? Describa el lugar detalladamente.

CAPITULO 11

¡REPASEMOS UN POCO!

Metas

- Tomar algunas decisiones en conjunto
- Practicar más el subjuntivo

La feria de Zamora

El vino y el queso son productos españoles de suma importancia para la economía de áreas como La Rioja, una región del norte de España donde hay muchos queseros y productores de vino. La feria que tendrá lugar en Zamora desde el 25 hasta el 29 de junio será muy concurrida (*attended*) por los que trabajan en esas industrias, tanto españoles como extranjeros. Imagínese que Ud., su profesor(a) y todos sus compañeros de clase son mercaderes que van juntos a la feria de Zamora.

A. Antes de hacer el viaje, lo primero que tienen que decidir es en dónde quieren alojarse (*stay*). Comenten las varias opciones que siguen. Expresen sus preferencias personales como «Prefiero un hotel que tenga... », «No quiero alojarme en un lugar donde no haya... » o «Es mejor que estemos... »

1. El Gran Hotel de Zamora es un hotel sumamente elegante donde una habitación cuesta más de mil pesetas por noche. Queda muy cerca de la feria y tiene una piscina (*swimming pool*) enorme.
2. El Parador Nacional, cuyas habitaciones han sido modernizadas y no son tan caras como las del Gran Hotel, es un fascinante castillo histórico situado en la parte más antigua de la ciudad. Van a necesitar un coche, pero casi no hay lugares de estacionamiento (*parking*).
3. El hostal El Cid es muy pequeño, muy viejo y muy barato. Por suerte queda sólo a unas pocas cuadras de la feria, pero es probable que no cuente con suficientes cuartos para todo el grupo.

B. Llegando a Zamora, Uds. tienen que escoger en dónde van a comer. Se les recomienda los siguientes lugares.

1. El Restaurante Félix, que se especializa en la comida tradicional española, está situado al aire libre en una callejuela de la ciudad vieja. Desde sus terrazas hay una vista magnífica de la fortaleza donde el

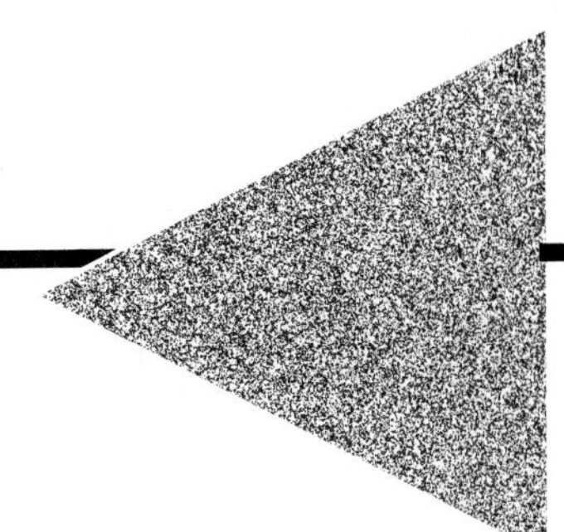

4ª FERIA DEL VINO
Y 1ª DEL QUESO DE
CASTILLA Y LEON

Encuentro de bodegueros, de fabricantes y maestros queseros de Castilla y León.
Muestra de vinos tintos, blancos y rosados de prestigio mundial.
De típicos quesos, maduros y frescos elaborados con leche de oveja, vaca y cabra.
Una cita para mayoristas, distribuidores y exportadores, así como profesionales de la alimentación, hostelería, consumo y comercio del país.

25 al 29 de Junio
(Zamora)

Colabora Exmo. Ayuntamiento de Zamora

JUNTA DE CASTILLA Y LEON

bodeguero *owner of a winery*
quesero fabricante de queso (*cheese*)
vino tinto *red wine*
oveja,
vaca y cabra *sheep, cow, and goat*
mayorista *wholesaler*
hostelería *inkeeping*

héroe El Cid luchó a finales del siglo XI. Hace ya cinco generaciones que la familia del dueño (*owner*) actual trabaja en este pintoresco restaurante.

2. El restaurante del Parador Nacional ofrece especialidades de la región de Zamora, además de un «menú del día» a precio fijo que es una ganga (*bargain*).
3. En las «tascas» populares se acostumbra probar las tapas (*snacks*) mientras se toma una copa de vino, de jerez o una cerveza. Es una manera divertida de comer y conocer a la gente al mismo tiempo.

C. Al comenzar la feria, Uds. tienen que decidir cuáles de los vinos y de los quesos van a comprar. Miren la lista parcial abajo y hablen de lo que deben escoger.

1. 9.100 ruedas (*wheels*) de queso maduro de cabra ofrecidas por Montelarreina, una empresa que busca mercaderes inovadores que quieran introducir nuevos productos en el mercado norteamericano.

2. 1.500 botellas de Añares '83, un excelente vino tinto de La Rioja, ofrecidas por las Bodegas Olarra, que busca exportadores que vendan vinos en el extranjero.
3. Cincuenta botellas de Segura Viudas Cava, que es como champán, ofrecidas por un tipo raro que les promete que tendrá más botellas dentro de un mes. Uds. no saben cómo ni dónde va a conseguir el tipo estas botellas.

Para comentar

Por fin, al concluirse la feria, Uds. piensan pasar una semana viajando por España. Consulten el mapa en la página 226 para decidir adónde irán cuando salgan de Zamora. Su profesor(a) sabrá algo acerca de los lugares más conocidos. Si no están todos de acuerdo, ¡tendrán que convencerse los unos a los otros!

LECTURA: NARRACION

Vocabulario para leer

VERBOS

aguantar	to tolerate; to endure
doblar	to turn (a corner)
negarse (a) (ie)	to refuse (to)
ponerse a + *inf.*	to begin to (*do something*)
portarse	to behave
prestar	to lend
suceder	to happen, occur
volar (ue)	to fly

SUSTANTIVOS

la acera	sidewalk
la aldea	village
la callejuela	side street, alley
la esquina	street corner
la herencia	inheritance
la milla	mile
la salida	exit, way out
la tela	fabric, cloth
el trozo	piece, fragment

MODISMOS

de al lado	next door
de prisa	in a hurry, quickly
de veras	really
hacerle gracia a alguien	to strike someone as funny
ni siquiera	not even
por lo visto	evidently, apparently

A. Seleccione las palabras que mejor completan los siguientes párrafos.

Una persona inolvidable de Avila

De las muchas (estrellas/aldeas 1) que hemos visitado mi mujer y yo, la que recordamos con más cariño es Avila, ese famoso (trozo/pueblo 2) amurallado que queda a unas pocas (millas/aceras 3) al oeste de Madrid. Claro que por todas partes de España hay aldeas lindísimas, pero me acuerdo especialmente de Ávila por lo que nos (sucedió/desarrolló 4) allí en una tarde lluviosa.

Estábamos buscando un hotel que un amigo nuestro nos había recomendado. (Recorrimos/Volamos 5) varios barrios pero no pudimos encontrarlo. Incluso entramos en una (callejuela/bandera 6) sin salida y tuvimos que volver por donde vinimos. Por fin nos decidimos a preguntarle a alguien dónde quedaba.

Entramos en un (puesto/incendio 7) pequeño en una (esquina/herencia 8). En vez de darnos instrucciones, el vendedor (salió de prisa/saltó a la vista 9) diciéndonos que iba a regresar en un momento, (dobló/aguantó 10) a la izquierda y entró por la puerta de la tienda (al aire libre/de al lado 11). En dos minutos regresó con un paraguas enorme que su vecino le había (probado/prestado 12). «Vengan Uds. conmigo» nos dijo amistosamente.

Ya habíamos descubierto lo cordiales que son los españoles. Casi nunca (se niegan/se ponen 13) a ayudar a alguien que necesite ayuda. Por lo visto nuestro nuevo guía sabía perfectamente en donde quedaba el hotel que buscábamos y ni siquiera le molestó dejar la tienda y llevarnos a pesar de que (de veras/acaso 14) llovía muy fuerte. Con nosotros (se portó/se trasladó 15) de una manera muy atenta. No teníamos la menor idea de dónde nos llevaba, pero dentro de pocos minutos vimos el hotel que tanto habíamos buscado. ¡Le estuvimos tan agradecidos al llegar!

B. Las siguientes palabras son cognados falsos que pueden confundir mucho a alguien que no sepa bien el español. ¿Puede explicar la diferencia entre las palabras en cada pareja?

1. la salida, el éxito 2. suceder, tener éxito 3. la milla, mil 4. actualmente, de veras 5. la tela, la fábrica

C. Imagínese que su compañero/a de clase es un niño (una niña) de habla española. Explíquele en español lo que significa cada palabra.

1. la acera 2. la callejuela 3. la esquina 4. la aldea 5. el trozo 6. doblar 7. prestar 8. volar 9. negarse a 10. hacerle gracia algo a alguien

---

Introducción a la lectura

How does one go about describing the life of a whole nation without falling prey to gross simplifications or stereotypes? One way is through satire, by injecting humor into the examination of someone's customs and the reactions they produce in others. The following excerpts from *La tesis de Nancy* (1969), a novel by Ramón J. Sender (1901–1982), provide a satirical portrayal of Spanish customs seen through the eyes of a young American university student, Nancy, as recorded in her letters to her friend Betsy, and supposedly translated into Spanish by the narrator. Nancy is in Spain researching her doctoral dissertation

Estudiantes de todas partes del mundo vienen a estudiar a la Universidad de Sevilla.

on the Spanish Gypsies, a group, predominantly found in Andalucía, that is isolated from mainstream Spanish society. But whose customs are being satirized: those of the Gypsies, the Spaniards, the Americans, or all of the above? Sender knows the three cultures intimately. A native of Aragón, he left Spain after the Spanish Civil War and lived in the United States until his death.

You will find Sender's writing style very clear, straightforward, and simple to read, but bear in mind that reading involves more than just decoding words. It involves interpretation, which is anything but straightforward when dealing with satire! Although you should understand the meaning of all the words and phrases in the passage, grasping the author's message may be a little harder. The necessary background or cultural information may elude you in some cases. For instance, without knowing the full cultural context underlying the terms **echar piropos** (to pay a compliment, especially to a woman), **la lotería de los ciegos** (*state lottery run by and for the blind*), **hasta luego** (*both a greeting and leave-taking*), **la corrida de toros** (*bullfight*), and **los silbidos** (*whistles*), you might find Sender's humor obscure.

Obviously, Nancy does not quite understand what's going on, which is what delights Spanish readers of *La tesis de Nancy.* After you have read the selection, try to explain what Nancy has gotten wrong in each of her adventures. Share your ideas about the possible sources of humor with your classmates and teacher.

La tesis de Nancy (fragmento) «Carta primera: Nancy descubre Sevilla»

RAMON J. SENDER

Dearest Betsy: Voy a escribir mis impresiones escalonadas° en diferentes días aprovechando los ratos libres.

escalonadas: *in stages*

Como sabes, he venido a estudiar a la Universidad de Sevilla. Pero vivo en Alcalá de Guadaira, a diez millas de la ciudad. La señora Dawson, de Edimburgo, que tiene coche y está en la misma casa que yo, me lleva cada día a la ciudad. Suerte que tengo, ¿verdad? Siempre he tenido suerte.

¿Qué decirte de la gente española? En general, encuentro a las mujeres bonitas e inteligentes, aunque un poco..., no sé cómo decirte. Yo diría afeminadas. Los hombres, en cambio, están muy bien, pero a veces hablan solos por la calle cuando ven a una mujer joven. Ayer pasó uno a mi lado y dijo:

—Canela.°

Canela: *lit.: Cinnamon; fig.:* Cosa exquisita

Yo me volví a mirar, y él añadió:

—Canelita en rama.°

en rama: en... natural

Creo que se refería al color de mi pelo.

En Alcalá de Guadaira hay cafés, iglesias, tiendas de flores, como en una aldea grande americana, aunque con más personalidad, por la herencia árabe. Al pie de mi hotel hay un café con mesas en la acera que se llama La Mezquita.° En cuanto me siento se acercan unos vendedores muy raros—algunos ciegos—, con tiras° de papel numeradas. Dicen que es lotería. Me ofrecen un trozo de papel por diez pesetas y me dicen que si sale un número que está allí impreso,° me darán diez mil. Yo le pregunté al primer vendedor que se me acercó si es que tenía él tanto dinero, y entonces aquel hombre tan mal vestido se rió y me dijo: «Yo, no. El dinero lo da el Gobierno.» Entonces resulta que todos esos hombres (y hay millares° en Sevilla) son empleados del Gobierno. Pero parecen muy pobres.

La Mezquita: La... *The Mosque*
tiras: trozos largos
impreso: escrito
millares: gran cantidad, miles

Ayer no hubo clase y dedicamos la mañana a recorrer el barrio de Santa Cruz en Sevilla. Encantador, aunque llega a cansar un poco tanta imitación del estilo californiano, con sus rejas° y patios.

rejas: *grilles*

Sucedieron cosas inesperadas e inexplicables, al menos para una americana. Encontré por vez primera personas muy poco cooperativas. Al pasar por una callejuela y doblar una esquina para meternos° por otra había un zapatero trabajando al aire libre en una mesita pequeña—por lo visto vivía en la casa de al lado—, y al vernos levantó la cabeza y dijo:

meternos: entrar

—Hasta luego, señoritas.

Nosotros seguimos adelante sin saber qué pensar. Poco después, la calle hacía un recodo° y vimos que no tenía salida. Cuando volvimos a pasar delante del zapatero, el buen hombre guiñó° un ojo sin decir nada. A mí me hizo gracia la ocurrencia, pero Mrs. Dawson estaba indignada por la falta de espíritu *coope-*

recodo: *bend, turn*
guiñó: *winked*

rativo de aquel hombre. Mrs. Dawson no tiene sentido del humor. Y protesta sólo por el gusto de sentirse extranjera y diferente. Ella viaja sólo por eso: por saberse° extranjera en alguna parte.

sentirse

No sé si debo decir que Mrs. Dawson despierta poca simpatía por aquí. Tú sabes cómo es. Tan alta, tan severa y rígida. Este tipo de mujer no gusta en España, creo yo. La verdad es que Mrs. Dawson, aunque usa zapatos bajos, resulta siempre demasiado alta. No es muy agradable hablar de ella en términos de censura, porque me presta su coche y se conduce conmigo generosamente. Todo esto es por decir que allí mismo, en el barrio de Santa Cruz, una mocosuela° se quedó mirando a Mrs. Dawson y le dijo:

niña

—¿Volverá usted otro día por aquí, señora?

—¿Para qué?—preguntó ella.

—Es para acabar de verla. No se la puede ver entera de una sola vez.°

No... *One can't see all of you at once.*

Ayer estuvimos en un *tea party* que dieron a las Dawson° sus amigas de Sevilla. Había mucha gente joven y la fiesta fue un éxito, aunque no para mí. Sigo creyendo que hay un misterio en las costumbres de estas gentes, sobre todo en los hombres. Verás lo que pasó. La estrella del *party* fue la sobrina de Mrs. Dawson. ¿Cómo? No podrías imaginarlo. Lo consiguió con su manera de hablar español. Ya digo que no sabe más de dos docenas° de palabras y las coloca° mal. Bueno, pues estábamos en una enorme habitación con los balcones abiertos, y unos muchachos se pusieron a examinarla en broma para ver cuánto español sabía, la chica fue colocando sus frases como una pava:° «*Mi padre es viejo; mi madre, rubia; mi hermana, pequeña; mi vecina, hermosa...* » Y otras cosas por el estilo. Un chico que creo que me hace la corte,° y a mí no me gusta porque no es calé° (yo debo aprovechar el tiempo, y si tengo algún romance, será con un gitano° que me ayude a entender ese mundo), me preguntó:

la Sra. Dawson y su sobrina

múltiplos de doce / usa

turkey hen

me... quiere ser mi novio

Gypsy

Gypsy

—¿Y Mrs. Dawson? ¿Qué es Mrs. Dawson? La chica dijo:

—Ella es una tía.

Todos los hombres se soltaron a° reír. Algunas muchachas se ruborizaron.° Esta vez el rubor les tocaba a ellas.

se... empezaron a, se pusieron a / se pusieron rojas

—¿Dice que es una tía°?—preguntaba mi galán.°

prostituta / novio

—Sí. Es una buena tía.

He estado en una corrida de toros que ha resultado bastante aburrida. Los toreros salieron en varias filas,° envueltos en una manta de colores bordada° en oro y plata. Debía de darles un calor infernal. Sin embargo, la llevaban bien apretadita por los riñones.° No sé cómo aguantaban con este sol de Sevilla. (Un sol de veras obsceno.)

líneas / decorada

bien... *nice and snug around the kidneys*

Mientras caminaban, la banda de música tocaba una marcha; pero los toreros ni siquiera marcaban el paso, lo que hacía un efecto torpe° e indisciplinado.

obtuso, estúpido

Un caballo iba delante con su jinete.°

hombre montado a caballo

Aquí la disciplina no cuenta mucho, la verdad, lo mismo en la plaza de toros que en otras cosas.

Por fin salió el toro. Había en el *ruedo*°—así se dice—más de quince personas, todas contra un pobre toro indefenso. Y el animal no atacaba nunca a las personas—era demasiado bondadoso° y humanitario—, sino solamente a las

espacio destinado a la lucha con el toro

bueno

telas que le ponían delante. Con toros que no atacan más que a la tela, cualquiera podría ser torero, ¿verdad? Pero yo no lo sería a ningún precio, aunque se dice que hay mujeres toreras. Los americanos que estaban conmigo reaccionaron igual que yo. Tal vez porque en nuestro país todo el mundo toma leche y amamos a las apacibles° vacas y a sus maridos. Aquí sólo toman leche los bebés. Bueno, tengo motivos para pensar que a Mrs. Dawson le gustaron los toros. No me extraña, porque es escocesa y cruel. Por Dios, no repitas estas palabras en Lake Forest. No me gusta censurar a nadie. Aunque Mrs. Dawson vive en Edimburgo y tú en Lake Forest y yo en Alcalá de Guadaira (Sevilla), las noticias desagradables siempre circulan de prisa.

apacibles: tranquilas

Ayer me sucedió algo de veras trágico. Había un acto oficial en nuestra Universidad, bajo la presidencia del mismo rector, un hombre poco atlético, la verdad, cuyo discurso iba a ser la parte fuerte del programa. Habló muy bien, aunque manoteando° demasiado para mi gusto, y luego todo el mundo se puso de pie y aplaudió. Como yo quería demostrar mi entusiasmo a la manera americana, me puse dos dedos en la boca y di dos o tres silbidos° con toda mi fuerza. No puedes imaginar lo que sucedió. Todos callaron y se volvieron a mirarme. Yo vi en aquel momento que toda aquella gente era enemiga mía. Había un gran silencio y se podía oír volar una mosca.° Luego se acercaron dos profesores y tomaron nota de mis papeles de identidad. Mistress Dawson estaba conmigo y se portó bien, lo reconozco. Explicó que en América silbamos para dar a nuestros aplausos más énfasis. Entonces un profesor, sonriente, me preguntó:

manoteando: usando las manos, gesticulando

silbidos: *whistles*

mosca: *fly*

—¿Eso quiere decir que le ha gustado el discurso del rector?

Yo no podía olvidar las miradas de un momento antes y dije secamente que me negaba a contestar sin hablar antes con mi cónsul. Entonces parecieron todos dolidos° y amistosos y me miraron con simpatía. No creo que el incidente influya en mis exámenes. En el fondo, ruborizados o pálidos, estos viejos son caballerosos. Aunque pasará algún tiempo antes que los entienda.

dolidos: que sufrían dolores

Tomado de *La tesis de Nancy,* Editorial Magisterio Español.

¿Cuánto recuerda Ud.?

Diga si las oraciones que siguen describen a Nancy, a Betsy, a Mrs. Dawson, a la sobrina de ésta o a uno de los españoles que Nancy menciona.

1. Le escribe cartas a una amiga suya que vive en los Estados Unidos.
2. Tiene coche y cada día lleva a Nancy a sus clases a la Universidad de Sevilla.

3. Empezó a hablar solo en la calle cuando pasó cerca de Nancy.
4. Le dijo a Nancy que es posible que el gobierno le dé a ella diez mil pesetas si compra un trozo de papel.
5. Opina que el sur de España es encantador aunque le irrita ver tantas imitaciones del estilo californiano.
6. Le pareció a Nancy muy poco cooperativo porque les dijo «Hasta luego» cuando las dos mujeres entraron en una callejuela sin salida.
7. Es tan alta que les hace mucha gracia a los españoles, que generalmente son más bajos.
8. Vive en Lake Forest y no debe decirle a nadie lo que lee acerca de Mrs. Dawson porque es posible que ésta tenga conocidos allí.
9. Fue la estrella de la fiesta aunque casi no hablaba español.
10. Asistió a una corrida de toros y sintió gran compasión por el toro humanitario e indefenso.
11. Dice que en los Estados Unidos todo el mundo toma leche y ama a las vacas y a los maridos de éstas.
12. Se negaba a responderles a los profesores antes de hablar con su cónsul.

¿Qué opina Ud.?

A. Estos pasajes de la primera carta de Nancy demuestran las dificultades con que puede encontrarse alguien que no comprenda bien una cultura extranjera. ¿De qué aspectos culturales de la vida española no se da cuenta Nancy? Considere las siguientes preguntas en su respuesta.

1. ¿Por qué comentan los hombres en público lo atractivo de una mujer que pasa en la calle? ¿Cómo debe reaccionar la mujer?
2. ¿Por qué dijo «Hasta luego» el zapatero de la esquina cuando las dos mujeres pasaron delante de él? ¿Estaba portándose de una manera rara o acostumbrada?
3. ¿Por qué se rieron tanto los chicos de la fiesta cuando la sobrina de la Sra. Dawson dijo que ésta «es una tía»? ¿Por qué se ruborizaron algunas de las otras chicas?
4. ¿Por qué todos se callaron y se volvieron para mirar a Nancy cuando ella silbó para expresar su admiración por las palabras del rector?

B. ¿Es posible que la gente de otros países tenga ideas estereotipadas acerca de los estadounidenses? ¿Nos consideran reservados o comunicativos? ¿pobres o ricos? ¿contentos con las acomodaciones en el extranjero o muy difíciles de complacer (*please*)? ¿A qué se refiere la expresión «the ugly American»? ¿Cómo se siente Ud. al oír esa expresión?

GRAMATICA EN CONTEXTO

29. Subjunctive Versus Indicative with Adjective Clauses

As explained in **Capítulo 10**, adjective clauses serve to modify a noun, just like any single-word adjective. Most frequently, the relative pronoun **que** links the adjective clause to its antecedent (the noun to which it refers).

> Con los toros **que sólo atacan la tela** es fácil ser torero.
> Un chico **que me hace la corte** me hizo una pregunta.
> Los americanos **que estaban conmigo** reaccionaron igual que yo.

In each of these examples, the antecedent is something or someone that really exists in the speaker's world, and the verb in the adjective clause is in the indicative. But if the existence or reality of the noun referred to is in question or only imagined, then the verb in the adjective clause will be in the subjunctive.

> Quiero conocer a un gitano **que me ayude** a entender ese mundo.
> Busco el número de la lotería **que me dé el premio más gordo.**

Because the *Gypsy* and the *lottery number* are not specific, known quantities, the subjunctive is used in the modifying clause.

The use of **un/o/a/os/as** with an antecedent often implies that the noun is imagined or unspecified at the moment. But this is not always the case. By choosing either the indicative or subjunctive mood in the modifying clause, the speaker can express whether he or she considers the nouns real or imagined. The choice depends on the speaker's meaning.

> Noé busca un libro **que describa a los gitanos.** (¿Existe tal libro?)
> Noé busca un libro **que describe a los gitanos.** (Noé sabe que existe, pero no recuerda el título.)

When the antecedent is an indefinite (**algo, alguien, algún/o/a/os/as**) or negative word (**nada, nadie, ningún/o/a/os/as**), the subjunctive is often used in the adjective clause. This is because the antecedent is in doubt or nebulous by definition.

> El vendedor trata de decir **algo** que **vaya** a gustarle a Nancy.
> Nancy busca a **alguien** que le **explique** el mundo gitano.
> Nancy quiere pedir **algún plato** que **sea** típico de Sevilla.

> Nancy no dice **nada** que realmente **pueda** ofender a los españoles.
> No me gusta censurar a **nadie** que **hable** con sinceridad.
> No hay **ninguna española** que **entienda** a Nancy.

30. Subjunctive with Other Types of Relative Clauses

A. In relative clauses formed by the construction **el/los/la/las** + **que** (*he who . . ., she who . . ., those who . . .,* or *the ones who . . .*) or **quien(es)**, the subjunctive is used, as before, when the antecedent is not real, or is undetermined or imagined. The speaker's own point of view determines the choice between the indicative and the subjunctive.

El que/Quien compra (*indicative*) boletos de la lotería puede ganar un millón de pesetas.
El que compre (*subjunctive*) la tira indicada, ganará un millón de pesetas.
Los que/Quienes se niegan (*indicative*) a aplaudir al rector siempre reciben malas notas.
Los que se nieguen (*subjunctive*) a aplaudir al rector recibirán malas notas.

B. Use the neuter construction **lo que...** (*what . . .*) when the antecedent is an idea or a statement, rather than a single-word noun. Again, if the antecedent is specified use the indicative; if not, use the subjunctive.

Nancy hace **lo que le pide** (*indicative*) la Sra. Dawson. (Se sabe lo que va a pedir.)
Nancy hará **lo que le pida** (*subjunctive*) la Sra. Dawson. (Nadie sabe lo que le pedirá, pero Nancy lo hará.)
No te puedes imaginar **lo que sucedió** (*indicative*). (¡Pasó de verdad!)
No te podrás imaginar **lo que suceda** (*subjunctive*) entre los gitanos. (¿Quién sabe?)

¡Practiquemos!

A. Un paseo por el barrio Santa Cruz. Trabajando en pares, imagínense que hacen un paseo por el barrio de Santa Cruz. Mientras caminan, hagan comentarios sobre lo que ven y lo que les gustaría hacer. Tendrán que completar las frases inventando verbos o modificando el verbo que se les da.

MODELO: Quiero beber algo que <u>esté</u> frío.

1. ¿Debemos contratar algún guía que ____ (conocer) el barrio?
2. No hay nadie que ____ (perderse) en Santa Cruz.
3. Miremos todas esas casas que ____ (tener) balcones.
4. ¡Qué bonita es aquélla que ____ (estar) en la esquina!
5. Algún día espero tener una casa que ____ (ser) estilo californiano.

6. ¿Hay alguna callejuela que no _____ (tener) salida?
7. No hay ninguna tienda que _____ (vender) billetes para la lotería.
8. Sólo los que _____ (comprar) billetes de los ciegos pueden ganar la lotería.
9. Busquemos un restaurante que _____ (ofrecer) platos típicos sevillanos.
10. El que _____ (salir) con gitanos, debe primero conocer sus costumbres.

B. ¿Qué tipo de coche quieren alquilar? Trabajando en pares, hagan y contesten las siguientes preguntas.

1. ¿Conoces a alguien que sepa dónde está la oficina de Avis o Hertz?
2. ¿Estás dispuesto/a a alquilar un coche en una agencia que no conozcas?
3. ¿Hay alguna agencia que no cobre el kilometraje (o el millaje)?
4. ¿Vas a firmar un contrato que no te ofrezca una póliza (*policy*) de seguro?
5. ¿Hay algún coche que aguante las calles empedradas (*cobblestone streets*)?
6. ¿Piensas alquilar un coche que no esté muy usado? (¿que no tenga muchas millas o muchos kilómetros?)
7. ¿Aceptarás algún coche que rinda (*delivers*) menos de 7 kilómetros por litro (= 20 millas por galón)?
8. ¿Pagarás el día en que devuelvas el coche o el día en que saques el coche?

---

31. *Por* Versus *Para*

A. In spatial terms, **para** indicates direct movement toward a destination or goal. **Por** indicates a more indirect movement toward, along, around, or through space; **por** focuses on the means or route used to get from one location to another.

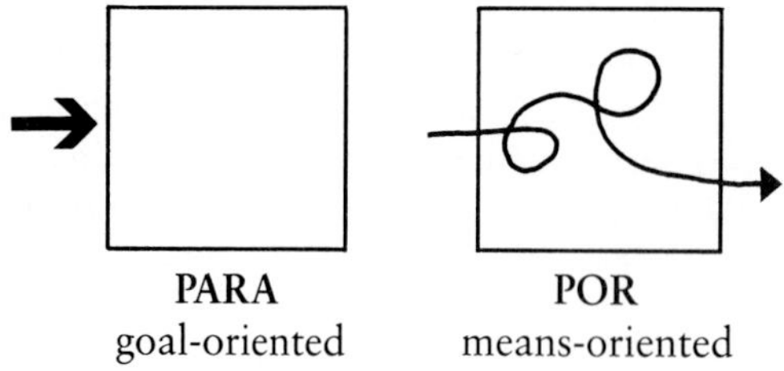

Para

¡Vamos a caminar **para** La Giralda!
Los gitanos iban **para** el barrio de Santa Cruz.

Por

A veces andan solos **por** la calle.
¿Volverá otro día **por** aquí?
¡Caminemos **por** el barrio de Santa Cruz!

B. To express money exchanges, time duration, or causes ("because of," "for the sake of," "on behalf of"), use **por.**

MONEY EXCHANGES
Pagué cinco centavos **por** el billete.
Me ofrecen un trozo de papel **por** diez pesetas.

TIME DURATION
Por la mañana Nancy asiste a clases en la universidad.
Nancy estuvo en Sevilla **por** un año.

CAUSES
Tiene mucha personalidad Alcalá de Guadaira, **por** la influencia árabe.
La Sra. Dawson estaba indignada **por** la falta de espíritu cooperativo.
El zapatero no hizo nada **por** nosotras.

C. To express goals, purpose ("In order to . . ."), personal opinions ("In my view . . . ," "For her . . . ," "In our opinion . . ."), or deadlines, use **para.**

GOAL, PURPOSE
Los americanos silban **para** dar a los aplausos más énfasis.
Unos muchachos se pusieron a examinarla **para** ver cuánto español sabía.
Me mordí los labios **para** aguantar la risa.

PERSONAL OPINION
La fiesta fue un éxito, aunque no **para** mí.
Para nosotros los norteamericanos, es difícil entender el humor del autor.

DEADLINE
Betsy recibirá mi carta **para** el lunes.
Tuve que llegar a la plaza de toros **para** las seis.

CH. Numerous idiomatic expressions are formed with **por.**

Por fin salió el toro.
Por lo visto vivía en la casa de al lado.
Por ejemplo, ayer pasó un hombre a mi lado y dijo: «Canela».
Por lo general me gustan los españoles.
Por favor, no silbes más.
Por lo menos la Sra. Dawson se portó bien conmigo.
Por suerte el incidente no influyó en mis exámenes.
¡**Por Dios** no repitas estas palabras en Lake Forest!
La Sra. Dawson conduce muy rápido: ¡70 millas **por hora**!

¡Practiquemos!

La corrida de toros. Trabajando en pares, completen las oraciones con **por** o **para.**

El sábado pasado, Nancy y la Sra. Dawson salieron __(1)__ la plaza de toros. Estaban ya un poco cansadas __(2)__ el calor de Sevilla. Al llegar a la plaza, consiguieron billetes __(3)__ 500 pesetas. El espectáculo empezó con un desfile __(4)__ el ruedo. __(5)__ Nancy, el desfile fue muy interesante __(6)__ la música y los trajes pero no le gustó lo que siguió __(7)__ la crueldad. __(8)__ eso, Nancy comentó que uno tiene que ser español __(9)__ disfrutar de lo que pasa en el ruedo. __(10)__ fin, un sevillano que estaba allí les explicó lo que estaba pasando.

El toro no ataca al torero __(11)__ mucho tiempo. Se cansa rápido __(12)__ lo que le hacen los picadores y los banderilleros. Pero __(13)__ matarlo, el torero tiene que acercársele mucho. __(14)__ lo visto, el toro está indefenso, pero __(15)__ el torero siempre hay peligro.

Más tarde, Nancy y la Sra. Dawson dieron un paseo __(16)__ la parte antigua de Sevilla, lo cual le gustó más a Nancy.

Gramática en acción

A. Una ciudad ideal. Trabajando en pares, imagínense que Uds. están encargados de la planificación de una nueva ciudad ideal. Describan las ideas que tienen para diseñar esta ciudad perfecta combinando las frases e inventando otras oraciones según su propia imaginación.

MODELO: Quiero vivir en un barrio.../no tener mucho tráfico →
Quiero vivir en un barrio que no tenga mucho tráfico.

1. Quiero planificar una ciudad.../tener un buen sistema de transporte público
2. Las calles tendrán aceras anchas.../permitir el paso seguro de los peatones (*pedestrians*)
3. Vamos a usar señales (*signals*) de tránsito.../ser muy claras y legibles
4. Funcionará un metro.../costar muy poco

Otras ideas para completar:

5. Preferimos construir un centro comercial que...
6. La Plaza Mayor será un lugar en el que...
7. No habrá nada en la ciudad que...
8. El parque central tendrá una piscina (*pool*) donde...

B. Imagínense que están Uds. en España por una sola semana. ¿Se quedan en Madrid o van a otra parte? Trabajando en conjunto, hagan sugerencias para el grupo (por ejemplo: **Vamos a Sevilla por una semana**). Comenten y debatan las sugerencias dando sus razones cuando puedan (para ver el museo del Prado..., por la falta de tiempo..., etcétera). Quizás tengan que llegar a un acuerdo. Tengan en cuenta los siguientes factores:

1. destino (¿para qué ciudad?)
2. modo de transporte (¿por tren?, ¿por autobús?, etcétera)
3. duración (¿por cuántos días?)
4. propósito/interés turístico (¿para hacer o ver qué?)
5. los gastos (¿Cuánto dinero piensan pagar por cada uno de los siguientes?)
   a. transporte b. alojamiento (*lodging*) c. comida ch. diversiones d. regalos/recuerdos
6. el regreso a casa (¿cuándo?)

¡HABLEMOS, PUES!

A. Vocabulario útil: Cómo pedir y dar instrucciones

LO QUE SE ENCUENTRA EN LA CIUDAD

la bocacalle	*intersection*
la cuadra, la manzana	*city block*
la glorieta	*traffic circle*
el metro	*subway*
la parada (de autobuses)	*bus stop*
el peatón	*pedestrian*
el quiosco, el puesto de periódicos	*newsstand*
el semáforo	*traffic light*
las señales de tráfico	*traffic signs*
el tránsito, la circulación	*traffic*
la vía	*lane*

LO QUE SE ENCUENTRA EN EL CAMPO

la autopista	*controlled-access highway, turnpike*
el camino	*road*
la carretera	*highway*
la encrucijada	*crossroads*
la posada	*roadside inn*
el puente	*bridge*
la señal de carretera, el poste indicador	*road sign*

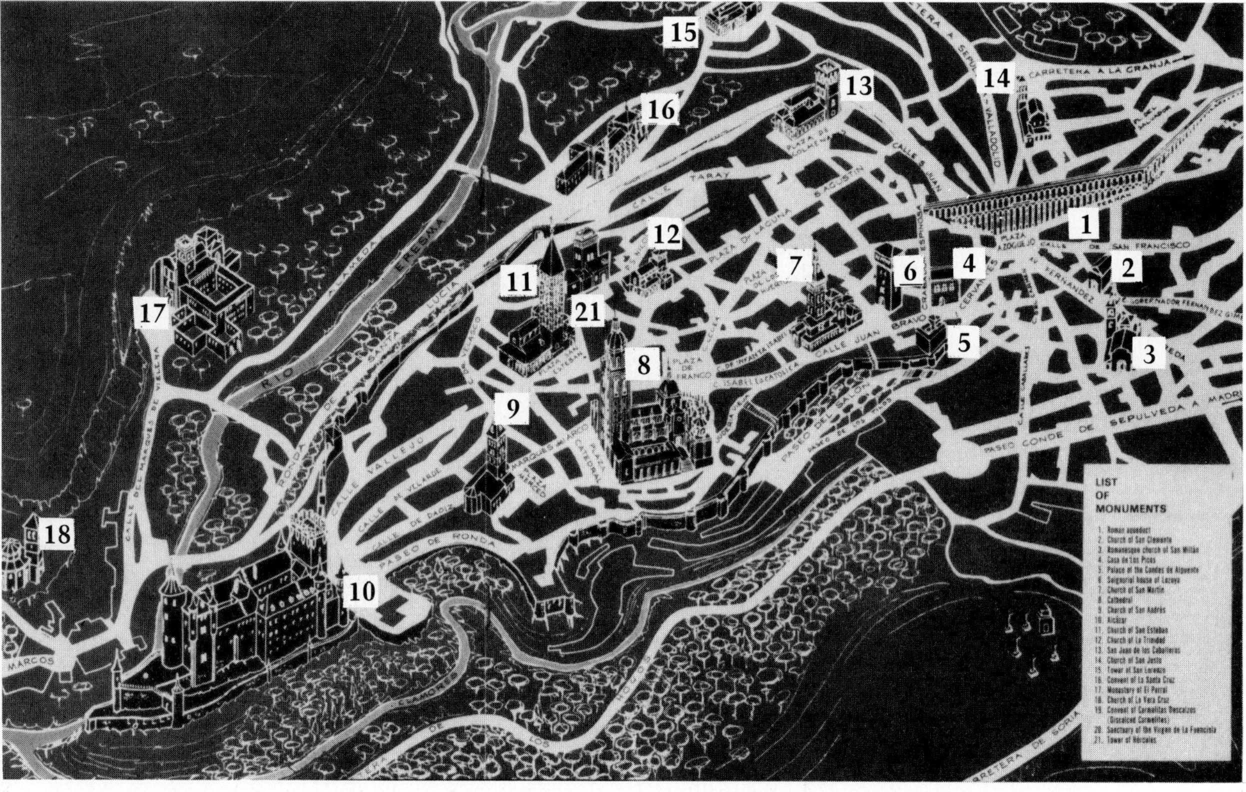

Segovia

COMO PEDIR INSTRUCCIONES

Perdón..., Disculpe..., Oiga...	*Excuse me . . .*
¿Podría/Pudiera Ud. decirme...?	*Could you tell me . . . ?*
¿Cómo se llega a... ? ¿Cómo se va a... ?	*How does one get to . . . ?*
¿Cúal es la mejor ruta (el mejor camino) a... ?	*What's the best route (the best road) to . . . ?*

COMO DAR INSTRUCCIONES

Siga(n) derecho/recto (adelante) a...	*Go straight (ahead) to . . .*
Doble(n) a la derecha (izquierda).	*Turn right (left).*
Al llegar a...	*When you reach . . .*
Cruce(n)..., Atraviese(n)...	*Cross . . .*
Pase(n) por...	*Pass through . . .*
Pare(n) en...	*Stop at . . .*
Baje(n) a...	*Go down to . . .*
Suba(n) a...	*Go up to . . .*
Vaya(n) calle arriba (calle abajo).	*Go up the street (down the street).*

rumbo al norte/sur/este/oeste	*toward the north/south/east/west*
(noreste/noroeste)	*(northeast/northwest)*
(sureste/suroeste)	*(southeast/southwest)*

1. Mire el plano de la ciudad de Segovia, en la provincia de Castilla. ¿Qué hay de interés histórico y turístico en ella? Comente acerca de lo que Segovia tiene en común con Cáceres (plano, página 248). ¿En qué se diferencian estas dos ciudades?
2. Imagínese que Ud. es segoviano/a. Se encuentra hoy en los lugares especificados abajo. Mientras está en cada sitio se le acercan turistas que le piden instrucciones para ir a los destinos indicados. Ud. quiere ayudarlos lo mejor posible. ¿Qué les dice?

   a. Son las 9:45 de la mañana. Ud. está estacionando su coche entre la Iglesia de San Esteban (#11) y la Torre de Hércules (#21). (al monasterio el Parral [#17])
   b. Son las 11:15 de la mañana. Ud. está de pie en la esquina de las calles Juan Bravo y Cervantes, cerca del Palacio de los Condes de Alpuente (#5). (al Alcázar [#10])
   c. Son las 2 de la tarde. Ud. está almorzando en un café al aire libre en la Plaza de los Huertos, junto a la Iglesia de San Martín (#7). (a la Catedral [#8])
   ch. Son las 5:30 de la tarde. Ud. para (*stop*) en un semáforo de la esquina del Paseo Conde de Sepúlveda y la calle Caballares, al sureste de la ciudad. (a la calle San Juan)
   d. Son las 10:10 de la noche. Ud. acaba de cenar en el Mesón de Cándido, en la Plaza Azoguejo al lado del acueducto romano (#1). (a la Iglesia de la Trinidad [#12])

B. Dramatizaciones

1. Ayudando a otro estudiante. Ud. está en la acera delante del edificio donde se dan sus clases de español. Se acerca un/una joven y le pide instrucciones para ir a algún lugar (la biblioteca, la cafetería, la residencia más grande, el laboratorio de lenguas, la casa del rector, etcétera). Déle instrucciones muy claras.
2. Ayudando a un turista. Ud. está en el centro de la ciudad o del pueblo donde vive. Un turista español le pide instrucciones para ir a algún lugar de interés (el jardín zoológico, el museo de arte/historia, un restaurante muy conocido, el centro comercial, etcétera). Explíquele cortésmente cómo puede llegar al sitio que busca.
3. Ayudando a un viajero. Ud. trabaja en una gasolinera cerca de su universidad. Un viajero en coche le pide instrucciones para ir a otra ciudad (Nueva York, Nueva Orleans, San Francisco, Chicago, Miami, etcétera). Ayúdelo a encontrar la mejor ruta posible.

Cándido

Mesonero Mayor de Castilla

MESONERO MAYOR DE CASTILLA • MAESTRO ASADOR DE LA CHAINE DES ROTISSEURS • CONSEJERO CULINARIO DE LA CADENA DE ASADORES POR EL BAILIO DE ESPAÑA • MIEMBRO CORRESPONSAL PERPETUO DE LA ACADEMIA GASTRONOMICA BRILLAT SAVARIN • TASTEVIN D'HONNEUR DE LA GASTRONOMIE LYONNAISE • CHEVALIER DU MERITE TOURISTIQUE, PARIS, 1962 • ACADEMICO DE LA ACADEMIA TASTEVINS ST. HUMBERT • PLACA DE PLATA DEL MERITO AL TURISMO • MEDALLA DE PLATA DE LA CIUDAD DE SEGOVIA • MEDALLA DE PLATA DE LA VILLA DE COCA • PLACA DE LA CAMARA OFICIAL DEL COMERCIO E INDUSTRIA DE SEGOVIA • CABALLERO DE LA ORDEN DE ISABEL LA CATOLICA • MEDALLA DE LA ORDEN DE MALTA • MEDALLA DE PLATA DEL EXCMO. AYUNTAMIENTO DE MADRID • ENCOMIENDA CON PLACA DE LA ORDEN DE CISNEROS • HIJO PREDILECTO DE LA VILLA DE COCA • MEDALLA AL MERITO EN EL TRABAJO EN SU CATEGORIA DE PLATA CON RAMAS DE ROBLE • MIEMBRO TITULAR DE CULTURA HISPANICA • ALCAZAR DE ORO, 1970 • OBRERO EJEMPLAR, 1971. TITULO CONCEDIDO POR SU EXCELENCIA EL JEFE DEL ESTADO • CRUZ AL MERITO DE LA REPUBLICA ITALIANA, 1971 • GRAN COLLAR DE SAN LORENZO DE LA AGRUPACION NACIONAL DE COCINEROS Y REPOSTEROS DE ESPAÑA, 1971 • CANGREJO DE ORO HERRERA DE PISUERGA, 1973 • MIEMBRO DE LA ACADEMIA NACIONAL DE GASTRONOMIA, 1973 • MEDALLA DE PLATA DE LA PROVINCIA, EXCMA. DIPUTACION DE SEGOVIA. 1973 • MEDALLA DE ORO AL MERITO EN LA HOSTELERIA, 1973 • CRUZ DE OFICIAL DEL MERITO CIVIL, MADRID 1974 • ORDEN INTERNACIONAL DES ANYSETIERS 1974 • CORDON BLEU DE FRANCE, PARIS 1974.

MEDALLA DE ORO DEL MERITO TURISTICO - MADRID, 1974

C. Composición

Ud. es un(a) periodista sevillano/a. Está encargado/a de escribir un artículo de unos pocos párrafos (de 4 a 5 oraciones cada uno) sobre el Mesón de Cándido (página 268), que aparecerá en la sección de viajes de *El país semanal,* una importante revista española. Su artículo puede basarse en los datos de abajo de manera interesante y original.

Platos típicos más conocidos

- ▲ Cochinillo Asado (*Roast suckling pig*)
- ▲ Sopa Castellana Siglo XV
- ▲ Judiones con Oreja y Pie de Cerdo (*Beans with pig's ear and foot*)
- ▲ Truchas de los arroyos serranos (*Fresh mountain stream trout*)

Historia

- ▲ establecido hace siglos
- ▲ sobrevivió los cambios tumultuosos de los siglos XIX y XX
- ▲ manejado por la misma familia por generaciones (Cándido es mesonero desde 1931)
- ▲ incluido en el inventario de monumentos artísticos e históricos segovianos

Sitio

- ▲ en la plaza Azoguejo, al lado del antiguo acueducto romano

El Mesón de Cándido

Primer párrafo: ¿Cómo es el Mesón de Cándido? ¿Dónde queda? ¿Por qué es interesante ese sitio? ¿Cómo se llega allí desde las carreteras principales?

Segundo párrafo: ¿Qué clase de hombre es Cándido? ¿Por qué es tan conocido internacionalmente? ¿Cómo es que él llegó a ser mesonero? ¿Lo conoció Ud. personalmente? ¿Cómo sucedió esto?

Tercer párrafo: ¿Lo pasó Ud. bien o mal la última vez que comió en el Mesón de Cándido? ¿Le gustó la comida? ¿y el vino? ¿Se divirtió o no? ¿Por qué?

Cuarto párrafo: ¿Qué le recomienda Ud. a alguien que piense viajar a Segovia? ¿Debe o no debe ir a comer en el Mesón de Cándido? Explique.

CAPITULO 12

¡REPASEMOS UN POCO!

Metas

▲ Imaginar la celebración de una conmemoración
▲ Repasar los usos del subjuntivo

Una celebración nacional

En 1992 se conmemoran en España dos sucesos importantísimos: el aniversario del descubrimiento de América por Cristóbal Colón y el cumplimiento de 15 años de democracia después de la dictadura (*dictatorship*) de Francisco Franco. Es obvio que los españoles tienen buenas razones para celebrar. ¡Ayudémoslos! Con sus compañeros de clase, hagan sugerencias para una fenomenal celebración nacional.

A. ¿Qué pueden hacer los españoles para homenajear (*pay homage*) al valiente almirante Cristóbal Colón? ¿Qué tal un concurso (*contest*) para encontrar a alguien que se parezca a él? ¿Qué clase de hombre debieran buscar? (¿Un hombre que tenga... ?, ¿Alguien que sea... ?)

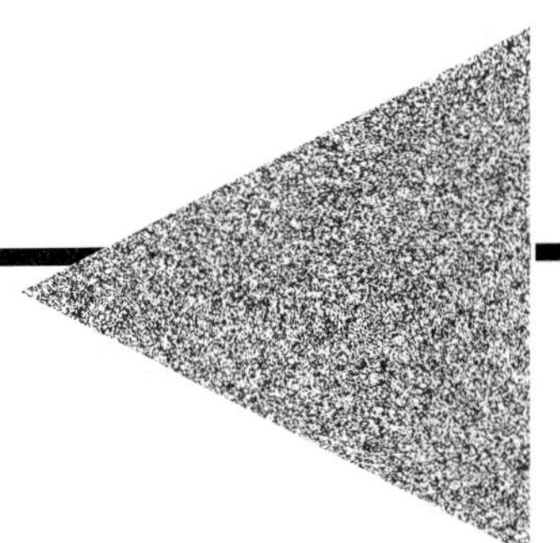

B. ¿Qué sugieren Uds. que hagan los españoles para homenajear a la reina Isabel, quien vendió sus joyas para que Colón pudiera hacer su primer viaje? Por ejemplo, ¿pudieran diseñar una medalla, una moneda (*coin*) o una estampilla conmemorativa? Descríbanla.

C. ¿Cómo podrían honrar a los pobres marineros que acompañaron a Colón y que tanto miedo les tenían a los horrendos monstruos del mar?

CH. También se debería honrar a los indios americanos cuya vida cambió tanto después de la llegada de los exploradores europeos. ¿Cómo se les honrará?

Para comentar

España es un país muy antiguo cuyo poder político llegó a su apogeo durante el siglo XVI. A partir de entonces, su poder comenzó a declinar lentamente hasta que en 1898 perdió todas sus colonias en la guerra con los Estados Unidos. A pesar de eso España ha contribuido mucho a la cultura mundial, especialmente a la del hemisferio occidental. Haga una lista de dichas contribuciones en los campos de la arquitectura, la música, la literatura, el arte, la política y otros.

LECTURA: OPINION

Vocabulario para leer

VERBOS

amparar	to shelter, protect
asemejarse (a)	to resemble
convivir	to live together
cumplir	to fulfill; to perform
elegir (i, i) (j: **elijo**)	to choose, elect

SUSTANTIVOS

el derecho	(civil) right
la época	epoch, period of time
el marco	frame, framework
el partido	political party
el peso	weight

el poder	power
la política	politics
el vacío	void, vacancy
el valor	value

ADJETIVOS

complejo	complex
occidental	western
pleno	full

MODISMOS

a comienzos de	around the start of
a la vez	at the same time
a mi juicio	in my opinion, judgment
cada vez más	more and more

A. Seleccione las palabras que mejor completan los párrafos siguientes.

El complejo mundo de la política occidental

Siempre me han fascinado los políticos y noto que en muchos aspectos (se asemejan/se divierten 1) unos a otros. A mi juicio no importa a qué país o (broma/época 2) pertenezcan, casi todos buscan el (marco/poder 3). Aunque muchos (cumplan/convivan 4) con algunas de sus promesas, a otros no les molesta mentir para ganar votos. Pero (a la vez/es decir 5) los políticos tienen que mentir con cuidado porque si (le hacen gracia a alguien/se equivocan 6) cuando hablan y el público lo nota, pueden hacerse mucho (hielo/daño 7). Al fin y al cabo tienen que respetar la opinión de todos. Los políticos deben saber que es una obligación (rechazar/amparar 8) con leyes justas a los ciudadanos y también cuidar de sus (derechos/trozos 9).

Los (partidos/retratos 10) políticos también son sumamente interesantes. A (comienzos/finales 11) de cada elección, antes de escoger a sus candidatos, los líderes se reúnen para discutir lo que van a hacer para que la gente (los ampare/los elija 12). Por mucho que se parezcan, tienen que expresar sus (valores/aldeas 13) y sus ideas políticas de una manera distinta para que éstas parezcan (complejas y espantosas/nuevas e imprescindibles 14).

En el fondo parece haber una verdad: que la política no funciona en el (vacío/incendio 15). Se ha dicho que la gente de cualquier país tiene el (gobierno/peso 16) que se merece, y si no le gusta el suyo tiene que esforzarse para cambiarlo.

B. La definición de cada sustantivo o adjetivo del grupo A está en el grupo B. ¿Puede identificarla?

A	B
1. _____ un derecho	a. lo contrario de sencillo
2. _____ occidental	b. un espacio donde no hay nada en absoluto
3. _____ un partido	c. los límites preestablecidos de un debate, análisis o estudio
4. _____ complejo	ch. lo opuesto a oriental; se refiere al hemisferio del oeste
5. _____ un marco	
6. _____ el peso	

7. _____ el poder
8. _____ un vació

d. la capacidad o facultad para hacer lo que uno desea, sea en el campo político o en lo personal
e. algo que se le debe a alguien simplemente porque es un ser humano
f. algo que nos ampara cada vez más
g. el resultado de la ley de gravedad sobre un cuerpo
h. un grupo de personas cuyas filosofías políticas se asemejan unas a otras

C. Imagínese que su compañero/a de clase es un niño (una niña) de habla española. Explíquele en español lo que significan las siguientes palabras y expresiones.

1. la época 2. el valor 3. la política 4. el esfuerzo 5. pleno 6. asemejarse (a) 7. elegir 8. convivir 9. cumplir 10. a la vez

Introducción a las lecturas

The most profound and traumatic event in Spain's recent history was the Spanish Civil War (1936–1939). In 1936, military leaders and members of the ultraright-wing party, **La Falange** (*The Phalanx*), revolted against Spain's young democratic republic (known simply as **La República**). This confrontation pitted **republicanos**—made up of moderate democratic supporters, liberals, socialists, anarchists, and communists—against the **falangistas** and their supporters, the most conservative elements of society, including the hierarchy of the Catholic church. By the end of the war and with the conservative victory, Generalísimo Francisco Franco emerged as the most powerful political leader. He would rule Spain for the next four decades with an iron fist.

The political and social upheaval associated with the Civil War had a lasting effect on Spanish life and culture, as evidenced, for example, by Picasso's painting *Guernica,* the tourist attraction known as **El valle de los caídos** (*Valley of the Fallen*), the death of the world-renowned poet Federico García Lorca, and even the unusual childhood of the present king, Don Juan Carlos (see **Capítulo 4**).

Perhaps the recollection by many of this not-so-distant upheaval may explain the excitement, both in Europe and the Americas, about Spain's new monarchical democracy. By popular vote, the Socialist party (**Partido Socialista Obrero Español, PSOE**) has twice gained a resounding majority in Parliament (**las Cortes**), granting its Andalucian leader, Felipe González, the right to continue as president. Under his leadership, Spain is no longer a third-world country, a fact proven by its admission to the European Common Market (**Comunidad Económica Europea, C.E.E.**).

The transition to democracy has not been without tense moments. On February 23, 1981, a group of military leaders took over **las Cortes** at gunpoint, inviting others to join in and overthrow the democratic government. King Juan Carlos played a decisive role in restraining the military. Since then, Spain's democracy has provided a stable political model for Latin American nations struggling to establish more democratic political systems.

What does Felipe González think about this chain of events? In this chapter, you will read a political editorial written by him about the new democratic government. You will also read a short anecdote about the king's relationship with the military and, finally, two Spanish political cartoons.

You will notice that this chapter's readings all involve expressing opinions and trying to influence the behavior of others. The writers and artists do not pretend to present the facts objectively, but rather strive to interpret and color reality so as to be persuasive. Consequently, expect to find the subjunctive mood much in evidence, both in the present and in the past.

Think about the following questions as you read this chapter's selections:

1. Why does Felipe González feel that democracy was an inevitable and natural outcome of the 1970s?
2. What role has the Spanish monarchy played in the transition from dictatorship to democracy?
3. How would you describe the personality and character of Felipe González? Of Juan Carlos? Of Franco? Do you think you would like them if you had a chance to meet them?
4. Do the cartoons strike you as funny? What makes them work: slapstick, punning, ridicule, sarcasm, satire, or irony? What principle is most American humor based on? Would you expect Spanish humor to work the same way?

Primera lectura

De Franco a la democracia monárquica

FELIPE GONZALEZ

La transición democrática española es un capítulo excepcional en la historia de nuestro país y una experiencia singular en el contexto internacional. Los últimos diez años de la política española han representado un giro[1] radical en el itinerario de nuestra vida colectiva en la época contemporánea.

En el plano internacional el modelo español de transición pacífica a la democracia por su originalidad ejerce una profunda influencia en los complejos procesos de cambio por los que atraviesan las sociedades iberoamericanas en la actualidad.

¿Cómo es posible que dos siglos de inestabili-

[1]*turn*

dad y convulsiones que hacen imposible una convivencia pacífica hayan desembocado[2] en el establecimiento de una democracia moderna, hondamente arraigada[3] en el pueblo español? A mi juicio, dos son los factores cruciales que explican este fenómeno.

Los regímenes políticos no pueden mantenerse en el vacío. La sociedad española a comienzos de los años '70 se definía por unos rasgos de modernidad económica y social que le hacían incompatible con un sistema político autoritario. La situación que se produjo en España a comienzos de los '60, en el contexto del extraordinario desarrollo vivido por el mundo occidental, liberó fuerzas económicas y sociales complejas que no tenían cabida[4] en el marco de un régimen dictatorial. En unos años, se modificó la estructura de clases y cambiaron paralelamente los hábitos y valores sociales. El perfil[5] de la sociedad española se asemejaba crecientemente al de las restantes[6] sociedades europeas modernas y democráticas.

El descenso del peso del sector agrario y la creciente industrialización, la expansión del sector de los servicios, los procesos migratorios y de concentración urbana, modificaron la faz[7] de nuestro país. La clase obrera, cada vez más organizada y consciente de sus derechos, había dejado trás el irredentismo[8] que le caracterizó en épocas pasadas. Los sectores más dinámicos de la burguesía[9] habían asimilado los valores e ideas propios de sus homólogos[10] europeos. La extensión de las clases medias contribuía también a restar[11] dramatismo a los conflictos sociales. Todo ello sentaba las premisas para que la expresión de los distintos intereses sociales y económicos no revistiera caracteres desgarradores y se resolviera en un marco de convivencia.[12] En la sociedad española de los años '70 no se concebía otro camino que el de la democracia.

La monarquía, durante la transición, cumplió el doble papel de impedir un vacío institucional como factor de estabilidad y de amparar el tránsito hacia la democracia. Una democracia plena suponía, por un lado, la celebración de elecciones libres con participación de todos los partidos sin exclusión y, posteriormente, la elaboración de una Constitución. Las elecciones del 15 de junio de 1977 cubrieron el primer objetivo. La designación por las nuevas Cortes de la ponencia[13] que habría de elaborar el proyecto de la Constitución cubrió el segundo. Si yo tuviera que[14] determinar un momento en el que se pudiera[15] decir que España traspasaba el umbral[16] de la democracia, creo que eligiría éste.

¿Cuándo acabó la transición? El debate tiene una dimensión inefablemente académica. Cada cual[17] puede situar la frontera donde más le plazca.[18] *Diario 16,* siguiendo un parecer[19] bastante general, ha decidido poner fin a su serie con la victoria socialista de 1982. Puedo, en efecto, interpretar que en esa fecha se consuma la etapa de la transición. La consolidación de una democracia estable se completa con la alternancia de formaciones políticas de distinto signo.[20] El paso de un gobierno conservador a uno progresista ha abierto el camino de una política de progreso y de transformación social, acompañada en este caso por un fortalecimiento evidente del poder demográfico y de las instituciones. La formación de un gobierno socialista ha tenido a la vez efectos de cambio social y de estabilización política. En esta singularidad histórica radica,[21] a mi juicio, lo más esperanzador de nuestro presente.

Tomado de *Diario 16,* Madrid, 5 de marzo de 1985.

[2]terminado [3]*rooted* [4]tenían... eran posibles [5]forma, carácter [6]otras [7]el aspecto [8]sujeción a una situación penosa [9]*bourgeoisie* [10]personas similares [11]quitar [12]Todo... *All that established the premises so that the expression of different social and economic interests would not have a destructive character and would be resolved in a framework of coexistence.* [13]comisión que presenta en una asamblea un proyecto para ser discutido [14]Si... *If I had to* [15]en... *in which one could* [16]*threshold* [17]persona [18]donde... *wherever it pleases him most* [19]opinión [20]orientación [21]se basa

Segunda lectura

NO HA RESUCITADO

Ricardo Patrotta

Muy pocos meses después de haber sido proclamado rey, Juan Carlos recibió la visita de dos jefes de la Armada en el Palacio de la Zarzuela.° Los militares mostraban una gran preocupación por el proceso político que Juan Carlos llevaba adelante. La marcha vertiginosa° hacia la democracia los estremecía.° Pretendían° persuadir al monarca para que cambiase el proceso o, al menos, lo frenara.°

Don Juan Carlos escuchaba atentamente cuanto le decían los dos oficiales. Apenas hablaba. Oía y callaba. Pero en determinado momento, uno de los militares dijo algo así como que Franco no hubiese° permitido aquello.

Fue entonces que Juan Carlos cambió totalmente su actitud y expresó su pensamiento a aquellos hombres con una enorme firmeza.

—Escuchadme° bien—dijo. —Tenéis el derecho de decírmelo todo. Salvo° una cosa: que Franco ha resucitado. Está muerto y debéis comprenderlo. España será lo que nosotros hagamos. Vosotros, todos los españoles y yo.

Y dio por finalizada la conversación.

palacio donde viven los reyes de España
demasiado rápida
los... les daba miedo / Trataban de
lo... *slow it down*
algo... *something to the effect that Franco would not have*
mandato: vosotros
Excepto

Tomado de *Magazine*, Buenos Aires, abril de 1986.

¿Cuánto recuerda Ud.?

A. Diga si Felipe González expresa o no las ideas siguientes en su ensayo «De Franco a la democracia monárquica». Si la idea no es la que él expresa, cámbiela para que sea correcta.

1. La transición pacífica de la dictadura a la democracia monárquica de España no es extraordinaria; todos los demás países del mundo han hecho lo mismo.
2. El modelo español de transición pacífica ejerce una influencia muy fuerte en los países iberoamericanos de hoy.
3. España ha disfrutado de dos siglos de convivencia y paz, durante los cuales no hubo ni guerras ni inestabilidad.
4. Felipe González tiene una opinión acerca de por qué su país ha logrado realizar un fenómeno político tan importante.
5. Después de 1960, la sociedad española empezó a cambiar bastante y por fin llegó a asemejarse mucho a las de otras sociedades modernas y democráticas de Europa.
6. A principios de los años '70, la política autoritaria de España parecía incompatible con los rasgos de modernidad que empezaron a verse allí.
7. Los obreros españoles empezaron a interesarse más en el poder político al ver crecer la industrialización y la concentración urbana.
8. Al llegar los años '70, los españoles vieron que el camino que debían seguir era el de la dictadura.
9. Felipe González le da mucha importancia al papel cumplido por el Rey Juan Carlos I en mantener la estabilidad social mientras se lograba la nueva democracia.
10. El presidente cree que el momento de mayor importancia para la transición hacia la democracia fue el nacimiento de Juan Carlos.

B. Según la anécdota «No ha resucitado», ¿fue Juan Carlos I o uno de los militares que lo visitaron quien dijo o habría dicho (*would have said*) cada una de las declaraciones que siguen?

1. Esta marcha hacia la democracia me da miedo.
2. Ha llegado la hora de la democracia. El pueblo español está demandando que se realice.
3. No me interesa comentar ahora mismo. Prefiero oír lo que Ud. me diga.
4. Ud. ha de cambiar el proceso o, por lo menos, puede hacer que el sistema evolucione de una manera más lenta.
5. Ud. tiene el derecho de decirme todo lo que quiera menos eso.
6. Señor, Franco no hubiera permitido esto.
7. Franco está muerto y que todo el mundo lo comprenda.
8. España será lo que nosotros hagamos.

¿Qué opina Ud.?

Felipe González opina que «los regímenes políticos no pueden mantenerse en el vacío» y cita algunas razones por las cuales España empezó a cambiar en la década de los años '60. Haga una lista de las causas que menciona el presidente. ¿Puede Ud. identificar otras influencias que probablemente ejerció el mundo occidental en general? A juicio de Ud., ¿es extraordinaria la experiencia política española en la segunda mitad del siglo XX? ¿En qué sentido?

GRAMATICA EN CONTEXTO

32. Review of the Subjunctive

As explained in previous chapters, the subjunctive occurs in subordinate clauses. When to use the subjunctive, as opposed to the indicative, depends not only on the type of subordinate clause but also on other factors, as summarized in the chart below.

FACTORS DETERMINING THE CHOICE OF INDICATIVE VS. SUBJUNCTIVE

	Type of Subordinate Clause *noun*	*adverb*	*adjective*
Subjunctive	Following main-clause verbs that express: • will • desire • opinion/emotion • doubt, denial	• **para que...** • **sin que...** • **con tal de que...** • **etcétera** With events that express unrealized actions	Modifying antecedents that are *un*real or presumed *un*real by the speaker
Indicative	Following main-clause verbs that express: • assertion • perception (**veo que..., observa que..., etcétera**)	With events that express habitual, ongoing, or already realized actions	Modifying antecedents that are real or presumed real by the speaker

Noun clauses:

No es decir que no **haya** oposición en una democracia. (*denial*)
Ojalá que en esa fecha se **acabe** la etapa de la transición. (*emotion*)

Adverbial clauses:

Llaman acontecimientos a los que sirven **para que** la historia no **cambie.**
Cada cual puede situar la frontera **donde** más le **plazca.**

Adjective clauses:

España será lo que nosotros **hagamos.**
Una sociedad que **tenga** tantas fuerzas económicas y sociales complejas no cabe en el marco de un régimen dictatorial.

¡Practiquemos!

¿Por qué se usa? Refiriéndose a la gráfica en la página 278, explique Ud. por qué se ha usado el subjuntivo en los siguientes casos.

1. ¿Cómo es posible que dos siglos de inestabilidad **produzcan** una sociedad democrática?
2. No hay ningún régimen político que se **mantenga** en el vacío.
3. La clase media obra para que los problemas se **resuelvan** en un marco de convivencia.
4. Todos queremos ver que se **mejore** la calidad de nuestra vida.
5. Cuando los historiadores **estudien** el papel del rey Juan Carlos en la democracia española, lo van a poner en muy buena luz.
6. Los militares le aconsejan al monarca que **frene** un poco el proceso de democratización.

---

33. Present Perfect Subjunctive

The present perfect subjunctive—formed with **haber** (**haya, hayas,** etc.) + *past participle* (**-ado/-ido**)—is used to express an event that was already imagined or expected to have been completed before the moment of speech. There are many similarities to its indicative counterpart, except that the subjunctive underscores the imagined or unrealized nature of the event. The rules governing the choice of present perfect subjunctive are the same as those that apply to the other tenses of the subjunctive.

¿Cómo es posible que dos siglos de inestabilidad y convulsiones **hayan desembocado** en el establecimiento de una democracia moderna?
El Rey está dispuesto a escuchar a los militares con tal de que éstos **hayan entendido** que Franco está muerto.

¡Practiquemos!

A. ¿Qué opina de lo que ha pasado? Trabajando en pares, combinen las dos frases en una sola oración mediante **que** u otra expresión (es decir, una conjunción adverbial o un pronombre relativo). (¡No todas las oraciones requieren el subjuntivo!)

MODELO: Franco ha muerto. Es natural. →
Es natural que Franco haya muerto.

1. El monarca ha optado por la democracia. El presidente se alegra de esto.
2. El país tendrá un nuevo futuro. El pueblo español ha determinado ese futuro.
3. La iglesia ha apoyado a Franco en el pasado. No me gusta.
4. La economía española se ha modernizado en tan poco tiempo. Es sorprendente.
5. La transición a la democracia ha sido inevitable. Felipe González piensa esto.
6. Los políticos han dicho todo lo que saben. Dudo esto.

B. ¿Qué le parece? Trabajando en pares, háganse las siguientes preguntas. Contesten expresando una opinión afirmativa o negativa.

MODELO: ¿Ha muerto la democracia española? →
No es posible que la democracia española haya muerto.

1. ¿Han apoyado Felipe González y Juan Carlos el movimiento democrático?
2. ¿Las cosas han cambiado en España desde la muerte de Franco?
3. ¿Ha resucitado Franco?
4. ¿Los españoles han elegido un gobierno socialista por segunda vez?
5. ¿Se siente Felipe González atrapado por su imagen pública?
6. ¿Siempre ha sido Felipe González una persona pragmática?
7. ¿El rey Juan Carlos ha frenado el proceso democrático?
8. ¿Mienten a veces los políticos?

---

34. Imperfect Subjunctive

A. In addition to the present perfect subjunctive, the imperfect subjunctive is also used to talk about unrealized past events. When the main clause is in the past (preterit or imperfect indicative), and the subjunctive is needed in the subordinate clause, use the imperfect subjunctive.

The imperfect subjunctive is formed by adding **-ra, -ras, -ra, -'ramos, -rais, -ran,** etc., to the third-person plural preterit form minus the **-ron** endings (see the **Indice morfológico,** page 288). The endings **-se, -ses, -se, -'semos, -seis, -sen** can also be used to form the imperfect subjunctive.

Los partidos políticos hicieron un esfuerzo para que los problemas nacionales se **resolvieran** en un marco de convivencia.
Pretendían persuadir al monarca para que **cambiase** el proceso o, al menos, lo **frenara.**

B. Softened commands
The imperfect subjunctive forms of the verbs **deber, poder,** and **querer** are frequently used as extremely polite ways of asking that something be done.

No **debieras** decir que sólo tú sabes lo que es mejor para el país.
Quisiera pedirle que me explicara de nuevo su punto de vista.

¡Practiquemos!

A. ¿Qué dijo el presidente? Trabajando en pares, imagínense que Uds. son periodistas españoles y que acaban de entrevistar a Felipe González. Tienen que decirnos qué opiniones expresó González en cuanto a los hechos (*facts*) que Uds. le presentaron. El informe de cada pareja será un poco diferente. Abajo se ofrecen algunas sugerencias.

MODELO: El rey Juan Carlos ayudó a la democracia. (González comentó...) →
Felipe González se alegró tanto de que el rey Juan Carlos ayudara a la democracia.

González comentó...	González dudó/negó...	González mandó...
(no) sorprenderle	dudar	(no) querer
(no) gustarle	negar	(no) preferir
ser natural	no ser verdad	ser (im)posible
ser inconcebible	no creer	ser preciso
ser (una) lástima (*pity*)	no poder ser	exigir
molestarle		hacer algo para que...
alegrarse de		
parecerle bien		

1. Franco gobernó la sociedad española por 45 años. (González comentó...)
2. Franco pudo modernizar un gobierno conservador. (González dudó...)
3. Se produjo una situación de extraordinario desarrollo en la década de los '70. (González comentó...)
4. Los militares no tuvieron el control del país. (González mandó...)
5. España evolucionó hacia una sociedad progresista. (González comentó...)
6. La dictadura fue el mejor sistema de gobierno para España. (González negó...)
7. El partido PSOE se mantuvo fiel a los principios comunistas. (González negó...)
8. El proyectó una imagen pragmática y realista en la prensa. (González comentó o negó...)
9. Nosotros estuvimos dentro de la política general de Europa. (González mandó...)
10. España tenía un destino nuevo sin el franquismo. (González comentó...)

B. ¡Por favor! Trabajando en pares, dénse el uno al otro los siguientes mandatos de una forma más cortés mediante el uso de **pudiera, quisiera** y **debiera.**

MODELO: Tráigame un vaso de agua. →
¿Quisiera traerme un vaso de agua?

1. Repítamelo. 2. No me hable de este asunto. 3. No fume aquí. 4. Recuerde que yo soy el responsable de esa política. 5. Mándeme la información que le he pedido. 6. Venga a mi oficina el viernes por la mañana. 7. Arregle una cita con mi secretaria. 8. Váyase sin hacer ruido.

Gramática en acción

A. Propaganda política. Junto con otros compañeros, escriban o compongan oralmente su propio editorial reaccionando ante las declaraciones que aparecen en la columna izquierda del anuncio de propaganda[1] política «Por buen camino». Por ejemplo:

Nos alegramos mucho de que España haya hecho un buen camino.
o:
Es una exageración que España haya hecho un buen camino.

No tienen que estar de acuerdo con todas esas declaraciones, ¿verdad?

B. Ahora los diferentes grupos deben intercambiar sus editoriales y cada grupo debe dar un informe que recuente en el pasado lo que el otro grupo dijo.

---

[1] El término propaganda es neutral en español; no tiene una connotación negativa.

Por ejemplo:
Los de ese grupo dijeron que se alegraron mucho de que España hiciera un buen camino.

Por buen camino

España ha hecho un buen camino:

— Nuestra Democracia está consolidada.

— Vivimos en un sólido sistema de libertades.

— Las Autonomías funcionan plenamente.

— Se ha iniciado la reforma de la Administración y se han aplicado las Incompatibilidades.

— Se ha saneado la economía, la industria y la Seguridad Social.

— Se han mejorado y extendido Servicios Colectivos esenciales: Educación, Sanidad y Seguridad Social.

— España se ha abierto al mundo y se ha integrado en las Comunidades Europeas (C.E.E.).

El pasado ya no es un obstáculo y España mira hacia el futuro.

Podemos seguir avanzando:

— Mejorando nuestra calidad de vida solidariamente.

— Completando las reformas emprendidas.

— Estimulando el crecimiento económico y la creación de empleo.

— Incorporándonos a los nuevos avances científico-técnicos de la humanidad.

— Participando activamente en Europa.

— Desarrollando una política activa por la Paz.

Hay que seguir avanzando por buen camino.

Junto a los pueblos más desarrollados del mundo, haciendo nuestro país más próspero, justo, libre.

En estas elecciones tu voto debe asegurar el porvenir de los próximos años.

¡HABLEMOS, PUES!

Enrique VIII (1491–1547)

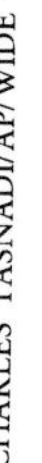

Fidel Castro (1927–)

Corazón Aquino (1933–)

Abrahán Lincoln (1809–1865)

A. Vocabulario útil: La política

SISTEMAS POLITICOS	**INDIVIDUOS**	**ADJETIVOS DESCRIPTIVOS**
el capitalismo	el capitalista	capitalista
el comunismo	el comunista	comunista
la democracia	el demócrata	democrático
el imperialismo	el imperialista	imperialista
la monarquía	el monárquico	monárquico
la república	el republicano	republicano
el socialismo	el socialista	socialista

LOS LIDERES

el dictador, la dictadora
el emperador, la emperatriz
la junta militar
el parlamento, el congreso
el presidente, la presidenta
el primer ministro, la primer ministro
el rey, la reina (el monarca, la monarca)

LOS PARLAMENTOS

el senado
el senador, la senadora
el diputado, la diputada
la Cámara de Diputados

OTRAS PALABRAS IMPORTANTES

acordar (ue)	*to agree*	de común acuerdo (*by mutual agreement*)
consentir (ie, i)	*to consent*	el consenso

© PETER KEMP/AP/WIDE WORLD PHOTOS

Margarita Thatcher (1925–)

© PAVLOVSKY/LEDRU/SYGMA

Miguel Gorbachev (1931–)

© THE BETTMANN ARCHIVE

Julio César (101–44 a. de J.C.)

constituir (y)	*to constitute, to establish*	la constitución, constitucional
derrocar	*to overthrow*	el derrocamiento
dictar	*to dictate*	la dictadura
gobernar (ie)	*to govern*	el gobierno (*government*) el gobernador, la gobernadora, el/la gobernante
golpear	*to hit*	el golpe de estado (*coup d'état*)
hacer campaña	*to campaign*	la campaña
hacer la huelga	*to strike*	la huelga
mandar	*to order, command*	el mandato, el período (*term of office*)
partir	*to divide, split*	el partido político el partidario (*political supporter, partisan*)
regir (i, i)	*to rule, to govern*	el régimen (*regime*)
reinar	*to reign*	el reino (*reign, kingdom*)
votar	*to vote*	el voto, la votación, la balota

1. Mire las figuras políticas ilustradas y diga quiénes son. Describa detalladamente el tipo de gobierno que preside o presidía cada una. ¿Cómo llegó al poder? Además del hecho de ser políticos, ¿por qué son famosas estas personas? ¿Es buena o mala la reputación de cada una? ¿Por qué?
2. Imagínese que Ud. enseña ciencias políticas en una escuela secundaria española. Quiere que sus alumnos comprendan el significado de los siguientes términos y expresiones políticas. ¿Cómo se los explica?

   a. una cámara de diputados
   b. la diferencia entre un rey, un primer ministro y un presidente
   c. el capitalismo, el socialismo y el comunismo
   ch. un partido político
   d. el voto secreto
   e. la dictadura
   f. la junta militar
   g. un golpe de estado
   h. la Declaración de Independencia de los Estados Unidos
   i. la Constitución de los Estados Unidos
   j. los Demócratas y los Republicanos norteamericanos
   k. un período de gobierno de 4 años

Así gana Madrid.

Antonio Garrigues

alcalde

Queremos un Madrid limpio, alegre y digno de vivir en él. Un Madrid optimista y ordenado.

En ello estamos, ANTONIO GARRIGUES y los liberales.

Haciendo por Madrid algo que merezca la pena de ser vivido y disfrutado por todos los hombres y mujeres que aquí habitamos.

Por ello es útil votar ahora a quienes por verse libres de compromisos parlamentarios no tienen otra tarea que la de demostrar su eficacia puesta al servicio de Madrid. Aportando su gestión ejecutiva y empresarial para solucionar los problemas.

Vota la nueva alternativa

PDL

los liberales

Mis cinco promesas para Madrid

1 – MADRID POR UNA NUEVA VIA. Independencia en la gestión de la batalla política que mantiene los dos grandes partidos.

2 – VIVIR EN MADRID. Rechazo de la burocracia en la vida municipal, mediante la máxima participación ciudadana directa y descentralizada, en cada distrito o junta municipal.

3 – CAPITALIZAR MADRID. Evitar trabas inútiles a la implantación de empresas medianas y pequeñas, para generar realmente empleo en Madrid.
Estimular la creación de riqueza y la actividad económica.

4 – GESTIONAR MADRID. Atajar enérgicamente el déficit creciente del Ayuntamiento, mediante un riguroso saneamiento financiero que evite la perspectiva de quiebra que amenaza la Corporación.

5 – PRESTIGIAR LA ACTIVIDAD MUNICIPAL. Crear las condiciones objetivas necesarias para que los funcionarios municipales realicen su cometido en beneficio de todos los madrileños, al margen del "enchufismo" y la "confianza" por razones de partido.

B. Dramatizaciones

1. Haciendo campaña. Ud. es candidato/a para el senado de los Estados Unidos. En una fiesta conoce a alguien que todavía no sabe por quién va a votar. Trate de convencerle de que vote por Ud.
2. Confrontando al contendiente político. Ud. y un compañero (una compañera) de clase son candidatos para alcalde de su ciudad. Es preciso que los dos debatan sus planes de gobierno delante del público (el resto de la clase). Cada uno dice lo que va a hacer/eliminar si es elegido, qué nuevas leyes va a imponer, cómo va a mejorar la vida de la ciudad, por qué su gobierno será mejor que el de su contendiente, etcétera.

C. Composición

Ud. es candidato/a para presidente/a del gobierno estudiantil de su universidad. Escriba un anuncio de tres párrafos (de 6 a 8 oraciones por párrafo) siguiendo una en la página 286, fórmula similar a la de Antonio Garrigues pero de una manera original.

Primer párrafo: Describa la foto suya que aparecerá en el anuncio. ¿Con quién(es) está? ¿Dónde? ¿Qué hacen Uds.?

Segundo párrafo: Dé una idea general de los cambios que Ud. desea efectuar en su universidad. ¿Qué es lo que está mal ahora? ¿Por qué mejorará la universidad durante su período de gobierno?

Tercer párrafo: Especifique cuáles serán «sus cinco promesas para la universidad». Pueden relacionarse con cualquier problema o tema que Ud. quiera.

UNIDAD IV
INDICE MORFOLOGICO

IMPERFECT SUBJUNCTIVE

The imperfect subjunctive is formed by adding the past subjunctive endings (**-ra, -ras, -ra, -'ramos, -rais, -ran**) to the third-person plural preterit form minus **-ron.** Accordingly, the preterit irregularities (see **Indice morfológico, Unidad II**) appear in the past subjunctive forms.

		THIRD-PERSON PLURAL PRETERIT	SUBJUNCTIVE STEM (MINUS *-RON*)	PAST SUBJUNCTIVE ENDINGS	
-ar	lograr	lograron	logra-		
	negar	negaron	nega-		
-er	recorrer	recorrieron	recorrie-		
	suceder	sucedieron	sucedie-		
-ir	convivir	convivieron	convivie-	**-ra**	**-'ramos**
	mentir	mintieron	mintie-	**-ras**	**-rais**
	elegir	eligieron	eligie-	**-ra**	**-ran**
Irregular stems					
	poner	pusieron	pusie-		
	decir	dijeron	dije-		

Notice that the **nosotros** form carries a written accent on the theme vowel: **lográramos, recorriéramos, conviviéramos, mintiéramos, pusiéramos.** Although some of the imperfect subjunctive forms for **-ar** verbs appear similar to the future indicative forms, they are accented differently. The imperfect subjunctive forms (for **-ar, -er,** and **-ir** verbs) are always stressed on the theme vowel (i.e., the vowel that joins the stem to the ending).

		FUTURE	IMPERFECT SUBJUNCTIVE
lograr	tú	lograrás	lograras
	vosotros	lograráis	lograrais
	Ud., él, ella	logrará	lograra
	Uds., ellos, ellas	lograrán	lograran

Some speakers occasionally use an alternate set of imperfect subjunctive endings. These forms are equivalent in meaning to those listed above.

	THIRD-PERSON PLURAL PRETERIT	SUBJUNCTIVE STEM (MINUS *-RON*)	PAST SUBJUNCTIVE ENDINGS	
hablar	hablaron	habla-	-se	-'semos
recorrer	recorrieron	recorrie-	-ses	-seis
convivir	convivieron	convivie-	-se	-sen

Nos pidieron que {**habláramos** de España. / **hablásemos.**} *They asked us to talk about Spain.*

ENTREVISTA

Julián Rodríguez

Julián Rodríguez, un joven burgalés (de la ciudad española de Burgos), pasó un año académico estudiando literatura comparativa en la Universidad de Rochester, Nueva York. El autor lo entrevistó allí en junio de 1988.

El Arco de Santa María (siglo XIV), Burgos

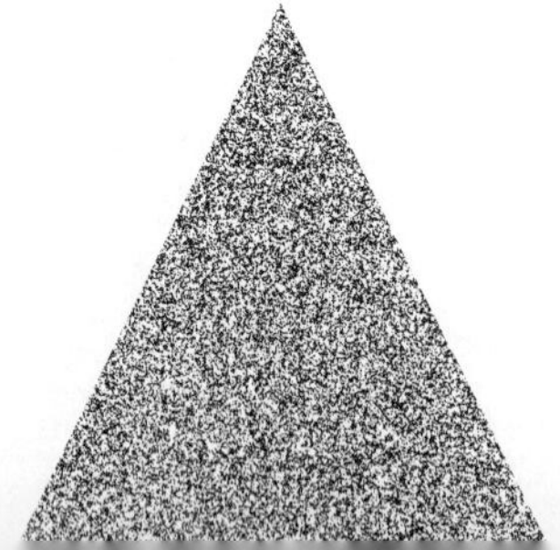

ROBERT BLAKE: ¿Dónde naciste?

JULIAN RODRIGUEZ: Yo nací en Burgos, que es una ciudad que está a unos doscientos kilómetros al norte de Madrid. Siendo muy pequeño mi familia fue a Madrid. Y allí he crecido; prácticamente toda mi vida he pasado allí. A partir de entonces, siempre he vivido en Madrid.

RB: ¿Tus padres son burgaleses?

JR: Sí, mis padres son burgaleses; son los dos de dos pueblos al norte de Burgos; dos pueblos vecinos que están cerca de las montañas de Santander.

RB: ¿Tú te consideras madrileño or burgalés? Cuándo te preguntan, ¿qué dices?

JR: No lo sabes nunca. Cuando vas de viaje a Burgos—a donde mi familia mayormente está—pues, piensas que eres de allí; y es donde te sientes realmente que perteneces un poco a aquella tierra y que... donde están las cosas con que te identificas; y ves que la gente que se comporta como tú y que entiende de la forma que tú hablas y los pensamientos que tú tienes. Pero también ves que eres muy diferente a ellos porque has vivido tanto tiempo lejos de allí. Por otra parte, en Madrid nadie puede tener ese sentimiento de ser de la tierra como en otros sitios porque es una ciudad tan grande y la gente cambia tanto de sitio. Por otra parte, no tienes una vida comunitaria como podrías tener en el pueblo. Que seguramente nadie o muy poca gente se siente identificado con Madrid como un sitio de vivir.

RB: ¿A pesar de todos los progresos y avances... ?

JR: Mucha gente, y yo también entre ellos, se siente vinculada a la ciudad. Tienes cierto orgullo de vivir en Madrid y ser madrileño. Pero al mismo tiempo, nunca acabas con esa identificación que la gente que vive más cerca de su tierra y que sabe dónde han nacido sus padres y dónde han nacido sus abuelos y dónde por allí iba yo cuando era pequeño y por aquí caminaba... todos los caminos de la zona donde viven.

RB: ¿Cuándo viajas a Burgos? ¿durante el mes de agosto?

JR: Sí, principalmente porque en Madrid hace muchísimo calor y en Burgos, aunque haga calor, no hay este calor sofocante durante la noche que casi no te deja dormir. En el mes de agosto la vida normal en Madrid está siempre en función de la temperatura. A nivel general, la gente tiende a la playa el mes de agosto. En Madrid, también se queda mucha gente que dice que prefiere el mes de agosto que ninguna otra cosa. Porque la ciudad se queda vacía; parece que está a la disposición de uno. Una ciudad donde viven 3 millones de personas se queda con un millón de personas. Parece que todo funciona mejor.

RB: Hablando con tus padres o con los viejos, me imagino que muchas veces surge la descripción de cómo ha cambiado España desde sus tiempos a la época actual. ¿Podrías comentar ese tema?

JR: El principal cambio ha sido derivado de la tecnología y el cambio político. Desde los EE.UU. se tiende a pensar que el cambio político ha cambiado la sociedad en su conjunto, pero lo que ha cambiado han sido las instituciones. En la vida diaria de la gente el cambio político no ha afectado tanto. Parece que ha sido una evolución normal, más que un cambio desde la noche al día. En cuestión de 40 años, las cosas cambiaron de una de la pos-guerra a vivir en un país que está tranquilo y donde la gente trabaja para conseguir sus metas—simplemente, sin el enfrentamiento que había antes. La vida antes de la guerra era muy similar en cuanto a la actitud de las personas. Parece que antes de la guerra la actitud era muy liberal y todo el mundo estaba dispuesto a aceptar muchísimas ideas nuevas y la sociedad en su conjunto estaba avanzando en lo que todos consideraban como ideal de lo moderno. Luego, durante la pos-guerra, y unos cuantos años, parece que fue un retroceso en que se tendió a uniformar a la gente—que todo el mundo pensara lo mismo. Luego, a partir de los años cincuenta o sesenta esta uniformidad no se podría llevar a cabo, claro, y la gente fue creando sus propios partidos políticos, aunque fueran clandestinos, intentando comunicar sus propias ideas aunque fueran diferentes de las oficiales.

RB: ¿Tú te acuerdas del día de la muerte de Franco?

JR: Sí, estábamos en clase—un día normal. Yo tendría 14 años o algo así. La enfermedad fue muy larga y se le veía venir desde hace tiempo. Entonces, el día que murió Franco, lo único que recuerdo es que nos dieron vacaciones por una semana. No sabíamos muy bien qué pasaba. Sabía que supondría un cambio grande pero no sabía qué iba a ser ese cambio. De todas formas, en los colegios se había enseñado según un sistema más o menos democrático. Todos elegían de acuerdo a la mayoría de la clase.... Con lo cual, yo creo que la juventud ya estaba preparada a pensar en otra forma. El día siguiente fue un día normal. Un poco el hecho que se hubiera muerto tan mayor y después de tanto tiempo de la guerra, prácticamente facilitó que la vida tuviera tiempo para prepararse y las instituciones y los partidos políticos tuvieran cierta fuerza como para soportar cualquier circunstancia adversa que pudiera venir.

RB: ¿Y otro día muy importante, el 23 de febrero, cuando se intentó dar un golpe de estado?

JR: El 23 de febrero yo estaba en la facultad; estaba estudiando en la universidad. Y fue terrible. Ese sí que lo noté mucho. Te parecía que todo el tiempo—más que vivir, te lo habían contado—el tiempo en que los militares gobernaban por el hecho de ser militares más que otra gente que igual estaba más preparada. De repente, veías que todo eso podría volver. Yo volví a casa. Me encontré con mi hermana. Y mi hermana también estaba desesperada. No puede ser de repente que este señor haya secuestrado a todo el gobierno. Estamos en peligro de volver a tener un tiempo turbulento otra vez. Fue un tiempo de incertidumbre. Porque la televisión no daba noticias claras; nadie se ponía a favor ni en contra de nada. Las radios fueron las únicas que dieron en general una posición clara en favor de la democracia. Sin embargo la televisión—bueno creo que la televisión incluso estaba tomada por el ejército. Hacia la medianoche o algo así, aparecieron mensajes claros en la televisión de que no hay nada de preocuparse; que a pesar de que el gobierno estaba secuestrado, el Rey estaba intentando por todos los medios que se rindiera este hombre.

RB: ¿Crees que el Rey hizo un papel importante?

JR: Hasta donde conocemos nosotros, sí. Parece que fuera muy importante que el Rey tuviera la decisión de tratar a las fuerzas que se habían sublevado como delincuentes y no como una verdadera posición política.

RB: ¿Y lo de ahora, en la actualidad? ¿España va bien o va mal?

JR: Lo que se observa es eso: que la vida normal de un asalariado en las grandes ciudades tiende a estabilizarse, ni a empeorar ni a mejorar. Mientras que en los pequeños núcleos urbanos o en los pueblos allí sí parece que va mejorando la economía, especialmente para los que tienen una empresa propia, aunque sea pequeña. Los asalariados son los que van empeorando. El mayor problema todavía es el paro; hay muchísimos jóvenes entre 18 y 23 años que no han accedido nunca a su primer empleo. La cifra de gente que no tiene trabajo estará por 3 millones.

RB: ¿Hay una tendencia de que toda la gente vaya a los grandes centros urbanos?

JR: No, la tendencia de ir al centro urbano acabó hace cosa de tres años. Ahora la tendencia es al revés: se está descentralizando Madrid. Madrid tiene el crecimiento límite. Dicen que las nuevas generaciones, que igual sus padres se habían inmigrado a la ciudad, ahora los hijos o los nietos de los inmigrantes tienden a volver a irse de las ciudades hacia una vida en el campo o en los alrededores de la ciudad.

RB: En tu propio caso, ¿tienes interés en volver a Burgos?

JR: No exactamente interés. Por ahora, a mí me gustaría vivir en Madrid. Igual me gustaría dentro de unos años probar otra serie de vida en Burgos o en otra pequeña capital. En parte porque existe una diferencia en el nivel de vida: lo que costaría vivir en Madrid o lo que costaría vivir en Salamanca; la vida diaria, la comida, la ropa, las cosas de consumo—todas son muy caras en una ciudad grande como Madrid, Barcelona o Bilbao.

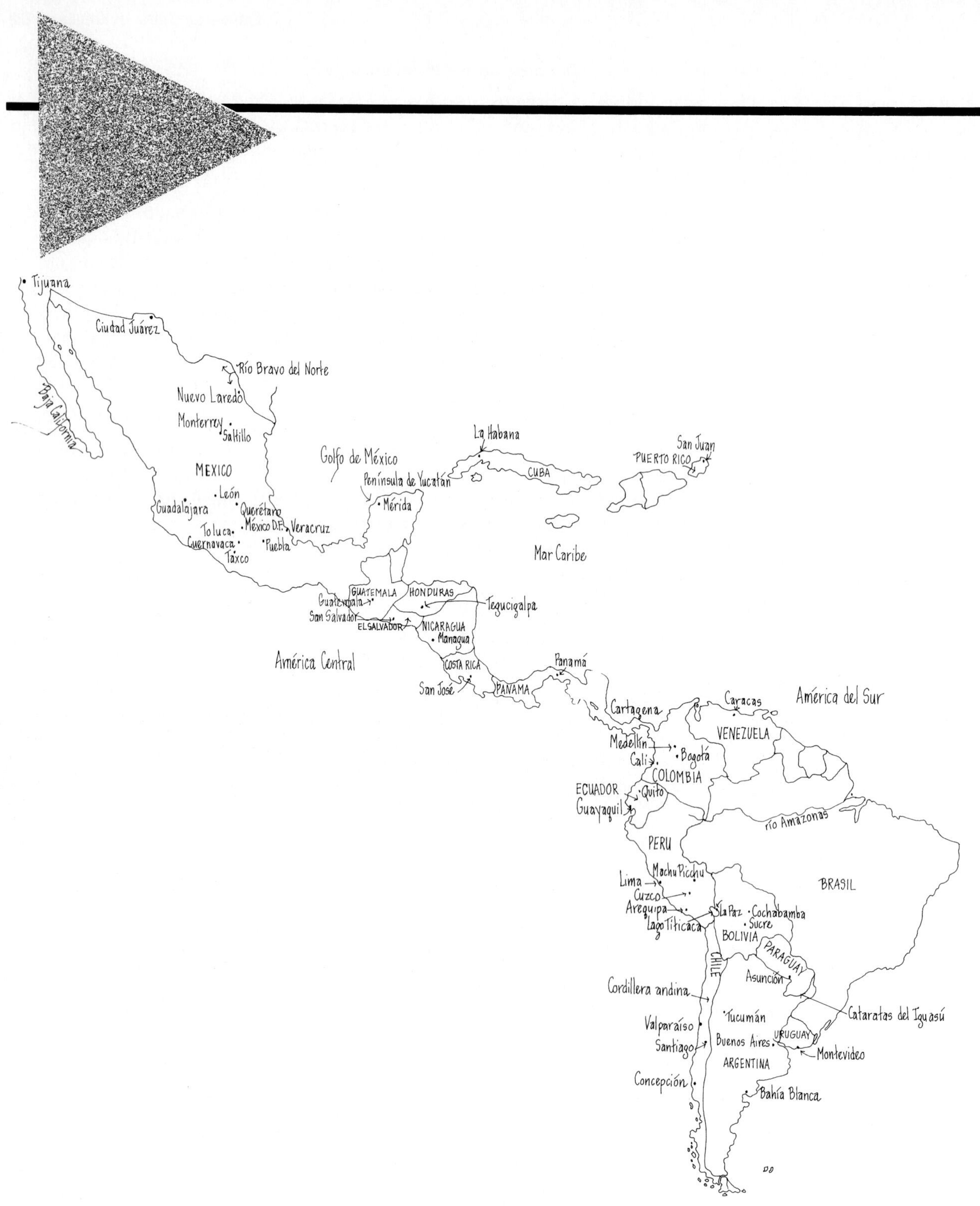

Tijuana
Ciudad Juárez
Río Bravo del Norte
Baja California
Nuevo Laredo
Monterrey
Saltillo
MEXICO
León
Guadalajara
Querétaro
Toluca
México D.F.
Veracruz
Cuernavaca
Puebla
Taxco
Golfo de México
Península de Yucatán
Mérida
La Habana
CUBA
PUERTO RICO
San Juan
Mar Caribe
GUATEMALA
Guatemala
HONDURAS
Tegucigalpa
San Salvador
EL SALVADOR
NICARAGUA
Managua
América Central
COSTA RICA
San José
PANAMA
Panamá
Cartagena
Caracas
América del Sur
VENEZUELA
Medellín
Bogotá
Cali
COLOMBIA
ECUADOR
Quito
Guayaquil
río Amazonas
PERU
Machu Picchu
Lima
Cuzco
Arequipa
Lago Titicaca
La Paz
Cochabamba
Sucre
BOLIVIA
BRASIL
PARAGUAY
CHILE
Asunción
Cordillera andina
Tucumán
Cataratas del Iguasú
Valparaíso
Santiago
Buenos Aires
URUGUAY
Montevideo
ARGENTINA
Concepción
Bahía Blanca

UNIDAD V

LATINOAMERICA

UNIDAD V CONTAINS A sampling of what life is like in the many Latin American countries whose principal language is Spanish. Bear in mind that each Latin American country is unique and that its inhabitants are a diverse group; the presentation in this unit can only touch on selected aspects of such a large and varied area.

Capítulo 13 will give you a sense of what Latin American cities are like, in both positive and negative ways. The reading concentrates on the problems of the capital of Mexico, the fastest-growing city in the world, but remember that Mexico City is also a beautiful city of tremendous historical and cultural interest. In **Capítulo 14** the emphasis shifts to the natural wonders of Central and South America, Mexico, and the Caribbean. You will read about Machu Picchu, the legendary "lost city" of the Incas that draws tourists and scholars from around the world. **Capítulo 15** looks at Latin American politics.

You will continue talking about the past and the future in this unit, which offers a systematic review of these important tenses. You'll also have the chance to compare and contrast people and things and begin talking about hypothetical situations.

The following mini-index will help you find the key grammar points presented in the unit.

35. **Review of Past Tenses** 306
36. **Conditional Tense** 308
37. **Future and Conditional to Express Probability** 310
38. **Passive Voice** 326
39. **Past Participle Used As Adjective** 328
40. ***Nosotros* Commands** 329
41. **Comparatives and Superlatives** 341
42. **The Infinitive Used As Noun** 343
43. **More on *-ndo*** (the Gerund) 343

Unidad V índice morfológico 349

CAPITULO 13

¡REPASEMOS UN POCO!

Metas

- Llegar a conocer un poco las ciudades hispanoamericanas
- Hablar de las preferencias personales

¿Qué le gustaría hacer?

A. Mire los anuncios tomados de varios periódicos latinoamericanos. Son de diferentes países, pero todos reflejan la «buena vida» de las ciudades hispanoamericanas. Comente un poco acerca de cada lugar:

¿Qué es la Helateca? ¿Cuándo iría Ud. a ese lugar? ¿Qué tomaría?

¿A Ud. le gustaría más cenar en el restaurante Indianapolis o en el Don Quijote? ¿Qué pediría Ud. en cada lugar? ¿En qué son distintos los dos restaurantes? ¿Puede Ud. imaginar el ambiente (*atmosphere*) de cada uno?

¿Le interesaría más a Ud. ver la función (*show*) de Fedora Jazz, asistir al concierto de Alicia de Larrocha o al remate de arte y antigüedades, o ir a la Rosa Náutica? Explique por qué.

B. Divídanse en grupos pequeños para conversar un rato. Imagínense que todos los anuncios ilustrados vienen de la misma ciudad. Ahora describan un fin de semana estupendo que pasaron allí hace dos meses. Digan lo que hicieron el viernes por la noche, el sábado por la tarde, el sábado por la noche y el domingo por la tarde. ¿Cómo se vistieron? ¿A qué hora salieron y regresaron? ¿Qué comieron? ¿Qué les gustó más? ¿Por qué?

Para comentar

¿Cuántos países latinoamericanos puede Ud. nombrar sin mirar un mapa? ¿Sabe si están en Norteamérica, Centroamérica o Sudamérica? ¿Con qué otros países limita (*is bounded*) cada uno? ¿En qué países no hablan español? ¿Qué lengua(s) hablan allí? Incluso en países como México, ¿qué otras lenguas se hablan además del español? ¿Por qué?

Teatro
Teresa Carreño
Sala "Ríos Reyna"

Hoy en Concierto

con la Eminente Virtuosa Mundial del Piano

Alicia de Larrocha

Director

José Antonio Abreu

PROGRAMA

Obertura de "Las Bodas de Figaro"	W.A. Mozart
Sinfonía Nº 41 en Do Mayor KV-551 "Jupiter"	W.A. Mozart
Concierto Nº 21 en Do Mayor KV-467 para Piano y Orquesta	W.A. Mozart

Jueves 2 de Julio de 1987
Hora: 8:00 pm.

Entradas a la venta en taquillas del Teatro Teresa Carreño

Patio Bs. 400
Balcón Central Bs. 300
Balcón Lateral Bs. 200

Naón anuncia

REMATE DE ARTE Y ANTIGUEDADES

COLECCION ALBERTO M. DE ANCHORENA

MAÑANA EXPOSICION
de 10 a 13 y de 16 a 21 hs.

CASTAGNINO, Juan Carlos.
Argentino. 1908-1972.
"MUJER DE TIERRA ADENTRO". Temple.
Alto 0,660 m. Ancho 0,370 m.

Café Restaurant

Un lugar para sentirse a gusto

Lo más selecto de la cocina internacional a su alcance

Filet Mignon	98.00.	Lomo Strogonoff	98.00.
Cordon Bleu	98.00.	Lenguado a la florentina	112.00.
Pollo a la hawaiana	75.00.	Chuleta de cerdo	
Corvina Papillón	112.00.	Sancho Panza	75.00.
Cebiche de mariscos		Timbal de camarones	85.00.
o lenguado	85.00.	Cocktail de camarones	85.00.
Tortilla a la española	55.00.	Brochette de corvina	85.00.
Spaguetti a la carbonada	60.00.		

Especialidad en crepees flambeados y panqueques rellenos al gusto.

Atendemos banquetes y recepciones. • Estacionamiento gratis. • Tarjetas de crédito

Atención diaria de 8 a.m. a 12 p.m.

Av. Benavides 300 Miraflores (1/2 cdra. de Larco) Telf. 478760

Celebra Tu Piñata en la HELATECA

Helados Combinados.

HELADERIA - SALON DE FESTEJOS

Heladeca Colibrí

Cumpleaños, Primera Comunión, Bautizos, Fiestas de Fin de Año y otros Eventos.

- Pista de baile.
- Parque Infantil.
- Pantalla de video.
- Efectos luminosos.
- Pizzas, Hamburguesas, Perros Calientes, Sandwiches.

Av. Panteón con Gamboa, detrás del Hospital de Clínicas Caracas, San Bernardino. Telfs. 574.10.86 - 284.19.11

HA DISFRUTADO USTED DEL MEJOR JAZZ DE CARACAS?

Venga y disfrute todos los Martes de la Música Dixieland y los Miércoles Jazz con el conocido Intérprete

VICTOR CUICA

Lo esperamos ....

Calle Madrid con Trinidad
Teléfono: 92.18.98 - Las Mercedes

¡Ahora! Música del Recuerdo en su discoteca de Lunes a Jueves

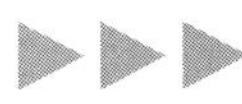

LECTURA: DESCRIPCION

Vocabulario para leer

VERBOS

abarcar	to encompass; to include
arrojar	to throw
brillar	to shine
fortalecer (zco)	to fortify
oler (a) (ue: **huelo**)	to smell (like, of)
surgir (j)	to spring up, arise
ubicarse	to be located

SUSTANTIVOS

el alimento	food, nourishment
el bienestar	well-being
la creencia	belief
la estrella	star
el imperio	empire
el recurso	resource
la sangre	blood
el sismo	earthquake
el sitio	place, site
la ventaja/la desventaja	advantage/disadvantage

PREPOSICIONES

a mediados de	about the middle of (*month, year*)
en medio de	in the middle of (*a place*)

MODISMOS

cuanto antes	as soon as possible
dejar de + *inf.*	to stop (*doing something*)
llegar a + *inf.*	to come to (+ *inf.*)

A. Seleccione las palabras que mejor completan los párrafos siguientes.

La historia del imperio azteca

Los aztecas eran una (estrella/tribu 1) indígena cuyos logros y costumbres nos fascinan todavía. Su civilización (surgió/careció 2) en una región lejana al norte del México actual y llegó al valle de México a mediados del siglo XIV. Su imperio llegó a (abarcar/advertir 3) un enorme territorio. El (sismo/sitio 4) que los aztecas escogieron estaba (debajo del/en medio del 5) Lago Texcoco, lo cual les ofrecía ciertas (ventajas/velas 6) estratégicas, y lo (fortalecieron/olieron 7) bien. Su capital Tenochtitlán (se ubicaba/se enfrentaba 8) en donde hoy se encuentra la ciudad de México. En unos años (llegó a ser/llevó a cabo 9) un centro comercial (repleto/opuesto 10) de actividad, ya que allí se compraban y vendían artículos (sencillos/imprescindibles 11) para la vida diaria.

Según sus (plantas/creencias 12) religiosas, los aztecas tenían que ofrecerles (orgullo/alimento 13) a sus dioses, especialmente a su dios principal Huitzilopóchtli, quien simbolizaba la guerra y el sol, para que éste no (tuviera vergüenza/dejara de brillar 14) cada día. Por eso sacrificaron a miles de personas, sobre todo a los prisioneros de guerra que capturaban de otras tribus. Cuando declaraban la guerra a otras tribus, su meta era obtener víctimas para los sacrificios, ya que su (risa/sangre 15) aseguraría el regreso del Sol. Llevaban a la víctima a una piedra que estaba arriba de un templo, le sacaban el corazón, y después (arrojaban/eligieron 16) el cuerpo a la tierra. Cuando los españoles (juzgaron/conquistaron 17) a los aztecas, pusieron fin a esos ritos religiosos.

B. Los siguientes pares de palabras se relacionan, pero no son sinónimos propiamente. ¿Puede Ud. explicar lo que quiere decir la primera palabra de cada par?

1. la sangría, la sangre
2. una fortaleza, fortalecer
3. la ubicación, ubicarse
4. el olor, oler
5. la brillantez, brillar

C. Imagínese que su compañero/a de clase es un niño (una niña) de habla española. Explíquele en español lo que significa cada palabra o expresión.

1. surgir
2. abarcar
3. arrojar
4. la estrella
5. el alimento
6. la creencia
7. el sismo
8. el recurso
9. el bienestar
10. cuanto antes

Introducción a las lecturas

One of the characteristics of developing nations is that the majority of modern services are concentrated in a single capital city, while in the provinces, traditional life-styles continue to dominate for the most part. Most of the nation's universities, hospitals, social services, and governmental agencies also tend to be located in the capital. The gulf between urban and rural life is widened further if different cultures are involved, especially when an indigenous culture predominates in the provinces and a European culture in the urban centers.

Many Latin American capitals fit this description, including Mexico City (**México, D.F. [Distrito Federal]**). The growth there has been so rapid that it has far outstripped the local resources. A continuing stream of immigrants from the countryside to the city in search of new opportunities creates **la sobrepoblación,** which only makes the need for a diversified economy all the more urgent.

The two articles in this chapter are taken from Mexican publications. The first article focuses on the historical founding of Tenochtitlán, the Aztec capital that preceded Mexico City, and the indigenous tribes of the region, the Mexicas—whence the name, Mexico. As you read this article, try to find answers to these questions: Can you describe in general terms the layout of Tenochtitlán when the Spaniards first arrived? Why did Cortés maintain the original site of Tenochtitlán? What special geographical problems confront Mexico City today?

The second article is concerned with the economic and political consequences of twentieth-century Mexico. See if you can answer the following questions as you read the article: After Mexico City, what are the largest cities in the nation?

What is Mexcuepuetopan? How big is Mexico City in comparison to the rest of the country? Why does the author call the city a Gordian knot (one that cannot be untied)? What are the reasons that would make you stay in or leave a **macrourbe** like Mexico City? What solutions to the **centro/provincia** dilemma are offered?

These readings are interesting from a grammatical point of view, too, because they mix all possible verbal tenses in the same narration. As you read, try to notice what tense is being used for past events. How many ways are available to express a past event?

Following these two articles, you will find an ad taken from *Excélsior,* Mexico's largest daily newspaper. What discomforts of the big city is this hotel in Taxco (a small mountain town about two hours away) exploiting in order to attract business?

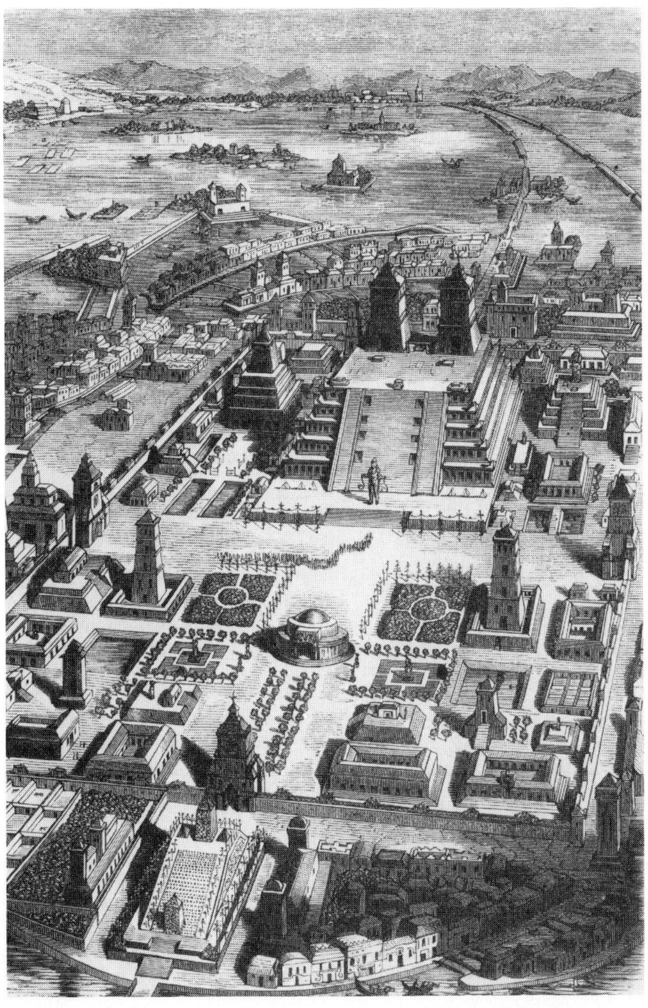

Un grabado de una reconstrucción de la ciudad de Tenochtitlán

Primera lectura

La ciudad que no debió construirse

PATRICIA ARIDJIS PEREA

El doctor Enrique Beltrán, el director del IMENAR (Instituto de Recursos Renovables) asevera° que "estamos situados en un lugar donde nunca se debió de haber construido una gran ciudad" y relata: los mexicas tuvieron que peregrinar° de un lado a otro porque, "a pesar de su poca importancia numérica, su carácter agresivo los hacía entrar en conflictos; terminaban por arrojarlos del sitio que ocupaban". Finalmente se establecieron en el islote,° en medio del lago de Texcoco. "Esto fue una necesidad histórica; además de que ningún grupo los quería por belicosos,° fueron los últimos en llegar al valle de las siete tribus, cuando la tierra buena ya la habían tomado los otros."

Al principio la ciudad era modesta, un islote pantanoso.° De modo que sus moradores° tuvieron que acarrear° piedra, madera y otros materiales para hacerla más sólida. Con la creencia de que debían preservar la vida del Sol ofreciéndole sangre como alimento, iniciaron una serie de conquistas que ensancharon° sus fronteras hasta convertirse en un verdadero imperio cuyos dominios abarcaron el centro y sureste del país.

Sin embargo no pudieron cambiar su entorno° físico. "El sitio donde se fundó la ciudad generó múltiples problemas que hasta la fecha subsisten. La vulnerabilidad sísmica, por ejemplo. Aunque en épocas pasadas los movimientos telúricos° no provocaron daños graves, la complejidad de nuestra sociedad contemporánea contribuyó para que las consecuencias de los últimos sismos fueran verdaderamente catastróficas.

"Cuando el imperio mexica cayó, la destrucción prácticamente fue total. Muchos de los compañeros de Cortés° pensaban que no se debía reconstruir Tenochtitlán por sus condiciones físicas. Así pues, surgió la idea de establecerse en Coyoacán.° Pero Cortés, consciente del poder político y el peso histórico que la ciudad de los mexicas tenía, decidió quedarse aquí." De tal manera que pudiera continuar el sistema tributario que los ahora conquistados, habían establecido entre los grupos sometidos.° Y lo que es más, fortalecer su dominio.

"Desde entonces nos quedamos en este lugar. Después hemos echado remiendo° aquí y allá, pero estamos en un lugar malo y lo hemos hecho peor con la sobrepoblación."

asevera: declara
peregrinar: viajar por tierras extrañas
islote: *small island*
belicosos: inclinados a la guerra
pantanoso: *swampy*
moradores / acarrear: habitantes / transportar
ensancharon: hicieron más amplias
entorno: lugar, ambiente
telúricos: de la tierra
Cortés: Hernán Cortés (1485–1547)
Coyoacán: zona cerca de Tenochtitlán donde Cortés se estableció mientras luchaba con los aztecas
sometidos: conquistados
remiendo: reparaciones

Tomado de *ICYT* (*Información científica y tecnológica*), México, agosto de 1987.

Segunda lectura

La provincia y el D.F., ese gran nudo gordiano

MIGUEL ANGEL OROZCO DEZA

Edmundo Flores, destacado economista e intelectual político, llegó a aseverar a mediados de los años setentas que la ciudad de México pronto debería cambiar de nombre, proponiendo que se denominara° "Mexcuepuetopan", es decir, el nombre provenía de México, Cuernavaca, Puebla y Toluca; quizá omitió involuntariamente Querétaro. Lo anterior hace reflexionar° sobre las consecuencias de la excesiva concentración que se da en esta área del país. En ella se concentran casi 20 millones de habitantes, el 25% de la población actual. Se adoptan las decisiones políticas fundamentales, porque se encuentran las sedes° de los Poderes, Ejecutivo, Legislativo y Judicial. El primero tiene en la ciudad de México la casi totalidad de sus dependencias,° las cuales se resisten a ubicarse en la provincia, a pesar de serios intentos° realizados después del sismo de 1985. Están localizadas dos universidades públicas, que son la UNAM,° la UAM° y las más importantes universidades privadas. Las decisiones económicas, y la mayoría de los trámites° burocrático-administrativos que ellas implican, se tiene que dirimir° en la ciudad de México, las principales actividades culturales y recreativas se generan en la macrourbe.° La industria se encuentra mayoritariamente en los alrededores de la zona metropolitana.

llamara

pensar

oficinas centrales

departamentos

esfuerzos

Universidad Nacional Autónoma de México / Universidad Autónoma Metropolitana

acciones

solucionar

metrópoli

Ventajas y desventajas se tienen al vivir en la provincia, pero la realidad es que muchos de los que ahora forman parte integral del hacinamiento° en el Distrito Federal llegaron de provincia. Los menos porque querían estudiar en la Universidad, otros porque no tenían trabajo y los más para engrosar° los cinturones° de miseria que le caracterizan en sus principales salidas carreteras. Vivir en la ciudad de México es estimulante cuando se tiene el nivel económico adecuado para hacerlo en una ciudad tan compleja como lo es. La verdad sea dicha° las autoridades se han preocupado por darle la infraestructura necesaria para mantenerla en condiciones aceptables. Pero de seguirlo haciendo,° se continuará sacrificando el bienestar de los provincianos. El costo del metro cúbico de agua, de la seguridad, de la pavimentación y de los innumerables servicios públicos como el transporte, se cubre con cuantiosos° recursos que el Distrito Federal no genera y sería de provecho° para los otros mexicanos. El año pasado, construir un kilómetro del Metro° costaba 25 mil millones° de pesos; si esta cantidad se destinara a un estado de la República le ayudaría considerablemente.

multitud

aumentar el volumen de / *belts*

La... Digamos la verdad

Pero... *But if they were to keep on doing it*

abundantes

beneficio

tren subterráneo

25... *25 billion*

Entonces, para desbaratar el nudo gordiano° que es el D.F., se requiere continuar con la voluntad política de hacerlo, obligando a las dependencias federales a que se ubiquen fuera en cualquier provincia, aun a costa de ciertos problemas temporales de ajuste. La otra decisión más cruel es convertir a la ciudad de México en la ciudad más cara del mundo, de tal manera que quien quiera vivir en ella tenga que pagar los servicios que se le brindan.° Naturalmente, que esto resulta en una situación antisocial, pero es mejor que deje de ser cuanto antes un centro de atracción contaminado y rodeado de ciudades perdidas, poblado de vendedores ambulantes,° de desempleados y de delincuentes potenciales que afectan la armonía urbana. La primera decisión es la fundamental, porque atrás de ella se generaría la necesaria emigración del sistema burocrático que a fin de cuentas° beneficiaría a los inicialmente afectados porque lo que harían sería conocer mejor a la provincia y adaptarse a las condiciones de vida con los consecuentes efectos sociales y culturales para desbaratar "el nudo gordiano".

desbaratar... *untie the Gordian knot*

ofrezcan

que van por las calles con su mercancía

a... al fin y al cabo

Tomado de *Siempre*, México, 12 de agosto de 1987.

¿A qué huele el aire puro?
desde la altura contemplando Taxco...
HOTEL
monTETAXCO
¡donde sí brillan las cinco estrellas!
De domingo a jueves, descuentos muy especiales
Hotel Monte Taxco,
Taxco, Gro.
Tel. 213-00
Telex 173900
MOTAME.
Oficinas México:
Londres 251
Zona Rosa, México, D.F.
Tels. 514-0504 y
514-0863

¿Cuánto recuerda Ud.?

Diga si la oración se refiere a Tenochtitlán, a México D.F., a Taxco o al resto del territorio mexicano.

1. Los que construyeron esta ciudad habían viajado mucho antes de encontrar este sitio y fueron los últimos en llegar al valle central.
2. Ha sufrido mucho a causa de los sismos.
3. Allí se hicieron sacrificios humanos para ofrecerle alimento al dios Sol.
4. Fue destruida casi por completo por los conquistadores, algunos de los cuales pensaban que no se debía volver a construir allí otra ciudad.
5. Es el centro del gobierno nacional y el lugar preferido de casi todos los empleados federales.
6. Allí brillan las estrellas de noche y el aire huele mejor que en la capital.
7. Se ha propuesto que se le llame «Mexcuepuetopan» porque llega a abarcar varias ciudades.
8. Mucha gente ha salido de allí por falta de empleos y se ha ido a la capital en busca de oportunidades económicas.
9. Era el centro de un gran imperio que abarcó la parte central y el sureste del país actual.
10. Se encuentra allí unas pocas ciudades de gran importancia; la mayoría son de mediano desarrollo.

¿Qué opina Ud.?

A. Taxco es un pueblecito ubicado en las montañas en el estado de Guerrero algunas horas al norte de la capital mexicana. El anuncio que acompaña los dos ensayos apareció en *Excélsior,* un periódico publicado en el Distrito Federal. ¿A qué público está destinado el anuncio? ¿Cómo lo sabe Ud.? Según el publicista, ¿cuáles son las ventajas de pasar un rato en Taxco? ¿Es probable que los capitalinos vean desventajas en vivir allí? ¿Cuáles serían algunas de esas desventajas?

B. El Distrito Federal ha logrado últimamente el rango (*rank*) de ciudad arquetípica en cuanto a varios problemas urbanos: la sobrepoblación, la contaminación, los embotellamientos de tráfico (*traffic jams*), la urbanización de la pobreza, la falta de viviendas, etcétera. ¿Es especial la situación mexicana o hay otras ciudades que comparten los mismos problemas? ¿A qué se deben estos problemas? ¿Se preven algunas soluciones? A su juicio, ¿por qué no se ha tenido éxito en solucionar estos problemas urbanos en México y en los Estados Unidos?

GRAMATICA EN CONTEXTO

35. Review of Past Tenses

Four tenses can be used to express past events in Spanish.

Present Perfect:	La tecnología **ha sido** brillante.
Imperfect:	La tecnología **era** brillante.
Preterit:	La tecnología **fue** brillante.
Past Perfect:	La tecnología **había sido** brillante.

Each tense expresses a different focus or point of view.

A. The present perfect is a present tense that signals an event completed or started before the present moment of speech (and possibly still going on).

México **ha conformado** un sistema que depende excesivamente del centro.
Las autoridades se **han preocupado** por darle la infraestructura necesaria para mantenerla en condiciones aceptables.
Estamos en un lugar malo y lo **hemos hecho** peor con la sobrepoblación.

B. The imperfect relates a durative, descriptive, or repetitive event to a past moment of speech.

Los compañeros de Cortés **pensaban** (*durative*) que no se **debía** (*durative*) reconstruir Tenochtitlán por sus condiciones físicas.
Al principio la ciudad **era** (*descriptive*) modesta, un islote pantanoso.
El carácter agresivo de los mexicas los **hacía** (*repetitive*) entrar en conflictos; las otras tribus **terminaban** (*repetitive*) por arrojarlos del sitio que **ocupaban** (*durative*).

C. The preterit relates a completed (nondurative) event to a past moment of speech.

Finalmente los españoles se **establecieron** en el islote, en medio del lago de Texcoco.
Iniciaron una serie de conquistas que **ensancharon** sus fronteras.
Cuando el imperio mexica **cayó,** la destrucción prácticamente **fue** total.

CH. The past perfect (**pluscuamperfecto**) signals an event completed or started before some past moment of speech.

Los mexicas fueron los últimos en llegar al valle, cuando la tierra buena ya la **habían tomado** los otros.
Los mexicas **habían peregrinado** de un lado a otro hasta encontrar el valle de México.

Remember that depending on what the speaker wishes to express, there is often more than one way to express past (or completed) events in a narration.

¡Practiquemos!

A. La sobrepoblación. Escoja la forma (presente perfecto, pretérito, imperfecto o pluscuamperfecto) que mejor expresa el punto de vista del párrafo. Prepárese para explicar sus selecciones—a veces hay más de una respuesta correcta.

Este artículo me hace reflexionar sobre la excesiva concentración de gente en la ciudad de México. Dice que en ella ____ (concentrarse 1) 25% de la población actual del país. ¿De dónde vino tanta gente? Muchos ____ (llegar 2) de la provincia porque ____ (querer 3) estudiar en la Universidad, otros porque no ____ (tener 4) trabajo en la provincia donde ____ (nacer 5). El artículo también me informa que las autoridades ____ (preocuparse 6) por darle a toda la gente las condiciones y los servicios aceptables para vivir. Pero el año pasado ____ (construir 7) una extensión del Metro que ____ (costar 8) 25 mil millones de pesos por kilómetro.

B. México desde Las Lomas.[1] Trabajando en pares, imagínense que han viajado recientemente a la ciudad de México. Han pasado la noche del cinco de mayo viendo la ciudad desde la vista de Las Lomas. Describan esa noche—lo que han hecho, hacían, hicieron o habían hecho.

MODELO: Nosotros ____ (subir) en taxi antes del atardecer. → Nosotros subimos/habíamos subido en taxi antes del atardecer.

1. Nunca nos ____ (gustar) las ciudades grandes.
2. Pero esa noche la ciudad de México ____ (estar) bonita.
3. La noche ____ (parecer) mágica.
4. El aire ____ (oler) a flores.
5. Desde lejos ____ (brillar) las luces del centro.
6. ____ (Fijarnos) en las carreteras llenas de tráfico.
7. De repente ____ (estallar [*to explode*]) unos fuegos artificiales (*fireworks*).
8. En el horizonte ____ (surgir) el volcán Popocatépetl como una diosa blanca.
9. ¡Qué raro pensar que la vieja ciudad azteca sólo ____ (abarcar) una parte mínima de la metrópoli actual.
10. En la vida nosotros no ____ (ver) nunca una ciudad más bonita que México.

[1] Las Lomas is an exclusive residential neighborhood perched atop the hills (**lomas**) that overlook Mexico City.

36. Conditional Tense

Before studying the uses of the conditional, review the forms in the **Indice morfológico,** pages 349–350.

A. Like the future tense, the conditional signals an anticipated event, but one which takes place after some past moment of speech. In this sense, the conditional operates as a kind of "future tense" for the past by anticipating an event in the past time. The conditional often occurs in indirect discourse: "He said that he would . . ."; "She noticed that they would. . . ."

Direct discourse: El Dr. Robles dice (dijo): «La nueva universidad **estará** localizada en Puebla».
Indirect discourse: El Dr. Robles dijo que la nueva universidad **estaría** localizada en Puebla.

B. The conditional is frequently used to express hypothetical situations.

El dinero gastado en el D.F. **sería** de provecho para los otros mexicanos.
Ese dinero **ayudaría** considerablemente a las provincias.
La descentralización **haría** que se conociera mejor la provincia.

C. The conditional of **deber** expresses advisability and has the meaning of "should" rather than "would."

La ciudad de México pronto **debería** cambiar de nombre y llamarse «Mexcuepuetopan».
Deberíamos dejar de arrojar basura en las calles.

¡Practiquemos!

A. Para reducir la contaminación. Trabajando en pares, digan lo que harían Uds. para reducir la contaminación. Escojan un verbo de la columna A y una frase de la columna B para formar sus respuestas.

MODELO: no manejar/el coche llevando una sola persona →
Yo no manejaría el coche llevando una sola persona.

A	B
ser	las reglas contra la contaminación
pensar en	el autobús en vez del coche
no arrojar	el bienestar de todos
promover	la basura en la carretera
tomar	una nueva conciencia de la limpieza entre mis vecinos
fortalecer	más consciente de los recursos de la tierra

B. ¿Qué dijo el gobierno? Trabajando en pares, imagínense que Uds. son empleados de una estación de radio. Acaban de ver un anuncio del gobierno sobre las nuevas reglas de tránsito en el Zócalo (plaza mayor de México). Preparen un *resumen* del nuevo sistema para comunicárselo a sus radioyentes. No deben repetir el anuncio textualmente.

MODELO: El nuevo sistema **empezará** el domingo. →
El gobierno dijo que el nuevo sistema **empezaría** el domingo.

Cierre dominical del Zócalo

■ Para combatir la contaminación ambiental en el centro de la ciudad, el Departamento del Distrito Federal **iniciará** un nuevo sistema de tránsito que **evitará** el paso indiscriminado de vehículos por el Zócalo.

A partir de este domingo y todos los siguientes, **se cerrará** el Zócalo de las 8:00 a las 20:00 horas, lo que **permitirá** a los capitalinos y visitantes disfrutar a pie el Centro Histórico.

Los conductores de vehículos **podrán** utilizar las siguientes alternativas:

- ▲ La circulación de norte a sur, **deberá** utilizar la calle Bucareli.
- ▲ En la circulación de sur a norte, **se saldrá** por Bulevar Lázaro Cárdenas.
- ▲ El acceso al Centro **será** por Allende.
- ▲ Uds., los ciudadanos, **tendrán** la responsabilidad de reducir la contaminación.

REDUCIR LA CONTAMINACION ES RESPONSABILIDAD COLECTIVA.

DEPARTAMENTO DEL DISTRITO FEDERAL, CERCA DE USTED PARA SERVIRLE MEJOR.

37. Future and Conditional to Express Probability

Both the future and the conditional can be used to express probability in the present and the past, respectively. The meaning of probability must be inferred by context.

A. The future tense is used to express probability with respect to the present.

—¿Está abierto el Zócalo? —Sí, estará abierto.	*Is the Zócalo open?* *Yes, it is probably (should be) open.*
—¿Qué hora será? —Serán las tres de la mañana.	*I wonder what time it is.* *It is probably (It must be) 3:00* A.M.

B. The conditional tense is used to express probability with respect to the past.

—¿Fueron los aztecas más crueles que otros pueblos? —No, no serían más crueles que otros.	*Were the Aztecs crueler than other peoples?* *No, they probably weren't more cruel than others.*
—¿Qué hora sería cuando regresaste a casa? —Serían las once de la mañana.	*What time must it have been when you returned home?* *It must have been 11:00* A.M.

¡Practiquemos!

A. ¿Dónde estarán? Los amigos no han llegado a casa. ¿Por qué llegan tarde? Ud. y su compañero/a no están seguros/as, pero pueden imaginar unas situaciones probables.

MODELO: estar en el Zócalo →
Estarán en el Zócalo.

1. tener unas compras que hacer
2. estar comprando alimentos en el supermercado
3. andar por las calles del centro
4. haber mucho tráfico por allí
5. estar perdidos
6. sentirse mal
7. encontrarse con otros amigos
8. olvidarse de nuestra cita

B. ¿Qué pensaría Cortés? Al llegar a la ciudad de Tenochtitlán, ¿cómo se sintió Cortés? Uds. no están seguros/as pero pueden imaginar algunas respuestas probables.

MODELO: ¿Se sintió bien o mal al llegar? →
Se sentiría bien.

1. ¿Estuvo sorprendido al ver Tenochtitlán o le parecía una ciudad ordinaria?
2. ¿Estuvo cansado al llegar?
3. ¿Se preocupó Cortés por la cantidad de tropas (*troops*) indígenas?
4. ¿Le pareció mágica o triste aquella ciudad situada en el lago?
5. ¿Pensaría bien o mal de la costumbre de hacer sacrificios humanos?
6. ¿Le tenía miedo Cortés a Moctezuma, el rey azteca?
7. ¿Sería por la tarde o por la mañana cuando Cortés llegó a Tenochtitlán?
8. ¿Tenía más ganas de regresar a España o de quedarse en Tenochtitlán?

Gramática en acción

A. Si viviéramos en México... Trabajando en pares, decidan qué harían para facilitar sus vidas si vivieran en una ciudad tan grande como México.

1. ¿Dónde vivirían? 2. ¿Dónde trabajarían? 3. ¿Cuándo irían a la oficina? 4. ¿Cuándo irían de compras? 5. ¿Cuántos coches tendrían? ¿De qué tipo? 6. ¿Qué alimentos comerían? 7. ¿Cómo pasarían el tiempo libre? 8. ¿Dónde pasarían las vacaciones?

B. La vida del presidente. Conociendo los problemas urbanos de la ciudad de México, ¿dónde creen Uds. que vive el presidente de la República? ¿Cómo será su vida diaria? Trabajando en pares, hagan conjeturas sobre la vida que lleva el presidente de México. Expresiones útiles: vivir en las afueras (*suburbs*), levantarse muy temprano, tener chofer, viajar en helicóptero, hablar por teléfono, venir al Palacio Nacional sólo tres días a la semana.

C. El comercio azteca. Trabajando en pares, describan la vida diaria en Tenochtitlán basada en lo que se puede ver en «El comercio azteca» en la página 312. Sólo usen los tiempos que expresan el pasado (presente perfecto, imperfecto, pretérito, pluscuamperfecto). Palabras útiles:

venir de lejos	vestirse	llevar	traer
vender	comprar	mostrar	fabricar
regatear (*to bargain*)	aceptar	cambiar	
ubicarse	oler	gritar	

EL COMERCIO AZTECA

Fué la actividad más importante que se desarrolló durante la época prehispánica en el Floreciente Imperio Mexica. El gran mercado de Tlaltelolco impresionó a los conquistadores españoles que según las crónicas históricas del Codice Mendozino, en un solo día de plaza, se reportaban 6000 ofrendas para el ritual de sacrificio a los dioses.

Pavos, armadillos, conejos, jabalíes, algodón, calabazas, mantas de tela fina, maíz, vasijas, plumas de aves para decorar las vestimentas de los nobles, sacerdotes y guerreros, etc...El comercio fue la actividad más importante de los Aztecas y es en la actualidad ejemplo de Progreso en el México moderno.

LA GRAN FAMILIA DE PRODUCTOS GOYA, SE UNE A LA COMUNIDAD MEXICANA DE CHICAGO PARA EXPRESAR EN UNA SOLA VOZ, UN SENTIMIENTO TOTAL...

¡VIVA MEXICO!

GOYA®

SI ES GOYA...TIENE QUE SER BUENO

¡HABLEMOS, PUES!

A. Vocabulario útil: Las atracciones de la ciudad

EDIFICIOS Y EMPRESAS

el almacén	*department store*
el banco	*bank*
el café al aire libre	*outdoor café*
el centro comercial	*shopping center, mall*
el correo	*post office*
la gasolinera	*gas station*
el parque de estacionamiento	*parking lot*
el rascacielos	*skyscraper*
el supermercado	*supermarket*
el taller mecánico (de reparaciones)	*repair shop*
la torre	*tower*

VIVIENDAS Y ALREDEDORES

el apartamento, el piso, el departamento	*apartment*
las afueras	*suburbs*
el barrio, la colonia, la vecindad	*neighborhood*
la casa de pisos	*apartment house*
el condominio	*condominium*
el conjunto residencial	*housing development*

CENTROS DE RECREACION

el acuario	*aquarium*
el bar, la cantina	*bar, tavern*
el cine	*movie theater*
el club deportivo/nocturno	*sports/nightclub*
el estadio	*stadium*
el jardín botánico	*botanical garden*
el jardín zoológico	*zoo*
el museo (de arte, de historia, de historia natural, de ciencias, de antropología)	*museum*
la ópera	*opera*
la orquesta	*orchestra*
el parque de atracciones	*amusement park*
la piscina, la alberca	*swimming pool*
el teatro	*theater*

Bienes Raíces

Movimiento diario

★★★

VENTA

★★★

23 Casas

AMPLIA CASA

Ideal restaurante, negocio, dos pisos. Avenida 30 No. 40-A-52, $ 18.000.000. Informes teléfono 2538498.

$ 1.750.000, uniplanta, en plancha, todo servicios. Los Tejares, carrera 41-C No. 83-22 Sur. Teléfonos 2005094, 2601547.

$ 1.800.000 con local comercial, central. 2348004.

$ 12.000.000, Gustavo Restrepo, 3 pisos, rentable. Teléfono 2721316.

$ 12.500.000 triplantas, calle 65 No. 70-18. 2769422.

$ 14.000.000, Villa Magdala, vigilancia permanente, completísima, perfecto estado, niveles. Calle 155 No. 35-37. 2741267.

$ 16.000.000, ampliá, Campín, facilidades, permuto. 2484402.

$ 17.000.000, conjunto Cedritos, tres alcobas, estar. 2747208.

$ 2.800.000, casa Suba. Calle 127 No. 91-00.

ALHAMBRA 125 M2, completa, venta permuta. Teléfono 2152556.

ALHAMBRA, CONJUNTO CERRADO, celaduría, parabólica, comedor, sala, cocina, tres alcobas, dos baños, hall T.V., alcoba baño servicio, patio, garadoble, antejardín. Teléfono 2136164

ALHAMBRA, 1.850.000, venpermuto. 2510781.

ALHAMBRA, Unicentro, casa niveles, económicas, Venpermuto, directamente. 2131016.

ALMENAR, venpermuto, $ 2.800.000. Vehiculo. 2749995.

ALQUERIA, $ 3.000.000, grandísima. 2045072.

ALQUERIA, cuatro alcobas, garaje, amplia. 2644920, 2373805.

AMERICAS Occidentales, **COMO PARA ESTRENAR**, garaje, sala, comedor, cocina, baños, 3 alcobas, jardín interior. 2672757.

AMERICAS Occidental, venpermuto. 6.500.000. 2952689.

AMPLIA, central Calle 25A No. 25-19. Informes teléfonos 2493998, 2413873.

AMPLIA 195 M2, salón comedor, 4 alcobas, entapetada. Calle 172-A No. 40-98. Teléfono 6711146 $ 10.000.000, directamente.

AMPLIA, biplantas, calle 136 No. 105-50.

AMPLIA, biplantas, 6 alcobas. 2725899.

AMPLIA casa nueva Lago Tota. 2317015.

AMPLIA, calle 52 No. 20-10, 2498564, tardes.

AMPLIA, cómoda, Villa del Prado. 2589770, 7.000.000.

AMPLIA Normandía, baratísima, carrera 69 No. 49A-09.

AMPLIA residencia, apta para empresa. Bien situada. Facilidades. Teléfono 2497511.

AMPLIA, Sevilla, norte, 6.000.000, hipoteca. 568871, 567818.

AMPLIA, Santa Isabel, teléfono 2378015.

AMPLIA, véndese casa, barrio Santa Rita, carrera 40 No. 34-05, 2602261, 2604928, 2902953, 2902240.

AMPLIA, barata, Ciudad Jardín, calle 16 Sur No. 11-A-24. Teléfono 2412364.

AMPLIA, San Isidro. 2726153.

AMPLIA, Campín, negocio, oficinas. Teléfono 2179825.

AMPLIA, dos plantas, terraza, contiguo La Española. Diagonal 88-B No. 84-91. Teléfono 2236689, véala, venpermuto.

AMPLIA, barata, carrera 87-B No. 70-B-39. Teléfono 2230455.

AMPLIA casa, carrera 16-C No. 58-96 sur. 2798790.

AMPLISIMA, calle 72-A carrera 16. 2952689.

ANDES, 4 alcobas, servicuarto, perfecto estado, $ 11.000.000. 2745912.

ANDES, amplia, 2533433, 2571032.

ANDES, amplia. 6719680.

ANDES, COMPLETISIMA, RENTABLE, casa más apartamento. 2568773, 2784495.

ANDES, lindas, cuatro trialcobas, teléfono 698273.

ANTIGUA, conjunto, $ 35.000.000, 170 M2. 2551124, **COLSERVIN.**

ANTIGUO Country, calle 84 No. 14-02, rentando $ 450.000 mensuales. Teléfono 2366575.

APROVECHE, lotes, casa-lotes, casas, otros, baratos, escritura, servicios comple-

Cuando se está acostumbrado a lo mejor, vivir con lujo es una necesidad.

(Calle 85 No. 9-52)

Un lujo que usted se puede dar.

Por privacidad.
10 pisos, 19 apartamentos. Tan sólo 2 apartamentos por piso.

Por amplitud.
Cada apartamento costa de 3 alcobas, estar, 4 baños, sala, comedor, cocina, zona de ropas y servicio y parqueaderos cubiertos.

Por ubicación.
Calle 85 con carrera 9a., barrio La Cabrera. El sector con más clase de Bogotá.

Por calidad.
Excelentes acabados. Cocina totalmente equipada. Antena parabólica. Planta eléctrica de emergencia.

CEPSA: Tels: 2860882 - 2860805

Financiación

Resolución Superbancaria 0966/87

Todavía se puede comprar tranquilidad

Conjunto residencial
ACROPOLIS
CARRERA 53A No. 139-20 II etapa

POR CONFORT:
Tres alcobas, principal con baño.
Sala comedor.
Amplios baños y cocinas con acabados de lujo y confort.
Totalmente alfombrados.
Excelente distribución interior.
Zona de lavandería privada.

POR SERVICIOS:
Antena parabólica.
Amplios garajes.
Salón de juegos.
Servicio de vigilancia permanente.
Salón para reuniones.
Parque infantil y amplias zonas verdes.
Y MUCHA TRANQUILIDAD. . .
. . . PERO MUCHA.

POR FACILIDADES:
Apartamentos desde $5.050.750
70°/o de financiación con Corpavi y Granahorrar.

Visite nuestro apartamento modelo de Domingo a Domingo, de 9:30 a 5:30 p.m.

SEPARELOS CON SOLO $250.000

Res. Superbancaria 1701 Mayo 8/87

EL ALMACEN MAS ESPECIALIZADO EN CALZADO FINO PARA CABALLERO

CALZADO Super

Ejecutivos

y también...

PARA LOS JOVENES COMO TU

ATREVETE A VIVIR LA MODA

y... nosotros la tenemos aquí...
Además, nuestras marcas tradicionales.

«Ropa Sport»

Centro Comercial Cafetero,
Cra. 50 N° 48-53
Local N° 102 - Teléfono 42-20-75

CALZADO SUPER ENVIGADO
a 20 metros del parque

EN EL CENTRO

la alameda	*park*
la avenida	*avenue*
el bulevar	*boulevard*
el callejón	*side street, alley*
el Zócalo	*main public square (Mexico)*

OTRAS PALABRAS Y EXPRESIONES

los bienes raíces	*real estate*
la venta	*sale*
alquilar (el alquiler)	*to rent (rent)*
buscar piso	*to look for a place to live*

1. Mire los anuncios de las páginas 314 y 315, que aparecieron en dos periódicos colombianos. ¿Cuál es la impresión que le dan de la calidad de la vida en las ciudades sudamericanas? Explique su respuesta. ¿Puede Ud. comparar esas ciudades con las grandes ciudades norteamericanas?
2. ¿Cómo serán los apartamentos de la Torre Ladera? ¿y el barrio donde se encuentra? ¿y las casas del conjunto residencial «Acrópolis»? ¿Quiénes vivirán en estas partes de Bogotá? ¿Cuáles son las ventajas y las desventajas de vivir en cada uno de estos sitios? ¿Cuál de los dos preferiría Ud.? En la lista de bienes raíces, ¿ve Ud. alguna casa que le gustaría más?
3. ¿Le gustaría más ir de compras al centro de Medellín o al almacén Calzado Super Envigado? ¿Por qué?
4. Imagínese que Ud. es un antropólogo del siglo XXX. Acaba de excavar las ruinas de una gran ciudad del siglo XX. Explíqueles a sus estudiantes universitarios el propósito de cada uno de los siguientes y descríbaselos. Recuerde que tiene que hablar en el tiempo pasado.

   a. un jardín zoológico o botánico
   b. un rascacielos
   c. un supermercado
   ch. un centro comercial
   d. un museo de arte, de historia o de historia natural
   e. un estadio
   f. un pequeño bar de barrio
   g. un café al aire libre
   h. una gasolinera
   i. una casa de pisos
   j. un parque de atracciones

B. Dramatizaciones

1. Buscando piso. Ud. busca piso en Bogotá, Colombia. El/La agente de bienes raíces le hace preguntas acerca de sus preferencias para poder encontrarle la vivienda perfecta. Luego el/la agente le recomendará un conjunto residencial, una casa de pisos o un barrio y le dirá por qué se lo recomienda.
2. Mudándose a otro sitio. Ud. trabaja para una gran empresa mexicana con sucursales (*branches*) en varios sitios. Ahora vive en la capital, pero

su jefe quiere trasladarlo/la a Saltillo, una ciudad mucho más pequeña cerca de la frontera estadounidense. Hágale preguntas sobre Saltillo. Su jefe tratará de convencerle de que la ciudad tiene todo lo que se puede desear.

C. Composición

Imagínese que Ud. escribe un artículo para un periódico mexicano acerca de la ciudad que Ud. conoce mejor. Escriba tres párrafos (de 8 a 10 oraciones cada uno) describiendo lo que se encuentra allí.

Primer párrafo: ¿Qué hay de mayor interés en el centro de la ciudad? Describa detalladamente los edificios, los parques y los museos más notables. ¿Hay algo que atraiga a los turistas de otras partes del país? Descríbalo.

Segundo párrafo: ¿Qué hay en las afueras de la ciudad? ¿En qué se diferencia la vida de las afueras de la de las vecindades urbanas?

Tercer párrafo: ¿Cuáles son algunos de los cambios que le gustaría ver realizados en esta ciudad? ¿Cambiaría Ud. la política? ¿el transporte público? ¿el sistema de enseñanza? ¿Por qué?

CAPITULO 14

¡REPASEMOS UN POCO!

Metas

- ▲ Hablar de otras partes de Hispanoamérica
- ▲ Practicar la voz pasiva

De vacaciones en Hispanoamérica

A. Se dice que Puerto Rico es la «Estrella del Caribe». ¿Puede Ud. adivinar por qué?

Según el anuncio, ¿qué se puede decir de la geografía de Puerto Rico? ¿de su cultura? ¿de su historia? ¿Sabe Ud. el nombre de la capital?

La isla (*island*) que llegaría a ser Puerto Rico fue «descubierta» por los españoles en 1493. ¿Puede Ud. adivinar a quién se le atribuye su descubrimiento? ¿Por qué se dice en el anuncio que los españoles eran unos recién llegados (*newcomers*) cuando llegaron?

Una de las ciudades más grandes de Puerto Rico se llama Ponce en honor del español Ponce de León, quien fue nombrado gobernador en 1509. ¿Sabe Ud. algo más acerca de él?

B. ¿Puede Ud. nombrar otros sitios de Latinoamérica que sean hermosos e interesantes? ¿Dónde quedan? ¿Cuáles son muy visitados por los turistas, incluso por los norteamericanos? ¿Sabe Ud. por qué razón es popular cada uno de esos lugares?

C. ¿Ha viajado Ud. a alguna parte de Hispanoamérica? ¿Puede describir ese lugar a la clase y decirle algo de su viaje? Si no ha estado allí nunca, ¿qué países o ciudades le gustaría visitar? ¿Por qué? ¿A qué parte no le gustaría ir? Explique.

Para comentar

¿Qué es lo que Ud. busca cuando va de vacaciones? ¿el sol y una buena playa? ¿un lugar de interés histórico, artístico o arqueológico? ¿una ciudad con tiendas elegantes y activa vida nocturna o un lugar pacífico en las provincias o el campo? Explique por qué prefiere tal sitio.

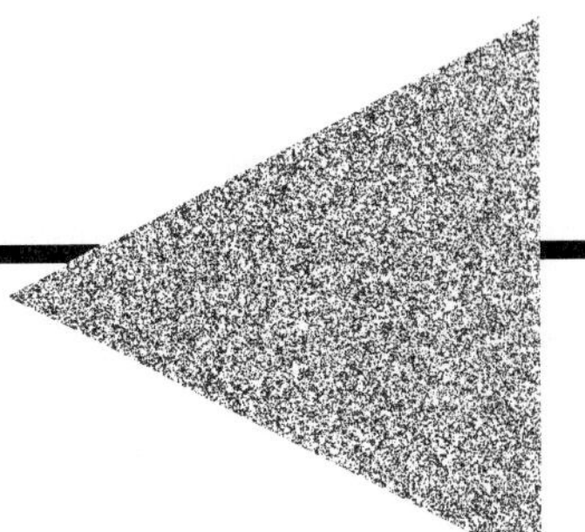

LECTURA: NARRACION

Vocabulario para leer

VERBOS

permanecer (zco)	to stay, remain
pertenecer (zco)	to belong

SUSTANTIVOS

el agricultor, la agricultora	farmer
el antepasado	ancestor
la cuadra	city block
la dama	lady
el dato	fact
el dios, la diosa	god, goddess
la escalera	stairway, staircase
la escritura	writing
la fuente	fountain; source
el guerrero	warrior, fighter
el hierro	iron
el muro	(outside) wall
la naturaleza	nature; disposition, temperament
la obra	work (*of art, music*)
la rueda	wheel
la selva	jungle
el techo	roof
el terreno	land, ground, terrain

ADJETIVOS

estrecho	narrow; close; tight
oculto	hidden
sagrado	sacred

MODISMO

sin embargo	nevertheless

A. Seleccione las palabras que mejor completan los siguientes párrafos.

El viaje que haremos a Colombia

A finales del año mi familia hará un viaje a Sudamérica para poder (saltar a la vista/llegar a conocer 1) Colombia, el país de nuestros (alcaldes/antepasados 2). Se dice que en San Andrés de Pisimbala, una (escalera divertida/aldea oculta 3) en las montañas, podremos encontrar algo que (pertenecía/elegía 4) a mi abuelo Ramón: una casa ubicada en el (terreno/techo 5) fértil donde él mismo trabajó por tantos años. El abuelito era un (agricultor/ama de casa 6) a quien le gustaba pasearse por los (cerros/incendios 7) cerca de su hogar. Pasaba la mayor parte de su vida disfrutando de la (rueda/naturaleza 8) de esa región.

Por supuesto, tenemos mucha prisa por llegar a aquel (dato/pueblo 9); (sin embargo/es decir 10) no podremos quedarnos allí mucho tiempo. Cuando lleguemos a Bogotá, pensamos ir (hecho y derecho/cuanto antes 11) al famoso Museo del Oro, donde (suspiran/permanecen 12) en exhibición unas (obras/damas 13) espléndidas de los chibchas, los habitantes originales, cuya capital se llamaba «Bacatá». Se dice que la (sagrada/actual 14) ciudad de Bogotá fue fundada por Gonzalo Jiménez de Quesada en 1538, mientras buscaba «El Dorado». Aunque los chibchas ofrecían sacrificios humanos a sus (dioses/esclavos 15), parece que no eran (guerreros/

maridos 16) muy feroces porque fueron (besados/conquistados 17) fácilmente por los españoles.

Mi papá insiste en que visitemos también Cartagena, la cual está rodeada de (hierros/muros 18) que fueron construidos por los españoles. Como en cualquier ciudad tradicional española, abundan allí parques, balcones y (fuentes/canchas 19). Nos han dicho que allí uno se siente como si estuviera viviendo en otra época, pues casi en cada (cuadra/selva 20) hay casas del siglo XVI, y uno puede (pasearse/apresurarse 21) lentamente por las calles (aburridas/estrechas 22) de la antigua ciudad.

B. Escoja la palabra del grupo B que es antónimo o sinónimo de cada palabra del grupo A.

A	B
1. el techo	el soldado
2. el muro	la tierra
3. el antepasado	el cultivador
4. la escritura	la estrella
5. el terreno	el caballero
6. el guerrero	el temperamento
7. la naturaleza	el piso
8. la fuente	la sangre
9. el agricultor	el descendiente
10. la dama	el origen
	la pared
	el documento

C. Imagínese que su compañero/a de clase es un niño (una niña) de habla española. Explíquele en español lo que significa cada palabra.

1. la cuadra 2. el dios, la diosa, Dios 3. el hierro 4. la rueda 5. la selva 6. la escalera 7. la fuente 8. la naturaleza 9. oculto 10. estrecho

Introducción a la lectura

The reality of many contemporary Latin American countries cannot be grasped without first understanding the contributions made by pre-Columbian cultures. There were three great pre-Columbian empires: the Aztecs of Central Mexico, the Mayans of Central America and the Yucatan Peninsula, and the Incas of the Andean mountains. This chapter's reading focuses on the Andean region—now made up of Ecuador, Peru, and Bolivia—whose Incan capital was Cuzco ("The World's Navel"), Peru. Close to Cuzco lies Machu Picchu, one of the premier archeological sites representing the lost grandeur of the Incan Empire. Surprisingly, the existence of the remote mountain site of Machu Picchu was only discovered in the early 1900s.

The author of this selection provides us with an informative narration, the type of travelogue one would expect in a magazine like *Geomundo.* He tries to keep his presence to a minimum by using impersonal **se** constructions and the passive voice, a technique that puts more emphasis on the ruins themselves. Also notice the frequent use of prepositions (**al pie de, frente a, desde, sobre, junto a, debajo de;** see **Vocabulario útil, Capítulo 10**) that help describe the mountain site.

What evidence does the author offer concerning the level of sophistication of Incan society? Why would anyone build a city like Machu Picchu in a remote area, considering the architectural headaches that the choice of such a site would imply? How does Machu Picchu (and its geographical isolation) exemplify the inherent physical problems confronting the political and social consolidation of the Andean region? Why might building modern communication networks (such as roads, telephone lines, railroads, etc.) be difficult in the region?

Can you name four Latin American countries that do not have large indigenous populations? Would you expect the Latin American countries without sizeable indigenous populations to have evolved economically, politically, and socially along lines similar to those of the Andean region or Central America?

MACHU PICCHU: 75 años después, todavía un misterio

ENRIQUE LAURENT

Tres cuartos de siglo después de su descubrimiento por el hombre moderno, Machu Picchu se aferra[1] tenazmente a sus secretos y sigue siendo un rebelde enigma, empeñado en desafiar[2] a historiadores y arqueólogos. Imposible decir si el misterio se resolverá algún día.

En un sitio separado del resto del mundo por gigantescos acantilados,[3] al pie de profundas gargantas[4] excavadas por el río Urubamba, en terrenos devorados por la selva, se encuentra la impresionante *ciudad perdida* de los incas, Machu Picchu. Hoy, después de 75 años de haber sido descubierta, continúa siendo uno de los misterios más grandes del mundo.

En ninguna de las crónicas españolas se menciona la probabilidad de una urbe[5] inca en el cerro de Machu Picchu. Evidentemente, los españoles nunca supieron de su existencia. Así, durante varios siglos, la ciudad permaneció oculta en las entrañas[6] de los majestuosos Andes peruanos.

No fue hasta 1911 que un intrépido arqueólogo norteamericano de la Universidad de Yale, Hiram Bingham, organizó una expedición en busca de la ciudad inca de Vilcabamba. Bingham, guiado por el agricultor peruano Melchor Arteaga, llegó el 24 de julio de 1911, después de un trayecto[7] de más de 2 500 metros por las montañas, a un pico[8] llamado por los indios *Machu Picchu.* Desde allí, lleno de emo-

[1] *clings* [2] empeñado... *persistent in defying* [3] *cliffs* [4] *gorges* [5] ciudad [6] partes interiores [7] viaje [8] parte superior de una montaña

ción, divisó,[9] envuelta en la maleza,[10] la imponente ciudad.

Cuando Bingham descubrió a Machu Picchu, estaba convencido de que había encontrado a Vilcabamba, aunque luego salió de su error. (El propio Bingham habría de excavar Vilcabamba al año siguiente.) De cualquier manera, el hallazgo[11] marcó un punto culminante en la exploración de la historia precolombina.

Cuando los españoles llegaron al Perú, fueron tomados por dioses, entre otras cosas porque su llegada coincidió con la división del Imperio Inca. Los incas creyeron que Pizarro era la encarnación del dios supremo, quien venía a resolver las disputas entre Huáscar y Atahualpa, los hermanos rivales, hijos del Inca XI, Huayna Cápac. Éste al dividir su reino entre sus dos hijos, inició el desmembramiento[12] y la caída del gran imperio. Poco tiempo después, los incas se percataron[13] de que los españoles no eran dioses, pues profanaban sus templos y robaban sin escrúpulos su oro y su plata.

Quizás, previendo que un día las Mujeres Escogidas se quedarían sin guerreros que las protegieran, los incas aseguraron para ellas un sitio inaccesible, amurallado[14] por sus constructores y por la propia naturaleza, un lugar que, como Machu Picchu, pudiese ser defendido por pocos hombres.

Si los incas vivieron permanentemente o sólo por temporadas[15] en Machu Picchu, no se sabe. Pero todo parece indicar que la ciudad fue, en efecto, un santuario especialmente escogido para albergar[16] a las Vírgenes del Sol. Así lo sugiere la proporción numérica de los esqueletos femeninos y masculinos encontrados por Bingham en las huacas (tumbas): diez femeninos por cada uno de hombre, de lo cual el arqueólogo dedujo[17] que los esqueletos debían pertenecer a esas damas incas, entre las cuales se seleccionaban las jóvenes sagradas, intocables para los demás incas, pues eran las Esposas del Sol, su dios. Sin embargo, como los incas no tenían escritura, ésta y otras teorías que tratan de explicar el misterio de Machu Picchu no pasan de ser[18] especulaciones científicas.

Machu Picchu ha sido considerada como la más perfecta de las construcciones incaicas. La ciudad, que cubre más de cinco kilómetros cuadrados,[19] fue construida sobre una serie de picos y riscos[20] muy pronunciados, imposibles de salvar, a menos que no sea por medio de los caminos fortificados hechos por los incas.

Lo primero que se divisa al llegar a Machu Picchu son sus terrazas simétricas, en las que seguramente los incas cultivaban papas, maíz y otros frutos. También, en la entrada de la ciudad, puede verse el intrincado sistema de riego[21] con fuentes y acueductos, alimentado con las aguas que corrían bajo tierra. Por todas partes se observan las ruinas de edificios. Entre éstos destacan el Templo del Sol, el *Intihuatana* (piedra del Sol), la Plaza Sagrada y el famoso Templo de las Tres Ventanas.

El Templo de las Tres Ventanas es una de las edificaciones más sugestivas de Machu Picchu. Se levanta en el costado[22] oriental de la Plaza Sagrada. Tiene muros en tres de sus lados y, en el otro, un pilar monolítico que sostiene el techo, detalle que lo distingue de todos los demás templos de la ciudad.

Según antiguas tradiciones peruanas, un oráculo había ordenado a Manco Cápac, fundador del Imperio Inca, edificar un palacio de tres ventanas en honor a *Inti,* el Sol, en el lugar de su nacimiento. La existencia de esta estruc-

[9] descubrió [10] *thicket* [11] descubrimiento [12] división [13] se... se dieron cuenta [14] rodeado de muros [15] ratos [16] darles donde vivir [17] concluyó [18] no... son sólo [19] *square* [20] *cliffs* [21] *irrigation* [22] lado

tura y una serie de datos históricos fueron los factores que llevaron a Bingham a afirmar que Manco Cápac había nacido, o por lo menos vivido, en Machu Picchu.

Las construcciones de Machu Picchu han reafirmado aun más la gloria de los incas como arquitectos e ingenieros. Algunos opinan que muchos de sus muros son más perfectos que los mejores de la ciudad del Cuzco.

Las edificaciones de Machu Picchu han hecho que los arqueólogos se repitan la misma pregunta: ¿cómo pudieron lograr esos cortes[23] perfectos y esa magnífica simetría unos constructores que no conocían la rueda, el torno,[24] el hierro o el cemento?

Casi todos los caminos para ir a Machu Picchu pasan primero por la ciudad del Cuzco, localizada a 1 126 Km al sur de Lima. Ésta es la capital arqueológica de la América del Sur. Sus escalinatas[25] y calles empedradas[26] al estilo español están llenas de vendedores que ofrecen a los turistas abrigos de lana y cerámicas típicas de vistosos[27] colores. Las mujeres, descendientes de los incas, con sus faldas emplias y sus curiosos sombreros, arrean[28] por las callejuelas a las llamas cargadas de mercancía; otras, con sus niños a la espalda, venden en las esquinas multicolores tejidos.[29]

La población del Cuzco es en su mayoría mestiza,[30] pero conserva los rasgos étnicos y muchas de las costumbres de sus antepasados, así como su lengua: el quechua. Por toda la ciudad se levantan imponentes los monumentos religiosos, donde la arquitectura refleja la fusión estrecha de las creencias incas con el cristianismo de los conquistadores.

Según los historiadores peruanos, los incas llegaron al Valle del Cuzco hacia el año 1100 D.C.,[31] aunque en esto no hay plena coincidencia[32] Hasta la llegada de los españoles, la maravillosa ciudad fue la capital del gran Imperio Inca. No hay calle del Cuzco en que no esté la presencia en piedra de esa antigua cultura. Los muros y las bases de muchos edificios, el pavimento de antiguos caminos aún en uso y las escaleras perfectamente trazadas[33] perpetúan el alto grado de ingeniería incaica. Sin embargo, los conquistadores no respetaron esa creación artística. No sólo fundieron[34] sus objetos de oro y plata, verdaderas obras de arte, sino que destruyeron casi todas sus edificaciones para construir iglesias y palacios sobre sus sólidos cimientos.

Del Cuzco sale un ferrocarril[35] que se dirige al cañón del Urubamba, el tormentoso[36] río que corre al pie de las montañas donde se encuentra Machu Picchu.

Las personas que deseen visitar la ciudad deben tomar allí un automotor que asciende los 500 metros que faltan del cerro por una de las carreteras más empinadas[37] del mundo.

Unas veinte cuadras antes de llegar a los muros más bajos de Machu Picchu, la carretera termina frente a un pequeño albergue,[38] desde el cual la ascensión a la *ciudad perdida* de los incas se termina a pie. Para todos cuantos la han visitado, la experiencia ha sido algo inolvidable.

Tomado de *GeoMundo*, junio de 1987.

[23] *vertical section of a structure* [24] *winch, windlass* [25] escaleras de piedra [26] hechas de piedra [27] brillantes [28] *drive* [29] *textiles* [30] mezcla de indio y europeo [31] después de Jesucristo [32] no... no todos piensan igual [33] planeadas [34] *melted down* [35] tren [36] *stormy* [37] *steep* [38] *hotel, hostel*

Las ruinas de Machu Picchu impresionan a cuantos las visitan.

¿Cuánto recuerda Ud.?

Todas las siguientes oraciones contienen información incorrecta. Diga en qué consisten las equivocaciones (*mistakes*).

1. La ciudad perdida de los incas se encuentra en la selva argentina.
2. Fue descubierta hace años por Hiram Bingham, un arqueólogo inglés.
3. El que mató a Bingham en Machu Picchu era un guerrero inca llamado Melchor Arteaga.
4. Al principio el arqueólogo pensó que había descubierto la fuente de la juventud porque en Machu Picchu encontró a miles de incas increíblemente jóvenes.
5. Los conquistadores españoles tomaron a los incas por dioses.
6. Huayna Cápac, el gran rey inca, dividió su reino entre su hijo Atahualpa y el español Pizarro, a quien quería muchísimo.
7. Los incas dejaron escrituras abundantes.
8. Es triste que los incas no supieran nada de arquitectura ni de ingeniería porque se han caído todos los muros espléndidos que construyeron.
9. La actual ciudad del Cuzco es un centro comercial totalmente moderno.
10. Debemos agradecerles a los conquistadores españoles por haber preservado tan cuidadosamente los edificios y las obras de los incas.
11. Es tan fácil visitar la ciudad perdida que muchos cuzqueños van a pie a Machu Picchu cada día para almorzar al aire libre antes de regresar a sus trabajos.

¿Qué opina Ud.?

Los conquistadores españoles destruyeron casi por completo las culturas indígenas que encontraron en América. ¿Sabe Ud. por qué lo hicieron? ¿Cuáles eran sus motivos? A juicio de Ud., ¿es más tolerante el hombre moderno con respecto a los otros seres humanos? ¿Es más compasivo? ¿más destructivo? Piense en los antropólogos que estudian a los indígenas primitivos de Sudamérica, en los países que conquistan a otros por medio de la guerra, en el terrorismo y en las relaciones entre los países más poderosos y los menos desarrollados. ¿Tenemos derecho a criticar a los conquistadores españoles? Explique.

GRAMATICA EN CONTEXTO

38. Passive Voice

Se constructions with passive meanings were presented in **Capítulo 10.**

Se construyó la catedral en 1582.

Two other passive constructions with the past participle exist in Spanish: **ser** + *past participle* and **estar** + *past participle.*

You already know that in an active sentence the agent (usually human) is also the subject of the verb.

El Sr. Becerra **construyó** el edificio en 1582.

In a passive sentence, things are reversed. The agent, which may or may not be expressed, is not the subject. Instead, the logical recipient or object of the action becomes the subject.

El edificio **fue construido** (por el Sr. Becerra) en 1582.

A. **Ser** + *past participle* (+ **por** + human agent)

This construction always implies a human agent. When the agent is included in the sentence, it is normally introduced by the preposition **por.** Since **ser** serves as a linking verb in this construction, the past participle (see **Capítulo 2,** p. 55) functions as an adjective and, therefore, agrees in number and gender with the subject. The passive **ser** construction is usually avoided in spoken Spanish; it appears more frequently in writing.

Los templos nunca **fueron techados** (*roofed*).
Machu Picchu podría **ser defendido por** pocos hombres.
Esta ciudad **ha sido considerada** como la más perfecta construcción (**por** los arquitectos).

B. **Estar** + *past participle* (no human agent implied)

A similar construction can be formed with the linking verb **estar;** however, it does not imply a human agent. The focus is on the condition or state that results after a particular action has been concluded. Again, the past participle functions as an adjective.

Los muros **están formados** por bloques de granito.[1]
Las calles **están empedradas** al estilo español.
El convento es famoso por los libros originales que **están alojados** en su biblioteca.

¡Practiquemos!

A. Machu Picchu: ¿Cómo construyeron y cómo está construida esta ciudad? Trabajando en pares, hagan oraciones usando las siguientes palabras. Decidan si hay un agente (explícito o implícito), es decir, si deben usar una construcción pasiva con **estar** o con **ser.** Usen el presente o el pretérito.

MODELOS: Machu Picchu/localizar en los Andes →
Machu Picchu está localizada en los Andes.

Machu Picchu/destruir/el tiempo →
Machu Picchu fue destruida por el tiempo.

1. los muros/labrar de piedra
2. las ruinas/descubrir/Hiram Bingham
3. la ciudad/fortificar/los ingenieros incaicos
4. el sitio/envolver en la maleza en 1911
5. la creación artística/no respetar/los españoles
6. las joyas/realizar en oro y plata
7. los terrenos/devorar/la selva
8. las disputas entre Huáscar y Atahualpa/resolver violentamente/Pizarro

B. ¿Cómo construyeron y cómo está construida su casa? Trabajando en pares, háganse preguntas sobre las casas donde viven o donde crecieron (*grew up*).

MODELO: localizar (en un barrio bonito, en el centro) →
A: ¿Está localizada tu casa en un barrio bonito o en el centro?
B: Está localizada en un barrio bonito.

1. hacer (de madera, de piedra, de ladrillo [*brick*])
2. situar (en el campo, en la ciudad, en las afueras)
3. amurallar/cercar (*to fence*) (toda la casa, el jardín, el frente de la casa)
4. bien conservar (el techo, el exterior, el interior)

---

[1] The blocks of granite are not considered an agent; like other adverbial phrases (**a mano, en fila, en pocos años, por vapor**), they refer to the way in which the action was performed.

5. alfombrar (*to carpet*) (la sala, la cocina, las alcobas)
6. modernizar (la cocina, el baño)
7. pintar (en blanco y negro, en ?)
8. construir (en 19??)

39. Past Participle Used As Adjective

Any past participle can be used as an adjective to represent the result of a completed action. As an adjective, it agrees in number and gender with the noun it modifies.

Allí está el **pico llamado** Machu Picchu por los indios.
En un **sitio separado** del resto del mundo, en **terrenos devorados** por la selva, se encuentra Machu Picchu.
Desde allí se ve, **envuelta** en la maleza, la imponente **ciudad.**
El número de los **esqueletos** femeninos y de los masculinos **encontrados** es diferente.
Hay que ir a la **ciudad** del Cuzco, **localizada** a 126 Km al sur de Lima.
Hiram Bingham llegó **agotado** a la **ciudad perdida.**

¡Practiquemos!

¡Dígamelo con menos palabras! Trabajando en pares, junten dos oraciones en una sola por medio del participio pasado usado como adjetivo.

MODELO: Sus paredes son de piedra. La piedra fue labrada (*chiseled*). →
Sus paredes son de piedra labrada.

1. Hiram Bingham descubrió Machu Picchu. Bingham fue guiado por un agricultor peruano.
2. Los españoles llevaron las joyas. Las joyas estaban hechas de oro y plata.
3. La gente del Cuzco conserva los rasgos étnicos. Los rasgos son heredados de los incas.
4. Las escaleras muestran el grado que había alcanzado la ingeniería. Las escaleras estaban perfectamente trazadas.
5. El museo del Cuzco tiene obras de arte en joyería. Las obras de arte fueron realizadas por los orfebres (*goldsmiths*) incaicos.
6. En el Cuzco se pueden ver estructuras arquitectónicas de origen cristiano o europeo. Esas estructuras se mezclan con otras de origen inca.

40. *Nosotros* Commands

A. First-person plural commands ("Let's . . . ") are formed by using the **nosotros** form of the present subjunctive (see the **Indice morfológico,** page 350, for a review of forms).

Visitemos las ruinas de Machu Picchu.
Subamos a Machu Picchu a pie.
No **subamos** a Machu Picchu a pie. ¡Estoy cansado!
No **visitemos** el Cuzco porque no hay tiempo.

B. For affirmative **nosotros** commands only, the expression **vamos a** + *infinitive* is equivalent in meaning to the subjunctive form.

Vamos a visitar las ruinas de Machu Picchu.
Vamos a subir a pie.

C. Object pronouns are attached to the end of affirmative commands and are placed before negative commands.

¿Dónde sacamos una foto? **Saquémosla** desde aquí.
No la saquemos desde aquí; aquí no se ven las montañas.

When forming affirmative commands with reflexive verbs, the **-s** of the **-mos** ending is dropped. Also drop the **-s** before the object pronoun **se.**

¡**Quedémonos** en el albergue de Machu Picchu!
Queremos sacar más fotos. **Digámoselo** al guía ahora mismo.

The verb **irse** (*to leave, go*) has an irregular form: **vámonos** (not "**vayámonos**").

¡Practiquemos!

¡Hagamos algo! Ud. y unos amigos están de turistas en la ciudad del Cuzco y en este momento se encuentran en el cuarto del hotel. De repente a todos se les ocurre una serie de ideas fabulosas. Cambien las preguntas por mandatos afirmativos o negativos en plural. No se olviden de colocar correctamente los pronombres de complemento directo o indirecto cuando sea necesario.

MODELO: A: ¿Recorremos la parte antigua del Cuzco?
B: ¡Recorrámosla!

1. ¿Buscamos otro restaurante?
2. ¿Comemos la especialidad del día?
3. ¿Empezamos a cenar inmediatamente?
4. ¿Le pedimos instrucciones al gerente del hotel para llegar a la plaza?
5. ¿Caminamos a la plaza mayor para tomar algo?
6. ¿Nos sentamos en la terraza del café?

7. Si hay unas señoritas o muchachos guapos, ¿les decimos algo?
8. ¿Tomamos el tren a Machu Picchu mañana?

Gramática en acción

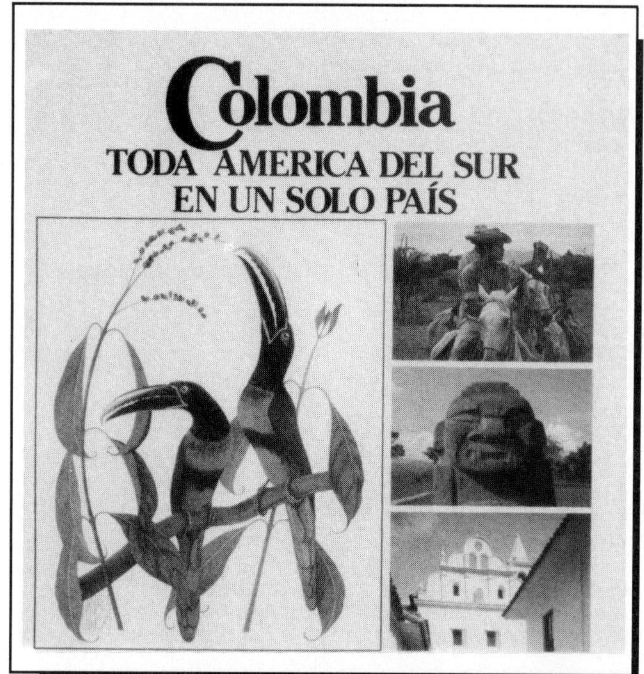

A. Toda América del Sur. Trabajando en pares, describan los lugares de turismo que ven en el anuncio «Colombia: Toda América del Sur en un solo país». Usen el participio pasado como adjetivo en su descripción.

MODELO: fuente/situar en el centro →
Bogotá tiene una fuente situada en el centro.
o: Se encuentra una fuente situada en el centro.
o: El turista verá una fuente situada en el centro.

A	B
puertas	construir al estilo colonial
muros	fabricar de hierro y madera
ídolos precolombinos	pintar de blanco
naturaleza	conservar en su estado puro
campos	no explorar por el hombre
selvas (*jungles*)	tallar (*to sculpt*) en piedra
edificios	reservar para cultivar el café

B. ¿Visitemos la catedral? Trabajando en pares, imagínense que van a Colombia. Usando los mandatos en plural (**nosotros**), hagan sugerencias de las cosas que pueden hacer allí.

MODELO: visitar la catedral →
A: Visitemos la catedral./Vamos a visitarla.
B: Sí, visitémosla./No, no la visitemos.

1. permanecer (o quedarse) dos semanas
2. ver el Museo del Oro en Bogotá
3. pasar un día viendo las ruinas precolombinas
4. ir a la selva
5. sacar fotos de los pájaros tropicales
6. visitar un cafetal (*coffee plantation*)
7. vivir en el campo varios días
8. viajar a la costa

¡HABLEMOS, PUES!

A. Vocabulario útil: La naturaleza

LAS MONTANAS

la barranca	*gorge, gully, ravine*
el cañón	*canyon*
la catarata	*waterfall*
la cordillera, la sierra	*mountain range*
la colina, la cuesta, la loma, el cerro	*hill*
la cumbre, la cima, el pico	*mountain top*
el valle	*valley*
el volcán	*volcano*

La cordillera de los Andes parte el lado oeste de América del Sur, pasando por Colombia, el Ecuador, el Perú, Bolivia, Chile y la Argentina.

Las hermosas cataratas del Iguazú (70 m. de altura) separan el territorio argentino del brasileño.

LOS CUERPOS DE AGUA

el arroyo — *stream, brook*
la bahía — *bay*
el estanque — *pond*
el estrecho — *strait*
el golfo — *gulf*
el lago — *lake*
la laguna — *lagoon*
el/la mar — *sea*
el océano — *ocean*
el río — *river*

LA TIERRA

el bosque — *forest*
el cabo — *cape*
el desierto, el yermo — *desert, wilderness*
la isla — *island*
el istmo — *isthmus*
la pampa, la pradera, la vega, la llanura, el llano — *prairie, grassland, fertile plain*
la península — *peninsula*
el prado — *meadow*
la selva — *jungle*

ADJETIVOS

ancho (*broad, wide*)	angosto, estrecho (*narrow*)
arenoso (*sandy*)	rocoso (*rocky*)
duro	blando, suave (*soft*)
empinado (*steep*)	
frígido	caluroso
lluvioso (*rainy*)	nevado (*snowy*)
montañoso	plano (*flat, level, even*)
seco (*dry*)	húmedo
ártico, templado, tropical	

El lago Titicaca está situado en la altaplanicie andina a 3.815 m. de altura, entre el Perú y Bolivia.

1. Usando el **Vocabulario útil,** describa detalladamente lo que se ve en cada foto y explique lo que es una catarata, un lago y una cordillera. ¿Sabe Ud. algo acerca de los lugares naturales ilustrados aquí? Compárelos con otros lugares que quedan más cerca de donde Ud. vive.

2. Comente lo que Ud. sabe o puede adivinar de los siguientes lugares con respecto a su posición geográfica, su terreno y su importancia histórica, geográfica o política.

   a. el istmo de Panamá
   b. el cabo de Hornos
   c. la península de Yucatán
   ch. el río Grande
   d. el mar Mediterráneo
   e. Baja California
   f. la Sierra Nevada
   g. la bahía de los Cochinos (*Pigs*)
   h. el estrecho de Gibraltar
   i. el golfo de México
   j. el océano Pacífico

B. Dramatizaciones

1. Viajando a un lugar exótico. Imagínese que Ud. visita a un/una agente de viajes para planear un viaje a un lugar donde nunca haya estado antes. Puede elegir entre Egipto, Siberia, un viaje en barco por el río Amazonas y un safari en las praderas del Africa. Hablen abiertamente de las ventajas y desventajas de los diferentes lugares.
2. Comprando una propiedad lejana. Un/Una agente de bienes raíces quiere venderle una propiedad en otra parte del país (quizás en Colorado, en La Florida, en Alaska, en Hawai, etcétera). Ud. no sabe nada de ese sitio. Hágale preguntas sobre el terreno. Su agente intentará convencerle de que compre la propiedad.

C. Composición

Imagínese que un amigo suyo piensa ir a un lugar fascinante del cual Ud. acaba de regresar. En tres párrafos (de 8 a 10 oraciones cada uno) infórmele de su viaje. (Fíjese que en el segundo párrafo hay dos opciones.)

Primer párrafo: ¿Cuándo hizo Ud. el viaje a... ? ¿Cuánto tiempo duró? ¿Alguien lo/la acompañó? ¿Qué preparativos había hecho antes? ¿Con quién o qué libro consultó antes de viajar? ¿Aprendió por este medio algo útil?

Segundo párrafo:

(1ª opción) ¿Ocurrió algún incidente memorable mientras viajaba? Relate todo lo que pasó.

(2ª opción) Describa lo más interesante que Ud. vio. ¿Tuvo Ud. que hacer algo especial para verlo?

Tercer párrafo: ¿Le recomienda a su amigo que haga el mismo viaje? ¿Por qué? ¿Qué le sugiere que haga antes de salir? ¿y al llegar a ese lugar? Explique sus respuestas.

CAPITULO 15

¡REPASEMOS UN POCO!

Metas

- Simular una elección latinoamericana
- Comparar y contrastar algunos aspectos de la política latinoamericana

Una importante elección nacional

Imagínese que se acerca una importante elección nacional en la Argentina y que en la actualidad la Unión Cívica Radical (UCR) controla los puestos más importantes.

La clase se ha de dividir en tres partidos políticos: el derechista, el izquierdista y el centrista. Todos se oponen a la UCR. Se junta cada partido para:

1. escoger un nombre y un lema (*slogan*) para su partido
2. elaborar una lista de los cinco puntos que *no* ha realizado la UCR
3. elaborar otra lista de las cinco metas políticas que tiene el partido
4. escoger un líder que pueda representarlos en el debate que sigue

Para comentar

A. Delante de los votantes argentinos (la clase entera), los tres líderes presentan las plataformas de sus partidos.

B. Luego los votantes argentinos les hacen preguntas a los líderes sobre los siguientes asuntos:

1. cómo se definen a sí mismos comparados con los otros partidos (quiénes son más/menos responsables, justos, competentes, fuertes, etcétera).
2. el partido que hará más/menos por el bienestar del pueblo (educación, salud, construcción de hospitales y carreteras, defensa, política exterior, etcétera).
3. todo lo bueno que cada partido les ofrece a los ciudadanos del país.
4. todo lo malo que va a ocurrir si se elige a los candidatos de los otros partidos.

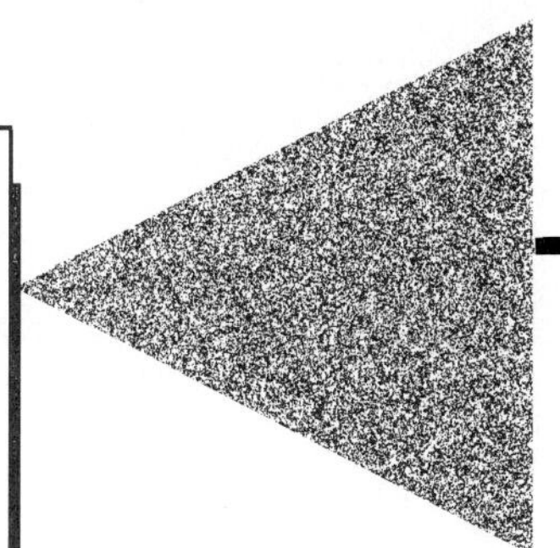

"...promover el bienestar general..."

EN DEMOCRACIA, PODEMOS:

Porque un millón doscientas mil familias recibieron el Programa Alimentario Nacional.
Porque seiscientos mil chicos comen en los comedores escolares.
Porque cuatrocientos mil habitantes de villas de emergencia participan del plan PROAGUA.
Porque tenemos un Acuerdo de Paz con el pueblo chileno.
Porque iniciamos la integración con el Brasil.
Porque integramos el grupo de Apoyo Contadora.
Porque bajamos la inflación.
Porque incrementamos la producción industrial.
Porque aumentó la inversión reproductiva.
Porque creció el ingreso real de los asalariados.
Porque enfrentamos con firmeza el problema de la deuda externa.
Porque se realizaron elecciones sindicales y hoy la CGT está normalizada.
Porque estamos derogando las leyes sindicales de la Dictadura.
Porque las universidades son autónomas, los rectores han sido electos por los claustros y los estudiantes participan del cogobierno universitario.
Porque las cátedras universitarias se han concursado democráticamente y hay libertad de enseñanza.
Porque dos millones de argentinos pueden hoy normalizar su situación familiar.
Porque creamos el Fondo de Asistencia de Medicamentos.
Porque reanudamos las obras de Yaciretá.
Porque estamos tendiendo un millón de nuevas líneas telefónicas.
Porque realizamos el Plan Nacional de Alfabetización.
Porque organizamos el Congreso Pedagógico Nacional.
Porque la música está en las plazas y el cine argentino sorprende al mundo.
Porque a pesar de la crisis, los argentinos hicimos todo esto.

VOTE LISTA 3

LECTURA: OPINION

Vocabulario para leer

VERBOS

desdeñar	to scorn, disdain
intentar	to try
liberar	to free
pelear	to fight
suprimir	suppress
traicionar	to betray

SUSTANTIVOS

la batalla	battle
la clave	key (*to a mystery or code*)
la debilidad	weakness, debility
la derrota	defeat
la dictadura	dictatorship
la huelga	strike
la isla	island
el machismo	masculinity, exaggerated pride in male qualities
la mentira	lie, falsehood
la pobreza	poverty
el quehacer	task, chore, duty
el relato	story
la riqueza	wealth (*pl.* riches)

ADJETIVOS

desastroso	disastrous
equívoco	ambiguous

MODISMO

a menudo	often

A. Seleccione las palabras que mejor completan los siguientes párrafos.

Asegurándonos la libertad unos a otros

Ningún país está aislado en el mundo porque las (islas/claves 1) políticas no existen. Cada vez que se (intenta/ubica 2) suprimir la libertad en una parte, se pierde igualmente en todas. A menudo la gente se olvida de esto, pero a cada rato los (relatos/esfuerzos 3) de otros para liberarse de las (huelgas/dictaduras 4) nos recuerdan esta verdad (imprescindible/equívoca 5).

A pesar de la (riqueza/debilidad 6) material de algunos países no debemos (traicionar/desdeñar 7) a los que viven en otras partes menos afortunadas. La pobreza y la opresión en muchas naciones son (espantosas/sagradas 8), pero no se deben considerar inevitables. Hay personas que (pertenecen/pelean 9) constantemente para conseguir lo que nosotros tomamos por dado. Los obreros van a la (gaveta/huelga 10) demandando que se mejoren las condiciones de su trabajo. Igualmente comunes son las (fuentes/batallas 11) de las minorías para conseguir que sus (derechos/quehaceres 12) de igualdad sean reconocidos. Si no tienen éxito «los pobres de la tierra», como los llamó el famoso poeta cubano José Martí, los resultados serán (desastrosos/sagrados 13) para toda la familia humana.

B. ¿Con qué verbos se relacionan los siguientes sustantivos y adjetivos?

1. equívoco 2. el desdén 3. la derrota 4. la pelea 5. el relato 6. la traición 7. la riqueza 8. la mentira

C. Imagínese que su compañero/a de clase es un niño (una niña) de habla española. Explíquele en español lo que significa cada palabra.

1. el quehacer 2. la pobreza 3. la clave 4. la huelga 5. la dictadura 6. el machismo 7. suprimir 8. liberar 9. desastroso 10. a menudo

Introducción a la lectura

Octavio Paz

Octavio Paz (b. 1914) is Mexico's foremost essayist as well as a poet, novelist, academic, and diplomat. His widely acclaimed book, *El laberinto de la soledad,* remains the starting point for all modern cultural interpretations of Mexican society. Although his political views have been disparaged by some as being too conservative, Paz's writings command respect among people of all political persuasions throughout Latin America.

In the following essay, Paz summarizes his views on Central America and the development of Latin America in general. His writing is stylistically simple—there are few action verbs and fewer switches in verb tense—and yet his ideas are deceptively complex. You may have to read this concise essay several times to digest all the ideas.

Paz demands much of the reader. He expects his reader to remember how long the Cuban Revolution has been going on and how frequently military dictatorships occur in this hemisphere; to be familiar with how Mexico's one-party "democracy" under the PRI (Partido Revolucionario Institucional) has succeeded in maintaining stability; and to realize how often the United States has interfered with that process. Linguistically, he expects the reader to understand the antecedents of pronouns like *us, them,* and *it.*

Paz's main thesis is that democracy without independence is doomed. As you read, think about why Paz feels that independence in Latin America is in jeopardy. What does this crisis have to do with **el coronel o el comisario?** To which two political systems is he referring? Which is worse in Paz's opinion?

What problems does Paz see in trying to define the word "underdevelopment"? Is there more than one defining criterion?

Why does Paz believe that succession is the most serious problem facing all Latin American political systems? What economic and cultural model does Paz look to for inspiration in that quest for democracy? Is it the U.S. model?

Paz is not just writing to describe, criticize, or analyze. Read the last seven sentences (beginning with **"En esto . . . "**) and decide why he has written this essay.

«América Latina y la democracia»
OCTAVIO PAZ

En la situación de la América Central está inscrita, como en clave, la historia entera de nuestros países. Descifrarla es contemplarnos, leer el relato de nuestros infortunios.° El primero, de fatídicas° consecuencias, fue el de la independencia: al liberarnos, nos dividió. La fragmentación multiplicó a las tiranías y las luchas entre los tiranos hicieron más fácil la intrusión de los Estados Unidos. Así, la crisis centroamericana presenta dos caras. Una: la fragmentación produjo la dispersión, la dispersión la debilidad y la debilidad ha culminado hoy en una crisis de la independencia: América Central es un campo de batalla de las potencias.° Otra: la derrota de la democracia significa la perpetuación de la injusticia y de la miseria física y moral, cualquiera que sea el ganador, el coronel o el comisario.° Democracia e independencia son realidades complementarias e inseparables: perder a la primera es perder a la segunda y viceversa. Hay que ayudar a los centroamericanos a ganar la doble batalla: la de la democracia y la de la independencia.

misfortunes / ominosas
los países más poderosos
commissioner

Los problemas de la América Latina, se dice, son los de un continente subdesarrollado. El término es equívoco: más que una descripción es un juicio. Dice pero no explica. Y dice poco: ¿subdesarrollo en qué, por qué y en relación con qué modelo o paradigma? Es un concepto tecnocrático° que desdeña los verdaderos valores de una civilización, la fisonomía° y el alma de cada sociedad. Es un concepto etnocentrista. Esto no significa desconocer los problemas de nuestros países: la dependencia económica, política e intelectual del exterior; las inicuas° desigualdades sociales, la pobreza extrema al lado de la riqueza y el despilfarro,° la ausencia de libertades públicas, la represión, el militarismo, la inestabilidad de las instituciones, el desorden, la demagogia, las mitomanías,° la elocuencia hueca,° la mentira y sus máscaras, la corrupción, el arcaísmo° de las actitudes morales, el machismo, el retardo° en las ciencias y en las tecnologías, la intolerancia en materia de opiniones, creencias y costumbres. Los problemas son reales, ¿lo son los remedios? El más radical, después de veinticinco años de aplicación, ha dado estos resultados: los cubanos son hoy tan pobres o más que antes y son mucho menos libres; la desigualdad no ha desaparecido: las jerarquías son distintas pero no son menos sino más rígidas y férreas;° la represión es como el calor: continua, intensa y general; la isla sigue dependiendo, en lo económico, del azúcar y, en lo político, de Rusia. La Revolución cubana se ha petrificado: es una losa° de piedra caída sobre el pueblo. En el otro extremo las dictaduras militares han perpetuado el desastroso e injusto estado de cosas, han abolido las libertades públicas, han practicado una cruel política de represión, no han logrado resolver los problemas económicos y en muchos casos han agudizado° los sociales. Y lo más grave: han sido y son incapaces de resolver el problema

de expertos industriales
apariencia física
malas
extravagancia
manía de decir mentiras
vacía / *archaism (outdated state)*
backwardness
fuertes (como hierro)
tumba
hecho peores

político central de nuestras sociedades: el de la sucesión, es decir, el de la legitimidad de los gobiernos. Así, lejos de suprimir la inestabilidad, la cultivan.

La democracia latinoamericana llegó tarde y ha sido desfigurada y traicionada una y otra vez. Ha sido débil, indecisa, revoltosa,° enemiga de sí misma, fácil a la adulación del demagogo, corrompida° por el dinero, roída° por el favoritismo y el nepotismo. Sin embargo, casi todo lo bueno que se ha hecho en América Latina, desde hace un siglo y medio, se ha hecho bajo el régimen de la democracia o, como en México, *hacia* la democracia. Falta mucho por hacer. Nuestros países necesitan cambios y reformas, a un tiempo radicales y acordes con° la tradición y el genio° de cada pueblo. Allí donde se han intentado cambiar las estructuras económicas y sociales desmantelando al mismo tiempo las instituciones democráticas, se ha fortificado a la injusticia, a la opresión y a la desigualdad. La causa de los obreros requiere, ante todo, libertad de asociación y derecho de huelga: esto es lo primero que le arrebatan° sus liberadores. Sin democracia los cambios son contraproducentes; mejor dicho: no son cambios. En esto la intransigencia es de rigor y hay que repetirlo: los cambios son inseparables de la democracia. Defenderla es defender la posibilidad del cambio; a su vez, sólo los cambios podrán fortalecer a la democracia y lograr que al fin encarne° en la vida social. Es una tarea doble e inmensa. No solamente de los latinoamericanos: es un quehacer de todos. La pelea es mundial. Además, es incierta, dudosa. No importa: hay que pelearla.

rebellious, riotous
corrupted / gnawed away
acordes... de acuerdo con
temperamento, carácter
quitan
tome forma

Tomado de *Tiempo nublado* (Barcelona: Seix Barral, S.A., 1986).

PENSANDO EN LA ELECCION DE ALCALDES
NO ME GUSTA LA IZQUIERDA.
NO ME GUSTA LA DERECHA.
NO ME GUSTA EL CENTRO.
ME TEMO QUE VOY A TENER QUE
¡RME A VOTAR AL EXTRANJERO
Mingote

¿Cuánto recuerda Ud.?

¿Cuáles de los siguientes son problemas de los países hispanoamericanos según el ensayo de Octavio Paz?

1. Se identifican demasiado con los Estados Unidos, lo cual les hace perder su propia cultura.
2. Al conseguir la libertad política de España, se dividieron en unidades pequeñas, en vez de organizarse de una manera más fuerte.
3. Casi todos tienen gobiernos comunistas porque prefieren la seguridad económica a las peleas democráticas.
4. Son subdesarrollados económica, política e intelectualmente; por eso dependen de los países más desarrollados.
5. Hay extremos espantosos de pobreza y riqueza, represión y una gran corrupción en sus jerarquías políticas.
6. Miran hacia Cuba como inspiración porque ésta ha logrado un fenomenal éxito económico desde su revolución.
7. No han podido establecer la legitimidad de sus gobiernos; la ausencia de reglas para la sucesión de un líder a otro produce la inestabilidad política.
8. No hay modelos de democracia para guiarlos.
9. A los obreros no les interesa hacer huelgas para conseguir sus derechos.
10. Comparten el quehacer de todo el mundo: pelear para lograr la democracia.

¿Qué opina Ud.?

A. En su ensayo, Paz describe «el problema político central de nuestras sociedades: el de la sucesión, es decir, el de la legitimidad de sus gobiernos». Explique lo que significa la sucesión en este contexto. ¿Está Ud. de acuerdo con la evaluación de Paz sobre la importancia de ese problema? ¿Qué pasa si un país no tiene un plan establecido para la sucesión de sus líderes? ¿Comparten los Estados Unidos este problema? ¿Por qué sí o por qué no?

B. ¿Cómo es que al votante hispanoamericano frustrado del dibujo de la página 339 no le gusta ninguna de las opciones políticas que tiene? ¿Se parece de alguna manera al típico votante norteamericano? ¿Conoce Ud. a algunas personas que no tengan interés en votar? ¿Cuáles son sus razones? ¿Es mejor votar de todos modos, incluso si uno de veras no está a favor de ningún candidato? ¿O es que la acción de *no* votar también es una manera de votar?

C. En su ensayo, Paz juega constantemente con sinónimos y antónimos como democracia e independencia, libertad y dependencia, tolerancia e intransigencia. ¿Puede Ud. encontrar otros ejemplos en el ensayo? ¿Cuál es el propósito de esta técnica?

GRAMATICA EN CONTEXTO

41. Comparatives and Superlatives

A. Comparatives

There are two types of comparisons.

1. Comparisons of Equality

tan + {*adjective* / *adverb*} + **como**

tanto/a/os/as + *noun* + **como**

verb + **tanto como**

Los cubanos son hoy **tan** pobres **como** antes.
Tienen **tantos** problemas **como** antes.
Los obreros cubanos trabajan **tanto como** los norteamericanos.

2. Comparisons of Inequality

más/menos + {*adjective* / *noun* / *adverb*} + **que**

verb + **más/menos** + **que**

Los cubanos trabajan **más que** los norteamericanos.
Las jerarquías en Cuba son **más** férreas ahora **que** antes.
Los cubanos de hoy son mucho **menos** libres **que** los de antes.

A few comparative forms are irregular.

grande[1]/viejo	mayor(es)
joven	menor(es)
bueno	mejor(es)
malo	peor(es)

Fidel Castro es **menor que** Octavio Paz.
Los problemas políticos son **peores que** antes.

[1] When **grande** refers to physical size, not age or greatness, the comparative forms are regular: **Norteamérica es más grande que Cuba.**

When expressing inequalities of numbers, use **de** instead of **que.**

En Miami un obrero ganaba **más de** $12.000 al año.
El gobierno cubano liberó a **más de** 20 prisioneros políticos.

B. Superlatives
Superlative comparisons single out one member of a group as being the highest or lowest example of its kind. Normally, superlatives are formed as follows:

article + (*noun*) + **más/menos** + *adjective*

El remedio **más** radical ha sido la revolución cubana.
La sucesión política es **la** cuestión **más** grave.

The irregular forms usually precede the noun.

El machismo es **el peor** dictador.
La democracia nos ha dado **los mejores** resultados hasta ahora.

¡Practiquemos!

A. ¿Más, menos o iguales? Trabajando en pares, y usando la información que tengan, hagan una comparación de los sistemas económico, político o social de los Estados Unidos con los de Cuba o Rusia.

MODELO: (la economía/ser/estable) →
La economía cubana es menos estable que la estadounidense.
o: La economía cubana es más estable que la estadounidense.
o: La economía cubana es tan estable como la estadounidense.

1. los obreros/tener/huelgas
2. el gobierno/suprimir/los derechos humanos
3. haber/pobreza
4. la gente/trabajar
5. los líderes/decir/mentiras
6. el país/tener/riqueza
7. la gente/ser/rico
8. el sistema político/tener/puntos débiles
9. las personas/pelear
10. las familias/divertirse

B. Hablando de casos extremos... Trabajando en pares, un estudiante hace la pregunta y el otro da la respuesta.

MODELO: ensayista/bueno →
A: ¿Quién es el mejor ensayista de México?
B: Octavio Paz es el mejor ensayista mexicano.

1. país/democrático 2. persona/tiránico 3. líder político/desastroso 4. continente/pobre 5. dictador/malo 6. líder/viejo 7. sistema de gobierno/rígido 8. derecho/importante

42. The Infinitive Used As Noun

An infinitive can occur wherever a noun appears: as the subject or complement of a verb and as the object of a preposition. When functioning as a noun, an infinitive is considered to be masculine singular.

As the subject of a verb:

> **Descifrar** la historia **es** necesario.
> **Mantener esta inestabilidad** les **traerá** problemas a los EE.UU. en el futuro.
> **Perder** a la democracia **es** perder a la independencia y viceversa.

As the object of a preposition:

> Falta mucho **por hacer.**
> **Al liberarnos,** nos dividió.
> **Para fortalecer** la economía es precisa la independencia.

As the complement of a verb:

> Todos queremos **defender** nuestra libertad.
> Podrán **fortalecer** los sistemas políticos.
> Hay que **ayudar** a los centroamericanos.

43. More on *-ndo* (the Gerund)

A. Auxiliaries for the Progressive Tenses. **Capítulo** 5 mentioned that auxiliaries other than **estar** can be used with the progressive tenses, particularly for verbs of movement. The following list shows some frequently used auxiliaries along with their respective differences in meaning:

- **ir + -ndo:** Emphasizes the idea of gradual movement toward a goal.
  Van peleando por la democracia.
- **venir + -ndo:** Focuses on the continuation of an event, from its very beginning up through the present.
  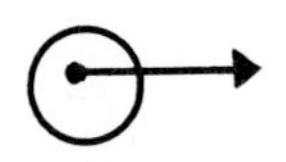
  Los EE.UU. **vienen peleándose** con los soviéticos desde hace años.
- **andar + -ndo:** Indicates disorganized or nonlinear movement (often with a negative connotation).

  El tirano **anda robando** el tesoro nacional.

▲ continuar } + -ndo: Focuses on repeated or habitual events.
▲ seguir } La isla de Cuba **sigue dependiendo** de Rusia.

B. Remember (**Capítulo 5**) that the gerund (**-ndo**) can function like an adverb, telling how or under what conditions an event occurs. But **-ndo** is never used as an adjective, unlike the gerund (*-ing*) in English, which may be used as an adjective. In Spanish only an adjectival clause can express that type of meaning.

-ndo used as an adverb:

Tenemos que pelear aún **sabiendo** la dificultad.
Hemos tratado de cambiar el sistema **desmantelando** las viejas instituciones.

Adjective clauses used to express *-ing* meaning:

Aquellos países **que pelean** por la independencia quieren la democracia.	*Those countries fighting for their independence want democracy.*

¡Practiquemos!

A. ¿Cómo va a cambiar las cosas el nuevo gobierno? Trabajando en pares, combinen las dos frases en una sola poniendo el verbo de la segunda en el gerundio.

MODELO: El nuevo presidente mostrará su bondad.
Liberará a los prisioneros políticos. →
El nuevo presidente mostrará su bondad liberando a los prisioneros políticos.

1. El nuevo presidente mejorará la economía. Eliminará la pobreza.
2. El nuevo ministro fortalecerá la educación. Estimulará los estudios científicos y tecnológicos.
3. El nuevo congreso garantizará la participación del pueblo. Realizará elecciones frecuentes.
4. El nuevo gobierno buscará la paz. Negociará con los países vecinos.
5. El nuevo presidente llegará a un acuerdo nacional. Suprimirá leyes que favorecen los intereses particulares.

B. Opiniones. Con su compañero/a, decida cuál es la forma correcta.

MODELO: Podemos cambiar el sistema (hacer/haciendo) una huelga. →
Podemos cambiar el sistema haciendo una huelga.

1. (Defender/Defendiendo) los derechos de todos, se fortalece la unidad entre la gente.

2. El (intentar/intentando) una reforma de las viejas instituciones causa miedo entre las clases dominantes.
3. Sin (tener, teniendo) independencia, la democracia no significa nada.
4. La gente debe informarse (leer/leyendo) las revistas y (escuchar/escuchando) la radio.
5. Algunos políticos siguen (traicionar/traicionando) los ideales de la democracia.
6. Antes de (ir/yendo) a la huelga se debe negociar por todos los medios.
7. Los países centroamericanos continúan (buscar/buscando) una solución a sus problemas.
8. A mí no me gusta (depender/dependiendo) de la economía de otros.
9. Sólo tendremos progreso (ayudarnos/ayudándonos) mutuamente.
10. Un país se hace fuerte (fortalecer/fortaleciendo) las instituciones democráticas.

C. Cuba y los EE.UU. Trabajando en pares, decidan qué verbo auxiliar (**ir, venir, andar, seguir** o **continuar**) acompaña mejor el gerundio.

MODELO: Cuba *va* mejorando en reconocer los derechos de sus ciudadanos.

Desde la Revolución cubana de 1959, los EE.UU. y Cuba __(1)__ atacándose ideológicamente. La propaganda de los EE.UU. __(2)__ siempre publicando cosas negativas de Cuba cuando se presenta la oportunidad. Si estos dos países siguen así, nunca tendremos paz en el continente. Sin embargo, los intercambios culturales son una señal de que se __(3)__ fortaleciendo los lazos (*ties*) entre los dos países. Si Cuba __(4)__ liberando a los prisioneros políticos como lo ha hecho en el pasado, los EE.UU. tendrán que responder de una forma positiva. Poco a poco nosotros __(5)__ aprendiendo que los cubanos desean la paz tanto como nosotros. Es obvio que la gente cubana quiere tener más libertades civiles porque aún hoy en día __(6)__ abandonando el país. Pero siempre existen algunos políticos mal intencionados que __(7)__ traicionando las esperanzas de la gente cubana al dejar pasar las oportunidades de iniciar la paz.

Gramática en acción

A. ¿Cuál es la mejor? Trabajando en pares, traten de convencerse el uno al otro de que su ciudad natal es la mejor del mundo. Pueden usar las sugerencias que siguen:

playas/montañas/lagos hermosos
hoteles espectaculares
buenos restaurantes
deportes emocionantes (pesca [*fishing*]; equitación [*horseback riding*]; fútbol; hacer aladelta; [*hang-gliding*]; hacer surf)

un acuario/zoológico impresionante
vida nocturna sensacional
gente amable
costo de la vida muy bajo

B. En aquel país... Divídase la clase en varios grupos. Cada grupo debe escoger un país de América Latina, real o imaginario, y preparar un discurso sobre la situación actual y futura de su país. Se pueden incorporar frases como las que siguen:

venir fortaleciendo... desde hace 10 años
seguir peleando por...
continuar suprimiendo...
no tolerar...
crear una sociedad más democrática
darles más oportunidades a todos

- reforzando los derechos civiles
- denunciando las mentiras políticas
- manteniendo un mejor nivel de vida
- mejorando los salarios de los obreros

¡HABLEMOS, PUES!

A. Vocabulario útil: El recreo

EN EL BOSQUE, EN EL CAMPO O EN EL RANCHO

el camping (acampar, hacer camping); la tienda de campaña	*camping; tent*
la caza (cazar); la escopeta; el perro de caza	*hunting; shotgun; hunting dog*
la equitación (montar a caballo); la silla de montar; las riendas	*horseback riding; saddle; reins*
el tiro de flecha (tirar); el arco; la flecha	*archery; bow; arrow*

EN EL GIMNASIO, EN LA CANCHA O EN LA PISTA

el boxeo (boxear); los guantes	*boxing; gloves*
la carrera (correr)	*running, track*
la esgrima (esgrimir); la espada; el escudo	*fencing; sword; shield*
el levantamiento de pesas (levantar pesas); las pesas	*weightlifting; weights*
la lucha libre (luchar); la estera	*wrestling; mat*

EN LA PISCINA, EN EL LAGO, EN EL OCEANO O EN LAS MONTAÑAS

el buceo (bucear); el tanque de aire	*skin diving; airtank*

el esquí, el esquí acuático (esquiar); los esquís/esquíes; los bastones; las botas; la chaqueta de plumas	*(water) skiing; skis; poles; boots; ski jacket*
la natación (nadar); el traje de baño	*swimming; swimsuit*
la navegación (navegar); el barco (de vela); el crucero; el yate; la lancha; el petróleo; el chaleco salvavidas	*sailing; (sail)boat; cruise ship; yacht; motorboat; gas; life-jacket*

la pesca (pescar); la caña de pescar; el anzuelo; el gusano	*fishing; fishing pole; fishhook; worm*
el remo (remar); los remos	*rowing; oars*

1. Lea los cuatro anuncios de la página 347. ¿Qué se hace en el Club San Isidro o en el Tennis Avila? ¿Por qué se toma el crucero desde Cartagena? ¿Por qué son tan populares estos lugares? ¿Tendría Ud. interés en participar en el Campeonato XIV de Pesca? ¿Por qué sí o por qué no?
2. Imagínese que su profesor(a) piensa ir a los siguientes lugares (reales o ficticios). ¿Puede Ud. explicarle cómo se divierte allí la gente, qué cosas y qué clase de ropa necesita llevar consigo?
   a. la cordillera andina
   b. la playa principal de Acapulco
   c. un crucero por el Caribe a bordo de «La Estrella de las Islas»
   ch. «El Caballo Cansado», un rancho en el suroeste de Texas
   d. El «Carenero Yacht Club», un lugar elegantísimo de Caracas.
   e. la pista de carreras de su universidad

B. Dramatizaciones

1. Buscando más socios (*members*). Ud. es socio de un club deportivo en su universidad. Quiere que un amigo suyo (una amiga suya) se haga socio/a también, pero él/ella no tiene mucho interés. Trate de convencerle de que venga al club. (**Se puede..., Se come...** etcétera.)
2. Buscando empleo. Ud. quiere conseguir el puesto de director(a) del programa de diversiones en un gran crucero. Hable con el director (la directora) del departamento del personal para convencerle de que Ud. tiene aptitud para el trabajo.

C. Composición

Ud. es candidato/a para un puesto importantísimo en el gobierno. Quiere que la gente lo/la conozca mejor, así que cuando el editor de una revista nacional le pide información sobre sus actividades preferidas, Ud. escribe unos tres párrafos (de 8 a 10 oraciones cada uno) para que se publiquen allí.

Primer párrafo: Describa su pasatiempo favorito. ¿Por qué le gusta tanto? ¿Es fácil o difícil de practicar? ¿caro o barato? ¿Es de alguna manera peligroso? ¿Por qué?

Segundo párrafo: ¿Adónde se tiene que ir para practicarlo? ¿Hay algo especial que le encante de ese lugar? ¿algo que no le guste? Describa el lugar detalladamente.

Tercer párrafo: ¿Cuándo empezó Ud. a hacer esta actividad? ¿Participaba en ella antes algún amigo o pariente suyo? Explique todo lo que Ud. tuvo que hacer para aprender a hacerla bien.

UNIDAD V
INDICE MORFOLOGICO

A. CONDITIONAL

1. Regular stems. To form the conditional of most verbs, add **-ía, -ías, -ía, -íamos, -íais, -ían** to the infinitive form.

			CONDITIONAL ENDINGS	
-ar	liberar pelear			
-er	fortalecer permanecer	+	**-ía** **-ías** **-ía**	**-íamos** **-íais** **-ían**
-ir	suprimir surgir			

No **pelearíamos** contra otros americanos.
Los muros de Machu Picchu **permanecerían** por años.
En una dictadura, las huelgas **surgirían** espontáneamente.

2. Irregular stems. For the following verbs, add the same conditional endings to their irregular stems:

	IRREGULAR STEM		CONDITIONAL ENDINGS	
decir	dir-			
haber	habr-			
hacer	har-			
poder	podr-		**-ía**	**-íamos**
poner	pondr-			
querer	querr-	+	**-ías**	**-íais**
saber	sabr-			
salir	saldr-		**-ía**	**-ían**
tener	tendr-			
valer	valdr-			
venir	vendr-			

Yo nunca **podría** participar en una huelga.
No **diríamos** una mentira.
Los aztecas **tendrían** una jerarquía muy estricta.

B. *NOSOTROS* COMMANDS

The **nosotros** commands are the same as the **nosotros** forms for the present subjunctive (**Indice morfológico—Unidad III,** pp. 215–220).

		***NOSOTROS* COMMAND**
-ar	pelear	peleemos
	negar (ie)	neguemos
-er	promover (ue)	promovamos
	permanecer (zc)	permanezcamos
-ir	suprimir	suprimamos
	mentir (ie, i)	mintamos
	dormir (ue, u)	durmamos

¡**Durmamos** en el hotel Pizarro esta noche!
¡**Permanezcamos** en el Cuzco un día más!
¡No **peleemos** en cuanto a los detalles!

ENTREVISTA

Roberto Jiménez Salazar

Roberto Jiménez Salazar es un joven maestro de inglés de Puriscal, un pueblo pequeño que queda a poca distancia de San José, la capital de Costa Rica. Pasó tres meses en San Luis, Missouri, participando en un programa de intercambio cultural. La autora lo entrevistó allí en diciembre de 1987.

MARTHA MARKS: Nunca he estado en Costa Rica, pero me dicen que es lindísima. ¿Pudieras decirme algo de tu país?

ROBERTO JIMENEZ SALAZAR: Bueno, es un país pequeño territorialmente. En este año calculamos que anda con 2 millones de personas. La mayoría habla español y es católica. Tenemos un concepto muy alto sobre unos puntos básicos que traemos desde que nacemos hasta que morimos, y es la libertad, con todo el sentido de la palabra, de prensa. Nosotros decimos, respiramos lo que es la paz.

Roberto Jiménez Salazar

MM: No tienen ejército, ¿verdad?

RJS: Desde 1948.

MM: ¡Increíble!

RJS: No tenemos ejército. El gobierno toma lo que podría ser destinado para ejército y armas, lo toma para formar profesores, para aumentar el nivel de educación, de salud y puntos básicos para el pueblo.

MM: ¿Y hasta ahora no les ha hecho falta tener ejército?

RJS: Ha habido varias oportunidades en que podríamos haber necesitado un ejército para defendernos de los problemas que vienen, pero en Costa Rica podemos casi decir que nunca hemos tenido ejército porque si lo tuvimos fue muy pequeño y no lo desarrollamos y se eliminó. Es un pueblo que ama la paz. No empieza problemas sino que trata de solucionarlos mediante el diálogo.

MM: ¿Cómo reaccionó la gente cuando su presidente Arias ganó el Premio Nobel? ¿Fue un día de fiesta nacional? ¿Había mucho orgullo?

RJS: ¡Sí! Fue una gran fiesta y lo seguirá siendo porque nosotros disfrutamos ese logro. Entonces para nosotros fue una fiesta y un gran orgullo. Un grandísimo orgullo y también es muy bonito notar, hacer notar, que este presidente don Oscar Arias Sánchez, si yo me lo encuentro, me lo puedo encontrar en la calle sin guardaespaldas, vestido humildemente. Y si yo le digo «¡Don Oscar! ¿Cómo estás?», él me va a decir «¿Cómo te va? ¿Qué haces? ¿A qué te dedicas?» Conversa conmigo, como yo estoy conversando contigo.

MM: Será muy bonito.

RJS: Sí. Inclusive aquí en Estados Unidos una persona me contó que él se sintió muy extraño... que se dio cuenta que don Oscar Arias estaba en Estados Unidos, mandó una carta a don Oscar Arias y lo que menos en la vida había de esperar es que le contestara, y le contestó.

MM: ¿Tú lo has conocido alguna vez?

RJS: Sí, claro.

MM: ¿En la calle?

RJS: En la calle.

MM: ¿Cómo es?

RJS: Tiene muchos títulos en cuanto a Economía. Pero detrás del dinero está una filosofía muy fuerte. Lo he visto en frente de mí en discursos y alrededor de mí conversando. Y veo que es un hombre muy humilde, demasiado humilde en el sentido de que usted lo puede encontrar en su casa trabajando de agricultor sembrando plantas. Y lo puede encontrar todo sucio, lleno de tierra, o lo puede encontrar en la casa descansando. Ud. llega ahí, conversa. El se moviliza en cualquier medio de transporte.

MM: ¿Como cualquier ser humano? ¡Qué lindo!... Dime algo de tu estancia en San Luis.

RJS: Es para mí muy inolvidable. Por más que se describa algo, uno nunca puede captar lo real que es. Por ejemplo, lo que es sentir la nieve.

MM: ¿Cuáles fueron tus primeras impresiones al llegar a San Luis?

RJS: Cuando yo llegué... Mi sorpresa fue porque, O.K., estoy ya preparado para entender que Norteamérica tiene muchos puntos desarrollados diferentes a los de nosotros. Uno de ellos es el individualismo. Entonces, yo dentro de mí me decía «Yo llego al aeropuerto y voy a tener que preguntar... La persona hacia donde yo voy va a estar trabajando», porque tenía entendido que esta persona trabajaba mucho, y entonces seguramente voy a tener que llamarlo. Y él me va a decir, «Espérese. Dentro de una hora voy, cuando salga del trabajo» o «Quédese en tal parte. Ya pronto estoy con usted». O algo así me hubiera imaginado. Mi sorpresa fue cuando yo llegué. Antes de darme cuenta que yo ya había entrado al aeropuerto, yo había salido del avión, oí yo una bulla y vi un gran cartel que decía «Bienvenido a San Luis.» Me causó mucha impresión y luego me encontré con Jim, que es un gran amigo. Y me saludó en la forma en que nosotros nos saludamos.

MM: ¿Se abrazaron?

RJS: Sí, exactamente. Y yo sentí que él estaba rompiendo una barrera para demostrarme lo alegre que se sentía. Era lo que yo necesitaba. Me sentí como en mi casa.

MM: Si pudieras decirles alguna cosa a los norteamericanos sobre Costa Rica, ¿qué les dirías?

RJS: Yo les diría que Costa Rica... Yo me siento muy orgulloso de haber nacido ahí. Yo digo gracias a Dios siempre. Y les diría a los norteamericanos que si creen en esta felicidad que se disfruta con la paz, con la democracia, que si está al alcance de poner atención, de observar y de interceder en alguna u otra forma mediante un diálogo o un gesto o alguna forma pacífica para tratar de conservar este sistema que disfrutamos... Si estuviera de parte de los norteamericanos interceder en una forma diplomática...

MM: ¿No militar?

RJS: ...y no militar, para tratar de que estos problemas se puedan resolver en la forma que Centro América básicamente está más o menos acostumbrada a solucionar esos asuntos, por medio del diálogo y no militarmente. Entonces yo diría a los Estados Unidos que para mí es una gran experiencia estar aquí. Y deseo de momento el permanecer siempre aquí. Es muy lindo. Y sin embargo deseo tener otro pie en Costa Rica, que llevo muy dentro de mí. Todo mi tiempo acá es para mí un verdadero placer, dar a entender cómo es mi pueblo para que ustedes sepan que esa cultura existe allá. Si toman lo positivo de allá para desarrollar su cultura, igualmente yo puedo tomar de aquí lo positivo para desarrollar mi cultura.

MM: Así debe ser, ¿no?

RJS: Creo que sí.

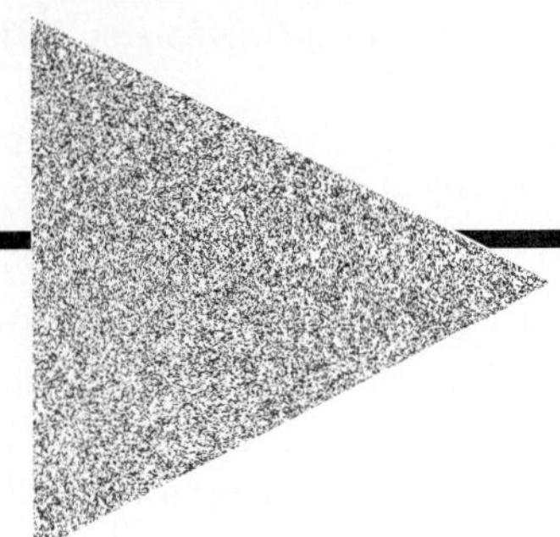

FESTIVAL DE LA HISPANIDAD

CERTAMEN DE MISS HISPANIDAD 1987

¡INSCRIBASE AHORA!

SERA TRANSMITIDO A AMERICA LATINA, ESPAÑA Y LOS ESTADOS UNIDOS

Si es soltera, tiene entre 16 y 25 años, domina el idioma español y es de ascendencia hispana, puede llegar a ser "Miss Hispanidad 1987".

Más de $20,000 en premios serán distribuidos entre la reina, princesas y concursantes. Además de estos premios, la reina y su corte presidirán los actos oficiales del XV FESTIVAL DE LA HISPANIDAD.

El certamen se llevará a cabo el 29 de agosto en el Dade County Auditorium.

PARA PEDIR SU SOLICITUD LLAME O ESCRIBA A:
"Concurso Miss Hispanidad"
4011 West Flagler St., #503
Miami, FL 33134
TEL. 541-5023

Miami

MIRAR EL MUNDO EN ESPAÑOL

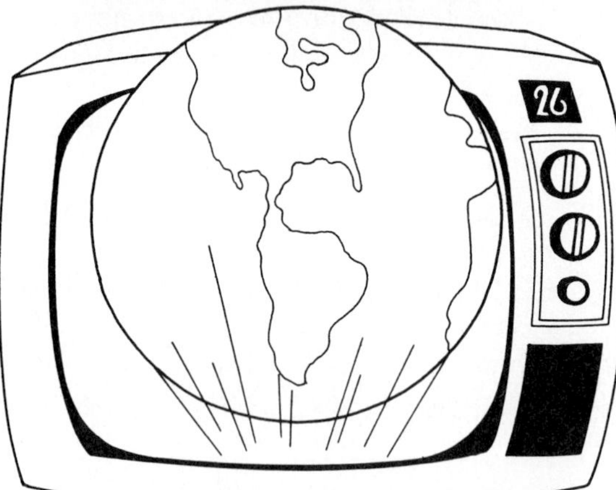

Mire NOTICIERO TELEMUNDO

Noticias del momento, información del mundo, lunes a viernes a las 5:30 de la tarde. Lana Montalbán y Jorge Gestoso les dan reportajes exclusivos desde la capital de Mexico a Nueva York a Madrid.

Ver el mundo en español... solamente en el canal

26 wciu·tv chicago

Chicago

LE PRESENTAMOS A SU NUEVO MAESTRO DE INGLES.

Así es. Ahora su televisor puede ser su maestro privado.

Follow Me, el curso en video cassettes de la BBC de Londres, ya está en California.

Usted aprenderá a hablar, leer, escribir y oír Inglés divirtiéndose con situaciones de la vida diaria, actuadas y diseñadas por expertos del Council of Europe.

Es el perfecto regalo para estas Navidades.

Los Angeles

UNIDAD VI

Los Angeles

LOS HISPANOS QUE VIVEN EN LOS ESTADOS UNIDOS

THIS FINAL UNIT DEPICTS the situation of Spanish-speaking people who live and work in the primarily English-speaking culture of the United States. Its readings and advertisements highlight some of the special problems and sources of hope and pride of Hispanics in this country. **Capítulo 16** focuses on the problem of assimilation and loss of cultural identity, **Capítulo 17** deals with economic and social issues, and **Capítulo 18** offers perspectives on the matter of language.

Here, more than in any other unit, you will be asked to express your opinions on important issues. You will also be called on for the first time to offer hypothetical statements. You will continue to work with all time frames—narrating experiences and describing real and imaginary things that are of interest to you.

The following mini-index will help you find the key grammar points presented in the unit.

44. Meanings of *se* 365
45. Sequence of Tenses and the Subjunctive 381
46. Making Hypothetical Statements: *Si*-clauses 397

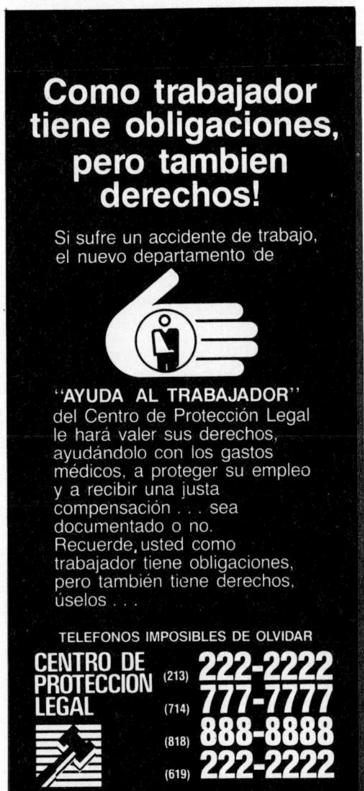

Los Angeles

Chicago

Chicago

CAPITULO 16

¡REPASEMOS UN POCO!

Metas

- Charlar acerca de los hispanos en los EE.UU.
- Repasar los usos de se

Hispanos en el mundo de los negocios

A. Lea las palabras de Carlos Balido en el anuncio de AT&T que apareció en el periódico *Diario las Américas,* de Miami. ¿Puede Ud. deducir algo sobre el Sr. Balido, basado en lo que se ve aquí? Piense en la historia de su vida, en su preparación, en su trabajo, etcétera. ¿En qué se basan las observaciones suyas?

B. A su juicio, ¿por qué fue seleccionado el Sr. Balido para aparecer en el anuncio de la AT&T en el sur de La Florida? ¿Cuál es el público que la AT&T desea atraer? ¿Qué quiere el publicista que hagan los que leen este periódico? ¿Cree Ud. que por medio del anuncio el publicista logrará lo que espera? ¿Por qué?

Para comentar

El Sr. Balido es sólo uno entre los millones de hispanos que viven y trabajan en los Estados Unidos. Hay tres grandes grupos de hispanos, además de muchísimas personas procedentes de otras partes de Latinoamérica y España. ¿Puede Ud. identificar los tres grupos étnicos mayoritarios? ¿En qué partes del país se concentran? ¿Por qué dejaron sus propios países para venir a los Estados Unidos? ¿Qué problemas han encontrado aquí? ¿Cree Ud. que han contribuido a la cultura norteamericana, tanto a nivel local como nacional? Explique lo que Ud. sabe acerca de sus problemas y de su aporte (*contribution*) cultural.

Yo Soy La AT&T

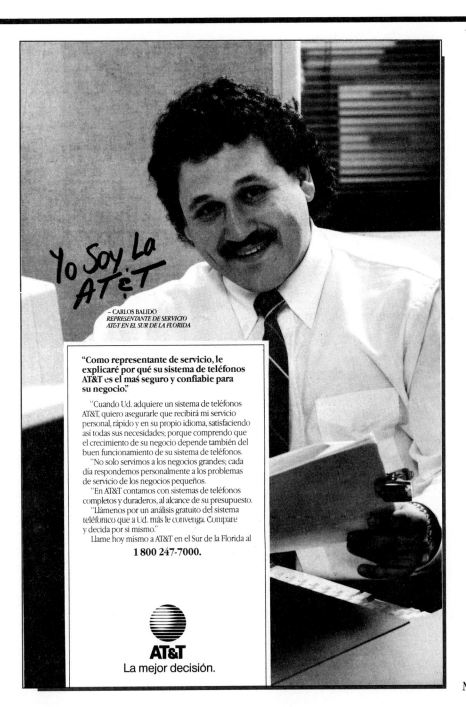

– CARLOS BALIDO
REPRESENTANTE DE SERVICIO
AT&T EN EL SUR DE LA FLORIDA

"Como representante de servicio, le explicaré por qué su sistema de teléfonos AT&T es el más seguro y confiable para su negocio."

"Cuando Ud. adquiere un sistema de teléfonos AT&T, quiero asegurarle que recibirá mi servicio personal, rápido y en su propio idioma, satisfaciendo así todas sus necesidades; porque comprendo que el crecimiento de su negocio depende también del buen funcionamiento de su sistema de teléfonos.

"No solo servimos a los negocios grandes; cada día respondemos personalmente a los problemas de servicio de los negocios pequeños.

"En AT&T contamos con sistemas de teléfonos completos y duraderos, al alcance de su presupuesto.

"Llámenos por un análisis gratuito del sistema telefónico que a Ud. más le convenga. Compare y decida por si mismo."

Llame hoy mismo a AT&T en el Sur de la Florida al

1 800 247-7000.

AT&T
La mejor decisión.

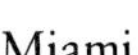

Miami

LECTURA: DESCRIPCION

Vocabulario para leer

VERBOS

abrazar (c)	to hug, embrace
adivinar	to guess; to solve (*a riddle, puzzle*)
asimilarse	to assimilate, blend in
convenir (ie)	to be appropriate
emborracharse	to get drunk
esconderse	to hide; to be concealed
ingresar, matricular	to enroll
pegar	to hit, beat
rezar	to pray
tirar	to throw, fling; to shoot

SUSTANTIVOS

el apellido	last name, family name
el ascensor	elevator
el aula (*f.*)	classroom
la beca	scholarship
la empresa	business, company
la misa	(church) mass
la nube	cloud
la raíz	root
la raya	stripe
la sonrisa	smile
el varón	male

ADJETIVOS

amistoso	friendly
claro	light-colored
moreno	dark-skinned
tonto	stupid, silly, foolish

PREPOSICION

por encima de	over, above

MODISMO

(sentirse) a gusto	(to feel) comfortable, at ease

A. Seleccione las palabras que mejor completan los siguientes párrafos.

Mi primer día en la universidad

Soy el único hijo (ascensor/varón 1) de una familia hispana que tiene (raíces/barbas 2) muy antiguas en los Estados Unidos. (Nací/Recé 3) hace 24 años en Brownsville, Texas, muy cerca de la (sonrisa/frontera 4) con México. Casi sería posible (adivinar/tirar 5) una piedra hasta allí, pero no conozco en absoluto ese país. Sólo sé que mis (antepasados/rayas 6)vinieron de allí hace ya más de un siglo. Hace años que mi familia vive en Indianápolis, y aunque hablamos español y tenemos mucho orgullo de nuestra (herencia/temporada 7) cultural hispánica, nos hemos (apresurado/asimilado 8) por completo a la sociedad estadounidense.

Me di cuenta de algo que no sabía sólo al (matricularme/esconderme 9) en la Universidad de Indiana. Me habían concedido una (empresa/beca 10) porque había sacado buenas notas, pero cuando llegué al *campus* un hombre me separó de mis viejos amigos y me dirigió a un (ascensor/aula 11) donde se encontraban más de cien estudiantes. Me senté. Un tipo (desleal/amistoso 12) empezó a hablarnos. Mientras escuchaba lo que nos decía, noté por las preguntas que le hacían los otros estudiantes, que él y yo éramos los únicos norteamericanos; los demás eran extranjeros. Miré (a través de/por encima de 13) los hombros de los jóvenes sentados a mi alrededor y leí sus nombres en los papeles que llevaban: todos tenían (asuntos/apellidos 14) ya sea chinos, japoneses, franceses o coreanos. Adiviné que me habían mandado allí no porque era un estudiante cualquiera de primer año sino porque era hispano.

De repente no me sentí muy (hecho y derecho/a gusto 15) sino enojado y un poco (tonto/cariñoso 16). Me levanté y salí del aula. Le expliqué al señor que me había mandado allí que no me (convenía/emborrachaba 17) asistir a esa reunión. Yo era tan norteamericano como cualquiera, y no quería que me trataran como un extranjero. Sólo quería (ingresar/pelear 18) en mis clases e ir cuanto antes a almorzar con los demás.

B. Ud. sabe la primera palabra de cada grupo. ¿Puede deducir lo que significan (en inglés) los adjetivos, los sustantivos, los verbos o los modismos que la siguen?

1. la raíz: enraizado, desarraigado
2. el varón: varonil, la hembra
3. la beca: el becario
4. la sonrisa: sonriente, sonreír
5. la empresa: la Administración de Empresas, el empresario
6. la raya: rayado, una camisa a rayas
7. emborracharse: el borracho, pegarse una borrachera
8. matricular: la matrícula
9. claro: aclarar, la claridad

C. Imagínese que su compañero/a de clase es un niño (un niña) de habla española. Explíquele en español lo que significa cada palabra.

1. abrazar 2. adivinar 3. rezar 4. esconder 5. asimilarse 6. la misa 7. el apellido 8. el aula 9. tonto 10. moreno

---

Introducción a las lecturas

In **Capítulo 15,** Octavio Paz challenged the term "underdevelopment" by asking in relation to whose model the term is defined. The same type of objection could be made with respect to the conduct of any individual living within a particular society: Whose standard determines who is (or is not) an ideal citizen? This is the issue addressed by Samuel Mark in the first reading. Mark calls into question the ultimate career and life goals that Hispanics living in the U.S. should strive for. He questions whether it is possible for a person to be "successful" in the U.S. and still maintain two different cultures.

The author tries to involve the reader by immediately presenting **una adivinanza** (guessing-game). How is it that the author knows so much about the **gran**

señor he is describing? What are his most recognizable features? Where can the **gran señor** (or **señora**) be found in the U.S.?

Samuel Mark's real theme is that of the assimilation of the Hispanic into the American melting pot. As you read, try to figure out whether the author thinks that being an **asimilado** is a good thing. In what ways do you agree or disagree with his point of view? List those aspects of the upbringing of this **gran señor** that deviate from that of "mainstream" America. When did this person start to change? What American institution had the most effect on his daily habits? Could this process happen or be happening to you? What happens when the **gran señor** goes back home to visit his parents?

Since this article deals with personal growth or self-improvement, expect to see many reflexive constructions or pronominal verbs of "becoming" (see **Capítulo 2**). Pay particular attention to the different uses of **se:** sometimes it signals a reflexive action or a pronominal verb and, at other times, an impersonal subject (see **Capítulo 10**). Understanding each use of **se** is crucial to comprehending the article. As you read, make note of each occurrence of **se** and identify its function.

Primera lectura

La adivinanza y el desarraigo: confesiones de un hispano

SAMUEL MARK

Adivina, adivinador, ¿quién será ese gran señor?

Se le encuentra con facilidad en zonas urbanas como Los Angeles, Nueva York, Miami, Chicago y Houston.

Tiene entre treinta y treinta y cinco años de edad.

Generalmente lleva corbatas de seda[1] y trajes oscuros diseñados por Pierre Cardin, Yves St. Laurent y Ralph Lauren. Los más conservadores se visten en Brooks Brothers. Gana al año entre treinta y cincuenta mil dólares.

Durante el verano, se pasa dos semanas descansando en un Club Med.

Habla inglés mejor que los nativos.

Se considera a sí mismo asimilado.

¿Quién será ese gran señor?

En la escuela católica primaria aprendió a rezar, a leer y escribir, a respetar a sus maestros, y a ponerse de pie cuando entraba alguna visita en su aula. Más tarde se matriculó en los cursos preuniversitarios y sacó buenas notas, ya que sus padres (los de la casa) y los padres (los de la escuela), le inculcaron[2] desde chico que tenía que ser el primer varón de su familia en graduarse de una universidad. Además, por las noches su madre siempre le advertía, "Yo no me estoy matando como operadora todo el día para que tú saques malas notas".

Gracias a unas becas especiales para "minorías norteamericanas", ingresó en una universidad privada, donde aprendió entre otras cosas, a ir a clase descalzo,[3] a emborracharse

[1]*silk* [2]enseñaron [3]sin zapatos

con un "six pack", a acostarse con chicas rubias y a pronunciar su apellido a la "americana".

Después de cuatro años, se graduó en Administración de Empresas y comenzó a trabajar en una gran corporación multinacional, convirtiéndose así en una de las veinte caras morenas o negras de esa gran empresa.

Allí se asimiló más aún todavía. Comprendió enseguida de que le convendría ponerse sólo camisas blancas, beige o azul claro, corbatas de escuelas públicas inglesas y trajes grises o azul marino, con rayitas. Aprendió también a saludar a sus compañeros y clientes con un buen apretón de manos,[4] a no abrazar a sus amigos o pasarles el brazo por encima de los hombros[5] en público, y a hablar con la gente con una sonrisa tonta en los labios y una mirada fija,[6] pero amistosa, manteniendo a la vez una distancia corporal[7] de por lo menos dos pies. Al principio le costó un poco el tratar a la gente con moderada agresividad y de hablar con gran entusiasmo sobre sus propios proyectos y logros profesionales. Cuando le entraban ataques de modestia, se acordaba siempre de lo que le había dicho uno de sus profesores: "En el mundo de los negocios, no sólo tienes que ser una persona motivada, sino también tienes que lucir[8] como tal".

Lo que quizás le resultó más difícil fue acostumbrarse a la manera de ser de sus compañeras de trabajo. Como buenas mujeres liberadas, se ponían de pie cuando alguien se las presentaba, se molestaban cuando se les abría la puerta o se les dejaba que salieran primero del ascensor. A veces estas emancipadas le invitaban a almorzar, y al final de la comida insistían en que cada uno tenía que pagar lo suyo. Hasta a esto se acostumbró.

En muy poco tiempo empezó a sentirse completamente a gusto en este mundo. Dejó de ir a misa los domingos porque sentía la obligación de jugar al golf y tomar el "brunch" en el club con su jefe. Dejó de ver a sus antiguos amigos de la secundaria[9] porque ya no tenían nada en común con él (esta gente no bebía *beaujolais,* ni calzaba[10] Reeboks, ni había visto la última de Woody Allen, ni conocía la obra de Robert Wilson). Casi dejó de ver a sus padres porque cuando les visitaba, le molestaba muchísimo el plástico transparente del sofá, las flores de plástico de la Virgen, las muñequitas[11] españolas y su manera de comer. Además, cada vez que les visitaba, su madre no le dejaba tranquilo con eso de que cuándo se iba a casar y empezar a tener hijos. Más de una vez pensó, y si me caso, ¿qué va a pensar mi jefe y mis compañeros de mis parientes, que

[4]apretón... *handshake* [5]*shoulders* [6]que no se mueve [7]del cuerpo [8]parecer [9]escuela secundaria [10]llevaba [11]figuras pequeñas

no saben ni para qué sirve un tenedor de ensalada?

Aunque salía de vez en cuando con alguna chica rubia (algún gusto le había quedado de sus años de universitario) a ver alguna película en Westwood o un partido de polo, de vez en cuando se sentía un poco solo en su condominio del *West Side.* En esos momentos se preguntaba, ¿vale la pena vivir solamente para el trabajo?

Adivina, adivinador, ¿quién será ese gran señor?

El nuevo "yuppie" hispánico/latino: asimilado, motivado, emasculado, desenraizado.

Samuel Mark, nacido en Cuba y educado en los Estados Unidos, tiene 35 años, trabaja en la Universidad del Sur de California (USC) y se viste en Brooks Brothers.

Tomado de *La opinión,* el 9 de noviembre de 1986.

Segunda lectura

Samuel Mark's presentation of cultural differences is analytical in nature. But cultural clashes can also be understood on a more emotional level, as seen through a child's eyes, for instance. In "Ohming Instick" Chicano poet Ernesto Padilla tries to put the reader inside the mind of Armando, a bilingual schoolboy whose parents are migrant fieldworkers. Does the child display any understanding of the teacher's lesson? Who is Lenchita? Why does Armando think of her during a lesson on peacocks? Usually the ability to speak more than one language is a sign of intelligence and accomplishment. Does the teacher share this attitude? Who is Mr. Mann? Is a pun being made here? Why is "Ohming Instick" a good title for this poem?

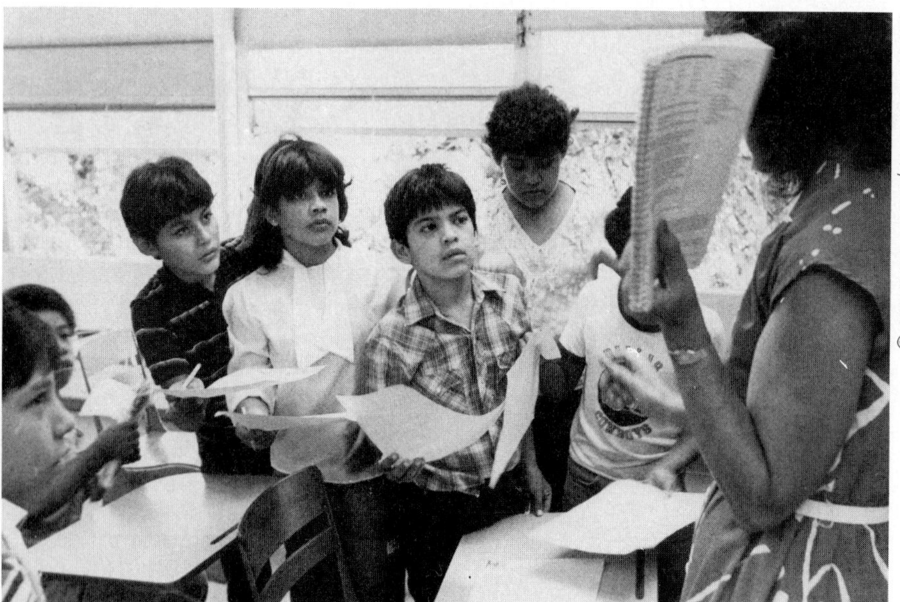

Estos niños hispanos asisten a clase en los Estados Unidos.

«Ohming Instick»

ERNESTO PADILLA

«The Peacock
as you see in Heidi's drawing here,
is a big colorful bird.
It belongs to the same family as . . . »
... Habla de Pavos°
ya yo sueño
de pavos magníficos
con
plumas azules;
como el cielo
cuando él se esconde tras las nubes
a mediodía,

plumas rojas;
que se hacen anaranjosas°
como en la tarde
al caer bajo
las sierras,
el sol tira para todo
el cielo rayos
anaranjándose
con tiempo...

«. . . and the pigeon, which all of you should already know what it looks like. The pigeon can be trained to return to his home, even if it is taken far away . . . »

... ¡Ahora habla de palomas°...!
« . . . This is called the Pigeon's 'homing instinct,' and . . . »
...Mi palomita, Lenchita,
que me quitaron
porque iba a volar en las olimpiadas°
¡lloré entonces!
y lloré también
cuando entre las miles de palomas que
enseñaron en la televisión
el primer día
de las olimpiadas,
¡Yo miré a mi Lenchita!

y después Lenchita volvió a casa
ya lo sabía...

pavos reales (*peacocks*)

se... se ponen anaranjadas

pigeons

los Juegos Olímpicos que tuvieron lugar en México, D.F., en 1968

«ALRIGHT!»
«Are you kids in the corner paying attention?»
«Armando, what is a Peacock? What does homing instinct mean? . . .»

¿A MI ME HABLA?
¡SOY MUY TONTO!

«Aohming instick eis... eis... como Lenchita... »
«Armando, haven't I told you not to speak Spa . . . »
  ¡Caramba
  me van a pegar...!
«It's bad for you . . . Go see Mr. Mann.»
...Mañana
    sí iré con papá.

¡Pizcaré° mucho algodón°...

I'll pick / cotton

¿Cuánto recuerda Ud.?

A. Diga si las declaraciones que siguen describen, según Samuel Mark, al hispano no asimilado en los Estados Unidos o al hispano «asimilado, motivado, emasculado, desenraizado» en la cultura anglosajona.

1. Usualmente lleva corbatas de seda y trajes oscuros de diseñadores famosos.
2. Se matricula en un programa preuniversitario y saca buenas notas.
3. Pronuncia su apellido en buen castellano.
4. Ingresa en una buena universidad privada gracias a unas becas especiales para minorías norteamericanas.
5. Después de graduarse en Administración de Empresas, empieza a trabajar en una gran corporación multinacional.
6. Abraza fuertemente a sus parientes y a sus amigos; a veces les pasa el brazo por encima de los hombros.
7. Se acerca muchísimo a la gente con quien habla.
8. Suele levantarse de su asiento cuando se acerca a él una mujer e insiste en pagar la cuenta cuando almuerzan juntos.
9. Va a misa todos los domingos.
10. Tiene vergüenza porque sus parientes no saben usar los tenedores para la ensalada.
11. Vive en un condominio, pero a veces se siente muy aislado allí.

B. Diga si las declaraciones que siguen son verdaderas o no, según el contexto del poema por Ernesto Padilla. Si no lo son, corríjalas.

1. A Armando le gusta expresarse en la clase porque los demás estudiantes lo consideran un poeta excelente.
2. Armando deja de soñar cuando ve entrar en el aula un pavo magnífico con plumas azules.

3. Armando comprende casi todo lo que dice su maestro/a.
4. Cuando oye la palabra «paloma», Armando empieza a pensar en Paloma, su hermana mayor.
5. Le quitaron a Armando su palomita Lenchita para que pudiera volar en los juegos olímpicos.
6. Cuando el maestro (la maestra) se dirige a él, Armando le explica todo lo que hizo Lenchita.
7. El maestro (La maestra) le dice al chico que vaya a ver a Mr. Mann porque cree que éste puede ayudarlo a conseguir otra paloma.
8. Armando decide ir a pizcar algodón porque está muy frustrado en la escuela.

¿Qué opina Ud.?

A. La experiencia social del «yuppie» hispánico en «La adivinanza y el desarraigo», ¿es diferente de alguna manera de la del joven norteamericano típico? Explique su respuesta. ¿Conoce Ud. a alguien que haya cambiado mucho desde que dejó la casa de sus padres? Explique lo que le ha pasado. ¿Es normal que los jóvenes se distancien un poco de sus viejos amigos cuando empiezan a trabajar? ¿Por qué?

B. ¿Cuál es la idea que Padilla quiere comunicarnos en su poema? ¿Puede Ud. resumir (*summarize*) el mensaje (*message*) central en una sola oración?

GRAMATICA EN CONTEXTO

44. Meanings of *se*

A. Uses of **se**

- First-person singular of **saber** in the present tense:

  Yo lo **sé**.
  No **sé** por qué la maestra no me comprende.

- Informal command of **ser:**

  Sé bueno, mi hijo; no seas malo.
  Por favor, **sé** fiel a tu cultura.

- Third-person indirect object pronoun (substitute for **le/les** before **lo/los/la/las**):

  Se lo dije (a Lenchita).
  Se las enseñaron en la televisión (a Armando).

- Third-person reflexive pronoun:

  Ana **se** considera (a sí misma) asimilada.
  Su madre **se** está matando (a sí misma) como operadora.

- Third-person reflexive pronoun, which always accompanies pronominal verbs (see **Capítulo 2,** pages 59–61):

  El profesor **se** alegró (**se** puso alegre).
  Más tarde **se** matriculó en los cursos preuniversitarios.

- Impersonal **se** (unexpressed agent, see **Capítulo 10,** pages 239–240):

  Se les abrió la puerta a las mujeres.
  Se vive por el trabajo y nada más.

The first two uses (for **saber** and **ser**) are relatively easy to recognize, especially in writing, given their distinguishing written accent marks. For the remaining four uses, the following strategies will help you determine which **se** you are dealing with.

1. *First identify the subject.* If the subject is human and in the third person (singular or plural), then the **se** either results from a true reflexive construction or a pronominal verb.

   Reflexive constructions (subject does action to himself/herself):

   Ese gran señor **se preguntaba** (a sí mismo): «¿vale la pena?»
   Los más conservadores **se visten** en Brooks Brothers.

   Pronominal verbs (**se** is part of verb):

   Se acostumbró a la manera de ser de sus compañeros.
   Se graduó en Administración de Empresas.

2. If the subject is inanimate (a thing) or totally absent (and no specific subject can be inferred), then **se** probably expresses an impersonal meaning.

   Impersonal **se:**

   Se encuentra al yuppie hispánico en las ciudades. (*subject = unspecified*)
   Se les **abrían** las puertas a las mujeres. (*subject* = **puertas**)

3. If the subject and the object refer to different people, then **se** must be an indirect object pronoun (substitute for **le**).

   Indirect object pronoun:

   ¿Qué pasó con la beca? ¿Se la dieron a Samuel? (**ellos** ≠ **Samuel**)
   Samuel se lo explicó a sus padres. (**Samuel** ≠ **padres**)

B. Reflexive Constructions Versus Pronominal Verbs

Reflexive constructions and pronominal verbs look alike but may be distinguished from each other in several ways. Unlike verbs in reflexive constructions, pronominal verbs do not imply an action done to oneself, but rather an action that just happens or comes into being. For this reason, pronominal verbs can't be followed by **a sí mismo, a mí mismo,** etc. This prepositional phrase is used only in reflexive constructions. With pronominal verbs, the reflexive particle (**se**) is considered to be part of the verb. Notice that none of the following pronominal verbs taken from the first reading describe actions that are purposefully done to oneself. Pronominal verbs often refer to the process of "becoming . . ." or "getting . . . ," just like the expressions studied in **Capítulo 3,** page 75: **ponerse** + *adjective;* **hacerse** + *adjective/noun.*

acordarse de (*to remember*)
Se acordaba siempre de lo que le habían dicho en la universidad.
acostarse (*to go to bed*)
Se acostaba con chicas rubias.
acostumbrarse a (*to become accustomed*)
Hasta a esto se acostumbró.
asimilarse (*to become assimilated, blend in*)
En la universidad se asimiló más aún todavía.
casarse con (*to get married*)
Se iba a casar con Matilde.
convertirse en (*to turn into, be converted into*)
Se convirtió en una de las veinte caras morenas de esa gran empresa.
emborracharse (*to get drunk*)
Se emborrachaba en la universidad.
esconderse (*to hide* [*away*])
Se esconde en la ciudad.
molestarse (*to get irritated*)
Las mujeres liberadas se molestaban cuando se les abría la puerta.
pararse, ponerse de pie (*to stand up*)
Se ponía de pie cuando entraba alguna visita en el aula.
sentirse cómodo, solo, etcétera (*to feel* + *adjective phrase*)
Se sentía cómodo, pero un poco solo.

¡Practiquemos!

¿Qué hace el yuppie? Trabajando en pares, uno hace una pregunta sobre el «yuppie» de la lectura y el otro contesta. ¡Cuidado! Los verbos necesitan a veces la palabra **se** o algunas preposiciones. Tendrán que añadir las palabras que faltan.

MODELO: dar cuenta/los problemas culturales →
A: ¿De qué se da cuenta el yuppie?
B: El yuppie se da cuenta de los problemas culturales.

1. convertir/un ejecutivo «modelo»
2. preguntar/¿vale la pena vivir sólo para el trabajo?
3. emborrachar/con un «six pack»
4. acordar/su niñez en Cuba
5. considerar/un asimilado
6. abrir/las puertas a las mujeres liberadas
7. encontrar/al yuppie hispánico en las grandes ciudades
8. acostumbrar/a la cooperación que existe en la vida de trabajo

---

Gramática en acción

A. Los grupos étnicos. Trabajando en pares, háganse estas preguntas.

1. ¿Con qué grupo étnico se identifica Ud.? ¿Se considera primero un «americano» (estadounidense) o un miembro de este grupo étnico?
2. ¿Ha tenido Ud. que adaptarse a las normas de otro grupo en la universidad? ¿en un equipo deportivo? ¿en la residencia?
3. ¿Cree que el individuo siempre tiene que asimilarse a las costumbres del grupo mayoritario? ¿Le gusta asimilarse a las normas de otros?
4. ¿Se molesta si lo/la llaman «yuppie» o le aplican otro término que lo/la clasifica (como las etiquetas [*labels*] étnicas, por ejemplo)? Cuente alguna experiencia que haya tenido con relación a esto.

B. ¿Inglés solamente? Divídanse en dos grupos y preparen un debate sobre el tema: ¿Debe ser únicamente el inglés la lengua oficial de los EE.UU.?

Un grupo debe hablar a favor y otro grupo en contra. Al presentar sus puntos de vista, piensen en las repercusiones para los servicios sociales, las oficinas estatales, los hospitales, las escuelas, las cortes de justicia, el departamento de tránsito y vehículos motorizados, la policía, etcétera.

Verbos y expresiones útiles:

abrir las fronteras
acostumbrarse (a)
asimilarse (a)
cambiar
casarse (con)
considerar hispánico/asimilado
consolidar
convertirse (en)
despreciar (*to look down on*)
discriminar

educarse
emigrar a los EE.UU.
esconderse
hacerse residente
molestarse
pasarse la vida luchando
respetar
sentirse a gusto (*comfortable*)
tener derechos
unir

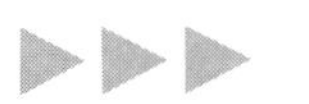

¡HABLEMOS, PUES!

A. Vocabulario útil: El tiempo y los desastres naturales

EL TIEMPO	SUSTANTIVOS	ADJETIVOS	VERBOS
sun	el sol	soleado	
heat	el calor	caluroso	hacer calor
humidity	la humedad	húmedo	
drought	la sequía	seco	secar
breeze	la brisa		haber brisa
wind	el viento	ventoso	hacer viento
fog, mist, haze	la bruma, la neblina, la niebla	brumoso, nebuloso	
storm	la tempestad, la tormenta	tempestuoso	tempestear
storm cloud	el nubarrón	nublado	nublarse
cloudless		despejado	despejarse
lightening	el relámpago, el rayo	relampagueante	relampaguear
thunder	el trueno		tronar/haber o sonar truenos
rain	la lluvia	lluvioso	llover (ue)
drizzle	la llovizna		
hail	el granizo		granizar, caer granizo
snow	la nieve	nevoso	nevar (ie)
rainbow	el arco iris		
full moon	la luna llena		

LOS DESASTRES NATURALES	SUSTANTIVOS	VERBOS
fire	el fuego, el incendio	incendiar
flood	la inundación	inundar
earthquake	el terremoto, el temblor	temblar (ie)
blizzard	la tempestad/tormenta de nieve	
tornado	el tornado	
hurricane	el huracán	

1. Mire los dos mapas meteorológicos de los Estados Unidos (página 370) que aparecieron en *Diario las Américas,* un periódico de Miami. Describa el tiempo que hacía en el estado donde Ud. vive el 30 de marzo. ¿Cómo había cambiado para el 30 de junio? ¿Qué tiempo hacía esos

dos días en los siguientes lugares: Miami, Nueva York, Chicago, Idaho, el sur de California y la frontera entre Texas y México? ¿Qué tiempo haría en esos lugares en enero?

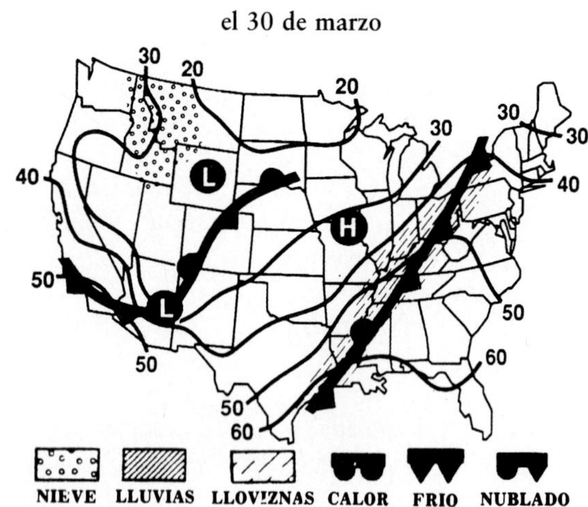

ESTADO GENERAL DEL TIEMPO: Pronóstico para Miami y sus vecindades:

CIELOS: Parcialmente nublados en la noche con ligeras posibilidades de lluvias. El miércoles soleados en su mayor parte sin posibilidades de lluvias.

TEMPERATURAS: Frescas en la noche con las mínimas en la parte inferior de los 70 grados y cálidas el miércoles con las máximas en la parte inferior de los 80 grados.

VIENTOS: Soplarán vientos del este de 15 a 20 millas por hora en la noche que aumentarán a vientos del este de 20 a 25 millas por hora el miércoles.

AGUAS: Las aguas de la bahía de Biscayne estarán picadas en las áreas expuestas durante la noche con olas de 4 a 6 pies de alto y vientos del este de 20 nudos por hora, condiciones que se repiten exactas el miércoles.

MAREAS: Las mareas a la entrada de la bahía de Miami, serán:
ALTAS: 5:44 a.m. y 6:01 p.m.
BAJAS: 11:54 a.m.

En el norte del estado los cielos estarán parcialmente nublados en la noche con ligeras posibilidades de lluvias. El miércoles nublado en su mayor parte con algunas posibilidades de lluvias de menos del 20 por ciento. Temperaturas frías en la noche con las mínimas en la parte media los 50 grados y cálidas el miércoles con las máximas en la proximidad de los 80 grados. En el resto de la nación durante la noche del martes y mañana del miércoles nevará en la región norte entre montañas y lloverá en el valle del Mississippi y en el valle de Ohio, la parte inferior de los Grandes Lagos y parte de las planicies sureñas.

Temperaturas mínimas (máximas entre paréntesis) en las siguientes ciudades:

Atlanta 57 (72), Boston 33 (57), Chicago 31 (51), Cleveland 43 (52), Dallas 47 (67), Denver 24 (50), Duluth 16 (35), Houston 47 (69), Jacksonville 56 (80), Kansas City 32 (57), Little Rock 51 (65), Los Angeles 53 (64), Miami 69 (78), Minneapolis 22 (44), New Orleans 65 (78), New York 46 (63), Phoenix 49 (82), St. Louis 38 (59), San Francisco 45 (64), Seattle 39 (52), Washington 52 (70).

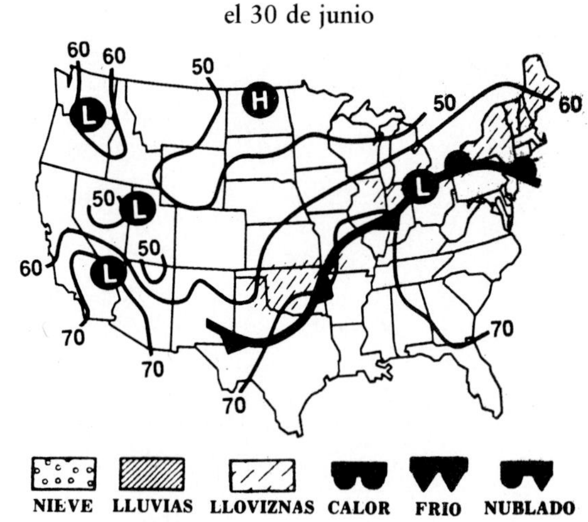

ESTADO GENERAL DEL TIEMPO: Pronóstico para Miami y sus vecindades:

CIELOS: Parcialmente nublados, con posibilidades de lluvias que llegan al 20 por ciento en la noche. Muy nublados el martes, con posibilidades de lluvias mayores del 50 por ciento.

TEMPERATURAS: Algo frescas en la noche, con las mínimas en la parte media de los 70 grados y cálidas el martes, con las máximas en la parte inferior de los 90 grados.

VIENTOS: Soplarán vientos ligeros del sur, de menos de cinco millas en la noche, que se convertirán en vientos del este de 10 millas por hora, el martes.

AGUAS: Las aguas de la bahía de Biscayne estarán ligeramente picadas en las áreas expuestas, con vientos variables, de menos de 10 nudos por hora. Para el martes las aguas estarán moderadamente picadas, con olas de dos a cuatro pies de alto y vientos del este de nudos por horas.

MAREAS: Las mareas a la entrada de la bahía de Miami, serán:

ALTAS: 10.55 a.m. y 11.29 p.m
BAJAS: 5.00 a.m.. y 5.06 p.m

Temperaturas mínimas (máximas entre paréntesis) en las siguientes ciudades:

Atlanta 70 (91), Boston 69 (91), Chicago 65 (80), Cleveland 68 (85), Dallas 73 (91), Denver 54 (78), Duluth 44 (71), Houston 73 (89), Jacksonville 70 (92), Kansas City (66 (79), Little Rock 73 (89), Los Angeles 61 (71), Miami 78 (86), Minneapolis 54 (78), New Orleans 74 (88), New York 71 (89), Phoenix 77 (106), St. Louis 73 (86), San Francisco 55 (71), Seattle 59 (80), Washington 73 (94).

2. Explique en español lo que pasa cuando ocurren los siguientes fenómenos naturales. ¿Qué reacción emocional tiene Ud. al pensar en cada uno?

   a. un arco iris
   b. un trueno
   c. una tempestad de nieve
   ch. un huracán
   d. un tornado
   e. un nubarrón
   f. un relámpago
   g. una luna llena

B. Dramatizaciones

1. El ángel salvador. Ud. está viajando por una parte remota de Venezuela cuando ocurre una inundación desastrosa. Por suerte, Ud. no sufre ningún daño, y además logra rescatar (*rescue*) a diez víctimas. Después habla con un reportero acerca de todo lo que pasó antes, durante y después de la inundación. El reportero quiere saber cómo Ud. pudo salvarles la vida a tantas personas.
2. El informe meteorológico. Ud. trabaja en el Departamento de Meteorología del estado donde vive. Recibe muchas llamadas de personas de habla hispana que piensan viajar a otras partes del país. Hable cortésmente con los que llaman, hágales preguntas para averiguar (*find out*) sus planes e infórmeles sobre el tiempo que deben esperar en los lugares que piensan visitar.

C. Composición

Imagínese que la empresa donde Ud. trabaja piensa construir una nueva fábrica y busca un sitio que sea mejor que la ciudad o el pueblo donde se ubica la primera. Ud. quiere que se seleccione cierto lugar. Escriba tres párrafos (de 8 a 10 oraciones cada uno) comparando ambos lugares y tratando de convencer a los jefes de que escojan el que Ud. les recomienda.

Primer párrafo: ¿Cuál es el sitio que Ud. les recomienda? ¿Qué tiene en común con el otro? ¿En qué se diferencian los dos? ¿Por qué será mejor este segundo lugar?

Segundo párrafo: Compare el clima de los dos lugares. Describa detalladamente el tiempo que hace allí en invierno y en verano. ¿Es favorable el clima en todas las estaciones para que los empleados estén contentos todo el tiempo si se mudan (*move*) allí? Comente todas las ventajas que ofrece el segundo lugar en relación con el clima y la posición geográfica.

Tercer párrafo: Además de las ventajas, Ud. tiene que presentar también las desventajas, y resulta que ha habido un par de desastres naturales en el lugar que Ud. está recomendando. Descríbalos. ¿Es posible que ocurran otros en el futuro? ¿Qué ha hecho la gente para protegerse de ellos? ¿Han hecho algo las autoridades? ¿Por qué cree Ud. que su empresa no debe preocuparse mucho por los desastres naturales?

CAPITULO 17

¡REPASEMOS UN POCO!

Metas

- Inventar una historia familiar
- Repasar todos los tiempos indicativos y subjuntivos

Hispanos en los EE.UU.: Ayer, hoy y mañana

Imagínese que Ud. conoce muy bien a este padre hispano y a su hijo, quienes disfrutan juntos del Día del Padre. Dígale a su profesor(a) algo sobre ellos.

1. ¿Cómo se llaman? ¿Dónde viven ellos ahora? ¿Cuánto tiempo hace que viven allí? ¿Qué clase de vida llevan? ¿Cómo se siente actualmente esta familia? ¿Por qué piensa Ud. eso?
2. ¿Dónde vivían antes los antepasados de esta familia? ¿Por qué vinieron a los Estados Unidos? ¿Qué buscaban aquí? ¿Lo encontraron? ¿Por qué cree Ud. eso?
3. Cuando el padre era joven, ¿qué le aconsejaban siempre sus propios padres? ¿Insistían en que estudiara? ¿que jugara al fútbol? ¿que fuera a la iglesia? ¿Querían que llegara a ser dentista? ¿piloto? ¿Qué le pedían que estudiara? ¿Le decían que no saliera con las chicas? ¿que no fumara? ¿que no fuera a ciertos lugares? ¿Por qué le decían tales cosas?
4. Ahora que este hombre tiene su propio hijo, ¿qué le aconsejará a éste? ¿Qué espera que logre? ¿Qué sugerencias le dará para vivir bien en los Estados Unidos? ¿Es posible que el niño se haga rico? ¿que llegue a ser presidente de la compañía Miller Brewing o incluso del país? ¿que vuelva al país de sus antepasados? ¿que logre lo mismo que cualquier otro norteamericano? Explique sus respuestas.
5. Un momento antes de que se sacara esta foto, ¿qué le habría pedido el hijo a su padre? ¿Y cómo le habría respondido el papá?
6. Cuando dejen de leer el libro, ¿qué harán los dos? ¿El niño le pedirá algo más a su padre? ¿Cómo le contestará el padre? ¿Qué es probable que hagan?

Para comentar

Los hispanos que viven en los Estados Unidos han logrado mucho en los últimos veinte años, tanto a nivel social como económica y políticamente. Aunque mucha gente no lo sepa, Linda Ronstadt, Anthony Quinn, Martin Sheen y

Padre Hispano…ejemplo para una nueva generación.

Miller Brewing Company rinde tributo a todos los padres, quienes con su dedicación y esfuerzo, son un ejemplo para cada nueva generación. Los padres son un pilar fundamental en la familia; no sólo porque proveen la seguridad en el hogar, sino también porque son el ejemplo para los padres del mañana.

Este año, Miller se une a la Comunidad Hispana para honrar a los padres en su día.

Porque valoramos nuestro compromiso con la Hispanidad.

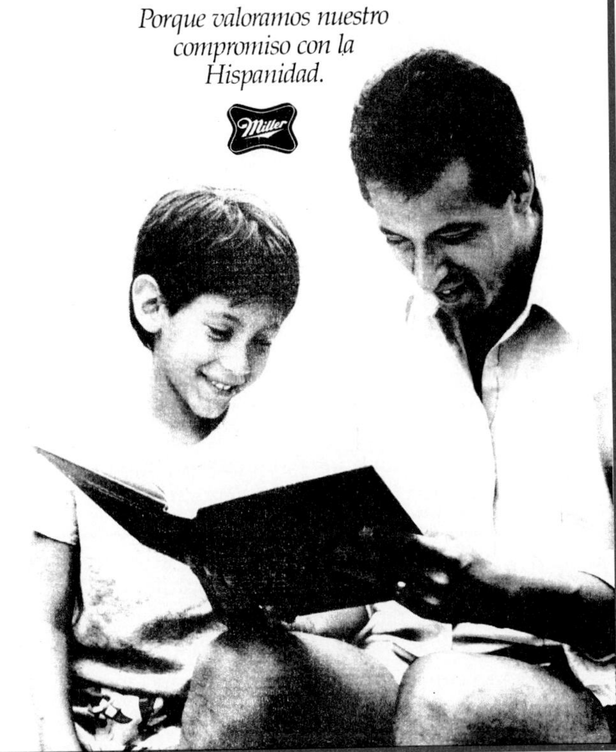

Vicki Carr son hispanos. ¿Sabe Ud. los nombres de otros actores y cantantes hispanos que se destacan? ¿políticos? ¿deportistas? ¿hombres y mujeres de negocios?

¿Tienen los hispanos ahora más oportunidades económicas y políticas o menos que antes? En el futuro, ¿qué cambios se verán en la vida de los que viven los Estados Unidos? ¿Qué impacto tendrá en la sociedad el aumento de la población de hispanos en los EE.UU. para el año 2000? Explique su respuesta.

LECTURA: NARRACION

Vocabulario para leer

VERBOS

otorgar to give, bestow
platicar to chat, discuss
sangrar to bleed

SUSTANTIVOS

el alojamiento lodging
la dicha happiness, luck
el dueño, la dueña owner
el engaño deceit, deception, trick
el filo edge
el galán ladies' man
la mente mind
el pretendiente suitor
la rabia anger, rage
el socio partner; member
la tristeza sadness, sorrow

ADJETIVOS

amargo bitter
(i)letrado (il)literate
pésimo very bad, abominable
rudo rough, crude

MODISMOS

dar con to run into
pagar en abonos to pay in installments
rumbo a bound for, headed in the direction of

A. Seleccione las palabras que mejor completan los siguientes párrafos.

Nunca vi reír a Andrés

Conocí a Andrés en Chicago, en una vieja casa donde los dos habíamos encontrado (terreno/alojamiento 1) por unas semanas. La (dueña/huelga 2) de la casa se llamaba doña Luisa, una (dama/batalla 3) simpatiquísima cuya (fuente/dicha 4) era compartir su casa con los que no tenían tanto como ella. Y (de veras/de al lado 5) yo no tenía mucho. En aquella época sólo pude comprarme un traje (haciendo gimnasia/pagándolo en abonos 6) de diez dólares cada semana. La habitación y las comidas eran sencillas, pero de eso no me quejaba. ¡La vida no era tan (ruda/sagrada 7) viviendo con doña Luisa!

Una tarde nublada, mientras iba (a comienzos de/rumbo a 8) la panadería para doña Luisa, (llevé a cabo/di con 9) Andrés en la calle y empecé a (sangrar/platicar 10) un rato con él. Al saber que yo también era de San José, me (otorgó/desdeñó 11) una rara sonrisa. Parece que yo era el primero con quien hablaba desde que lo (fortaleció/traicionó 12) su novia, la cual se había ido unos días antes con un (bienestar/galán 13) de Nuevo México. Antes de huir juntos, ella y su nuevo (ascensor/pretendiente 14) se habían burlado cruelmente de Andrés. El pobre me decía (cariñosamente/amargamente 15) que de todas las experiencias (iletradas/pésimas 16) que había sufrido, este (socio/engaño 17) le había hecho (volar/padecer 18) más que nada.

Traté de consolarlo sin (mente/éxito 19). Su (tristeza/raíz 20) era profunda, y noté que también sentía una (rabia/beca 21) loca que crecía mientras hablaba. La memoria de esa joven infiel a quien tanto amaba permanecía en su (mente/filo 22) como una obsesión.

B. Escoja la palabra del grupo B que es o antónimo o sinónimo de cada palabra del grupo A.

A	B
1. el filo	la suerte
2. la tristeza	conversar
3. el alojamiento	la mentira
4. la mente	el miembro
5. el engaño	analfabeto
6. la rabia	el cerebro
7. la dicha	dulce
8. el socio	el gozo
9. otorgar	el borde
10. platicar	la ira
11. amargo	la vivienda
12. iletrado	dar

C. Imagínese que su compañero/a de clase es un niño (una niña) de habla española. Explíquele en español lo que significa cada palabra o expresión.

1. el dueño
2. la fuente
3. el pretendiente
4. el galán
5. rumbo a
6. dar con
7. pagar en abonos
8. sangrar
9. rudo
10. pésimo

Introducción a la lectura

Capítulo 16 presented Samuel Mark's characterization of a Hispanic yuppie. In this chapter the Chicano writer Miguel Méndez M. depicts in fiction the trials of a rural Hispanic from Tucson in the Southwest—land of Aztlán, the legendary home of the Aztecs and their gods. Miguel Méndez M. knows this Hispanic community well. Born in Bisbee, Arizona, he spent fifteen years in Sonora, México. Presently, he teaches at the University of Arizona, Tucson.

The action in this abbreviated version of "**Que no mueran los sueños**" alternates between the cotton fields and local dance hall (**El Casino**). Before you read the whole story, scan the first paragraph and find out the following information about the narrator: Where is he from? Where does he work? How much education does he have? How old is he? What are some of his dreams? Why does the narrator describe himself as one among a group of **galanes marginados**? What factors keep him and his buddies alienated from mainstream society?

At the dance hall, the narrator meets Marta, the girl of his dreams, who says she is a well-to-do tourist from Chihuahua, Mexico. How does the narrator present himself in order to impress her? What would you do if faced with similar circumstances?

Working in the fields the day after the dance, the narrator receives a surprise that shatters his dreams. After you finish reading the story, try to explain what the narrator's personal crisis has to do with the exhortation given in the title ("**Que no mueran...** "). Can you explain why the narrator directs his anger at the sun?

Méndez uses mostly past tenses (preterit, imperfect, conditional, pluperfect) to tell his story. Reread the story focusing on syntax. Notice how complex sentences that involve the subjunctive tend to follow a pattern: main verbs in a past (indicative) tense are paired with subordinate verbs also in the past (subjunctive) tense; and main verbs in the present (indicative) tense are matched with subordinate verbs in the present (subjunctive) tense.

«Que no mueran los sueños»
MIGUEL MENDEZ M.

Ciertamente, por aquellos días luminosos de nuestra primavera, muchos de nosotros, jóvenes soñadores, éramos poco menos que nada, carecíamos de instrucción y de dinero; sólo teníamos empleos eventuales,° rudos y humillantes. Pobres muchachas tucsonenses° de aquellos años, tantas y tan bonitas, tan románticas y tan buenas, pero con tan pésimos pretendientes en derredor° que los buenos partidos° matrimoniales eran mera ilusión. Éramos toda una legión de galanes marginados,° sin más salida posible del infame círculo de la miseria que la alternativa de ser carne de cañón° en una de tantas guerras. Algunas de las muchachas más guapas de la raza otorgaron su preferencia a jóvenes soldados anglosajones estacionados en los centros militares locales. Las hubo bienaventuradas° que dieron con la fuente del amor y la prosperidad al lado de los

eventuales: ocasionales
tucsonenses: de Tucson
en... alrededor
partidos: *catches*
marginados: apartados de la sociedad
carne... *cannon fodder*
Las... *There were lucky ones*

Miles de obreros migrantes trabajan en los campos norteamericanos.

hombres rubios y barbados.° Así, a la par que° ganaban en el juego de la vida, de la dicha y la dignidad, conjuraban la sombra maldita° de la incertidumbre y de la pobreza. Sin embargo, para otras tantas la misma ruleta se les tornó en la otra cara: la del llanto° en la derrota° amarga. Más tarde, ya sin trajes marciales,° y muy a pesar de sus blondas apariencias, resultaron más de uno de los tales caballeros áureos° en ser vulgares, ordinarios, y tan pobres e iletrados como nosotros mismos lo éramos...

con barbas / a... al mismo tiempo que
damned
lágrimas / *defeat* / militares
de oro

En la "Casa Blanca" pagué en abonos el traje azul de saco cruzado,° también los zapatos, la camisa blanca y la corbata. Un sábado del mes de noviembre de 1948, me disfracé° de príncipe y me fui al baile de "El Casino". Entré sorteando la concurrencia y me planté mero en un extremo.° Ni yo mismo me reconocía....

saco... *double-breasted jacket*
me... me vestí para caracterizarme
sorteando... *avoiding the others and found a spot at one end.*

Ella me vio primero antes de que yo la viera. Su sonrisa y la mía se unieron en una misma sonrisa. Vestía de rojo, negros sus ojos y sus cabellos;° su boca una rosa, más viva aún que el mismo color de las amapolas;° su cuello y el nacimiento de sus senos lucían albos;° su rostro genuina creación del Hacedor Supremo.° Empezó a tocar la orquesta del maestro Durazo. A los acordes° del danzón "Juárez" me adelanté a solicitarle la pieza.° El imán° de su misterio y hermosura me ciñó la piel° a su piel, al calor de su cuerpo. Su mano diestra° y mi izquierda entrecruzaron los dedos. ¡Dios mío! ¡Qué divina! Ambos corazones latieron° en dúo; ambas mejillas se unieron....

pelo
poppies
lucían... parecían blancos
Hacedor... Dios / notas musicales
solicitarle... invitarla a bailar / *magnet*
me... *bound my skin* / derecha
palpitaron

Me preguntó mi nombre, me dijo el de ella. Sonó su voz como el tañer° del agua clara que acaricia los bordes del arroyo° y hace cantar las piedras: Yo me llamo Manuel. Yo Marta. ¿A qué te dedicas?, me preguntó expectante. Soy estudiante universitario y literato, mentí, ¿y tú? Ahora soy turista en este lugar, pero vivo en la ciudad de Chihuahua. Mi padre es dueño de ranchos ganaderos,°

sonido
acaricia... *caresses the edges of the brook*
cattle-raising

también tiene propiedades en la ciudad, fábricas, tú sabes; en los EE.UU. es socio de empresas financieras. Mi papá es un hombre de negocios, pero yo soy una romántica empedernida.° ¡Ay! me ganan los sentimientos. Mi papá me dice que debo ser menos sensible° y más práctica, pero al corazón ¿quién le gana°?

Sin ningún rubor° le seguí mintiendo a ella tan sincera. Acababa de inventarme un sueño que yo mismo creí en aquel momento, sin la más mínima duda... Por horas y horas bailamos y nos platicamos grandezas. Ella me hablaba de su estirpe° aristocrática, de sus amistades de alta alcurnia° y de sus múltiples pertenencias: autos, ranchos, tiendas, hoteles de lujo, comidas exóticas, paseos a ciudades de leyenda°... Le hablé de libros imaginarios, de padres solventes, de triunfos académicos y de un futuro todavía más brillante que el mismo lucero° de la mañana. Le platiqué con enfático convencimiento que tenía a un familiar° cercano en la Casa Blanca, ministro él de asuntos hispánicos en el gobierno estadounidense, que mis hermanos en México eran médicos y abogados notables de mucho prestigio y fama. Ella persistía en sumar° riquezas cuantiosas°...

Terminó el baile al filo de la madrugada.° Ella marchó con sus amigas, yo a pie rumbo a mi humildísima morada:° dos sillas paticojas,° una mesa agónica de mírame y no me tientes,° una cama zamba hundida de en medio a modo de columpio, amén de cobijas hebrudas como caldo de queso.° De la maldita cocina y el desgarriate de trastos engusanados° no quiero ni acordarme. Antes de llegar a mi alojamiento me había topado con la alborada° y fui testigo° dichoso de un nacimiento de sol más sublime que el más portentoso° de los espectáculos. Tucsón, coronado de montañas con la majestad de un antiguo rey del Anáhuac° en tierras de Aztlán, surgió risueño° y esplendoroso. Doblaron las campanas° de la Catedral de San Agustín. Una procesión de feligreses,° la nueva raza mestiza, se adentró al santo recinto° a dar gracias al Todopoderoso° por la luz, el agua, los alimentos, la alegría del alma y el orgullo de vivir en un pueblo cuyas raíces se fincan muy hondo° en la edad de antepasados indígenas y de los primeros europeos avecindados en la Pimería Alta.

"¿Por qué, si tenía, con seguridad absoluta, toda una legión de pretendientes, se prendaba de° mí, un rudo obrero sin fortuna ni futuro? ¡Ah! pero es que yo le había mentido cínicamente. Le dije que era poeta, estudiante de familia acomodada,° y ella se lo creyó. ¿Me perdonaría cuando se enterara que soy un don nadie, siendo ella una muchacha preciosa, de familia tan inmensamente rica? Con el tiempo le demostraría que poseo sensibilidad e inteligencia y me aceptaría seguramente. ¿Acaso no vale más la nobleza y el talento que la riqueza? ¿No son oro puro, acaso, los buenos sentimientos y las monedas° sólo vil materia? La veré el sábado próximo; ahora lunes llegaré a los campos algodoneros° y me sangraré las manos con el filo de las cajillas que contienen el oro blanco; me dolerán las vértebras, el espinazo arqueado.° Me mataré pizcando de la alborada al crepúsculo° aunque me dé fiebre° y algún día con los años seré próspero y digno de ella." Había pasado un domingo en éxtasis, excitado hasta la locura.° Deseaba amarla en cuerpo y alma. "¡Que llegue pronto el sábado! ¡Que llegue pronto para verla!"

Entre centenares de pizcadores° veo a mi lado dos bultos° misteriosos. Son

dura

sentimental / quién... *who can conquer it?*

vergüenza

familia / de... de noble ascendencia

legend

estrella

miembro de la familia

seguir mencionando / abundantes

alba

alojamiento / *wobbly*

mesa... *a look-but-don't-touch table in its death throes*

cama... *knock-kneed bed sagging in the middle like a swing, in addition to bedclothes stringy as a cheese sauce*

desgarriate... *disastrous, worm-eaten utensils*

topado... dado con el alba / observador

extraordinario

parte central de México

surgió... salió feliz / Doblaron... *The bells rang*

parishioners

lugar / Dios

se... *go so far down*

se... se enamoraba de

rica

dinero

cotton-growing

espinazo....*backbone bent*

pizcando... *picking from dawn to dusk* / temperatura alta

perder la razón

centenares... cientos de obreros / formas indefinidas

dos damas que visten pantalón, blusas de mangas largas y cuello alto: portan guantes, unos cucuruchos alados y negros anteojos de corte basto.° Ahora me enderezo° para descansar los goznes° rígidos de mi espina dorsal, y miro a mi lado. Lo mismo hace una de las damas de vestimenta rara: Nos quedamos sin aliento,° estupefactos. "¡Es ella! ¡La dama de mis más caros sueños! ¡Mi Dulcinea°!" Hay pánico en su cara. ¡Casi se desmaya°! Es tan grande la sorpresa que a ella la sostiene° su compañera y a mí solamente este corazón que se me fragmenta, me duele y retumba como tambor prisionero en torácico claustro°...

Huyó ella y huí yo. Entre el algodonal° quedaron a flote° los restos de un sueño que se había dado de alas° contra los muros inmisericordes° de la realidad, como un pájaro adueñado del cielo que navegara a ciegas.° No volvió a aparecer en el mismo campo donde ambos, ella y yo, nos matábamos trabajando diez horas diarias por unos cuantos centavos.

Volví el siguiente sábado al baile del Casino. Iba a buscarla y la encontré. Allí estaba, más hermosa que toda la plata que irradia la luna sobre ríos, mares, llanos y montañas. Vestía de verde como algún verso de Lorca° y era su boca una rosa perenne. Le supliqué° con la mirada, y ella, con un gesto suave, cortó las venas de mi última esperanza. Para qué prolongar la ironía de un engaño tan grande. Juro que había tristeza en su rostro, en sus labios tremaba insinuada° una amarga sonrisa. Alcancé° a ver que salía a bailar con un joven apuesto;° yo me di la media vuelta en pos de la puerta falsa.°

Bebí licor con la sed preñada de ansias de un espalda mojada que se extraviara en laberínticos arenales de algún desierto borrado del agua que presta vida y alientos.° Todo había sido un sueño. Un sueño que hacía ya tiempo se gestaba° en mi alma.

Seguía bebiendo. ¡Otra vez a las andadas!° Me puse a forjar° más y más sueños. En adelante nutriría° a la realidad con esfuerzo aunque en ello me fuera la vida. Estudiaría con tesón;° trabajaría sin descanso, lucharía contra todo y contra todos para que mis sueños no cayeran pulverizados al primer tropiezo.° Llegaría a tener una esposa amada y los hijos nuestros serían verdaderos universitarios, no impostores de personalidades vanas, ni limosneros° de una felicidad interesada°...

Se me volvía la cabeza una olla de grillos con rabia.° Las preguntas y las respuestas se sucedían en una danza ridícula... Ella estaba viva y cerca, era real y bailaba en la pista° mejilla contra mejilla con un joven apuesto de verdadera importancia. Seguramente que lo abrazaba con ansias, viéndolo de cerca con sus ojos hermosos; pensando quizá que era él, al fin, su príncipe de oro. En mí la rabia y la tristeza me arrancaban ya improperios, ya° lágrimas. Algo acababa de morir en lo profundo de mi espíritu al mismo tiempo que algo misterioso emergía desde las raíces más potentes de mi alma.

Regresé a pie con el alba... Antes de llegar a mi posada° se alzó° el sol frente a mí con toda su potestad° arbitraria. Embargado de coraje,° todavía con los ojos húmedos, lo vi de frente° y le grité mostrándole la diestra con el puño° cerrado: ¡Lucharé contra ti, desalmado,° y contra todos los de tu ralea°! No se me morirá otro sueño como mueren los niños indefensos. No sólo eso, ayudaré

blusas... *long-sleeved, high-necked blouses: they wear gloves, winged paper-cone hats, and rough-cut black glasses*
me... *straighten up* / *hinges*
respiración
dama idealizada de don Quijote / se... *faints*
apoya
retumba... *resounds like a drum imprisoned in my chest*
cotton field / a... *afloat*
se... *had beat its wings* / *pitiless*
pájaro... *possessed bird that navigates blindly*

Federico García Lorca (1898–1936), poeta español que usaba el color verde para simbolizar la sexualidad
rogué
en... *trembled faintly on her lips*
Logré / elegante
me... *I turned around looking for the back door*

preñada... *pregnant with the desires of a wetback lost in some sandy desert devoid of life-giving water* / crecía
¡Otra... *Back to old tricks!* / Me... Empecé a crear
I would nourish
con... mucho
golpe

beggars
selfish
olla... *pot full of angry crickets*

piso

me... *drew from me first curses, then*

alojamiento / subió
poder / Embargado... *Seized with anger*
de... *straight on* / *fist*
cruel, inhumano / los... los como tú

a forjar sueños a muchos jóvenes, duros como el hierro, para que los caprichos infames no se los maten. Para que sean fuertes sus cuerpos y sus mentes y no los despoje° ni los aplaste° ningún ambiente malsano,° para que aprendan a luchar y no se les mueran sus sueños como niños a los que el hambre mata. Que no mueran, no, que no mueran los sueños...

spoil / *squash* / no sano

¿Cuánto recuerda Ud.?

Diga si las oraciones que siguen reflejan las opiniones o las experiencias de Manuel, el narrador. Si no las reflejan, corríjalas.

1. Las jóvenes tucsonenses sólo buscaban pretendientes hispanos porque éstos tenían muchas oportunidades y podían darles seguridad y riqueza.
2. Los anglosajones altos y rubios a menudo resultaban ordinarios, pobres e iletrados cuando se quitaban los uniformes militares.
3. Manuel llevó al baile un traje militar que le había prestado un amigo anglosajón; por eso nadie pudo reconocerlo.
4. Mientras estaba en «El Casino» Manuel bailaba con una joven cuyo padre era un buen amigo suyo, y se enamoró de ella.
5. A él todo el aspecto de la dama—su cuerpo, sus ojos, su pelo y su voz—le parecía crudo y desagradable.
6. Manuel le reveló a Marta toda la verdad: que su padre era dueño de ranchos y de fábricas y socio de varias empresas financieras, que un pariente suyo tenía un puesto importante en Washington y que él mismo era estudiante universitario.
7. Al finalizar el baile, los dos se separaron y Manuel se fue rumbo a su alojamiento: una vivienda pésima que reflejaba su verdadera pobreza.
8. Manuel era generoso; quería que la dama de sus sueños disfrutara de una legión de pretendientes, cada uno más rico que él.
9. El se prometió a sí mismo trabajar hasta que le sangraran las manos para ser digno de esa joven tan rica.
10. Resultó que Manuel y Marta habían trabajado en el mismo campo sin saberlo, pizcando algodón diez horas diarias por muy poco dinero.
11. La dama dio con otro galán en el casino y bailó con él, pero le otorgó a Manuel su sonrisa más bella al verlo de nuevo.
12. Al salir del casino, Manuel empezó a emborracharse y se prometió que algún día iba a lograr todos sus sueños.

¿Qué opina Ud.?

¿Cuáles son los sueños de Manuel? ¿Cómo se expresan? ¿Qué oportunidades tiene él para lograr sus metas? ¿En qué se diferencian los sueños de Marta de los de Manuel? ¿Son diferentes también sus oportunidades? ¿Por qué se mienten mutuamente los dos? ¿Por qué rechaza Marta a Manuel cuando descubre la verdad? ¿Y por qué sufre tanto Manuel? ¿Puede Ud. comprender el porqué de las acciones de los dos?

GRAMATICA EN CONTEXTO

45. Sequence of Tenses and the Subjunctive

A. You have already studied how to decide when to use the subjunctive in contrast to the indicative (see **Capítulo 12,** pages 278–279). But which of the four subjunctive tenses should you choose? The choice depends to a large extent on the tense of the main-clause verb, as illustrated in the following chart.

If the main-clause verb is one of several present-time tenses, choose the present or present perfect subjunctive for the subordinate clause.

The same type of consistency holds in the case of a past-time main-clause verb: choose a past tense of the subjunctive (the imperfect or pluperfect subjunctive). These guidelines correspond most closely with the usage found in formal, written Spanish; in conversational Spanish, present-time and past-time tenses are often mixed together.

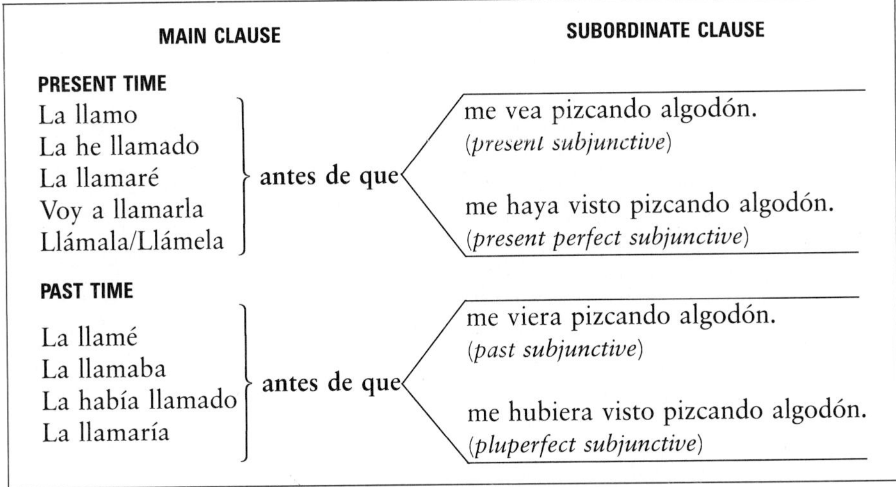

MAIN CLAUSE		SUBORDINATE CLAUSE
PRESENT TIME		
La llamo La he llamado La llamaré Voy a llamarla Llámala/Llámela	**antes de que**	me vea pizcando algodón. (*present subjunctive*) me haya visto pizcando algodón. (*present perfect subjunctive*)
PAST TIME		
La llamé La llamaba La había llamado La llamaría	**antes de que**	me viera pizcando algodón. (*past subjunctive*) me hubiera visto pizcando algodón. (*pluperfect subjunctive*)

Study the sequence of tenses in the following examples adapted from this chapter's reading.

Present-time tenses:

Les **he ayudado** a forjar sueños a muchos jóvenes para que el cruel mundo no se los **mate.**
Lucho contra ti (el sol)... para que no se les **mueran** sus sueños a los jóvenes.
Me **mataré** pizcando de la alborada al crepúsculo aunque me **dé** fiebre.

Past-time tenses:

Ella me **vio** primero, antes de que yo la **viera.**
Yo **seguía** mintiendo sin que ella se **diera** cuenta.
Mi sueño **se había dado** de alas contra los muros de la realidad, como un pájaro que **navegara** a ciegas.
¿Me **perdonaría** cuando se **enterara** que soy un don nadie?
Lucharía contra todo y contra todos para que mis sueños no **cayeran** pulverizados al primer tropiezo.

B. **Como si** + *past subjunctive*

The expression **como si** (as if . . .) is always followed by the past subjunctive (imperfect or pluperfect).

Marta actuaba en el baile **como si fuera** hija de un ranchero rico.
Marta se portó **como si** no **hubiera visto** a Manuel en los campos.

¡Practiquemos!

A. Manuel y Marta. Trabajando en pares, completen las oraciones con el presente o el pasado de subjuntivo.

1. Manuel le mintió a Marta para que ella _____ (pensar) que era un galán.
2. En el baile, Marta ve a Manuel antes de que él _____ (darse) cuenta.
3. Manuel iba a seguir mintiendo el próximo sábado a menos que ella _____ (descubrir) su engaño.
4. A Manuel le dio rabia que Marta lo _____ (ver) trabajando en los campos de algodón.
5. ¿Lo perdonaría Marta cuando _____ (enterarse) de su mentira?
6. Marta regresó al baile el siguiente sábado como si nada les _____ (ocurrir) la semana anterior.
7. Manuel y Marta tendrán que ir a trabajar en el campo como si nunca se_____ (haber) conocido.
8. Manuel ha luchado para que el mundo lo _____ (considerar) a la par de todos.

9. Manuel y Marta tratarán de escapar de la pobreza aunque el esfuerzo los _____ (matar).
10. Manuel ha ayudado a sus amigos para que éstos no _____ (perder) los sueños.

B. ¿Qué quieren tus padres? Trabajando en pares, deben iniciar una conversación en la cual se harán preguntas mutuas acerca de sus respectivos padres. El que contesta escogerá el tiempo adecuado del subjuntivo—presente o pasado—según esté formulada la pregunta. Al cambiar sus papeles pueden repetir el ejercicio variando los tiempos.

MODELOS: esta noche: —¿qué?/ querer
—(yo) llamarlos
A: ¿Qué quieren tus padres?
B: Quieren que yo los llame.

ayer: —¿qué?/ querer
—(yo) llamarlos
A: ¿Qué querían tus padres?
B: Querían que yo los llamara.

1. el año pasado: —¿qué?/ no querer
—(yo) ponerme triste
2. este año: —¿en qué?/ insistir
—(yo) desarrollar la mente
3. el próximo año: —¿para qué?/ mandarte a la universidad
—(yo) sacar un título (*degree*)
4. en el futuro: —¿cuándo?/ comprarte un coche
—(yo) graduarme
5. en el futuro: —¿qué tipo do coche? / regalarte
—(mi papá) poder pagar en abonos
6. en cualquier momento: —¿qué?/ no gustarles
—(yo) engañarlos
7. el año que viene: —¿para qué?/ mandarte dinero
—(yo) buscar alojamiento cerca de la universidad
8. por lo general: —¿qué?/ pedirte al hablar por teléfono
—(yo) no les platicar solamente de mis pretendientes/amigas

Gramática en acción

¡Cuéntamela otra vez! Trabajando en pares, cuenten de nuevo la trama (*plot*) de «Que no mueran los sueños» usando únicamente los tiempos verbales del pasado. Piensen en las siguientes preguntas.

1. ¿Dónde vivía Manuel y en qué circunstancias?

2. ¿Manuel se presentó a Marta como si fuera qué tipo de persona?
3. ¿Con qué propósito dijo Marta que era de Chihuahua?
4. ¿Por qué quería Manuel que llegara el próximo sábado?
5. Cuando Marta viera a Manuel en el campo, ¿en qué pensaría?
6. Cuando tuvieran los dos una oportunidad de hablar libremente, ¿qué se dirían?
7. ¿Por qué se portó Marta como si no conociera a Manuel la segunda vez en el baile?
8. Al final del cuento, ¿qué no quería Manuel que ocurriera?

¡HABLEMOS, PUES!

A. Vocabulario útil: En el mercado y en la cocina

LAS CARNES	**MEATS**
el bistec, la carne de vaca (de res)	*beef*
la carne de cerdo, el puerco	*pork*
la carne de cordero	*lamb*
la carne de ternera (la milanesa)	*veal (breaded veal cutlet)*
el chorizo, la salchicha	*sausage*
la chuleta (de cerdo, de cordero)	*(pork, lamb) chop*
el hígado	*liver*
el jamón	*ham*
el tocino	*bacon*
LAS AVES DE CORRAL	**POULTRY**
el pato	*duck*
el pavo	*turkey*
el pollo	*chicken*
LOS MARISCOS	**SEAFOOD**
la almeja	*clam*
el calamar	*squid*
el camarón	*shrimp*
la langosta	*lobster*
el mejillón	*mussel*
la ostra	*oyster*
el pulpo	*octopus*
LAS LEGUMBRES Y LAS VERDURAS	**VEGETABLES**
el apio	*celery*
el brécol, el bróculi	*broccoli*
la calabaza	*squash, pumpkin*
la coliflor	*cauliflower*

el champiñón	*mushroom*
la espinaca	*spinach*
el frijol	*dry bean, kidney bean, navy bean*
el haba (las habas)	*lima bean*
la judía verde	*green bean*
la lechuga	*lettuce*
el maíz	*corn*
el tomate	*tomato*
la zanahoria	*carrot*
LAS FRUTAS Y LAS BAYAS	**FRUITS AND BERRIES**
la banana, el plátano	*banana*
la ciruela	*plum*
la frambuesa	*raspberry*
la fresa	*strawberry*
la manzana	*apple*
la naranja	*orange*
la pasa	*raisin*
la pera	*pear*
la piña	*pineapple*
la toronja	*grapefruit*
la uva	*grape*
LOS POSTRES	**DESSERTS**
el flan	*custard*
el helado	*ice cream*
el pastel	*pastry, pie*
la torta	*cake*
PRODUCTOS LACTEOS	**DAIRY PRODUCTS**
la crema	*cream*
la leche	*milk*
la mantequilla	*butter*
el queso	*cheese*
ETCETERA	
el arroz	*rice*
el azúcar	*sugar*
al entremés, el aperitivo, las tapas (Spain)	*appetizer*
la especia	*spice*
la harina	*flour*
el huevo	*egg*
la mermelada	*marmalade, jelly*
el pan	*bread*
la pimienta	*pepper*
la sal	*salt*
la sopa	*soup*

Ahorre esta semana en el Mercado Grand Central

ENGLISH MUFFINS
(Paquete de seis)
3 paquetes por **50¢**
PUESTOS B4 y C16

GRATIS
UNA BARRA DE PAN
Presente este cupón y recibirá una barra de pan gratis.
No se aceptarán cambios o substituciones.
Válido en el mercado Grand Central.
Puestos B4 y C16 Vence Noviembre 5, 1986

SALCHICHAS
(Perros Calientes)
Regular $1.39/LB.
Otros mercados $1.89/LB
29¢ LB.
PUESTOS E3 y E4

BUDWEISER
Regular $3.20
Six-Pack **$2.19**
PUESTO A1

BOMBONES DE CHOCOLATE
Regular $1.19/LB.
59¢ LB. o 2 lbs. por **$1**
PUESTOS D7 y E8

HIGADO DE RES
Regular 99¢/LB.
59¢ LB.
PUESTO A5

MILANESAS
Regular $2.99/LB.
Otros mercados $3.49/LB
$1.99 LB.
PUESTO F9

CHUPETAS GRANDES
Regular 15 por $1.00
20 por **$1**
PUESTOS D7 y E8

LISA
Regular $1.49/LB.
98¢ LB.
PUESTO D4

PALETA DE PUERCO
Regular $1.29 LB.
69¢ LB.
PUESTOS E3 y E4

Un legado Azteca...

En todos los idiomas del muñuo hay una palabra de origen Azteca. Se trata de Chocolate. Choco, que significa Cacao y latl, que significa agua, componen esta palabra que hoy se dice en todas las lenguas.

El Chocolate llego a Europa en 1519 pero tardo dos siglos en hacerse popular. Esto se debió al sabor un tanto amargo del producto en su forma original.

Un señor suizo decidió un día echarle leche y azucar y desde ese momento el legado Azteca paso a formar parte de las lenguas y los paladares de todo el mundo.

¡Qué brujería!

CALABAZAS PARA HALLOWEEN **12¢** LB.

PUESTO F11

UVAS VERDES
Regular 3 lbs. por $1.00
4 lbs. por **$1.00**
PUESTO D11

LA RECETA DE HOY
Arroz con leche

⅓ de taza de arroz
1½ tazas de agua • Sal
2 tazas de leche • ½ taza de azucar
Canela en palo • 2 yemas de huevo
3 cucharaditas de pasas
Canela en polvo

Prepare el arroz normalmente pero no lo deje secar.
Añadale le leche bien caliente y cocínelo a fuego lento durante unos veinte minutos. Muévalo continuamente y añada el azucar al mismo tiempo. Dejelo engordar pero sin dejarlo secar. Ponga las pasas y las yemas de huevo bien batidas y mezcle bien. Dejelo enfriar un poco.
Sírvalo ligéramente caliente.

AHORRE MAS CON ESTOS CUPONES

25¢ AHORRE 25¢
1 LB. de PASAS SIN SEMILLA
Entregue este cupon al hacer su compra
Valido unicamente para comprar la mercancia aqui descrita
Vence Noviembre 5
BARDOVI·KAZAN
PUESTOS D7 y E8

10¢ AHORRE 10¢
3 DOC. de TORTILLAS
Entregue este cupon al hacer su compra
Valido unicamente para comprar la mercancia aqui descrita
Vence Noviembre 5
GRAND CENTRAL MARKET
PUESTO K1-2-3

25¢ AHORRE 25¢
1 LB. de CIRUELAS GRANDES
Entregue este cupon al hacer su compra
Valido unicamente para comprar la mercancia aqui descrita
Vence Noviembre 5
BARDOVI·KAZAN
PUESTOS D7 y E8

Regrese a su Mercado Grand Central y vea como cada día luce mejor.

la tortilla	*tortilla (Mexico), omelet (Spain and South America)*

LAS MANERAS DE PREPARAR Y COCINAR

cocer (ue), hervir (ie, i)	*to boil*
cocer (asar) al horno	*to bake*
freír (i, i)	*to fry*
picar	*to chop*
rellenar	*to stuff*
saltear	*to sauté*

Su profesor(a)—¡una persona valiente!—acaba de aceptar una invitación que Ud. y todos los de su clase le han hecho. Antes de que finalice el curso, Uds. van a prepararle una cena.

a. Hablen todos de lo que les gusta comer y de lo que les repugna.
b. Ahora traten de formular un menú interesante del que todos puedan disfrutar, usando, cuando sea posible, las ofertas (*bargains*) del Mercado Grand Central (página 386).
c. Por fin hagan una lista de las compras que van a hacer. Decidan quiénes van a hacer las compras.

B. Dramatizaciones

1. Buscando empleo. Ud. busca empleo en un buen restaurante. Por fin consigue una entrevista con el cocinero (la cocinera) con quien Ud. quiere trabajar. Explíquele cómo se prepara su comida favorita.
2. Hablando de la dieta. Ud. y un amigo suyo (un amiga suya) se sienten oxidados/as (*out of shape*) y deciden hacer ejercicio y comer mejor de ahora en adelante. Hablen un poco sobre los alimentos que van a comer más en el futuro, e identifiquen los que van a dejar de comer. Hablen de todo lo que pueden hacer para no engordar.

C. Composición

Ud. es reportero de un periódico universitario. Cada semana come en algún restaurante para poder escribir una crítica culinaria. Ahora tiene que escribir una reseña (*review*) de tres párrafos (de 8 a 10 oraciones cada uno) acerca del restaurante, real o imaginario, que Ud. acaba de visitar.

Primer párrafo: ¿Dónde queda este restaurante? Descríbalo con detalles interesantísimos.

Segundo párrafo: ¿Qué le sirvieron? ¿Cómo estaba preparado? Describa todas las partes de la comida lo más ampliamente que pueda.

Tercer párrafo: ¿Puede Ud. recomendarles este restaurante a sus lectores? ¿Por qué sí o por qué no? ¿Cuál es su evaluación del precio y del servicio? ¿Hizo algo notable el camarero (la camarera), su ayudante (*busboy*) o el cocinero (la cocinera) durante la cena o después de ella? Cuente todo lo que pasó.

CAPITULO 18

¡REPASEMOS UN POCO!

Metas

- ▲ Hablar de problemas socioeconómicos
- ▲ Imaginar una situación hipotética

El impacto de la inmigración hacia el norte

A. Lea el anuncio que apareció en la «Teleguía» del periódico *La opinión* de Los Angeles. ¿Qué sabe Ud. del problema de los «indocumentados»? ¿Son todos los indocumentados de México? ¿Por qué entran en los EE.UU. ilegalmente tantos inmigrantes? ¿De qué se escapan? ¿Qué es lo que buscan? Generalmente, ¿cómo se ganan la vida en los EE.UU.?

B. A su juicio, ¿qué pasaría en los Estados Unidos si no hubiera trabajadores indocumentados? Piense en la agricultura, en las fábricas, en las empresas urbanas, etcétera. Si no vinieran tantos indocumentados, ¿habría más trabajos para los estadounidenses? Mucha gente cree que de veras los indocumentados no les quitan nada a los ciudadanos (*citizens*) y a los extranjeros que residen legalmente. ¿Qué opina Ud. de eso?

Para comentar

México es un país con graves problemas económicos y sociales. Muchas personas alegan que la inmigración hacia el norte sirve como una «válvula de escape» que protege ese país del desastre económico y de la revolución social. ¿Qué opina Ud. de eso? ¿Qué pasaría en México si los mexicanos desempleados no pudieran buscar trabajo en los Estados Unidos? ¿Cómo reaccionarían los hispanos en los Estados Unidos si el gobierno quisiera cerrar por completo la frontera con México? ¿Sería posible hacerlo? ¿Tendría buenas o malas consecuencias esa acción? Explique sus respuestas.

La importación número uno desde México

¿Están los "ilegales" robando el trabajo de otros, haciendo naufragar la economía de California? ¿O es precisamente esta nueva ola de inmigrantes los que están haciendo el trabajo que nadie quiere? Sepa las respuestas esta semana a las 5 y a las 6 de la tarde con Laura Díaz y Henry Alfaro.

7 EYEWITNESS NEWS 5 Y 6 PM

Porque en esta vida hay mucho más que noticias, el tiempo y los deportes.

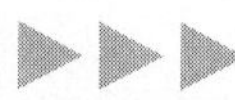

LECTURA: OPINION

Vocabulario para leer

VERBOS

compartir	to share
dirigirse (j) (a)	to address (*a person*)
engordar	to get fat
mudarse	to move, change residence
vigilar	to watch over

SUSTANTIVOS

la calefacción	heating
el camión	truck
el cartel	poster, sign
la cerca	fence
el enlace	connection, relationship
la hoja	leaf
el lazo	tie, bond; lasso
el letrero	sign
el pariente (político)	relative (in-law)
el susto	fright
la torre	tower
el votante	voter

ADJETIVOS

equivocado, erróneo	incorrect, wrong

MODISMOS

echar mano de	to resort to
estar a punto de	to be about to
hacer caso (a)	to pay attention (to)
llamar la atención	to attract attention
pedir prestado	to borrow

A. Seleccione las palabras que mejor completan los párrafos que siguen.

¡Que no le asusten los parientes políticos!

No les hice caso a mis amigos cuando me advirtieron que no (me dirigiera a/me casara con 1) Clara. ¡Yo la quería tanto! Estaba cada vez más loco por ella y no quise oír nada en contra de ella. Me dijeron que su familia se había (compartido/mudado 2) desde otro país hacía sólo seis meses, que su padre tenía opiniones que se consideraban (morenas/equivocadas 3) y que los que serían mis futuros (votantes erróneos/parientes políticos 4) si me casara con ella, tenían costumbres extrañas.

El día de nuestra boda, fui a recoger al abuelo de Clara, un anciano (claro, oculto y estrecho/amistoso, genial y divertido 5) de casi noventa años. Vivía en la (Hoja/Torre 6) Obregón, a cuatro (cuadras/cuadros 7) de la iglesia. Estábamos (a punto/a comienzos 8) de salir cuando algo me (llamó la atención/pidió prestado 9). En la pared había un (cartel/engaño 10) ilustrado: la foto de un (camión/enlace 11) rojo que se había estrellado (*crashed*) contra una (calefacción/cerca 12) de hierro. Al lado de la foto había un (letrero/lazo 13) con estas palabras escritas a mano: «Acuérdate del (recurso/susto 14) que tuviste ese día. ¡Ten más cuidado, abuelito!» Me confesó el anciano que se sentía muy (a gusto/a menudo 15) en ese camión y que solía conducirlo demasiado rápidamente. Clara había (echado mano de/pagado en abonos 16) ese cartel para que él no volviera a manejar así. ¡Qué tipo más gracioso era el abuelito!

Hace cinco años que estamos casados Clara y yo. Sus (raíces/parientes 17) y yo nos llevamos muy bien y es obvio que mis amigos no tenían razón. Me alegro ahora de no haberles (vigilado/hecho caso 18) en aquel entonces.

B. Si en un «scavenger hunt» en una fiesta alguien le dijera a Ud. que buscara los siguientes «tesoros» (*treasures*), ¿qué haría para encontrarlos?

1. una hoja seca
2. un cartel con la foto de un cantante popular
3. un camión viejísimo
4. un lazo para un caballo o una vaca
5. el poste de una cerca
6. un letrero escrito en español

C. Imagínese que su compañero/a de clase es un niño (una niña) de habla española. Explíquele en español lo que significa cada palabra o expresión.

1. engordar
2. mudarse
3. compartir
4. vigilar
5. dirigirse a
6. la torre
7. la calefacción
8. el susto
9. el pariente político
10. pedir prestado

Introducción a las lecturas

Do Hispanics who continue to speak Spanish in the U.S. pose a political and social threat to American society? The following two reading selections deal specifically with this controversial topic, using humor rather than logic to stimulate our own reflections. In some states, the language issue has already surfaced on the ballot. For instance, voters in California were recently asked to make English the only officially recognized language and the bill (Proposition 63) was overwhelmingly approved.

The first reading selection, "Armonía en la diferencia," considers tongue in cheek the social benefits of a language barrier, playing off Robert Frost's famous advice that "good fences make good neighbors." This editorial was published in *La Opinión,* a daily Spanish newspaper in Los Angeles. Its author, Ana Veciana-Suárez, draws on her knowledge of the dynamic Cuban community that has flourished in Florida since the early 1960s. As you read the article, see if you can figure out the author's solution to achieve residential harmony in the U.S. What does she point to as the source of social conflicts? Will laws such as Proposition 63 help solve those conflicts or aggravate them?

The second selection, "Hispanics," is set in New York City, where the majority of Hispanics are Puerto Rican. Carmen Rico Godoy, a newspaper correspondent from Spain, recounts her arrival in New York City and how her best efforts to speak English ("macarroninglish") are swept aside by the city's Spanish-speaking residents. She pokes good-natured fun both at English pronunciation and the strange linguistic mixture that results when Spanish comes into contact with English, a phenomenon known sometimes as "Spanglish" (or by the more humorous name "Engañol"). Look beyond the author's humor to decide what she is really saying about the Hispanic influence in New York City and other cities like Los Angeles, Chicago, Miami, and San Antonio. Remember that Puerto Ricans are American citizens from birth because of the island's commonwealth status. If you had been born in Puerto Rico, do you think you would want to give up speaking Spanish?

In both readings you will notice the occasional use of hypothetical clauses ("If . . . , then . . ."). Being able to conjecture, dream, or express hindsight about things that have yet to happen, may never happen, or whose time is past seem to be among our favorite conversational pastimes, especially in articles like these.

Primera lectura

Armonía en la diferencia

ANA VECIANA-SUAREZ

Algunas personas dicen que las cercas hacen buenos vecinos. Cierto. Pero no hablar el mismo idioma los hace mejores.

Los historiadores han captado[1] de manera equivocada la historia de la Torre de Babel.[2] Como lo han hecho S. I. Hayakawa,[3] el movimiento de "Inglés Solamente" y los 5 millones de votantes californianos que fueron a las urnas este mes a votar a favor de la Proposición 63 que declara al inglés el idioma oficial del estado. De hecho, la confusión es a veces resultado de entenderse entre sí.

Por años, los vecinos se han pedido prestado el azúcar y se han vigilado mutuamente las casas, sin hablar el mismo idioma. Ha habido pocas peleas, disparos[4] u otros problemas. Y nadie lo ha notado. Me imagino que esto no llama mucho la atención.

Muchos de los problemas étnicos de Miami pueden originarse en el erróneo concepto de que todo el mundo debe hablar el mismo idioma: español o inglés. Esto sería una catástrofe. No sólo nos entenderíamos unos a otros sino que no nos sentiríamos inclinados a ofrecerles a nuestros iguales la gracia de la duda.

Si el vecino le bloquea la entrada del garaje de su casa y, además, habla bien el idioma, usted sabría con seguridad que no ha hecho caso de su letrero escrito a mano. Si el árbol de su vecino deshoja[5] en su patio, a pesar de sus repetidas advertencias en una lengua que ambos hablan, usted tendría derecho a echarle las mismas hojas en el patio de él, ya que usted sabe perfectamente que lo ha entendido.

Si los vecinos no comparten un lenguaje, no hay cómo leer entre líneas, el decir lo que uno siente no crea problemas. Cuando no pueden hablarse entre sí, los vecinos tienden a hacerse de la vista gorda.[6] En Miami, por supuesto, lo que hacen es mudarse.

Pero eso es aparte. No hablarse entre sí es una cerca, tal vez una cerca mental, pero una cerca al fin. Por eso, tantos vecinos de apartamentos que hablan el mismo idioma jamás intercambian más

[1]comprendido [2]Torre... Según la Biblia, los hijos de Noé la levantaron tratando de alcanzar el cielo. Para castigarlos, Dios los separó por medio de las lenguas. Ya no podían comprenderse unos a otros. [3]S. I.... Senador de California [4]*shots* [5]deja caer sus hojas [6]tienden... *tend to pretend not to see*

que un saludo. Son industriosos fabricantes de cercas.

En la pequeña Habana,[7] mi abuela y su vecina eran un magnífico ejemplo de buena vecindad.[8]

Durante años, las dos señoras intercambiaron plantas y flores por encima de la cerca del traspatio.[9] Mi abuela habla poco inglés. Su vecina no habla español. Pero no importa. El idioma no es el único medio de comunicación.

En mi familia, la Torre de Babel se convirtió en la Torre del Amor. Mi primo me cuenta que sus padres, de habla española, se llevan maravillosamente con sus parientes políticos angloparlantes, porque no pueden hablarse entre sí. Para la boda, los padres de la esposa de mi primo volaron desde Arizona para conocer a su familia, la mayoría de cuyos miembros entiende sólo inglés suficiente como para ver las novelas por televisión.

La reunión fue memorable.

La madre de ella dijo: ''Good morning''.

La madre de él dijo: ''Buenos días''.

El padre de ella dijo: ''Good morning''.

El padre de él dijo: ''Buenos días''.

Los casados aún son felices en su matrimonio. La hija de la pareja habla ambos idiomas y se niega a escuchar a ninguno de sus abuelos, maternos o paternos.

Por otra parte, mi abuelo y su vecino acostumbraban a pelear a gritos[10] en torno a[11] los temas más baladíes:[12] Las gracias[13] de un perrito, los límites de las propiedades, las fiestas. Y siempre en español impecable.

En todo esto hay una lección. Durante años, los maestros han utilizado el sistema de alternar a niños y niñas en los asientos para promover la armonía en las aulas. Tener cuadras alternas de habla española y habla inglesa podrían conducir a lo mismo en las barriadas[14] de nuestro país.

Se dice que muchos matrimonios resultaron de esta mezcla de niñas en las aulas. ¿Por qué no alternar las familias de habla española e inglesa en busca de la armonía entre los vecinos?

Tomado de *La opinión,* Los Angeles, el 9 de noviembre de 1986.

[7]la... barrio cubano de Miami [8]convivencia con los vecinos [9]la parte entre dos patios [10]a... en voz alta [11]sobre [12]insignificantes [13]*droppings* [14]distritos

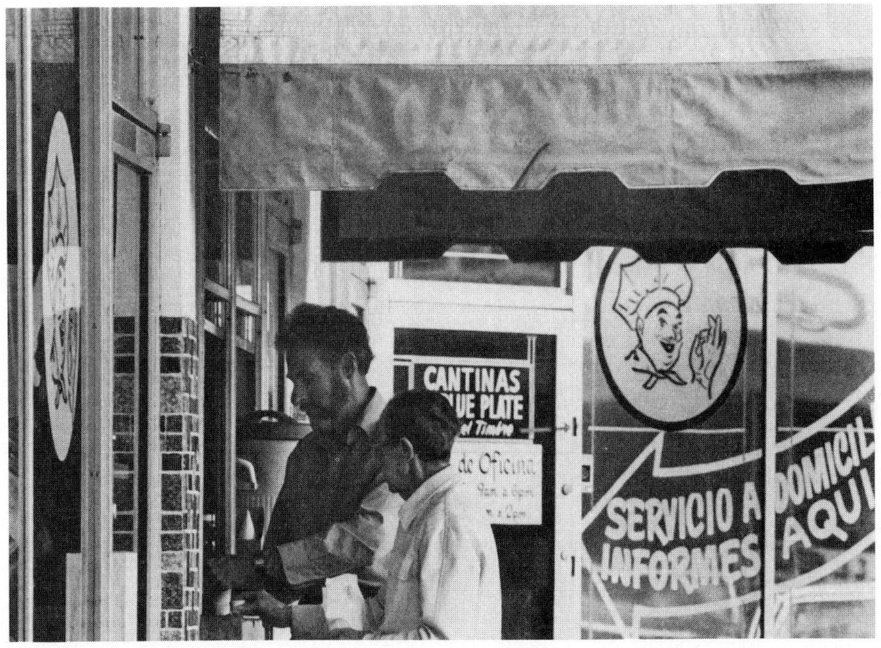

© ALAN CAREY/THE IMAGE WORKS

Estos señores compran café cubano en «La Pequeña Habana», una sección de Miami.

Segunda lectura

Hispanics

CARMEN RICO GODOY

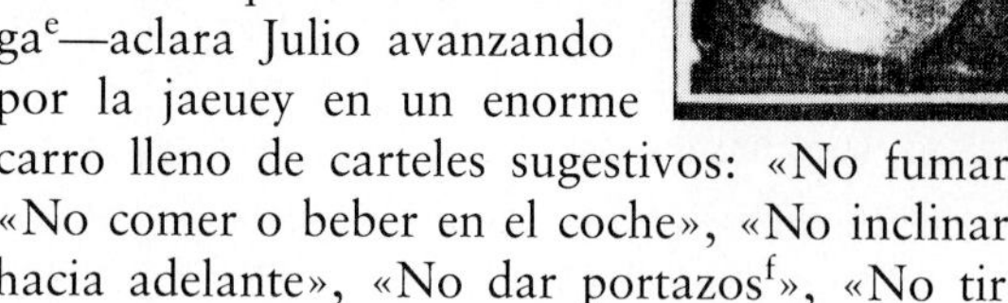

Desde Nueva York, el tema de las autonomías[1] adquiere una inesperada dimensión. El idioma español—nada de castellano—avanza por el territorio americano a pasos agigantados,[a] creando unos lazos de solidaridad cada vez más estrechos entre los hispanoparlantes.

Hace apenas dìez años, los residentes en USA, cuya lengua madre era el español, intentaban olvidarlo y aprender inglés lo más rápidamente posible para hacerse adoptar por los anglosajones blancos (wasps). Si uno se dirigía en español a una dependienta[b] inequívocamente de origen mexicano, la muchacha miraba a un lado y a otro por si alguna colega había notado la familiaridad y respondía en inglés. Era humillante para un hispanoparlante ser reconocido como tal.

Por eso, al llegar a Nueva York, servidora[c] se metió en boca dos pastillas de chicle[2] para pronunciar bien su macarroninglish.[ch]

—Tchaxi pliss chu di walchork jotel.

—Cómo no, señorita. Yo la llevo; me llamo Julio, para servirla—contesta en perfecto puertorriqueño un joven con una gorra[d] de golf.

—¿Cómo sabe usted que yo hablo español?—pregunto yo muy frustrada en mi imagen de periodista internacional.

—No le entendí nada de lo que dijo. Habla usted igualito que una hermana mía que es medio chunga[e]—aclara Julio avanzando por la jaeuey en un enorme carro lleno de carteles sugestivos: «No fumar», «No comer o beber en el coche», «No inclinarse hacia adelante», «No dar portazos[f]», «No tirar basura en el interior del vehículo», etcétera.

—Este coche parece el undécimo mandamiento,[g] don Julio.

—No dé ninguna atención a estos carajos[h] de carteles—me aclara[i] Julio mientras pasa por la derecha un coche deportivo que, del susto, está a punto de estrellarse contra el camión que va delante—. Y añade haciéndole un horrendo signo con ciertos dedos de la mano al distinguido conductor del coche sport: Tú sabes, a los gringos les gusta que les prohíban cosas, de otra manera no saben que éste es un país libre.

—Son un poco raros los gringos. En el avión, en la zona de fumadores, no dejan fumar en pipa.

—Son buena gente. Locos, pero buena gente. Te hacen que te envicies[j] con el tabaco y luego te dicen que tú con el tabaco te envenenas.[k] ¿Quién lo entiende? Te hacen propaganda para que comas muchas cosas, como chocolates o sandwichs, o

[a]a... *with giant steps* [b]mujer que trabaja en una tienda [c]la autora [ch]Spanglish [d]sombrero [e]cómica [f]dar... *slam doors* [g]eleventh commandment [h](*vulgar*) *damn* [i]explica [j]*corrupt* [k]*poison*

[1] The author is referring here to the matter of regional autonomy, which has been an important issue in Spanish politics in recent years. Spain is now divided into seventeen **autonomías.** In two of these areas, Cataluña and the País Vasco, both Spanish and the local languages (**catalán** and **vascuence**) have official status, although the local language is preferred for everyday use and Spanish is a second—and less popular—choice.

[2] This is a humorous play on the stereotype that many Hispanics have of the gum-chewing Anglo-Saxon.

todo eso, y luego te dicen que si engordas te mueres. Locos, Carmelita, locos.

El portero del hotel era hispano. Pero también lo eran el recepcionista, el mozo de equipaje,[l] el ascensorista y la doncella[ll] que entró a chequear la habitación y que me aclaró muy contenta que si abría la uindo entraba el col y que podía regular la jiter (calefacción) con un botón.

En un restaurante cercano recomendado por Julio eché otra vez mano del inglés para confesarle al encargado[m] que pretendía[n] cenar. Otra vez tuve que sacarme el chicle de la boca precipitadamente.

—¡Pero cómo no, señorita. Sírvase hacerse confortable en esta mesa—me habló el maitre[ñ] en algo parecido al canario[o]—. Esto me decidió: —Vengo de parte de[p] Julio.

—¡Pero haberlo dicho antes, señorita! Y dirigiéndose autoritario a un wasp, anglosajón puro con pinta[q] de estudiante que trabaja para pagarse los estudios y que preparaba mi mesa: —¡¡Hey, you, get lost, will yah!!? Y me instaló en la mejor mesa del restaurante.

Al final de la espléndida comida y después de habernos contado nuestras vidas y haberme recomendado las tiendas y los enlaces hispanos por toda la ciudad, lo intenté:

—Oswaldo, ¿conoce usted algún sitio en Nueva York donde sólo se hable inglés?

—Sí, pero no se lo recomiendo. El propietario es un primo mío de la maffia. No good.

Tomado de *Cambio 16,* el 2 de febrero de 1981.

[l]el... *baggage handler* [ll]joven [m]hombre responsable [n]quería [ñ]camarero principal [o]dialecto de las Islas Canarias de España [p]de... mandada por [q]apariencia

© BERYL GOLDBERG

La gente se pasea en uno de los barrios puertorriqueños de Nueva York.

¿Cuánto recuerda Ud.?

A. Diga si, a juicio de Ana Veciana-Suárez, las declaraciones que siguen son correctas o erróneas.

1. Los vecinos pueden pedirse prestado el azúcar sin hablar el mismo idioma.
2. Los vecinos que no hablan la misma lengua pelean más entre sí que los que se comunican muy bien.
3. Los vecinos que no hablan el mismo idioma nunca se vigilan mutuamente las casas.
4. Si todos los habitantes de Miami hablaran la misma lengua sería de veras una catástrofe.
5. La persona cuyo garaje es bloqueado por el coche de su vecino tiene derecho a darle golpes a éste.
6. La falta de comunicación es una buena cerca que puede hacer buenos vecinos.
7. Los parientes políticos del primo de la autora se llevan muy bien con los padres de él aunque no hablan mucho el inglés.
8. El abuelo de la autora lucha constantemente con un vecino suyo, quien sí habla la misma lengua.

B. Las siguientes oraciones se refieren a personas mencionadas por Carmen Rico Godoy en «Hispanics». Diga si la oración se refiere a la autora, a Julio (el taxista), a Oswaldo (el maitre del restaurante), a los hispanoparlantes que viven en los Estados Unidos o a los anglosajones.

1. Hace unos años muchos preferían no hablar su propia lengua porque no querían que nadie descubriera sus raíces étnicas.
2. Se metió en la boca dos pastillas de chicle para que nadie la reconociera como hispanoparlante.
3. Contestó en perfecto puertorriqueño a pesar de que vivía y trabajaba en Nueva York.
4. Tenía un carro lleno de carteles escritos especialmente para los anglosajones a quienes llevaba.
5. Casi causó un accidente por su manera de conducir el coche.
6. Les gusta que se les prohíba cosas, como fumar una pipa en los aviones.
7. No quieren engordar, pero gastan muchísimo dinero cada año creando anuncios para comidas que sí engordan.
8. Parece que tienen casi todos los puestos en los hoteles y en los restaurantes de Nueva York, menos el del estudiante que trabajaba en el restaurante de Oswaldo.

¿Qué opina Ud.?

A. Las dos lecturas de este capítulo reflejan una realidad actual de los EE.UU.: que los hispanos recientemente llegados al país suelen vivir en centros urbanos donde es posible que pasen toda la vida sin aprender a hablar inglés. ¿Cuáles serían los resultados de esto para los que viven allí si nunca llegaran a hablar inglés? ¿Conoce Ud. personalmente alguna de esas zonas urbanas de habla hispana? Descríbasela a la clase.

B. Con frecuencia cuando la gente habla del problema de los nuevos inmigrantes, especialmente el de los indocumentados, se oye decir a más de un angloparlante: «Pues, mis antepasados vinieron a los Estados Unidos y tuvieron que aprender inglés para sobrevivir. Nadie los ayudó. Tuvieron que aprenderlo ellos mismos.» ¿Qué opina Ud. de esa actitud? ¿Es bueno o malo que las escuelas ofrezcan clases especiales para los que emigran aquí hoy en día?

GRAMATICA EN CONTEXTO

46. Making Hypothetical Statements: *Si*-clauses

Standard Spanish has a strictly defined set of verbal signals used to make hypothetical statements, as shown in the chart that follows. Each type of hypothetical statement is associated with one tense for the **si**-clause and another tense for the main clause. Possible situations are signaled by the indicative in the **si**-clause, while impossible or unreal events—such as dreams and hindsights—are indicated by the subjunctive in the **si**-clause. The correct pairing of subjunctive and indicative tenses is based on whether the event may happen (a possibility), is unlikely to happen (a dream), or is too late to happen (hindsight).

TYPE OF EVENT	*SI*-CLAUSE	MAIN CLAUSE
a possibility (may happen)	present indicative	present/future indicative
	Si estudio español,	**lo aprenderé.**
a dream (unlikely to happen)	imperfect subjunctive	conditional indicative
	Si estudiara español,	**lo aprendería.**
hindsight (too late to happen)	pluperfect subjunctive	conditional perfect indicative
	Si hubiera estudiado español,	**lo habría aprendido.**

Notice that the order of the clauses does not matter.

Possibility:

> Si te engordas, te mueres. = Te mueres si te engordas.
> Si los vecinos no comparten un lenguaje, no hay cómo leer entre líneas.

Dream or unlikely event:

> Sería una catástrofe si todos hablaran español.
> Si el árbol de su vecino deshojara en su patio, usted tendría derecho a echarle las mismas hojas en el patio de él.

Hindsight:

> Si Carmen Rico Godoy hubiera sabido que se habla mucho español en Nueva York, no se habría metido chicle en la boca.

¡Practiquemos!

A. Si fuera a Nueva York... ¿Qué haría Ud. bajo estas circunstancias? Con un compañero (una compañera) convierta las siguientes frases que expresan posibilidad en expresiones de improbabilidad.

MODELO: Si me hace falta trabajo, me iré a Nueva York. →
Si me hiciera falta trabajo, me iría a Nueva York.

1. Si me mudo a Nueva York, buscaré otro trabajo.
2. Si me pierdo, le pediré ayuda a un policía de habla hispana.
3. Si vamos allá, haremos caso a los carteles.
4. Si mi familia vive en Nueva York, pondremos la calefacción en invierno.
5. Si mis parientes vienen a Nueva York, los invitaremos a visitarnos.
6. Si vigilo bien mi cartera en la ciudad, ningún ladrón me la quitará.

B. ¿Pueden ser amigos los vecinos? Escriba la forma del verbo que corresponda a cada situación. (Observe si se trata de una posibilidad, un sueño o una percepción sobre algo que ya pasó.)

MODELO: Si los vecinos *hubieran* vigilado mi casa, no me habrían robado todos los muebles.

1. Si otro vecino se dirige a mi casa, yo le _____ (invitar) a entrar.
2. Si todos los vecinos _____ (ser) más tolerantes, la vida comunitaria iría muy bien.
3. Si los vecinos no tienen paciencia y tolerancia entre ellos mismos, nada _____ (resultar) bien.
4. Los vecinos tienen que respetar la vida privada de cada uno, especialmente si no _____ (haber) muchas cercas.

5. Si no me ____ (haber) fijado en el letrero en la casa de mi vecino «¡Cuidado, perro guardián!», el perro me habría mordido (*bitten*).
6. Si no hubiera tantos vecinos, yo ____ (compartir) mi cortadora de césped (*lawn mower*) con ellos.
7. Si todos los vecinos se ____ (tratar) bien los unos a los otros, se crearán buenos lazos entre ellos.
8. Por fin, si uno no se lleva bien con su vecino, ____ (poder) mudarse a otro pueblo.

C. ¿Qué haría Ud. en tal situación?

1. Si se engordara comiendo chocolate... (¿dejar de comerlo?)
2. Si los padres de su novia/o no hablaran bien el inglés... (¿sonreír mucho?)
3. Si el camarero en el restaurante no le entendiera a Ud.... (¿usar las manos?)
4. Si el taxista no le entendiera bien... (¿escribir la dirección?)
5. Si alguien se sentara en la mesa reservada por Ud.... (¿decírselo al maitre?)

Gramática en acción

A. Con un compañero (una compañera) de clase, imagínense que Uds. son vecinos que viven uno al lado del otro. Tienen que llegar a un acuerdo de convivencia.

MODELO: A: Si Ud. me ayuda a construir una cerca entre nosotros, yo vigilaré su casa cuando su familia salga.
B: Si no toca la mŭsica muy alto, cuidaremos que nuestro perro no ladre (*bark*) tanto.

Temas que pueden usar:

el ruido que hacen los perros o los gatos
la basura que está en la calle
la música «rock» que tocan los adolescentes
los coches que estacionan en la calle
los juguetes y las bicicletas que los niños dejan delante de las casas
las manzanas del árbol que está entre las dos propiedades

B. «Aw blah es span yol.» Trabajando en conjunto con toda la clase, comente la caricatura de la página 400, en especial la relación que pueda tener para el tema de las barreras (*barriers*) lingüísticas.

1. Si Ud. fuera delfín...

- Si Ud. fuera delfín, ¿qué les diría a los científicos de la caricatura?

"Matthews ... we're getting another one of those strange 'aw blah es span yol' sounds."

- ¿Compartiría lo que sabe si los científicos le pidieran a Ud. información sobre su vida?
- Si alguien le preguntara a Ud. sobre la belleza física, ¿qué diría de los seres humanos? (Fíjese en la caricatura: «be-in fayo».)

2. Si Ud. viviera en los EE.UU. y no fuera anglohablante...

- Si Ud. viviera en los EE.UU. y no fuera anglohablante, ¿cómo se las arreglaría (*get along*) en los bancos? ¿en el supermercado? ¿en otros lugares públicos?
- ¿Cómo leería los letreros en la calle?
- ¿Dejaría de hablar su lengua materna?
- Si Ud. tuviera niños, ¿insistiría en que ellos hablaran inglés o español? ¿Por qué?
- Si Ud. sólo supiera hablar español, ¿le pediría prestada una taza de azúcar (u otra cosa) a un vecino que sólo hablara inglés?
- Si hubiera vivido en California en 1987, ¿habría votado a favor de la Proposición 63? ¿Por qué sí o por qué no?

¡HABLEMOS, PUES!

A. Vocabulario útil: La casa y los muebles

LAS PARTES DE LA CASA

la alcoba, el dormitorio, la habitación, la recámara	*bedroom*
el armario, el guardarropa, el ropero	*closet*
el baño	*bathroom*
el cielo raso	*ceiling*
la cocina	*kitchen*
el comedor	*dining room*
el cuarto de huéspedes	*guest room*
el desván	*attic*
el lavadero	*laundry room*
la pared, el muro	*wall*
el piso, el suelo	*floor*
la sala (de recreo)	*living room (family room)*
el sótano	*basement*
el techo	*roof*

LOS MUEBLES

la cama	*bed*
el estante	*bookshelf*
el escritorio	*desk*
el juego de comedor	*dining room set/suit*
la mesita de luz	*light table*
la silla (el sillón)	*chair (easy chair)*
el sofá	*sofa, couch*
el tocador	*dressing table*

LOS APARATOS ELECTRICOS

la computadora, el ordenador	*computer*
el estéreo	*stereo*
la estufa	*stove*
el congelador	*freezer*
el horno	*oven*
la lámpara	*lamp*
la lavadora	*washing machine*
el lavaplatos	*dishwasher*
la nevera, el refrigerador	*refrigerator*
el/la radio	*radio*
la secadora	*clothes drier*
el televisor	*television set*

ESPLANADE (espla'neid): Comunidad de casas de 3 y 4 dormitorios con lago, colegio, tenis, piscina, racquetball, casa club y mucho más.

A GREAT DEAL (ei - greit - dil): Un negocio redondo. Ver definición anterior.

No existe mejor definición de lo que es "un negocio redondo" (en inglés "ei greit dil") que las espaciosas casas, todas con garage, que encontrará en Esplanade.

Si se combinan sus fántasticos diseños, la excelente localización, los precios tan razonables (desde sólo $89,990) y el mejor financiamiento disponible, ¡será muy difícil que vea algo que se le parezca en el área del Country Club de Miami!

En Esplanade encontrará todo lo que desea en una comunidad: puede caminar al centro comercial más cercano y la I-75 y el Palmetto Expressway están a unos pasos. Pero aún hay más: como instalaciones recreativas, una escuela primaria y un parque, todo dentro de la misma comunidad.

Venga con toda la familia este fin de semana y verá por qué decimos que este sí es un negocio redondo.

Oficina de ventas situada una milla al Oeste de Ludlam Road (67 Avenida del N.W.) en Miami Gardens Drive. Abierto diariamente de 10 a 6. Para más información llame al 829-0900.

EN EL BAÑO

la bañadera, la tina	*bathtub*
la ducha	*shower*
el espejo	*mirror*
el grifo	*faucet*
el inodoro, el retrete, el excusado, el w.c.	*toilet*
el lavabo	*sink*
la tubería	*plumbing*

ETCETERA

la alfombra	*carpet, rug*
la almohada, el cojín	*pillow, cushion*
el azulejo, la baldosa	*tile*
las cortinas	*curtains*
el cuadro	*painting, picture*
las persianas	*Venetian/louvered blinds*
el tragaluz	*skylight*

1. Su profesor(a) busca piso cerca de Miami. Ud. es agente de bienes raíces y quiere venderle una casa en el conjunto residencial «Esplanade» (página 402). Descríbale la casa modelo y dígale cómo son los cuartos y la decoración.
2. Si alguien le diera $10.000.000 (diez millones de dólares) y le dijera que construyera la casa de sus sueños, ¿cómo sería esa casa?
   a. Si Ud. pudiera escoger, ¿en qué lugar del mundo ubicaría su casa? ¿en las montañas? ¿cerca del océano? ¿Por qué escogería ese lugar?
   b. ¿Qué cuartos habría en su casa?
   c. Describa la decoración. ¿Tendría Ud. alfombras, pisos de madera o de baldosas? ¿Por qué? ¿Pintaría las paredes o las cubriría de papel tapiz (*wallpaper*)? ¿Qué estilo de muebles compraría?
   ch. ¿Cómo sería su cocina ideal? Explique todo lo que Ud. pondría en ella si el dinero no le importara.
   d. Y los baños, ¿qué pondría allí para que fueran los más elegantes?

B. Dramatizaciones

1. ¿Nos mudamos o no? Su esposo/a vuelve a casa muy entusiasmado/a por una casa que se vende en otra parte de la ciudad. Quiere comprarla y mudarse allí. Ud. no tiene interés en mudarse. Platiquen sobre las ventajas y las desventajas de mudarse ahora.
2. Solicitando ayuda. Ud. viaja por otro país y toma un cuarto con baño en un hotel viejo. Primero descubre que la calefacción no funciona. Luego cuando empieza a bañarse, descubre que la tubería tampoco funciona bien. Llame al gerente (*manager*) para explicarle lo que pasa.

C. Composición

Si Ud. tuviera que mudarse a otro país cuya lengua Ud. no habla, la vida sería mucho más difícil de lo que es ahora. Escriba tres párrafos (de 8 a 10 oraciones cada uno) explicando lo que haría al llegar a ese país.

Primer párrafo: ¿Cómo buscaría piso, muebles y trabajo? ¿Tendría que hacer algo más para establecerse?

Segundo párrafo: ¿Qué haría para llegar a conocer a los vecinos y a otros jóvenes? ¿Tendría interés en conocer el país también? Describa las actividades que haría si tuviera mucho tiempo libre.

Tercer párrafo: ¿En qué circunstancias iría Ud. a vivir en otro país? Explique todas las que se le ocurran.

ENTREVISTA

Gustavo Medina

En 1959, cuando era niño, Gustavo Medina salió de Cuba con su familia y vino a vivir a los Estados Unidos. En junio de 1987, la autora lo entrevistó en su casa en Seattle, Washington, donde trabajaba en la división internacional de la compañía Microsoft.

MARTHA MARKS: Me dicen que eres cubano.

GUSTAVO MEDINA: Sí. Yo viví en Cuba hasta que tenía casi nueve años.

MM: Y me han dicho también que has regresado a La Habana una vez.

GM: Regresé una vez en un vuelo secuestrado a Cuba.

MM: ¡Ah! ¿De veras?

GM: Sí. Fui en un 747, el primer 747 que fue secuestrado a Cuba. Yo estaba en ese avión.

MM: ¿Así que no sabías que ibas a Cuba?

Gustavo Medina

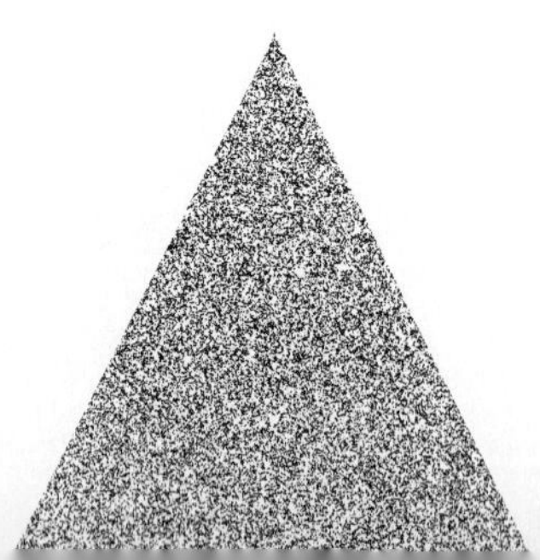

GM: No. Ibamos a San Juan, Puerto Rico, y entonces me di cuenta a la mitad del camino que el avión había doblado, había hecho como una curva, y yo sabía que teníamos un problema. Estaba seguro porque la ruta normalmente es directa y yo me imaginaba que algo había ocurrido o fallaba uno de los motores o nos habían secuestrado. Y, efectivamente, a la hora misma en que yo sentí que el avión había doblado o cambiado de ruta encendieron las luces en la cabina y el piloto anunció, «Damas y caballeros, sentimos decirles que dentro de media hora vamos a aterrizar en el aeropuerto internacional de La Habana porque nos han secuestrado». Y ahí estaba yo... ¡todavía ciudadano cubano con mi pasaporte cubano!

MM: ¿Tenías miedo?

GM: Claro, porque yo pensaba que podían dejarme en La Habana y hasta ponerme en el ejército también.

MM: ¿Lo han hecho a veces?

GM: Que yo sepa no, pero como yo no lo sabía en ese entonces, uno se imagina lo peor. Y estuvimos en La Habana como 8 horas, 9 horas, en el aeropuerto de La Habana, donde mi mamá trabajaba cuando yo era niño.

MM: ¿En el mismo lugar? ¡Qué coincidencia!

GM: Una coincidencia increíble. Y a las 8 horas por fin regresó el piloto al avión y dijo que había estado hablando con Castro, porque Castro nunca había visto un *jumbo*, y entonces...

MM: ¿Que iba a venir al aeropuerto? ¿o que ya estaba allí?

GM: Ya estaba. Había estado en el aeropuerto como 5 o 7 horas, mirando el avión y entonces dijeron que como teníamos tantos pasajeros que no podían acomodarnos en La Habana, nos dijeron que regresáramos a Miami....

MM: En tu memoria, ¿cómo es esa Cuba que tú recuerdas?

GM: Cuba, como recuerdo, es un país muy tropical, con una verdura, unas flores, unos mares, unos ríos, unas costas... increíble, una belleza, el mar Caribe, con esos tonos de turquesa, índigo, el contraste de eso con las arenas blancas del Caribe, de esas playas. Para mí es algo... algo que nunca se me olvida y siempre añoro, aún sueño con eso, siempre lo añoro. También me acuerdo mucho de los olores.

MM: Y ¿qué hacía el pequeño Gustavo allá para divertirse?

GM: Para divertirse iba a la playa mucho. Me encantaba nadar. Me encantaba bucear, claro... Bucear, remar, nadar, ir a la playa, ir a buscar conchas... Pescar no me gustaba, me aburría, pero ir a la playa me encantaba y... caminar por las playas y a veces por las junglas que existían cerca de La Habana. También montar a la bicicleta mucho...

MM: ¿Te sientes «norteamericanizado» ahora?

GM: Sí y no. Claro que sí, inevitablemente, que 28 años en un país extranjero es una experiencia formativa que aunque uno no quiera, aunque uno trate de aferrarse a la cultura original de uno, esa cultura nueva o distinta tiene mucho impacto pero no cabe duda todavía que aún a los 36 años que tengo yo ahora, añoro mucho lo latino...

MM: Si alguien te preguntara cómo te defines, ¿qué le contestarías?

GM: Yo le contestaría, yo me defino como una persona internacional, más que nada, sobre todo ahora desde la perspectiva de todos los viajes que he hecho en mi vida y los lugares donde he vivido. No pertenezco ni a la cultura norteamericana ni a la latina, así que por razón, lógicamente, a mí me parece que pertenezco a ambas.

MM: Una pregunta muy tonta, quizás... Pero si saliera Castro del poder, si volviera lo de antes (¡algo totalmente hipotético!), ¿volverías?

GM: Bueno, ya, claro que, número uno, no pienso que jamás se podría recrear lo que existía antes de Castro, y tampoco deseo que se recreara, porque era necesario cambiar también. Pero si yo pudiera ver la oportunidad para un cambio más radical que pusiera a Cuba en las manos de los cubanos... Yo siento cierta responsabilidad, como ciudadano de origen cubano, de regresar y hacer algo por mi patria...

MM: Algo diferente... ¿Hay algunas diferencias entre los tres grandes grupos de hispanos que han llegado a los Estados Unidos?

GM: Sí, hay diferencias. Yo tengo amistades puertorriqueñas, mexicanas, americanas y cubanas, e inevitablemente hay diferencias culturales... el pasado. Los antepasados que cada uno de esos grupos tuvo o tiene ha afectado cómo se comportan hoy en día.

MM: ¿La historia cultural?

GM: Sí, sí. La historia cultural afecta eso mucho, y yo creo que es muy difícil... No sé si es correcto poder clasificar a todos los hispanos en los Estados Unidos como un sólo grupo.

MM: Hay familias antiguas que todavía mantienen los apellidos hispanos y todavía hablan español. No sé exactamente cómo han podido mantener esa cultura, pero lo han hecho. ¿Te parece algo bueno?

GM: Sí. Yo conozco familias cubanas que han querido que sus hijos no hablen español. Y he conocido a muchos jóvenes cubanos como yo, que se han convertido en lo que yo diría puramente americanos, pero son casos más raros, más infrecuentes. Pero esa identidad hispánica es tan fuerte... Quizás a través del tiempo, quizás en 100 años veremos que esa identidad se ha diluido y se ha incorporado más en los Estados Unidos.

MM: Eso ha pasado con los que han estado aquí durante generaciones.

GM: ¿Por ejemplo, en Nuevo México?

MM: En Nuevo México. En Arizona.

GM: Arizona. Sí.

MM: ¿Hay algo más que te interese decir?

GM: Bueno, el tema que me interesa mucho es el tema de ser un exiliado en un país extranjero. Porque yo creo que una vez que uno se exila en otro país, uno se pone, como decir, en un estado de gracia, que es como decir a la misma vez un purgatorio. Porque uno no pertenece a una cultura ni pertenece a otra, pero tiene que acomodarse y es muy difícil a veces... Yo me pongo a veces a escribir sobre una vida imaginaria, de ¿quién habría sido yo si me hubiera quedado en Cuba? Y me imagino a mí mismo en La Habana, por ejemplo, con mi familia, mis amigos, mi trabajo, mi profesión. Ahora, alguna vez me imagino que quizás esa persona que yo hubiera sido, podría estar sentada en La Habana hoy en día escribiendo sobre qué vida estaría viviendo si hubiera venido a los Estados Unidos... Yo muchas veces pienso así, porque pienso que efectivamente por un cambio en las circunstancias históricas la vida de muchas personas ha cambiado y... Yo soy una de esas personas y me ha afectado y entonces para mí un tema importante en mi vida es cómo resolver ese aislamiento que yo siento, en esta cultura y en otras culturas hispánicas. Por ejemplo, yo voy a la Argentina, voy a México, voy a Colombia, voy a Puerto Rico, y la gente me dice, «Ah, tú eres cubano». Sí, claro, pero no lo soy.

MM: No.

GM: Cuando estoy en Europa y la gente me oye hablar inglés, me dice, «Oh, you are American». Entonces yo digo, «No, not really. I'm from Cuba, but I'm not really anymore».

MM: ¿Eres más universal de lo que hubieras sido si te hubieras quedado en Cuba?

GM: Eso es lo positivo de esta experiencia, que me ha catapultado a un nivel que quizás no hubiera conocido si me hubiera quedado en Cuba.

APPENDICES

I. Syllabication and Stress

A. Syllabication rules

1. The basic rule of Spanish syllabication is to make each syllable end in a vowel whenever possible.

ci-vi-li-za-do	ca-ra-co-les	so-ñar	ca-sa-do

2. Two vowels should always be divided unless one of the vowels is an unaccented **i** or **u.** Accents on other vowels do not affect syllabication.

fe-o	bue-no	ac-tú-e	des-pués
pre-o-cu-pa-do	ne-ce-sa-rio	rí-o	a-vión

3. In general, two consonants are divided. The consonants **ch, ll,** and **rr** are considered single letters and should never be divided. Double **c** and double **n** *are* separated.

en-fer-mo	ban-de-ra	mu-cha-cha	ac-ci-den-te
doc-to-ra	cas-ti-llo	a-rroz	in-na-to

4. The consonants **l** and **r** are never separated from any consonant preceding them, except for **s.**

ha-blar	a-trás	a-brir	pa-dre
com-ple-to	is-la	o-pre-si-vo	si-glo

5. Combinations of three and four consonants are divided following the rules above. The letter **s** should go with the preceding syllable.

es-truc-tu-ra	con-ver-tir	ex-tra-ño	obs-cu-ro
cons-tan-te	es-tre-lla	in-fle-xi-ble	ins-truc-ción

B. Stress

Spanish pronunciation is governed by two basic rules of stress. Written accents to indicate stress are needed only when those rules are violated. The two rules are as follows:

1. For words ending in a vowel, **-n,** or **-s,** the natural stress falls on the next-to-last syllable. The letter **y** is not considered a vowel for purposes of assigning stress (see example in rule 2).

ha-blan pe-*rri*-to tar-*je*-tas a-me-ri-*ca*-na

2. For words ending in *any other letter,* the natural stress falls on the last syllable.

pa-*pel* di-fi-cul-*tad* es-*toy* pa-re-*cer*

If these stress rules are violated, stress must be indicated with a written accent.

re-li-*gión*	e-*léc*-tri-co	fran-*cés*	ha-*blé*
ár-bol	*Pé*-rez	*cés*-ped	ca-*rác*-ter

Note that words that are stressed on any syllable other than the last or next-to-last will always show a written accent. Particularly frequent words in this category include adjectives and adverbs ending in **-ísimo** and verb forms with pronouns attached.

mu-*chí*-si-mo la-*ván*-do-lo *dár*-se-las *dí*-ga-me-lo

Written accents to show violations of stress rules are particularly important when diphthongs are involved. A diphthong is a combination (in either order) of a weak (**i, u**) vowel and a strong (**a, e, o**) vowel or of two weak vowels together. The two vowels are pronounced as a single sound, with one of the vowels being given slightly more emphasis than the other. In all diphthongs the strong vowel or the second of two weak vowels receives this slightly greater stress.

*a*i: paisaje u*e*: vuelve i*o*: Rioja u*i*: fui i*u*: ciudad

When the stress in a vowel combination does not follow this rule, no diphthong exists. Instead, two separate sounds are heard, and a written accent appears over the weak vowel or first of two weak vowels.

a-*í*: país *ú*-e: acentúe *í*-o: tío

C. Use of the written accent as a diacritic

The written accent is also used to distinguish two words with similar spelling and pronunciation but different meaning.

1. Nine common word pairs are identical in spelling and pronunciation; the accent mark is the only distinction between them.

dé	give	**de**	of	**sí**	yes	**si**	if
él	he	**el**	the	**sólo**	only	**solo**	alone
más	more	**mas**	but	**té**	tea	**te**	you
mí	me	**mi**	my	**tú**	you	**tu**	your
sé	I know	**se**	*refl. pron.*				

2. Diacritic accents are used to distinguish demonstrative adjectives from demonstrative pronouns. This distinction is disappearing in many parts of the Spanish-speaking world.

aquellos países	those countries	**aquéllos**	those (ones)
esa persona	that person	**ésa**	that one
este libro	this book	**éste**	this one

3. Diacritic accents are placed over relative pronouns or adverbs that are used interrogatively or in exclamations.

¿cómo?	how?	**como**	as, since	**¿por qué?**	why?	**porque**	because
¿dónde?	where?	**donde**	where	**¿qué?**	what?	**que**	that

II. Spelling Changes

In general, Spanish has a far more phonetic spelling system than many other modern languages. Most Spanish sounds correspond to just one written symbol. Those that can be written in more than one way are of two main types: those for which the sound/letter correspondence is largely arbitrary and those for which the sound/letter correspondence is determined by spelling rules.

A. In the case of arbitrary sound/letter correspondences, writing the sound correctly is partly a matter of memorization. The following are some of the more common arbitrary, or *nonpatterned,* sound/letter correspondences in Spanish.

SOUND	SPELLING	EXAMPLES
/b/ + *vowel*	b, v	barco, ventana
/y/	y, ll, i + *vowel*	haya, amarillo, hielo
/s/	s, z, c	salario, zapato, cielo
/x/ + e, i	g, j	general, jefe
		gitano, jinete

Note that, although the spelling of the sounds /y/ and /s/ is largely arbitrary, two patterns occur with great frequency.

/y/ Whenever an unstressed **i** occurs between vowels, the **i** changes to **y.**

leió → leyó creiendo → creyendo caieron → cayeron

/s/ The sequence **ze** is rare in Spanish. Whenever a **ze** combination would occur in the plural of a noun ending in **z** or in a conjugated verb (for example, an **-e** ending on a verb stem that ends in **z**), the **z** changes to **c.**

luz → luces voz → voces empez- + é → empecé taza → tacita

B. There are three major sets of *patterned* sound/letter sequences.

SOUND	SPELLING	EXAMPLES
/g/	g, gu	gato, pague
/k/	c, qu	toca, toque
$/g^w/$	gu, gü	agua, pingüino

/g/ Before the vowel sounds /a/, /o/, and /u/, and before all consonant sounds, the sound /g/ is spelled with the letter **g.**[1]

gato gorro agudo grave gloria

Before the sounds /e/ and /i/, the sound /g/ is spelled with the letters **gu.**

guerra guitarra

/k/ Before the vowel sounds /a/, /o/, and /u/, and before all consonant sounds, the sound /k/ is spelled with the letter **c.**

casa cosa curioso cristal club acción

Before the sounds /e/ and /i/, the sound /k/ is spelled with the letters **qu.**

queso quitar

/g^{w}/ Before the vowel sounds /a/ and /o/, the sound /g^{w}/ is spelled with the letters **gu.**

guante antiguo

Before the sounds /e/ and /i/, the sound /g^{w}/ is spelled with the letters **gü.**

vergüenza lingüista

These spelling rules are particularly important in conjugating, because a specific consonant sound in the infinitive must be maintained throughout the conjugation, despite changes in stem vowels. It will help if you keep in mind the patterns of sound/letter correspondence, rather than attempt to conserve the spelling of the infinitive.

/ga/ =	**ga**	lle*gar*	/ge/ =	**gue**	lle*gue* (*present subjunctive*)
/ga/ =	**ga**	lle*gar*	/gé/ =	**gué**	lle*gué* (*preterit*)
/gi/ =	**gui**	se*guir*	/go/ =	**go**	si*go* (*present indicative*)
/gi/ =	**gui**	se*guir*	/ga/ =	**ga**	si*ga* (*present subjunctive*)
/xe/ =	**ge**	reco*ger*	/xo/ =	**jo**	reco*jo* (*present indicative*)
/xe/ =	**ge**	reco*ger*	/xa/ =	**ja**	reco*ja* (*present subjunctive*)
/g^{w}a/ =	**gua**	averi*guar*	/g^{w}e/ =	**güe**	averi*güe* (*present subjunctive*)
/ka/ =	**ka**	sa*car*	/ke/ =	**qué**	sa*qué* (*preterit*)

III. Verb Conjugations

The following chart lists common verbs whose conjugation includes irregular forms. The chart lists only those irregular forms that cannot be easily predicted

[1] Remember that before the sounds /e/ and /i/ the *letter* g represents the sound /x/: **gente, lógico.**

by a structure or spelling rule of Spanish. For example, the irregular **yo** forms of the present indicative of verbs such as **hacer** and **salir** are listed, but the present subjunctive forms are not, since these forms can be consistently predicted from the present indicative **yo** form. For the same reason, irregular preterits are listed, but not the past subjunctive, since this form is based on the preterit. Spelling irregularities such as **busqué** and **leyendo** are also omitted, since these follow basic spelling rules (Appendix II).

INFINITIVE	INDICATIVE					PRESENT SUBJUNCTIVE	AFFIRMATIVE *TU* COMMAND	PARTICIPLES	
	Present	Imperfect	Preterit	Future	Conditional			Present	Past
1. abrir									abierto
2. andar			anduve						
3. caer	caigo							cayendo	
4. conocer	conozco								
5. cubrir									cubierto
6. dar	doy		di diste dio dimos disteis dieron			dé			
7. decir (i)	digo		dije	diré	diría		di	diciendo	dicho
8. escribir									escrito
9. estar	estoy		estuve			esté			
10. haber	he has ha hemos habéis han		hube	habré	habría	haya			
11. hacer	hago		hice	haré	haría		haz		hecho
12. ir	voy vas va vamos vais van	iba	fui fuiste fue fuimos fuisteis fueron			vaya	ve	yendo	
13. morir (ue, u)								muriendo	muerto
14. oír	oigo oyes oye oímos oís oyen							oyendo	
15. oler (ue)	huelo hueles huele olemos oléis huelen								
16. poder (ue)			pude	podré	podría			pudiendo	
17. poner	pongo		puse	pondré	pondría		pon		puesto
18. querer (ie)			quise	querré	querría				

INFINITIVE	INDICATIVE					PRESENT SUBJUNCTIVE	AFFIRMATIVE *TU* COMMAND	PARTICIPLES	
	Present	Imperfect	Preterit	Future	Conditional			Present	Past
19. reír (i, i)			rió (*3rd sing.*) rieron (*3rd pl.*)					riendo	
20. romper									roto
21. saber	sé		supe	sabré	sabría	sepa			
22. salir	salgo						sal		
23. ser	soy eres es somos sois son	era	fui fuiste fue fuimos fuisteis fueron			sea	sé		
24. tener (ie)	tengo		tuve	tendré	tendría		ten		
25. traducir	traduzco		traduje						
26. traer	traigo		traje					trayendo	
27. valer	valgo			valdré	valdría				
28. venir (ie)	vengo		vine	vendré	vendría		ven	viniendo	
29. ver	veo	veía							visto
30. volver (ue)									vuelto

SPANISH–ENGLISH VOCABULARY

The following word list defines words as they appear in context in *Al corriente*. It does not include exact or predictable cognates of English, nor does it include very basic vocabulary, such as subject pronouns and numbers. Also omitted are regular forms of adverbs and of participles if the infinitive form of the verb is listed.

All nouns ending in **-o** are masculine unless otherwise indicated, and all nouns ending in **-a** or **-d** or **-ción** are feminine unless otherwise indicated. Adjectives that have regular feminine and plural forms are given only in the masculine singular. Words that appear as plurals are listed **m. pl.** or **f. pl.** to indicate gender; irregular plural forms are indicated within parentheses. Stem and regular spelling changes for verbs are given in parentheses as well. For verbs with irregularities in only one tense, the basic form is given; wholly irregular verbs are marked with an asterisk (*) and are listed in Appendix III. The number in parentheses after some definitions refers to the chapter in which the word appears in the **Vocabulario para leer** list.

ABBREVIATIONS

adj.	adjective	*n.*	noun
adv.	adverb	*p.p.*	past participle
conj.	conjunction	*part.*	participle
f.	feminine	*pres.*	present
m.	masculine	*pret.*	preterit
		sing.	singular

A

abajo below; **calle abajo** down the street; **para abajo** downward
abandonar to leave, abandon
abarcar (qu) to encompass, include (13)
abdomen *m.* abdomen
abierto *p.p.* open(ed)
abjurar to renounce
abogado/a lawyer
abolir to abolish
abono installment; **pagar en abonos** to pay in installments (17)
abotonarse to button up
abrazar to hug, embrace
abrigo overcoat
abrir* to open
abrumador(a) overwhelming
absoluto absolute, complete; **en absoluto** (not) at all (8)
abstracción preoccupation
abuelo/a grandfather, grandmother; **abuelita** grandma; **abuelito** grandpa; **abuelos** grandparents
abundar to be abundant
aburrido: estar aburrido/a to be bored; **ser aburrido/a** to be boring
aburrimiento boredom
aburrirse to get bored (3)
acá here
acabar to finish; **acabar de** + *inf.* to have just (*done something*)
acampar to camp
acantilado cliff
acariciar to caress
acarrear to transport
acaso maybe, perhaps (9)
acceder to accept
acceso: acceso a access to; **acceso de miedo** attack of fright
accidente *m.* accident
acción action; share of stock
aceituna olive
acelerador *m.* accelerator
acentuar to accentuate
acera sidewalk (11)
acerca de about
acercarse (qu) (a) to approach, come near (to) (3)
aclarar to clarify
acomodado well-off
acomodar to accommodate
acompañar to accompany
acondicionado: aire acondicionado air conditioning
aconsejable advisable
aconsejar to advise
acontecer (zc) to happen, occur (10)
acontecimiento event (6)
acordarse (ue) de to remember
acorde *m.* chord (*in music*); **acorde con** in agreement with
acostarse (ue) to go to bed
acostumbrado: estar acostumbrado a to be used to, accustomed to
acostumbrarse a to get used to
actitud attitude
acto act; **acto seguido** immediately after
actor *m.* actor
actriz *f.* actress
actuación acting
actual present-day (10), current
actualidad present time (10); **en la actualidad** nowadays
actualizado: valor actualizado present value
actualmente at present, currently
actuar to act
acuario aquarium
acuático: esquí acuático water skiing
acudir to go
acueducto aqueduct
acuerdo agreement; **de acuerdo con** in agreement with; **estar** *or* **ponerse de acuerdo** to agree
acumular to accumulate
acusar to accuse
adaptar to adapt; **adaptarse a** to adapt to
adecuado adequate
adelantar to speed up; **adelantarse** to step forward; **(de ahora) en adelante** from now on
adelanto advance payment
además (de) besides (3); in addition (to)
adentrarse to go into
aderezar (c) to prepare
adicional additional
adinerado wealthy
adivinador(a) diviner, guesser
adivinanza guess; puzzle
adivinar to guess; to solve (*a riddle, etc.*) (16); **adivinarse** to see vaguely
adjudicar (qu) to award
adjunto attached, enclosed
administración administration; **administración de empresas** business administration
admirador(a) admirer
adolescente *m., f.* adolescent
¿adónde? where?
adorno ornament
adquirir (ie) to take on; to acquire
adulación flattery
adular to flatter
adulterio adultery
adulto/a *m., f.* adult
adversario adversary
advertir (ie, i) to warn; to notice (8)
aérea: la línea aérea airline
aeropuerto airport
afán *m.* haste
afectar to affect
afectivo affective
afecto affection
afeitarse to shave (oneself)
afeminado effeminate
aferrarse a to cling to
afición favorite (one)
aficionado/a fan, backer, enthusiast (1); **ser aficionado/a** to be enthusiastic about
afinar to refine
afirmar to affirm; to steady
afluencia: afluencia turística heavy tourist traffic
afortunado fortunate
afueras: las afueras suburbs
agarrar to grab
agencia agency
agente *m.* agent
agigantarse to grow huge
ágil agile
agitado busy
agitar to shake
agorafobia agoraphobia, fear of open places
agotamiento exhaustion
agotarse to be(come) exhausted
agraciado graceful
agradable nice, pleasant
agradar to please
agradecer (zc) to thank
agradecido grateful, thankful
agradecimiento gratitude
agrandado grown larger
agrario agrarian, agricultural
agregar to add
agresividad aggressiveness
agresivo aggressive
agrícola *m., f.* agricultural
agricultor(a) farmer (14)
agrupación gathering
agua *f.* (*but* **el agua**) water
aguamanil *m.* washbasin
aguantar to hold back; to sustain; to tolerate, endure (11); **aguantar la risa** to hold in one's laughter
aguardar to await
agudizar (c) to make acute, worsen
ahí there
ahora now; **ahora mismo** right now
ahorrar to save (*money*)
ahorro saving
aire *m.* air; **aire acondicionado** air conditioning; **al aire libre** outdoor(s) (3)
aislar to isolate
ajeno strange, foreign
ajo garlic

ajustador *m.* bra
ajustar(se) to adjust
ajuste *m.* adjustment
ajusticiamiento execution
alameda tree-lined avenue
alardear to boast, brag
alargar (gu) to extend
ala *f.* (*but* **el ala**) wing
alba *f.* (*but* **el alba**) dawn
alberca swimming pool
albergar (gu) to give shelter to
albergue *m.* shelter
albo white
alborada dawn
álbum *m.* album
alcalde *m.* mayor
alcaldesa *f.* mayor
alcaldía mayor's office
alcance: al alcance accessible
alcanzar (c) to reach; **alcanzar a** to manage to
alcoba bedroom
alcohol *m.* alcohol
alcurnia lineage, ancestry
aldea village (11)
alegrarse de to be happy, glad
alegre happy, glad
alegremente happily, cheerfully
alegría happiness, joy
alejar(se) (de) to remove to a distance (4)
alemán, alemana German (person)
alentar (ie) to encourage; **alentarse** to feel encouraged
alfombra carpet, rug
alfombrar to carpet
algo something
algodón *m.* cotton
algodonal *m.* cotton field
algodonero *adj.* cotton
algún, alguno/a/os/as some, any; **alguna vez** ever, sometime
aliado ally
aliarse con to take sides with
alienar to alienate
aliento breath; encouragement
alimentación food, nourishment
alimentar to feed, nourish
alimento food, nourishment (13)
aliviar to relieve; **aliviarse** to feel relieved
alivio relief
alma *f.* (*but* **el alma**) soul
almacén *m.* department store; warehouse
almeja clam
almendra almond
almendro almond tree
almohada pillow
almirante *m.* admiral
almorzar (ue)(c) to have lunch
almuerzo lunch
alojamiento lodging (17); accommodations
alojar(se) to stay; to be housed
alquilar to rent
alquiler *m.* rent (*money*)
alrededor de around (3); **a mi alrededor** around me; **los alrededores** surroundings; outskirts
altar *m.* altar
alternancia alternation
alternarse to alternate, take turns
alternativa alternative
alterno alternating
alto tall; high; loud; **en voz alta** aloud, out loud; **pasar por alto** to overlook, omit
altruista altruistic
altura height
alucinante extraordinary
aludido: darse por aludido to take offense
aludir to allude to, refer to
alumno/a student
alzar (c) to raise
allá there; **allá arriba** up there; **más allá** beyond
allí there; **allí mismo** right there
ama de casa *f.* (*but* **el ama**) housewife (8)
amable kind, amiable
amado beloved
amanecer (zc) to dawn
amante *m., f.* lover
amapola poppy
amar to love
amargo bitter (17)
amarillo yellow
ambiente *m.* atmosphere (*of a place*), environment; **medio ambiente** environment
ambos/as both (8)
ambulante: vendedores ambulantes street vendors
amén de besides
amenazar (c) to threaten
americana *n.* jacket, coat
americano/a *n.* & *adj.* American
amigable friendly
amigo/a friend; **amigo de** fond of
amistades *f. pl.* friends
amistoso friendly (16)
amor *m.* love
amoroso *adj.* loving, love
amortiguar (güe) to soften
amortizar (c) to amortize
amortización (re)payment
amparar to shelter, protect (12)
ampliar to increase
amplio full; spacious
amurallar to wall in
analfabeto illiterate
análisis *m.* analysis
analizar (c) to analyze
anaranjado orange-colored
anaranjarse to turn orange
anaranjoso orange-colored
ancho wide
anciano/a *n.* & *adj.* old, ancient (*person*)
andadas: las andadas old tricks
andar* to walk
andino Andean
anécdota anecdote, story
anestesia anesthesia
anexo annex
anfitrión, anfitriona host, hostess
ángel *m.* angel
anglo Anglo(saxon)
angloparlante *m., f.* English-speaking
anglosajón, anglosajona Anglosaxon
angosto narrow
angustia anguish
anhelo desire
anillo ring
animado lively
animal *m.* animal
animar to encourage; to cheer up; **animarse** to feel encouraged; to cheer (oneself) up
ánimo: estado de ánimo state of mind
anís *m.* anisette (liqueur)
ansias *pl.* desire; worry
ansiedad anxiety, worry
ansiosamente anxiously
antaño: de antaño of old; of long ago
ante *prep.* before, in the presence of; **ante todo** above all
antes: cuanto antes as soon as (13)
anteojos *m. pl.* (eye)glasses
antepasado ancestor (14)
anterior previous, preceding
antiguamente formerly
antigüedad antiquity; **antigüedades** antiques
antiguo ancient, old; former
antipático unpleasant
antónimo antonym
antropólogo/a anthropologist
anular *m.* ring finger
anunciador(a) announcer
anunciar to advertise
anuncio advertisement, ad; **gestor de anuncios** advertising agent
anzuelo (fish) hook
añorar to miss, be homesick for
apacible calm, gentle
apagar (gu) to turn off, put out (*lights, candles*)

aparador *m.* bureau
aparecer (zc) to appear; to turn up, show up
apariencia appearance
apartado (post office) box; **apartado de** separated from
apasionado enthusiastic
apasionante exciting, thrilling
apellido last name, family name (16)
apenas hardly, barely
aperitivo before-dinner drink
apetecer (zc) to desire
apio celery
aplastar to crush
aplaudir to applaud
aplausos *pl.* applause
aplicación diligence
aplicar (qu) to attribute; to put on, apply
apoderarse de to take over
apogeo height
aportar to contribute
aporte *m.* contribution
apoyar to support; **apoyarse** to lean (*on, against*)
apoyo support
apreciar to appreciate
aprender (a) to learn (to)
aprendizaje *m.* learning
apresurarse (a) to hurry (5); to hasten (to)
apretadita: bien apretadita squeezed in tight
apretar (ie) to squeeze
apretón: apretón de manos handshake
aprobar (ue) to approve
apropiado appropriate
aprovechar to take advantage of (4)
aptitud aptitude
apuesto good-looking
apuntalar to prop up
apuntes *m. pl.* notes; **tomar apuntes** to take notes
aquel, aquella that (*over there*); **aquél, aquélla** that one (*over there*)
aquello that (*thing, fact*)
aquellos, aquellas those (*over there*); **aquéllos, aquéllas** those (ones) (*over there*)
aquí here; **aquí mismo** right here; **por aquí** around here, through here
árabe *m., f.* & *adj.* Arab, Arabian
arábigo Arabic
araña spider
arañar to scratch
árbol *m.* tree
arcada arcade
arcaísmo outdated state
arcángel *m.* archangel
arco arch(way); bow (*for archery*); **arco iris** rainbow
área *f.* (*but* **el área**) area
arena sand
arenal *m.* sandy area
arenoso sandy
aretes *m. pl.* earrings
argentino/a *n.* & *adj.* Argentine, Argentinian
argumento argument, plot line
arma *f.* (*but* **el arma**) weapon
armadura armor
armario closet
armonía harmony
arqueado arched
arqueológico archeological
arqueólogo/a archeologist
arquetípico archetypal
arquitecto/a architect
arquitectónico architectural
arquitectura architecture
arraigado rooted
arrancar (qu) to pull out; to start (*motor, runner*)
arrear to herd, drive
arrebatar to seize, grab
arreglar to arrange; **arreglarse** to fix oneself up
arriba above, up (2); **allá arriba** up there; **calle arriba** up the street; **para arriba** upward
arribar to arrive
arriesgado risky
arrinconado stuck in a corner
arrodillarse to kneel
arrojar to throw (13)
arroyo brook, stream
arroz *m.* rice
arruga wrinkle
arrugado wrinkled
arte *f.* (*but* **el arte**) art
ártico Arctic
artículo article
artificial artificial; **fuegos artificiales** fireworks
artista *m., f.* artist
artístico artistic
asado roast
asador grill (*restaurant*); **maestro asador** head chef (*of a grill*)
asalariado/a wage earner
asalto assault
ascendencia ancestry
ascender (ie) to climb
ascenso ascent, rise
ascensor elevator (16)
ascensorista *m., f.* elevator operator
asegurar to assure; to insure
asemejarse (a) to resemble (12)
asesinar to assassinate, kill
asesino/a murderer, killer (3)
aseverar to assert
así *adv.* so, thus; like that, this way; **así como** as well as; **así de** so; **así que** *conj.* so
asiento seat
asimilar(se) to assimilate; to blend in (16)
asimismo likewise
asistencia social social service
asistir (a) to attend, go to (*school*)
asociar to associate
asombrado amazed
asombro amazement
aspiradora vacuum cleaner
aspirar (a) to aspire (to)
asterisco asterisk
astronauta *m., f.* astronaut
asunto matter, subject (2)
asustar(se) to be frightened
atacar (qu) to attack
atado tied (down)
atajar to halt
ataque *m.* attack
atardecer *m.* dusk
atención attention; **llamar la atención** to attract attention (18); **prestar atención** to pay attention
atender (ie) to take care of
atento attentive
atenuar to extenuate
aterrar to terrify
aterrizar (c) to land (*plane*)
aterrorizar (c) to frighten
atleta *m., f.* athlete
atracción attraction; **atracciones (turísticas)** (tourist) sights; **parque de atracciones** amusement park
atraer* (*like* **traer**) to attract (9)
atrapar to catch, to trap
atrás back (2); behind; **de atrás** rear
atravesar (ie) to cross (10)
atrayente attractive
atribuir (y) to attribute
audaz (*pl.* **audaces**) daring
audífonos *m.pl.* headphones, headset
aula *f.* (*but* **el aula**) classroom (16)
aumentar to increase
aumento increase
aun even; **aun más** even more
aún still, yet
aunque although
áureo golden
auriculares *m.pl.* earphones
ausencia absence (8)
ausente absent
auténtico authentic

autobús *m.* bus
autógrafo autograph
automotor *m.* electric railcar
automóvil *m.* automobile, car
autonomía autonomy; self-government
autónomo autonomous
autopista expressway
autor(a) author
autoridad authority
autoritario authoritarian
autorizar (c) to authorize
auxiliar auxiliary
avance *m.* advance
avanzar (c) to advance
ave *f.* (*but* **el ave**) bird
avecindado residing
avenida avenue
aventura adventure
avergonzar(se) (güe, c) (ue) (de) to be ashamed (to)
averiguar (güe) to verify; to find out
avión *m.* airplane
avisar to notify
ayer yesterday
ayuda help
ayudante *m., f.* helper
ayudar to help
ayuntamiento city hall; city council
azafata stewardess
azar: al azar de at the mercy of
azteca *m., f.* & *adj.* Aztec
azúcar *m.* sugar
azul blue
azulejo (ceramic) tile

B

bachilleres *m.pl.* scholars
bahía bay
bailar to dance
baile *m.* dance, ball
bajar to lower; to climb down
bajo *prep.* under; **bajo/a** *adj.* low, short; **planta baja** ground floor
balcón *m.* balcony
baloncesto basketball (*sport*)
balota ballot
bambú *m.* (*pl.* **bambúes**) bamboo
banana banana
banca *f.* banking (*industry*)
bancario *adj.* banking
banco bank; bench
banda band (*music*)
bandeja tray
bandera flag (10)
bañadera bathtub
bañar to bathe; **bañarse** to take a bath; to go bathing
baño bath; bathroom; **traje de baño** *m.* bathing suit
bar *m.* bar
barato cheap, inexpensive
barba(s) beard (5)
barbado bearded
bárbaro barbarian
barbilla chin
barcelonés, barcelonesa *n.* & *adj.* from Barcelona, Spain
barco ship
barranca ravine
barras arms of a chair
barrera barrier
barrio neighborhood
barroco baroque
basar to base; **basarse en** to be based on
base *f.* base, basis, foundation; **a base de** based on
básico basic
basquetbol *m.* basketball
bastante enough, sufficient(ly)
bastar to be enough
bastón *m.* ski pole
basura garbage, trash
bata robe
batalla battle (15)
batido milkshake
batidora blender, mixer
batir to whip, beat (*food*)
bayas berries
beatificación beatification
beatífico joyful
bebé *m.* baby
beber to drink
bebida drink, beverage
beca scholarship (*award*) (16)
becario recipient of a scholarship
belicoso bellicose, warlike
belleza beauty
bello beautiful
bendecir (*like* **decir***) to bless
bendición blessing
bendito blessed
beneficiar to benefit
beneficio benefit
beneficioso beneficial
benjamín, benjamina youngest child of a family
besar to kiss (3)
beso kiss
bestia beast
biblioteca library
bicicleta bicycle
bienaventurado fortunate
bien well; **más bien** rather
bienes raíces *m. pl.* real estate
bienestar well-being, welfare (13)
bienvenido welcome
bigote *m.* mustache
billete *m.* ticket
binoculares *m.pl.* binoculars
biografía biography
bisabuelo/a great-grandfather/grandmother
bistec *m.* steak
blanco white; **espacio en blanco** blank (space)
blando soft
blanquecino whitish
blondo blond, fair
bloque *m.* block
bloquear to block
blusa blouse
bobalicón, bobalicona foolish, silly
bocacalle *f.* intersection
boda wedding
bodega wine cellar
bodeguero owner of a wine cellar
bola lie, fib; **hacer bolas** to lie
bolsa bag
bolsillo pocket
bomba bomb
bombardeo bombing
bondad kindness
bondadoso kind
bonito pretty
bordado embroidered
borde *m.* edge
bordo: a bordo aboard
borrachera drunkenness; **pegarse una borrachera** to get drunk
borracho *n.* & *adj.* drunk
borrador *m.* rough draft
bosque *m.* forest
bota boot
bote *m.* jar
botella bottle
botón *m.* button (8)
boxear to box
bravamente bravely
brazo arm
brécol broccoli
brillante *m.* diamond; *adj.* brilliant
brillantez *f.* brilliance, brightness
brillar to shine, sparkle (13)
brindar to offer
brindis *m.sing.* toast
brisa breeze
broche *m.* pin, brooch
bróculi *m.* broccoli
broma joke, jest; **en broma** in jest (4)
bronceadora: loción bronceadora suntan lotion
bruma fog, mist
brumoso foggy
bucear to dive
buceo skin diving
buches: hacer buches to rinse the mouth

buen, bueno/a good; **buenos** short for **buenos días; por las buenas** willingly
bufanda scarf
bulevar *m.* boulevard
bulla commotion
bullicio bustle, hubbub
bulto form, shape
burgués, burguesa bourgeois, middle-class
burguesía bourgeoisie, middle class
burlar(se) de to make fun of, mock
busca: en busca de in search of
buscar (qu) to look for
búsqueda search
busto chest

C

C.P. *m.* **(código postal)** zip code
caballeresco knightly, chivalrous
caballero knight; gentleman
caballeroso knightly, chivalrous
caballete *m.* ridge (*of a roof*)
caballo horse; **montar a caballo** to ride a horse
cabello(s) hair
caber* to fit
cabeza head
cabezal *m.* headrest
cabida: (no) tener cabida to have (no) place
cabildo town council
cabo cape (*geographical*); **al fin y al cabo** after all, in the end (3); **llevar a cabo** to carry out, accomplish (6)
cabra goat
cacerola pot
cacique *m.* political leader
cada each; every; **a cada rato** all the time; **cada cual** each one; **cada vez más** more and more (12); **un... de cada dos** every other . . .
cadalso scaffold
cadena chain
cadera hip
caducar (qu) to run out, expire
caer(se)* to fall; **dejar caer** to drop
café *m.* coffee; café
cafetal *m.* coffee plantation
cafetería cafeteria
caída fall
caído/a (*p.p. of* **caer**) fallen (*in battle*)
caja box; cashier
cajilla small box
cajita de cartón small carton
calabaza squash; pumpkin
calamar *m.* squid
calcetín (*pl.* **calcetines**) *m.* sock
cálculo calculation
caldo broth; sauce
calefacción heating (18)
calibrar to gauge, measure
calidad quality
caliente hot
calmarse to calm down
calor *m.* heat; **hacer calor** to be hot (*weather*); **tener calor** to be, feel hot (*people*)
caluroso hot
calvo bald
calzar (c) to wear (shoes)
calzoncillos *m.pl.* undershorts
callado quiet (4)
callar(se) to be quiet, fall silent (3)
calle *f.* street; **calle abajo** down the street; **calle arriba** up the street
callejón *m.* alley
callejuela side street, alley (11); **callejuela sin salida** blind alley; dead-end street
cama bed; **coche-cama** Pullman car; **cama-litera** sleeping berth
cámara chamber
camarero/a waiter
camarón (*pl.* **camarones**) *m.* shrimp
cambiar to change
cambio change; **en cambio** on the other hand (6)
caminar to walk
camino road; **por buen camino** on the right track
camión *m.* truck (18)
camisa shirt; **camisa de dormir** nightgown
camiseta T-shirt
campamento camp
campana bell
campaña campaign; **campaña publicitaria** publicity campaign; **tienda de campaña** tent
campeón, campeona champion (1)
campeonato championship
camping *m.* camping; **hacer camping** to go camping
campo field; country(side); **en el campo** in the country
canas *f.pl.* gray hair
canasta basket
cancel *m.* partition
cáncer *m.* cancer
canción song
cancha tennis court
canela cinnamon
cangrejo crab
canoso gray-haired
cansarse (de) to be/get tired (of)
cantante *m., f.* singer
cantar to sing
cantidad quantity (7)
cantina tavern
canturrear to hum
caña de pescar fishing rod
cañón cannon; canyon; **carne de cañón** *f.* cannon fodder
capa layer
capacidad capacity
capaz (*pl.* **capaces**) capable (6)
capital *f.* capital (*city*); *m.* capital (*finance*)
capitalino one who lives in a capital city
capitalista *m., f.* capitalist
capitular to capitulate, surrender
caprichos whims
captar to capture
cara face
carácter (*pl.* **caracteres**) *m.* character, nature
caracterizar (c) to characterize
cárcel *f.* jail (9)
carecer (zc) (de) to lack (8)
careta mask
cargadores *m.pl.* suspenders
cargar (gu) to charge
cargo charge; **a cargo de** in charge of; **hacerse cargo de** to take charge of
caricatura caricature
caricaturizar (c) to caricature
caridad charity
cariño affection; love
cariñoso affectionate, loving (8)
carne *f.* meat; **carne de cañón** cannon fodder; **carne de cerdo** pork
carnicería butcher shop
caro expensive, dear
carrera career; race; **pista de carreras** race track
carretera highway
cartel *m.* poster (18)
cartera wallet
cartón *m.* cardboard
casa house; home; **casa de pisos** apartment house; **a casa** home; **en casa** at home
casado/a *n.* & *adj.* married (person)
casarse (con) to get married (to)
cascada waterfall
cáscara shell
casi almost
caso case; **en caso de (que)** in case; **hacer caso a** to pay attention to (18)
castellano/a *n.* & *adj.* Castilian, from Castile, Spain
castillo castle
casualidad: por casualidad by chance
catalán, catalana *n.* & *adj.* Catalan, from Catalonia, Spain
catálogo catalogue
catarata waterfall
cátedra: sentar cátedra to state opinions forcefully

catedral *f.* cathedral
categoría category, class
católico catholic; **los Reyes Católicos** Ferdinand and Isabel
causa cause: **a causa de** because of
causar to cause
cauteloso cautious (5)
cautiverio captivity
caza hunt; **perro de caza** hunting dog
cazador(a) hunter
cazar (c) to catch; to hunt (2)
cazo ladle; portion
cebolla onion
ceja(s) eyebrow(s)
célebre *m., f.* famous
celos *m. pl.* jealousy; **tener celos** to be jealous
celoso jealous
cementerio cemetery
cemento cement
cena supper, dinner
cenar to have supper, dinner; **salir a cenar** to go out to eat (*dinner*)
ceniza ash
censura censure, criticism
censurar to censure, criticize
centavo cent
centenar *m.* (one) hundred; **centenares de** hundreds of
centenario centennial
centrista *m., f.* centrist (*politics*)
centro center; **centro comercial** shopping center; **en el centro** downtown
ceñir (i, i) to bind
cerca *n.* fence (18)
cerca *adv.* close, nearby; **cerca de** near; **de cerca** up close
cercano *adj.* near, close
cercar (qu) to fence (in)
cerco enclosure, fence
cerdo hog, pig; **carne de cerdo** pork
cereal *m.* grain
cerebro brain
cereza cherry
cerrar (ie) to close; **a medio cerrar** half-closed (5)
cerro hill (2)
certidumbre *f.* certainty
certificado certified
cerveza beer
ciegas: a ciegas blind(ly)
ciego blind
cielo sky; heaven
cielo raso (*also* **cielorraso**) ceiling
cien, ciento a hundred, one hundred
ciencia science; **ciencias políticas** political science
científico scientific
cierto true; certain; **en cierta medida** to some extent; **lo cierto es que** the fact is (that); **ser cierto** to be true
cifra figure, number
cifrarse en to be based on
cigarrillo cigarette
cima top, peak
cimientos *m.pl.* foundation
cínicamente shamelessly
cínico cynical
cinta ribbon
cintura waist
cinturón *m.* belt
ciñó preterit of **ceñir,** to gird
circulación traffic
circular *f.* circular, flier; *adj.* circular, round
circular to circulate
círculo circle
circunstancia circumstance
circuela plum
cirujano/a surgeon
cita date; appointment
citar to quote
ciudad city; **ciudad perdida** lost city; slum
ciudadano/a citizen
cívico civic
claridad clarity
claro *adj.* clear; light-colored (16); *adv.* clearly, of course; **poner en claro** to clarify, explain
clasificar (qu) to classify
cláusula clause
clave *f.* key (*to a mystery or code*) (15); **en clave** in code
cliente *m., f.* client, customer
clima *m.* climate
cobrar to charge; **llamar por cobrar** to call collect
cocer (z) (ue) to cook
coche *m.* car; **coche-cama** Pullman car
cochinillo asado roast suckling pig
cochino pig
cocina kitchen; cuisine
cocinar to cook
cocinero/a cook
coco coconut
cóctel *m.* cocktail
coctelera cocktail shaker
codearse con rub elbows with, mix with
codicia greed
codicioso greedy
código code
codo elbow; **codo a codo** side by side
coger (j) to grasp, take
cognado cognate
coherente *m., f.* coherent
cola line
colador *m.* strainer
coleccionar to collect
colega *m., f.* colleague; fellow worker
colegio school
colesterol *m.* cholesterol
colgar (ue) (gu) to hang
coliflor *m.* cauliflower
colina hill
collar *m.* necklace
colmena beehive
colocar (qu) to place
colombiano/a Colombian
colonia colony
color *m.* color; **a todo color** in full color
columna column
columpio swing
combatir to combat
combinar to combine
comedor *m.* dining room
comenzar (ie) (c) to begin
comercial *adj.* business; **centro comercial** shopping center
comerciante *m., f.* businessman, businesswoman
comercio business, commerce
comestibles *m. pl.* food
cometer to commit
cómico comical; **tira cómica** comic strip
comida food; meal
comienzo beginning; **a comienzos de** around the start of (12); **al comienzo** at the beginning
comisario commissioner
comisión *f.* commission
comodidad comfort
cómodo comfortable (2)
compadecer (zc) to sympathize
compadre buddy, pal; **compadres** godparents
compañero/a companion, colleague; **compañero de clase/cuarto** classmate/ roommate
compañía company
comparación comparison
comparar to compare; **compararse** to be compared
compartir to share (18)
compás *m.* rhythm; **al compás de** to the beat of
compasivo compassionate
comercial: centro comercial shopping center
competir (i, i) to compete
complacer (zc) to please
complejidad complexity
complejo complex (12)
completo complete; **por completo** completely
complicado complicated
componer (*like* **poner**) to compose, make up

comportar(se) to behave
comportamiento behavior
compra purchase; **ir de compras** to go shopping
comprender to understand
comprensivo understanding
comprometerse (a) to commit oneself (to) (7)
compromiso commitment
compungido remorseful
computadora computer
común common; **en común** in common
comunicación: medios de comunicación media
comunicar (qu) to communicate
comunidad community
comunista *m., f.* communist
comunitario *adj.* community
con with; **con tal de que** so that, provided that
concebir (i, i) to conceive
conceder to concede, grant
concejal councilor
concentrar(se) to concentrate; to be concentrated
concernir (ie) to concern
concertar (ie) to put together
concesión concession, grant
conciencia awareness
concierto concert
concluir (y) to conclude
concordar (ue) to agree
concurrencia audience; crowd
concurrido well-attended; crowded
concurrir to attend
concurso contest
concha shell
condenar to condemn
conducir (zc) (*pret.* **conduje**) to drive; to behave
conductor(a) driver
conejo rabbit
confeccionar to make, put together
confesar (ie) to confess
confiado confident, assured
confianza trust; **tener confianza en** to trust
confidencia confidence (*secret*)
conformar to shape
confortar to comfort
confundir to confuse; **confundirse** to be/get confused
confuso confused, mixed up
congelado frozen
congelador *m.* freezer
cónico cone-shaped
conjunto group; team; complex; **en conjunto** together
conjurar avert, ward off
conmigo with me, with myself
conmover (ue) to move
conocer* (zc) to know; to meet; **llegar a conocer** to get to know
conocido/a *n.* acquaintance; *adj.* well-known
conocimiento knowledge
conquistar to conquer
consagrado a devoted to
consciente de aware of, conscious of
consecuencia consequence
conseguir (*like* **seguir**) to get
consejero/a adviser
consejo council; **consejos** *pl.* advice
consentir (*like* **sentir**) to allow, pamper
conservador(a) conservative
consigo with her(self)/him(self)/one(self)/you, yourself/you, yourselves/them(selves)
consiguiente: por consiguiente consequently, therefore
consistir (en) to consist (of)
consolar (ue) to comfort, console
constituir (y) to constitute
constructor(a) builder
construir (y) to construct, build
consuelo solace, comfort
consultorio doctor's office
consumar(se) to complete
consumidor(a) consumer
consumo consumption
contabilidad accounting
contaminación pollution
contaminar to pollute
contar (ue) to tell; to count
contendiente *m., f.* contender
contener (*like* **tener***) to hold back; to contain
contenido content(s)
contentarse to be satisfied
contigo with you, with yourself
contra against
contradecir (*like* **decir***) to contradict
contraproducente counterproductive
contrario/a *n.* opponent; *adj.* opposing; **al contrario** on the contrary; **lo contrario de** the opposite of
contratar to hire
contrato contract
contribuir (y) to contribute
convencer (z) to convince
convencimiento conviction
convenir (*like* **venir***) to be fitting (16)
convertir (ie, i) to change; **convertirse en** to become
convivencia coexistence
convivir to coexist (12)
cónyugue *m., f.* spouse
copa cup; wine glass
copia copy
copiar to copy
coqueta flirtatious
coraje *m.* rage, anger
coraza armor
corazón *m.* heart
corbata tie
corchete *m.* bracket
cordal *m.* wisdom tooth
cordero lamb
cordillera mountain chain
coreano *n.* & *adj.* Korean
coronado de encircled by
coronel *m.* colonel
corporal: distancia corporal distance between bodies
corral: ave de corral barnyard fowl
correctivo correctional (*institution*)
corredor(a) racer; agent, broker
corregir (i, i) (j) to correct
correo mail
correr to run
corresponder to match; to reciprocate
correspondiente corresponding
corretear to run around
corrida de toros bullfight
corriente ordinary; **al corriente** up-to-date; **cuenta corriente** checking account
corrompido corrupt
cortar to cut
corte *m.* cut; *f.* court; **hacer la corte** to court (*someone*)
cortés *m., f.* courteous
cortésmente politely
corteza bark
cortina curtain
corto short
cosa thing; **alguna cosa** something; **otra cosa** something else
coser to sew (8)
cosmopolita cosmopolitan
costa coast; cost; **a costa de** at the expense of
costado side
costar (ue) to cost
costo cost
costoso expensive
costumbre *f.* custom; **como de costumbre** as usual (3)
cotidiano *adj.* everyday
coyuntura joint
cráneo cranium, back of the head
crear to create
crecer (zc) to grow
creciente growing
crecimiento growth
credulidad willingness to believe
creencia belief (13)
creer (y) to believe

crema cream
crepúsculo sunset
crespo curly, kinky (*hair*)
criado/a servant; **criada** maid (3)
criar to raise, bring up
criatura creature; baby
crimen *m.* crime
cristal *m.* crystal; windowpane
criticar (qu) to criticize
crítico/a *n.* critic; *adj.* critical
crónica chronicle, history
cruce *m.* crossing; intersection
crucero cruise; cruise ship
crucigrama *m.* crossword puzzle
crudo crude; raw
crueldad cruelty
crujido crunch
cruz *f.* cross
cruzar (c) to cross
cuaderno notebook
cuadra city block (14); squad, team
cuadrado square
cuadro picture, painting
cual, cuales which; **¿cuál, cuáles?** which one(s)?; **cada cual** each one; **lo cual** which
cualidad quality
cualquier, cualquiera (*pl.* **cualesquier(a)**) any, anyone (7)
cuantioso large, substantial
¿cuánto/a/os/as? how much?, how many?; **en cuanto a** as to, as for; **cuanto antes** as soon as (13)
cuarta: una cuarta parte one-fourth
cuartel *m.* headquarters
cuarto room; quarter (*time*); **compañero de cuarto** roommate
cuberterías *pl.* silverware
cúbico cubic
cubierto *p.p.* covered
cubitos de hielo ice cubes
cubrir* to cover
cuchara tablespoon
cucharada spoonful
cucharilla teaspoon
cuello neck; collar
cuenta check, bill; **a fin de cuentas** in the final analysis; **cuenta corriente** checking account; **darse cuenta de** to realize, understand; **tener/tomar en cuenta** to take into account
cuento story
cuero leather
cuerpo body
cuesta slope, hill
cuestión *f.* issue, question; **ser cuestión de** to be a matter of
cuidado care: **con cuidado** carefully
cuidadoso careful
cuidar (de) to take care (of)
culinario culinary
culminante: punto culminante high point
culminar to end, culminate
cultivador(a) cultivator, grower
cultivar to grow
cumbre *m.* summit; **cumbre de jefes de estado** summit conference
cumpleaños *m. sing.* birthday
cumplimentar to compliment
cumplir to fulfill, perform (12); carry out; complete; **cumplir... años** to be . . . years old (1)
cuñado/a brother/sister-in-law
cuota quota; rate
cupón *m.* coupon
curioso curious; odd
curso course
cuyo/a/os/as whose (2)
cuzqueño/a *n.* & *adj.* from Cuzco, Peru

CH

chalaneo wheeling and dealing
chaleco vest; **chaleco salvavidas** life jacket
champán *m.* champagne
chanclos galoshes
chaqueta jacket; **chaqueta salvavidas** life jacket
charlar to chat
cheque *m.* check; **cheque de viaje** traveler's check
chibchas *m.* Chibcha Indians
chicle *m.* chewing gum; **pastilla de chicle** piece of gum
chico/a *n.* boy/girl, kid; *adj.* small, little
chiflar to be crazy about
chileno *n.* & *adj.* Chilean
chino *n.* & *adj.* Chinese
chisme *m.* piece of gossip
chispa: tener (mucha) chispa to be witty (4)
chiste *m.* joke
chistoso funny
chófer *m.* driver, chauffeur
chorizo spicy Spanish sausage
chuleta cutlet
chupar to lick

D

D.F.: México, Distrito Federal Mexico City, Federal District, i.e., the capital of Mexico
dama lady (14)
danza dance
danzón *m.* type of dance
dañado damaged
daño damage; **hacerle daño (a alguien)** to hurt, harm (*someone*); **hacer(se) daño** to harm (*oneself*)
dar* to give; **dar con** to run into (17); **dar miedo** to frighten; **dar rabia** to make angry; **dar una vuelta** to take a walk; **darle la risa a alguien** to make someone laugh; **darle vergüenza a alguien** to be ashamed; **darse cuenta de** to realize; **darse la media vuelta** to turn around; **darse por aludido** to take offense
dato fact, datum (14)
debajo de beneath, below
deber *m.* homework
deber to have to; **deberse a** to be due to
debidamente properly
debido a due to; because of
debilidad weakness, debility (15)
decapitado beheaded
decidir to decide
decimoquinto fifteenth
decir* to say; to tell
declaración statement
declarar to state, declare
declinar to decline, fade
dedicar(se) a (qu) to dedicate oneself to; to do for a living/occupation
dedo finger; **dedo del pie** toe
deducir (zc) (*pret.* **deduje**) to deduce
defender(se) (ie) to defend (*oneself*)
defraudar to defraud, cheat
dejar to leave (*behind*); to allow; **dejar caer** to drop; **dejar de** (+ *inf.*) to stop (*doing*) (13); **dejar plantado a alguien** to stand someone up
delantal *m.* apron
delante in front, ahead; **delante de** in front of
delfín *m.* dolphin
delgaducho skinny
demagogia demagogy, demagoguery
demagogo/a demagogue
demás *adj.* other, rest of (the); **los/las demás** the others, the rest (1)
demasiado too; too much; **demasiados/as** too many
demócrata *m., f.* democrat; *adj.* democratic
demoníaco demonic, demoniacal
demonio devil, demon
demostrar (ue) to demonstrate
demostrativo demonstrative
denominar to name
dentadura postiza false teeth
dentista *m., f.* dentist
dentro de inside (of), within, in; **por dentro** on the inside
denunciar to denounce; to reveal

dependencia: dependencia federal government office
dependiente, dependienta clerk, salesperson
deporte *m.* sport
deportista *m., f.* sportsman, sportswoman
deportivo *adj.* sports, sporting
deprimido depressed
deprimirse to be/get depressed
derecha right (*direction*); **a la derecha** to/on the right
derechista *m., f.* right-winger; *adj.* right-wing, rightist
derecho law; right (*civil*) (12); **hecho y derecho** full-grown (9); **(seguir/ir) derecho** (go) straight ahead
derivarse to be derived, come from
derramar to spill
derredor: en derredor around
derrocar (qu) to overthrow
derrota defeat (15)
desabotonar to unbutton
desacuerdo disagreement
desafiar to challenge
desagradable unpleasant
desagradar to displease
desalentarse (ie) to become discouraged
desaliento discouragement
desalmado heartless, cruel
desanimarse to become discouraged
desánimo discouragement
desaparecer (zc) to disappear
desarraigado rootless
desarraigo rootlessness
desarrollar to develop (6)
desarrollo development
desastre *m.* disaster
desastroso disastrous (15)
desayunar to have breakfast
desayuno breakfast
desbaratar to undo
descalzo barefoot
descamisado "shirtless" *i.e.*, poor
descansar to rest
descanso rest, pause
descapotable convertible
descargar (gu) to discharge, release
descendiente *m., f.* descendant, offspring
descenso drop, decline
descifrar to decipher
descomponer (*like* **poner**) to break (down)
desconocer to be unacquainted with, not know
desconocido/a *n.* stranger; *adj.* unknown
descontento dissatisfied
descortés discourteous
descubierto *p.p.* discovered
descubrimiento discovery
descubrir to discover
descuento discount
descuidar to neglect
desde from, since; **desde... hasta** from . . . to; **desde (aquel) entonces** since then; **desde lejos** from far off
desdén *m.* scorn
desdeñar to scorn, disdain (15)
desear to wish, want, desire
desembocar (qu) to lead to
desempleado unemployed
desenmascarar to unmask, expose
desenraizado rootless, without roots
deseo wish, desire
deseoso de desirous, anxious (to)
desesperación desperation
desfilar to parade
desfile *m.* parade
desfondado falling down
desgarrador(a) destructive
desgracia disgrace; misfortune, adversity
deshacerse de (*like* **hacer***) to get rid of
desierto desert
desigual uneven
desigualidad inequality
desilusionarse to become disillusioned
desleal disloyal
desmantelar to knock down, dismantle
desmayarse to faint
desmembramiento breakup
desmerecer (zc) to compare unfavorably
desnudo naked
desobedecer (zc) to disobey
desocupado unemployed; unoccupied
desorden *m.* disorder
despacho office
despacio slowly, slow (7)
despedirse (de) (*like* **pedir***) to say goodbye (to); to quit
despejado clear, cloudless
despejarse to clear (*sky*)
despertador *m.* alarm clock
despertarse (ie) to wake up
despilfarro waste, extravagance
desplegable folding
despojar to deprive
despreciable despicable
despreciar to look down on
desprendido detached, torn off
desprovisto deprived
destacar(se) (qu) to stand out, excel (1)
destello flashing signal
destemplado loud; out of tune
destinado set aside for
destino destination; fate
destreza skill
destruir (y) to destroy
desván *m.* attic
desventaja disadvantage
detallado detailed
determinado certain; **en determinado momento** at a specific time
detrás de behind
devolver (ue) to return (*an object*)
devorar to devour
devoto devout
diamante *m.* diamond
diario daily; **el diario** (*daily*) newspaper
dibujante *m.* cartoonist
dibujar to sketch; to draw cartoons
dibujo sketch, drawing; cartoon
dictadura dictatorship (15)
dicha happiness, luck (17)
dicho (*p.p. of* **decir**) said
dichoso happy
diente tooth (5)
diestra right (*hand*)
diferir (ie, i) to differ
difuso vague
digno (de) worthy (9), deserving (of)
dilema *m.* dilemma
diluido diluted
dios, diosa god, goddess (14)
diputado/a representative (*to Congress, Parliament*)
dirección address (7)
dirigir (j) to direct; to address (*letter*); **dirigirse a** to turn/go toward; to address (*a person*) (18)
dirimir to solve
disco record
disculparse to excuse oneself, apologize; **¡Disculpe!** Excuse me!
discurso speech
discutir to discuss; to argue
diseñador(a) designer
diseñar to design
diseño design; outline
disfraz *m.* disguise, costume
disfrazarse (c) (de) to disguise oneself (as)
disfrutar (de) to enjoy (7)
disgustar to annoy, displease
disgusto annoyance, displeasure
disminuir (y) to diminish, decrease
dispensario clinic, dispensary
displicente indifferent
disponer (*like* **poner***) to dispose
dispuesto ready, willing (4)
disputa dispute
disputar to fight, dispute
distanciarse de to move away from
distinguir to distinguish, show the difference between
distinto different
distraerse (*like* **traer***) to be distracted
distraídamente absent-mindedly

distraído absent-minded, distracted (2)
distribuir (y) to distribute
distrito district; **Distrito Federal** capital city
disuadir to dissuade
diversión *f.* amusement
diversos/as different; various
divertido amusing, entertaining (10)
divertirse (ie, i) to have a good time, enjoy oneself
divisarse to see, make out
doblado folded
doblar to turn (*a corner*) (11); to ring (*bells*)
doble double
docena dozen
dólar *m.* dollar
doler (ue) to hurt
dolor *m.* pain (5)
dolorido sore
domicilio residence; **a domicilio** at home
dominar to rule; **dominarse** to control oneself
dominador(a) ruler
dominical *adj.* Sunday
dominio dominion, rule
dorado golden
dormir (ue, u) to sleep; **camisa de dormir** nightgown; **dormirse** to fall asleep
dormitorio bedroom
dorso: al dorso de on the back of
dote *f.* talent, gift
drama *m.* drama, play
droga drug, narcotic
ducha shower
ducharse to take a shower
duda doubt; **la gracia de la duda** the benefit of the doubt
dudoso doubtful
dueño/a owner (17)
dulce sweet
dulcificado sweetened
duque *m.* duke
duradero long-lasting
durante during
durar to last, endure (10)
duro hard; difficult (1)

E

economista *m., f.* economist
echar to throw, toss; **echar de menos** to miss (*something/someone*); **echar mano de** resort to (18); **echar piropos** to compliment, flatter; **echar remiendo** to patch up
edad age
edificación construction; structure
edificar (qu) to build, construct (10)
edificio building
editor(a) editor
editorial *m.* editorial; *f.* publishing house
educar (qu) to educate; **educarse** to be educated
efectivamente really, in fact; indeed
efectivo effective; **en efectivo** in cash
efectuar to bring around
eficacia effectiveness
egoísta *m., f.* & *adj.* selfish (*person*)
ejecución execution
ejecutivo/a *n.* & *adj.* executive
ejemplar *m.* copy (*of a book, document*); *adj.* exemplary
ejemplo example; **por ejemplo** for example
ejercer (z) to exercise
ejercicio exercise
ejército army
elaborar to produce
electrodoméstico (*electrical*) appliance
elegir (i, i) (j) to choose; to elect (6)
elenco list
ello it
elocuencia eloquence
elogio praise
embajador(a) ambassador
embarazada: estar embarazada to be pregnant
embarazo pregnancy
embargado overwhelmed, seized
embargo: sin embargo nevertheless (14); however
emborracharse to get drunk (16)
embotellamiento de tráfico traffic jam
emerger (j) to emerge, surface
emocionarse to get excited
empalidecer (zc) to turn pale
empapar to soak
empaquetar to pack
empedernido hardened
empedrado *adj.* cobblestone
empedrar to pave
empeñado determined, resolved
empeorar to get worse
emperador, emperatriz emperor, empress
empezar (ie) (c) to begin
empinado high, elevated
empleado/a employee
emplear to use; to employ
empleo job
empobrecido impoverished
emprendedor(a) enterprising
emprender to undertake
empresa business, company (16); **administración de empresas** business administration
empresarial managerial
empujar to push
enaguas *f. pl.* slip (*undergarment*)
enamorarse (de) to fall in love (with)
enarbolar to carry (*on a stick*)
encaje *m.* lace
encantador(a) charming
encantar to delight
encanto charm
encarcelado in jail, held prisoner
encargado in charge of
encargar(se) (gu) to take charge
encariñarse to become fond of
encarnar en to become an integral part of
encender (ie) to light
encerrado confined, shut in
encima de on top of; **por encima de** over (16)
encontrar (ue) to find; **encontrarse con** to meet (with)
encorvado bent, curved
encrucijada crossroad
encuentro meeting; **al encuentro de** in search of
enchufismo having "connections"
enderezarse (c) to straighten up
enfadarse to get annoyed, angry
enfado annoyance
énfasis *m.* emphasis
enfático emphatic, strong
enfermar(se) to get sick
enfermero/a nurse
enfermo sick; **ponerse enfermo** to get sick
enflaquecerse (zc) to grow thin, lose weight
enfoque *m.* focus
enfrentarse (a) to confront, face up (to) (9)
enfrente facing, opposite; **enfrente de** in front of
enfurecerse (zc) to get/be furious
engalanar to decorate
engañar to deceive, trick
engaño deceit (17)
engordar to get fat (18)
engrosar to enlarge
engusanado wormy
enjugar (ue) (gu) to dry (*tears*)
enjuto skinny
enlace *m.* connection, relationship (18)
enmarcado framed
enojar(se) to become angry
enojo anger
enorgullecerse (zc) to feel proud
enorme huge, enormous
enraizado rooted
enriquecer(se) (zc) to enrich; to become rich
ensalada salad
ensanchar to expand

ensayista *m., f.* essayist
ensayo essay
enseguida (*also* **en seguida**) at once, right away
enseñanza teaching; **enseñanza media** secondary education
enseñar to teach; to show
entender (ie) to understand
enterarse (de) to find out (about) (3)
entero whole, entire
entonces then; **desde (aquel) entonces** since then, from then on; **en ese entonces** at that time
entrada entrance; **visa de entrada** entry visa
entrañable intimate, deep
entrañas *f. pl.* heart of, center of
entrar en to enter; **entrar en vigencia** to go into effect
entre between, among; in
entrecruzar (c) to cross (*fingers*)
entregar (gu) to deliver
entrematar to kill
entremés *m.* appetizer
entrenador(a) trainer, coach
entrenamiento training
entrenar(se) to train (1)
entretener (*like* **tener***) to entertain
entrever (*like* **ver***) to glimpse
entrevista interview
entrevistar to interview
entristecer(se) (zc) to become sad
entusiasmar(se) to become enthusiastic, excited
enviar to send (7)
envidia envy
envidioso envious
envolver (ue) to wrap
envuelto *p.p.* wrapped
época epoch, period of time (12)
equipo team (1)
equitación (*horseback*) riding
equivaler (*like* **valer**) to mean
equivocado incorrect, wrong (18)
equivocarse (qu) to be wrong, to make a mistake
equívoco ambiguous
erguido straight, upright
erguir (ye, i) (yergo) to lift up
erigido *p.p.* erected
erróneo incorrect, wrong (18)
esbelto slender
escalera stairway, staircase (14)
escalinata stairway
escalonado spread out
escena scene
escenario scene, stage
esclavo/a slave (8)
escocés, escocesa *n.* Scot; *adj.* Scottish
escoger (j) to choose
esconder(se) to hide (16)
escopeta shotgun
escote *m.* low neckline
escribir* to write
escrito *p.p.* written; writing
escritorio desk; office
escritura writing (14)
escuchar to listen (to)
escudo shield
escuela school
ese/esa/esos/esas that, those; **ése**, *etc.* that, those things
esforzarse (ue) (c) to make an effort
esfuerzo effort (6)
esgrima fencing (*sport*)
esgrimir to fence (*with sword*)
esmeralda emerald
esmoquin *m.* dinner jacket, tuxedo
eso that; **a eso de** around; **por eso** for that reason
espacio space; **espacio en blanco** (*blank*) space
espada sword
espalda back
español(a) *n.* Spaniard; *adj.* Spanish
española: de habla española Spanish-speaking
espantoso frightful (10); horrible
especializarse (c) to specialize
especie: una especie de a kind of
espejo mirror
esperanza hope (6)
esperanzador(a) *adj.* hope-inspiring
esperar to wait for; to hope
espía *m., f.* spy
espinaca spinach
espinazo spine, back
espíritu *m.* spirit
espolvorear to powder, dust (*with sugar*)
esposo/a husband, wife
esqueleto skeleton
esquí *m.* ski; skiing; **esquí acuático** water skiing
esquiar to ski
esquina (*street*) corner (11)
esquirol *m.* scab, strikebreaker
establecer (zc) to establish; **establecerse** to settle
estación station
estacionado stationed; parked
estacionamiento parking
estacionar to park
estadio stadium
estado state; **estado de ánimo** state of mind; **golpe de estado** coup d'état
estadounidense *n.* & *adj.* (*person*) from the U.S.
estallar to explode
estampilla (*postage*) stamp
estancia stay, visit
estanque *m.* pond
estante *m.* bookshelf
estar* to be; **estar a punto de** to be about to (18); **estar de acuerdo** to agree; **estar embarazada** to be pregnant; **estar mal** to be sick
estatal *adj.* state
estatua statue
este *m.* east
este/esta/estos/estas this, these; **éste**, *etc.* this one, these (ones)
estera mat
estéreo stereo
estilo style
estirpe *f.* lineage
esto this; **por esto** for this reason
estómago stomach
estrechar la mano to shake hands
estrecho narrow, close, tight (14)
estrella star (13)
estrellarse to crash
estremecer (zc) to shake
estreno debut
estropear to ruin, spoil
estruendo noise
estuche *m.* box
estufa stove
estupefacto stunned
etapa stage (*of one's life*) (4); phase
eterno eternal
etiqueta label
étnico ethnic
evitar to avoid (9)
evocar (qu) to evoke, recall
evolucionar to evolve
excavar excavate, dig
excusado toilet
exigir (j) to demand
exilado/a *n.* & *adj.* exile(d)
éxito success; **tener éxito** to be successful, succeed
experimentar to feel (*emotions*)
explicar (qu) to explain
exponer (*like* **poner***) to expose
exprimir to squeeze
extranjero/a stranger; **en el extranjero** abroad
extraño strange
extrañeza surprise
extraviarse to get lost
extremo *n.* end

F

fábrica factory (6)
fabricante *m., f.* manufacturer
fabricar (qu) to manufacture, make
fácil easy

fachada façade, front
falda skirt; **mini-falda** miniskirt
falta lack; **hacer falta** to be necessary; **por falta de** for lack of
faltar to be lacking, missing; to be absent
falla defect
fallar to fail
fama reputation, fame
familiar *m.* family member; *adj.* family
fatídico ominous
favorecer (zc) to favor
faz *f.* face
fe *f.* faith
fecha date; **hasta la fecha** to date, up to now
felicidad happiness; **¡felicidades!** congratulations!
fenomenal wonderful
fenómeno phenomenon
feo ugly
feria fair
feroz (*pl.* **feroces**) fierce
férreo strong
ferrocarril *m.* railroad
fértil fertile
fervor *m.* fervor, zeal
festejar to celebrate
festejos public festivities
fianza deposit, security, down payment
fideicomiso bancario bank trustee
fiebre *f.* fever
fiel faithful (4)
fiesta: fiesta patronal feast of a patron saint
fijarse (en) to notice
fijo fixed
fila line, row
filatélico philatelic, having to do with stamp collecting
filo (*cutting*) edge (17); **al filo de** at the start of
filósofo/a philosopher
fin *m.* end, conclusion; **a fin de cuentas** in the final analysis; **al fin** at/in the end; **al fin y al cabo** after all; in the end (3); **fin de semana** weekend; **por fin** finally; **sin fin** endless
final *m.* end; **al final** in/at the end; **a finales de** around the end of
finalizar (c) to end
financiero financial
fincar (qu) to establish
fingir (j) to pretend, fake, feign (9)
fino fine
firmar to sign
firmeza firmness, resolve
físico physical
fisonomía character
flaco thin
flan *m.* custard pudding
flecha arrow
flojo lazy
flor *f.* flower
flote: a flote afloat
folleto pamphlet
fondo fund; background; bottom (2); **a fondo** thoroughly; **en el fondo** at heart, basically
forjar to make, forge; **forjar sueños** to inspire dreams
forma form, shape; **en forma** in shape
fornido husky
fortalecer (zc) to strengthen; to fortify (13)
fortaleza fortress
fortificar (qu) to fortify
forzar (ue) (c) to force
forzoso inevitable
foto *f.* (**fotografía**) photo; **sacar fotos** to take pictures
fracaso failure
frambuesa raspberry
francés, francesa *n.* French person; *adj.* French
franquesa frankness
franquismo the regime of Franco in Spain
frase *f.* sentence; phrase
frecuentar to frequent, go to regularly
freír (*like* **reír***) to fry
frenar to brake, curb
frenos *m. pl.* brakes (*in a car*)
frente *f.* forehead; *m.* front; **de frente** facing forward; **en frente de** in front of; **frente a** facing
fresa strawberry; dentist's drill
fresco fresh
fresones large strawberries
frigo: frigorífico refrigerator
frijol *m.* bean
frío cold
frívolo frivolous, silly
frontera border, frontier (2)
fruta fruit (*for eating*)
fruto fruit (*botanical*)
fuego fire; **a fuego suave** over a low flame; **fuegos artificiales** fireworks
fuente *f.* fountain, source (14)
fuera de outside; **fuera de uso** out of use; **por fuera** on the outside
fuerte *m.* fort; *adj.* strong
fuerza force; strength (9)
fumar to smoke; **fumar en pipa** to smoke a pipe
funcionar to function, work
fundación founding
fundador(a) founder
fundar to found
fundir to melt
fútbol *m.* football; soccer

G

gabinete *m.* office
gafas *pl.* glasses; **gafas de sol** sunglasses
galán *m.* ladies' man (17); suitor
galón *m.* gallon
gama range
ganado cattle
ganador(a) winner
ganar to win; to earn; **ganarse la vida** to earn a living
ganga bargain
garaje *m.* garage
garganta throat
gasolinera gas station
gastar to spend
gastos expenses
gato/a cat
gaveta drawer (5)
gaznápiro/a numbskull
genealógico: árbol genealógico family tree
general: por lo general generally
generar to generate
genial *adj.* pleasant; outstanding; creative (8); **un tipo genial** a genius, brilliant person
gente *f. sing.* people
genuino genuine, true
gerente *m., f.* manager
gestar to gestate, grow
gesticulando waving the hands about
gestión *f.* management; managerial directive
gestionar to take steps (*to obtain something*)
gesto *m.* gesture
gestor(a) agent; **gestor de anuncios** advertising agent
gimiendo moaning
gimnasia exercise; gymnastics; **hacer gimnasia** to exercise (1)
gimnasio gymnasium
girar to turn, spin
giro turn; **giro postal** (*postal*) money order
gitano/a Gypsy
glorieta square
gobernador(a) governor
gobernante *m., f.* ruler
gobernar (ie) to govern, rule
gobierno government (6)
golfo gulf
golpe *m.* blow; **de golpe** all of a sudden (8); **golpe de estado** coup d'état
golpear to strike, hit, beat (6)

gordo/a *n.* & *adj.* fat (*person*)
gota drop
gozar (c) to enjoy
gozne *m.* hinge, joint
gozo joy, pleasure
gracia: hacerle gracia a alguien to strike someone as funny, amusing; **la gracia de la duda** the benefit of the doubt; **no hay gracia (en)** there is nothing funny (about)
grado degree
gran, grande great, big, large
grandeza greatness, grandeur
granito granite
granizar (c) to hail
granizo hail
grato pleasant
gratuito free
grave serious
gravedad gravity
grifo faucet
grillo cricket (*insect*)
gris gray
gritar to shout
grosellas currants
grosero rude, crude
guante *m.* glove
guapo handsome, good-looking
guardaespaldas *m. sing.* bodyguard
guardarropa closet
guerra war (4)
guerrero warrior, fighter (14)
guía *f.* directory, guide; *m., f.* guide (*person*)
guiar to guide
guijarro pebble, (*cobble*)stone
guiñar to wink
guión *m.* script
gusano worm
gustar to be pleasing to
gusto pleasure; taste; **a su gusto** to your taste; **(sentirse) a gusto** (*to feel*) comfortable, at ease (16)

H

haber* to have
habido: ha habido there has been
habilidad ability
habitación room
habitante *m., f.* inhabitant
habla: de habla española Spanish-speaking
hablar to speak, talk
hacedor(a) maker; **Hacedor** God
hacelotodo *m.* do-it-all
hacer* to do; to make; **hace (dos años)** (two years) ago; **hace (dos años) que** for (two years); **hacer bolas** to lie; **hacer calor** to be hot (*weather*); **hacer camping** to go camping; **hacer caso a** to pay attention to (18); **hacer daño** to harm; **hacer el papel de** to play the role of; **hacer falta** to be necessary; **hacer gimnasia (1)** to exercise; **hacer la corte** to court (*someone*); **hacer las paces** to make up (*after a quarrel*); **hacer notar** to point out; **hacer preguntas** to ask questions; **hacerle gracia a alguien** to strike someone as funny; **hacerse** to become; **hacerse cargo de** to take charge of
hacia toward
hacinamiento heaping, piling
hallazgo discovery
hambre *f.* (*but* **el hambre**) hunger
hamburgesa hamburger
harina flour
harto fed up
hasta until; up to; **hasta cierto punto** to some extent
haya (*see* **haber***)
hebreo/a Hebrew (*person*)
hecho *p.p.* made; fact; **de hecho** in fact; **hecho a mano** handmade; **hecho y derecho** full-grown (9)
helado ice cream
hembra female
heredar to inherit
heredero/a heir
herencia inheritance (11); heritage
herir (ie, i) to wound
hermoso beautiful
hermosura beauty
herramienta tool
hervir (ie, i) to boil
hidrófobo/a hydrophobic, *i.e.,* mad, insane
hielo ice (7)
hierro iron (*mineral*) (14)
hijo/a son, daughter, child; **hijos** children
hipotéticamente hypothetically
hispano/a *n.* & *adj.* Hispanic
hispanoamericano/a *n.* & *adj.* Spanish-American
hispanoparlante *m., f.* & *adj.* Spanish-speaking (*person*)
historiador(a) historian
hogar *n.* home (9)
hoja leaf (18)
holandés, holandesa *n.* Dutch (*person*); *adj.* Dutch
holgazán, holgazana lazy person, loafer
hombre *m.* man
hombro shoulder
homenajear to honor, pay homage to
homólogo counterpart
hondo deep
honra honor
hora hour
horchatería place where **horchata** (beverage made from almonds, barley) is manufactured
horno oven; **al horno** roast(ed)
horrendo horrendous, hideous
hostal *m.* hostel
ho(s)telería hotel management
hoy today; **hoy mismo** this very day
huaca tomb
hueco hollow, empty
huele (*see* **oler**)
huelga strike (*labor*) (15)
huella footprint, trace
huerto orchard
huésped, huéspeda guest
hueso bone (5)
huevo egg
huir (y) to run away, flee (9)
humedad humidity
húmedo moist, damp, humid
humilde humble (6)
humo smoke
hundido *p.p.* buried
huracán *m.* hurricane

I

idioma *m.* language
idiota *m., f.* idiot, imbecile
ídolo idol
iglesia church
ignorar to be ignorant of, not know something
igual even (7); the same, alike; equal
igualdad equality
iletrado illiterate
iluminar to light up
ilustre illustrious, distinguished
imagen *f.* image
imán *m.* magnet; magnetism
impasivo stoic, impassive
impedir (*like* **pedir***) to prevent
imperio empire (13)
impermeable *m.* raincoat
implicar (qu) to imply; to involve
imponente imposing, impressive
imponer (*like* **poner***) to impose
importar to import; to matter; **no importa** it doesn't matter
imprescindible indispensable, essential (10)
impresionante impressive
impreso *n.* publication, printed document; **impreso/a** printed
improperio curse, curse word
inalcanzable unreachable
inca *m., f.* & *adj.* Inca(n)
incaico *adj.* Inca(n)
incapaz (*pl.* **incapaces**) incapable (6)

incendiar to burn
incendio fire (10)
incertidumbre *f.* uncertainty
incidente *m.* incident
incierto uncertain, unsure
incluir (y) to include
inclusive including; even
incluso even, including (6)
incómodo uncomfortable
inconcebible inconceivable
inconfundible unmistakable
inconmovible firm, unshakable
increíble incredible
inculcar (**qu**) to inculcate, teach
indagar (**gu**) to investigate
indeciso undecided; indecisive
indefenso defenseless, helpless
indicar (**qu**) to indicate
índice *m.* index; index finger
indígena *m., f.* native
indignado indignant
indigno unworthy
indio Indian
indocumentado/a illegal alien
inesperado unexpected
inexistente nonexistent
inexplicable unexplainable
infame infamous
infante, infanta prince, princess
infantil for/about children
infatigable untiring
infeliz *m., f.* miserable person
inferior lower
infernal hellish
infierno hell
influir (y) to influence
informar to inform; **informarse** to find out, get information
informe *m.* report
infortunio misfortune
ingeniería engineering
ingeniero engineer
inglés, inglesa *n.* & *adj.* English (*person*)
ingresar to enter, enroll (16)
ingresos *m. pl.* income
iniciar to initiate, start
inicuo evil
inmaduro immature; unripe
inmensa huge, immense
inmisericorde merciless
innato innate, inherent
innovador(a) innovative
inodoro toilet
inolvidable unforgettable
inscribirse to enroll
inscrito *p.p.* inscribed
inseguro insecure
insensible insensitive
insinuado hinted, suggested
insistir (**en**) to insist (on)
insolidario rebelious
insospechado unsuspected
integrarse to become part of
intentar to try (15)
intento attempt
intercambiar to exchange
intercambio exchange
interés *m.* interest
interesar to interest
intervenir (*like* **venir***) to intervene
intocable untouchable
intransigencia intransigence, stubbornness
intrépido intrepid, daring
intricado intricate
introducir (**zc**) (*pret.* **introduje**) to introduce
inundación flood
inundar to flood
inútil useless
inverosímilmente incredibly
invertir (**ie**) to turn over
invierno winter
involucrado involved
ir* to go; **irse** to go away; **ir de compras** to go shopping
iris *m.* iris (*of eye*); **arco iris** rainbow
irlandés, irlandesa *n.* & *adj.* Irish (*person*)
irradiar to shine
irrendentismo irredentism (a political policy advocating the acquisition of a region included in another country because of cultural, historic, racial, or other ties)
isla island (15)
islote *m.* barren isle
istmo isthmus
izquierda *f.* left
izquierdista *m., f.* leftist
izquierdo/a *adj.* left

J

jactarse to brag, boast
jamás never, ever
jamón *m.* ham
japonés, japonesa *n.* & *adj.* Japanese (*person*)
jardín *m.* garden; **jardín de infantes** nursery school; **jardín zoológico** zoo
jaula cage
jefe, jefa boss, chief
jerarquía hierarchy
jerez *m.* sherry (wine)
jersey sweater
jinete *m.* rider
joven *m., f.* & *adj.* young (*person*); **de joven** as a child; **los jóvenes** young people, youth
joya jewel; **joyas** jewelry
joyería jewelry store
judía string bean
juego game; set
jugador(a) player
jugar (**ue**) (**gu**) to play
jugo juice
juicio judgment; **a** (**mi**) **juicio** in (my) opinion
jungla jungle
junta (*military*) junta; council, board
juntarse to meet; to join
junto together (7); **junto a** next to
jurar to swear, vow
justiciero/a judge
justo just, fair
juventud youth, early life
juzgar (**gu**) to judge (7)

K

kilometraje *m.* distance in kilometers
kilo kilogram

L

laberinto labyrinth, maze
labio lip
laboreo farming
labrar to carve (*stone*)
lacio straight (*hair*)
lácteo *adj.* dairy
lado side; **a un lado** aside; **al lado de** beside, next to; **de al lado** next door (11)
ladrillo brick
ladrón thief
lago lake
lágrima tear (5)
lámpara lamp
lana wool
lancha boat, motorboat
langosta lobster
lanzamiento: oferta de lanzamiento opening-day special offer
largo long; **a lo largo de** throughout
lástima pity; **es una lástima** it's a shame
latir to beat (*heart*)
lavabo sink
lavadero laundry room
lavadora (*clothes*) washer
lavaplatos *m. sing.* dishwasher
lavar to wash
lazarillo blind person's guide
lazo bow; lasso; tie, bond (18)
leal loyal (6)
lealtad loyalty
lector(a) reader
lectura reading
leche *f.* milk

lechera dairymaid
lechuga lettuce
leer (y) to read
legumbre *f.* vegetable
lejano distant, far-off (2)
lejos far; **de/desde lejos** from far off; **lejos de** far from
lema *m.* motto
lengua tongue; language
lento slow (1)
lesión *f.* injury
letra handwriting; letter (*of alphabet*); **al pie de la letra** literally
letrado literate (17)
letrero sign (18)
leucemia leukemia
levantamiento de pesas weight lifting
levantar to lift; **levantar pesas** to lift weights; **levantarse** to get up
ley *f.* law
leyenda legend
liberar to free (15)
libertad: libertad de prensa freedom of the press
librarse de to free oneself of, get rid of
libre free (1); **al aire libre** outdoor(s) (3); **lucha libre** wrestling
librería bookstore
librito negro little black book
licenciado lawyer
licor *m.* liqueur
líder *m.* leader
liderazgo leadership
lidiar to fight
limitar (con) to border
limón *m.* lemon
limosnero/a beggar
limpiar to clean
limpieza cleaning; cleanliness
limpio clean
lindo pretty
línea line; **línea aérea** airline
lío mess
liso straight (*hair*)
listado de complete with
litera bunk bed; **cama-litera** sleeping berth
literato well-read
litigio litigation
litro liter
lobezno/a wolf cub
localizar (c) to locate; **localizarse** to be located
loco/a *n.* & *adj.* crazy (*person*)
locura madness
lograr to achieve, attain (1)
logro success, achievement
loma knoll, small hill
losa slab, flagstone
lotería lottery
lucero: lucero de la mañana morning star
lucha fight; **lucha libre** wrestling
luchar to fight (6)
lucir (zc) to look like, appear
luego then; later, afterwards; **hasta luego** see you later
lugar *m.* place; **en lugar de** instead of; **en primer lugar** in the first place; **tener lugar** to take place
lujo luxury
lujoso luxurious
luminarias (*Christmas*) lights
luminoso luminous, bright
luna moon
luz *f.* (*pl.* **luces**) light (4)

LL

llamar to call; **llamar la atención** to attract attention (18); **llamar por cobrar** to call collect; **llamarse** to be named
llano *n.* plain; **llano/a** *adj.* natural, simple
llanto weeping
llegada arrival
llegar (gu) to arrive; **llegar a** to come to(13)
llenar to fill; **llenarse (de)** to fill up (with) (5)
lleno (de) full of, filled with
llevar to carry; **llevar (a alguien) a** to take (*someone*) to; **llevar a cabo** to carry out, accomplish (6); **llevarse (bien/mal) con** to get along (*well/badly*) with someone (3)
llorar to cry
llover (ue) to rain
llovizna drizzle
lluvia rain (2)
lluvioso rainy

M

machismo masculinity, exaggerated pride in male qualities (15)
macho male
macrourbe *f.* metropolis
madera wood
madrastra stepmother
madre *f.* mother
madrileño/a *n.* & *adj.* (*person*) from Madrid
madrugada dawn
madurar to mature
madurez *f.* maturity (9)
maduro mature (9); ripe
maestro/a teacher
maíz *m.* corn
majestad majesty
majestuoso majestic, grand
mal *adv.* badly, ill
mal, malo/a bad; **lo malo** evilness, bad thing(s)
maldecir to curse, damn
maldito damned
maleta suitcase
maleza underbrush
malsano unhealthy
mandar to send; to order
mandato command
manejar to drive; to handle
manera way, manner; **de esta manera** this way; **de tal manera** so that; **de una manera...** in a . . . way
manga sleeve
mango handle
manía habit
mano *f.* hand; **echar mano de** to resort to (18); **estrechar la mano** to shake hands; **hecho a mano** handmade
manoteando gesturing
manta blanket
mantener (*like* **tener***) maintain (9); support (*a family*); **mantenerse en forma** to keep in shape
mantequilla butter
mantón de Manila *m.* embroidered shawl
manzana apple; city block
mapa *m.* map
maquillaje *m.* makeup
máquina machine
mar *m., f.* sea
maratón *m.* marathon
maravilla wonderful thing
maravillado astonished
maravilloso marvelous
marca brand
marcar (qu) to mark; **marcar el paso** to keep in step, mark time
marcial *adj.* military
marco frame, framework (12)
marcha movement; **poner en marcha** to start
marchar(se) to leave
margen *m.* edge; **al margen** at the edge, on the fringe
marginado left out
marido husband
marinero sailor
marino: azul marino navy blue
mariscos *m. pl.* shellfish
marquesina marquee, canopy
máscara mask
matar to kill (2)
materia matter; **en materia de** in matters of, regarding
matrícula registration
matricularse to register

matrimonio marriage; married couple
máximo maximum
mayor *m., f.* older; principal, main; **la mayor parte** most of
mayoría majority
mayorista *m., f.* wholesaler
mayoritario *adj.* majority
mayormente mostly
medalla medal
medallón *m.* medallion
media vuelta turn; **dar una vuelta** to take a walk/ride; **darse media vuelta** to turn around
mediados: a mediados de around the middle of (13)
mediano medium, average
medianoche *f.* midnight
mediante by means of
mediar to intercede, come between
médico/a doctor
medida measure; **en cierta/alguna medida** to some extent
medio middle; means; **a medio...** half . . . (5); **a medio cerrar** half-closed (5); **de en medio** in the middle; **en medio de** in the middle of (13); **medio ambiente** environment; **medios de comunicación** media; **por medio de** by means of
medio/a *adj.* half; **enseñanza media** secondary education
mediodía noon
mejilla cheek
mejillón *m.* mussel
mejor better; best; **a lo mejor** maybe
mejorar to improve (1); **mejorarse** to get better
mendigo beggar
menor *m., f.* younger; least
menos less; **a menos que** unless; **al menos** at least; **echar de menos** to miss (*something/someone*) (1); **por lo menos** at least
mensaje *m.* message (9)
mente *f.* mind (17)
mentir (ie, i) to lie
mentira lie, falsehood (15)
menudo: a menudo often (15)
meñique *m.* pinkie (*finger*)
mercader, mercadera merchant, dealer
mercado market
mercancía merchandise
merecer (zc) to deserve
mermelada jam
mero exactly
mes *m.* month
mesón *m.* inn
mesonero innkeeper
mestizo/a *n.* & *adj.* (*person*) of white and Indian blood
meta goal, something one strives for
meterse to interfere; to get into, enter
método method
metro meter; subway
metrópoli *f.* large city
mexica *m., f.* & *adj.* Mexica (Indians of Mexico)
mezcla mixture
mezclador *m.* mixer, blender
mezclar to mix (7)
miedo fear; **dar miedo** to frighten; **tener miedo** to be afraid
miel *f.* honey
miembro member
mientras while; **mientras tanto** meanwhile
mil thousand
milanesa breaded veal
militar *m.* soldier; *adj.* military
milla mile (11)
millaje *m.* mileage
millares *m. pl.* thousands
millón *m.* million
mini-falda *f.* miniskirt
mínimo minimum
minoría minority
mío/a/os/as my, mine
mirada look, glance (5)
mirar to look; to look at
misa (*church*) mass (16)
miseria misery; pittance
mismo/a *adj.* same; self; **ahora mismo** right now; **allí mismo** right there; **hoy mismo** this very day; **lo mismo** the same thing; **por lo mismo** for that reason; **a (sí) mismo** to (him/her)self
mitad *f.* half
mitigar (gu) to mitigate, alleviate
mito myth
mitomanía mythomania, compulsion to exaggerate
mocozuelo/a brat
moda fashion
modelo *m.* model; *m., f.* fashion model
modernizar (c) to modernize
modificar (qu) to modify
modo way, manner; **a modo de** like; **de modo que** so that; **de todos modos** anyway
mojar to wet, dampen (7)
molde *m.* mold
molestar to bother; **molestarse** to be annoyed
molesto annoyed, bothered
monarca *m., f.* monarch, king *or* queen
monarquía monarchy
moneda coin
monolítico monolithic, carved of a single piece of stone
monótono monotonous
monstruo monster
montaña mountain
montañoso mountainous
montar to mount; to ride; **montar a caballo** to ride a horse; **silla de montar** saddle
morada dwelling
morador(a) resident
morder (ue) to bite
mordisquear to nibble
moreno dark-skinned (16)
morir* (ue, u) to die
moro/a Moor, Moslem
mosca fly
mostrar (ue) to show
motín *m.* riot
motor *m.* motor, engine
mover (ue) to move something (5)
movilizar (c) to mobilize
muchacho/a boy, girl
mudar(se) to move, change residence (18)
mudo mute
muebles *m. pl.* furniture
muerte *f.* death (6)
muerto *adj.* dead; *p.p.* dead, died
muestra sample, example
mujer *f.* woman; wife
multitud multitude, crowd
mundial *adj.* world (1)
muñeca wrist
muñequita doll
muralla fortress wall, rampart
muro (*outside*) wall (14)
museo museum
música music
músico/a musician
muslo thigh
mutuo mutual

N

nacer (zc) to be born (1)
nacimiento birth; crèche (10)
nada nothing; **nada en absoluto** nothing at all; **nada más** nothing else; only
nadar to swim
nadie no one, anyone; **don nadie** *m.* nobody, Mr. Nobody
nalga buttock
naranja orange
naranjo orange tree
nariz *f.* nose
narrador(a) narrator
narrar to tell, narrate
nata cream
natación swimming
natal *adj.* birth
naturaleza nature, temperament (14)
naufragar to shipwreck

navegar (gu) to navigate, steer; to sail
Navidad, Navidades Christmas
navideño *adj.* Christmas
neblina mist, fog
nebuloso foggy
necesidad necessity, need
necesitar to need
negar (gu) to deny; **negarse (a)** to refuse (to) (11)
negocio business (7)
negro/a *n.* & *adj.* black; dark-skinned (*person*)
neozelandés, neozelandesa *n.* & *adj.* New Zealander
nevado snow-covered
nevar (ie) to snow
nevera refrigerator
nevoso snowy
ni neither; **ni... ni** neither . . . nor; **ni siquiera** not even (11)
nido nest
niebla fog
nieto/a grandson, granddaughter; **nietos** grandchildren
nieve *f.* snow
nilón *m.* nylon
ningún, ninguno/a/os/as none, no, not any
niñez *f.* childhood (4)
niño/a (*little*) boy, (*little*) girl
nivel *m.* level; **nivel de vida** standard of living
nobleza nobility
nocturno nighttime; **club nocturno** nightclub; **vida nocturna** night life
noche *f.* night
nombrar to name
nombre *m.* name
noreste *m.* northeast
norma norm, standard
noroeste *m.* northwest
norte *m.* north
nota grade (*school*); note; **sacar buenas notas** to get good grades
notar to note, notice; **hacer notar** to point out
notario notary
noticias *f. pl.* news
novato/a *n.* & *adj.* beginner, beginning
noveno ninth
novio/a boyfriend, girlfriend; fiancé(e)
nubarrón *m.* storm cloud
nube *f.* cloud (16)
nublado cloudy
nublarse to cloud up, get cloudy
nudo knot
nuestro/a/os/as our, ours
nuevo new; **de nuevo** again
número number; issue, copy (*publication*)
numismático having to do with coin collecting
nupcias: segundas nupcias second marriage
nutrir to nourish
nutritivo nutritional

O

obedecer (zc) to obey
obligar (gu) to force
obra work (*of art, etc.*) (14)
obrero/a *n.* & *adj.* working (*man/woman*) (6)
obtenar (*like* **tener***) to get, obtain
obvio obvious
occidental *adj.* western (12)
octavos quarter finals (Wimbledon)
ocultarse to be hidden, to hide
oculto hidden
ocurrencia event; witticism
ocurrir to occur, happen
odiar to hate
odio hatred
oeste west (*direction*)
oferta offer; **oferta de lanzamiento** opening-day special offer
oficial *m., f.* & *adj.* official
oficio work, trade; **buenos oficios** good offices
ofrecer (zc) to offer
oído (*inner*) ear
oír* to hear
ojalá (*interjection*): May Allah will (*i.e., I hope, wish*)
ojo eye
ola wave
oler (hue) to smell (13)
olor *m.* odor, smell
olvidar to forget; **olvidarse de** to forget
olla pot, kettle
ombligo navel
ominoso ominous, foreboding
omitir to omit
onza ounce
opinar to think
oponerse a (*like* **poner***) to oppose
optar to choose
opuesto opposite (9)
oración sentence
oráculo oracle
orden *m.* order, sequence; *f.* order, instruction; order (*honorary title*)
ordenar to order, command; to put in order
oreja (*outer*) ear
orfebre *m.* goldsmith
organizar (c) to organize
orgullo pride (9); **tener orgullo** to be proud
orgulloso proud
oriental *adj.* eastern
origen *m.* origin
originarse to originate, derive
oro gold (1)
orquesta orchestra
oscuro dark (4)
ostentar to show; to flaunt
ostra oyster
otoño autumn
otorgar (gu) to give, bestow (17)
otro other; **los/las otros/as** the others, other ones; **otra vez** again; **por otra parte** on the other hand
oveja sheep
oxidado rusted

P

paces: hacer las paces to make up (*after a quarrel*)
padecer (zc) to suffer (8)
padre *m.* father
padrastro stepfather (2)
padrino godfather; **padrinos** godparents
pagar (gu) to pay; **pagar en abonos** to pay in installments (17)
país *m.* country
pájaro bird
palacio palace
paladar *m.* palate, sense of taste
palidecer (zc) to grow pale
pálido pale
palmera palm tree
paloma dove
pampa pampa, plain
pan *m.* bread
pana corduroy
panadería bakery
panorama *m.* panorama
pantalón *m.* pair of pants, slacks
pantalla screen
pantanoso boggy, swampy
pantorilla calf (*of the leg*)
pañuelo handkerchief, scarf
papa potato; **papas fritas** french fries
papel *m.* paper; role; **hacer el papel de** to play the role of; **representar un papel** to play a role
papi *m.* daddy
paquete *m.* package (2)
par *m.* pair; **a la par de** equal to; **a la par que** while, at the same time; **un par de (años)** a couple of (*years*)
para for; in order to; by; **para abajo** downward; **para arriba** upward; **para con** toward; **para que** in order that

parada (*bus*) stop
paradójicamente paradoxically
parador *m.* inn, state hotel (*Spain*)
paraguas *m. sing.* umbrella
paraíso paradise (8)
parar(se) to stop; to stand up
parcial partial
parecer *m.* opinion
parecer (zc) to seem, appear; **parecerse (a)** to resemble (3)
parecido similar
pared *f.* wall
pareja couple (9)
pariente *m., f.* relative; **pariente político** in-law (18)
paro unemployment
parque *m.* park; **parque de atracciones** amusement park
párrafo paragraph
parte *f.* part; **¿a qué parte?** where?; **la mayor parte de** most of; **por otra parte** on the other hand; **por todas partes** everywhere; **una tercera, cuarta, etcétera parte** one-third, one-fourth, *etc.*
participio participle
partida departure; **punto de partida** starting place
partidario/a partisan, supporter
partido game, match; (political) party (12); **buen partido matrimonial** a good match, catch
partir to leave, depart; **a partir de...** from . . . on
partitura (*musical*) score
pasado past
pasaje *m.* passage
pasar spend (*time*); to happen; to pass by, along; **pasar por alto** to overlook, omit
pasatiempo *m.* pastime
pasearse to stroll (1)
paseo walk, stroll; trip
pasillo corridor, hall
paso step; passing; **marcar el paso** to keep in step, mark time
pastel *m.* cake
paticojo: silla paticoja chair with uneven legs
pato duck
patria homeland
patrón *m.* pattern
patronal: fiesta patronal feast of a patron saint
patrono patron saint
paulatinamente gradually
pavimento paving
pavo/a fool; **pavo** turkey (*bird*); **pavo real** peacock
pavor *m.* fear (9)
payaso clown
paz *f.* (*pl.* **paces**) peace (4)
peatón *m.* pedestrian
pecado sin
pecador(a) sinner
pecaminoso sinful
peca freckle
pecar (qu) to sin
pecoso freckled
pecho chest
pedazo piece (8)
pedir* to ask (for), to request; **pedir prestado** to borrow (18)
pegar (gu) to hit, beat (16); **pegarse una borrachera** to get drunk
pelea fight; struggle
pelear to fight (15)
película film
peligro danger (4)
peligroso dangerous
pelo hair
pena pain; **valer/merecer la pena** to be worth the trouble
pendientes *m. pl.* earrings
penoso distressing
pensamiento thought
pensar (ie) to think; **pensar de** to think of, have an opinion about; **pensar en** to think about, ponder
pensionado retired person on pension
pensión boarding house
peor worse; worst
pequeño small
pera pear
percatar to become aware
perder (ie) to lose; **perder la razón** to lose one's mind; **perderse** to get lost
perdida: ciudad perdida lost city; slum
pérdida loss
perdiz *f.* (*pl.* **perdices**) partridge
peregrinar to travel, journey
perenne perennial
perfil *m.* profile
periódico newspaper
periodista *m., f.* reporter
perla pearl
permanecer (zc) to stay, remain (14)
permiso permission
permitir to permit
peronista supporter of Juan Perón
perpetuar to perpetuate, continue
perro dog; **perro de caza** hunting dog
perseguir (*like* **seguir**) to pursue; to persecute (6)
persianas *f. pl.* Venetian blinds
personaje *m.* character (*in a play, novel*)
personal *m.* personnel; *adj.* personal
persuadir to persuade
pertenecer (zc) to belong (14)
pertenencias belongings
peruano/a *n.* & *adj.* Peruvian
pesadilla nightmare (7)
pesar: a pesar de in spite of (3)
pesas weights; **levantar pesas** to lift weights
pesca fishing
pescado fish
pescador(a) fisherman/woman
pescar (qu) to fish; **caña de pescar** fishing rod
pesimista *m., f.* pessimistic
pésimo very bad, abominable (17)
peso weight (12)
pestaña eyelash
petrificado petrified
piadoso devout
picar (qu) to chop
picaresco picaresque, roguish
pico peak
pie *m.* foot; **a pie** on foot; **al pie de** at the foot of; **al pie de la letra** literally; **de pie** standing; **ponerse de pie** to stand up
piedad pity
piedra stone
piel *f.* skin; fur
pierna leg
pieza piece (*music*); play (*theater*); room
pijama *m.* pajamas
pilar pillar
pimienta pepper (*spice*)
pinta: tener buena pinta to look good
pintar to paint
pintoresco picturesque
piña pineapple
pío pious
pipa: fumar en pipa to smoke a pipe
piropo: echar piropos to compliment, flatter
pisar to step (on)
piscina swimming pool
piso floor; apartment (4); **casa de pisos** apartment house
pista track (*sport*); dance floor
pizcador(a) picker
pizcar (qu) to pick; **pizcar algodón** to pick cotton
placa plaque
placer (zc) to please
placer *m.* pleasure
plan *m.* plan
planchar to iron
planear to plan
planificación familiar family planning
planificar (qu) to plan
plano *m.* plane, level; city map, layout (10); **plano/a** *adj.* level, flat
planta plant; floor, story; **planta baja** ground floor (10)

plantado planted; **dejar plantado a alguien** to stand someone up
plantar to plant; **plantarse** to stand, take a stand
plata silver
plataforma platform
plátano banana; plantain
platicar (qu) to chat; to discuss (17)
plato plate; dish (*cuisine*)
playa beach
plaza plaza, city square; **plaza de toros** bullring
plazca (*see* **placer**)
plazo term (*finance*), time limit
pleno full (12)
pluma feather
población population
poblado de filled (*peopled*) with
poblar (ue) to populate
pobre *n.* & *adj.* poor (*person*); unfortunate (*person*)
pobreza poverty (15)
poco little, not much; **poco a poco** little by little; **pocos/as** few; **un poco** a little
poder* to be able to, can
poder *m.* power (12)
poderoso powerful (9)
poema *m.* poem
poeta *m., f.* poet
policía *f.* police (*force*); **el policía** *m.* policeman
política politics (12)
político/a *n.* & *adj.* politician, political
póliza de seguro insurance policy
pollo chicken
polo polo (*sport*)
ponencia speech
poner* to put, place; **poner a prueba** to test out; **poner en claro** to clarify, explain; **poner en marcha** to start; **ponerse + *adjetivo*** to become (3); **ponerse a + *verbo*** to begin to (11); **ponerse de acuerdo** to agree; **ponerse de pie** to stand up (5); **ponerse enfermo** to get sick; **ponerse + *ropa*** to try, put (*clothes*) on
popular *adj.* popular; folk (*customs, songs*)
por for; through; **por aquí** around here, through here; **por casualidad** by chance; **por completo** completely; **por dentro** on the inside; **por esto** for that reason; **por fin** finally; **por fuera** on the outside; **por las buenas** willingly; **por lo general** generally; **por lo menos** at least; **por lo mismo** for that reason; **por lo tanto** therefore; **por lo visto** evidently, apparently (11); **por medio de** by means of; **por otra parte** on the other hand; **por suerte** luckily; **por supuesto** of course; **por todas partes** everywhere; **por último** finally
porcentaje *m.* percentage
portada: precio de portada cover price
portal *m.* entryway
portar to wear; **portarse** to behave (11)
portentoso marvelous
portero/a doorkeeper; caretaker
porvenir *m.* future
pos: en pos de after, in pursuit of
posada inn
pose *f.* pose
poseer to possess
poseído *p.p.* possessed
postal postal; **giro postal** (*postal*) money order
poste *m.* post, pole
posteriormente later
postre dessert
potencia power
potente powerful
potestad power
practicar (qu) to practice
pradera meadow
precio price
precioso precious; adorable
preciso necessary; **es preciso** it is necessary
precisamente precisely, exactly
precolombino pre-Columbian
precoz (*pl.* **precoces**) early
predecir (*like* **decir***) to predict
predilecto favorite
preferir (ie, i) to prefer
preguntar to ask (*a question*); **preguntar por** to ask about; **preguntarse** to wonder
prejuicio prejudice
premio prize (7)
premisa premise; **sentar la premisa** to establish the premise
prenda article of clothing
prendarse de to fall in love with
prender to turn on
prensa press; **libertad de prensa** freedom of the press
preñada pregnant
preocuparse (de, por) to worry (about)
presenciar to observe, witness (10)
presentar to present; to introduce (*people*)
presidente/a president
presidir to preside over
presión pressure
presionar to pressure, press
prestado: pedir prestado to borrow (18); **prestar atención** to pay attention
prestar to lend (11); to give
prestigiar to lend prestige to
pretender to claim to, try to (8)
pretendiente *m.* suitor (17)
prever (*like* **ver***) to forsee
primavera spring
primer, primero/a/os/as first; **en primer lugar** in the first place; **primer ministro** prime minister
príncipe *m.* prince
principio principle; beginning (1); **a principios de** around the beginning of; **al principio** at the beginning
prisa rush, hurry; **de prisa** in a hurry, quickly (11); **tener prisa** to be in a hurry (3)
prisionero/a prisoner
probar (ue) to try, test, taste; **hacerle a alguien probar** to have someone taste
problema *m.* problem
procedente de coming from
procurar to try
producir (zc) (*pret.* **produje**) to produce
productor(a) producer
profanar to profane, defile
profeta *m.* prophet
profundizar (c) to go deep into; to deepen
profundo deep
programa *m.* program
progresista *m., f.* progressive
prohibir to prohibit
prolongar (gu) to prolong
prometer to promise
promover (ue) to promote
pronosticar (qu) to predict
pronto soon; quickly; **tan pronto como** as soon as
propiamente exactly
propiedad property
propio own; **el/la propio/a + (*nombre de persona*)** (person's name) himself/herself; **propio de** characteristic of
proponer (*like* **poner***) to propose, suggest
propósito purpose; **a propósito** by the way
propuesto *p.p.* proposed
prosa prose
próspero prosperous
proteger(se) (j) to protect (*oneself*)
provecho: ser de provecho to be of benefit
proveedor(a) supplier
provenir (*like* **venir***) to come from
proveniente de arising from
provinciano/a *n.* & *adj.* provincial
próximo next
proyectar to project
proyecto project

prueba test; **poner a prueba** to test (*out*)
publicar (qu) to publish
publicitario *adj.* publicity; **campaña publicitaria** publicity campaign
público *m.* & *adj.* public
pueblo people; town (6); **pueblos** peoples (*nations*)
puente *m.* bridge
puerco pork
puerta door
pues since, as; well, then, so; **así pues** thus, in this way
puesto *p.p.* put; *n.* position, job; booth, shop (*in a market*) (10)
pulgar *m.* thumb
pulmón *m.* lung
pulpo octopus
pulsar to push (*button*)
pulsera bracelet
punta tip
punto point; **estar a punto de** to be about to; **hasta cierto punto** to some extent; **punto culminante** high point; **punto de partida** starting place; **punto de reunión** meeting place; **punto de vista** viewpoint
puntualmente punctually
puño fist

Q

¿qué?: ¿qué tal? what about?; how are you (*doing*)?
quechua Quechua (Indian language of Peru)
quedar(se) to stay; to remain, be left; to be (*located*)
quehacer *m.* task, chore, duty (15)
quejarse to complain
querer* to want; to love
quesero/a cheesemaker
queso cheese
quiebra bankruptcy
quien, quienes who; **¿quién?** who?; **a/de quien, quienes** to/of whom; **¿de quién?** whose?
quilate *m.* carat
quimera illusion
química chemistry
quiosco newspaper stand
quitar to take away, remove
quizá(s) perhaps (8)

R

rabia anger, rage (17); **dar rabia** to make angry
radicar (qu) to root, be rooted
radio *f.* radio
radioyente *m., f.* radio listener
raíz *f.* (*pl.* **raíces**) root (16); **bienes raíces** *m. pl.* real estate
ralea kind, type
rama branch
ramificarse (qu) to branch off
rango rank
rapidez *f.* speed
rápido *adj.* quick; *adv.* quickly
raro strange, odd
rasado de sprinkled with
rascacielos *m.* skyscraper
rasgo trait, characteristic (4)
rato *m.* period of time, while (2); **a cada rato** all the time; **ratos libres** free time; **un rato** a while
raya stripe (16); **a rayas** striped
rayado striped
rayo lightning flash, bolt
raza race
razón *f.* reason; **perder la razón** to lose one's mind
real real; royal (10); **pavo real** peacock
realista *m., f.* realistic
realizar (c) to fulfill, carry out (7)
rebelde *m., f.* rebel
recámara bedroom
recargado de loaded, laden with
receta recipe; prescription
recetario recipe book
recibir to receive
recién recent; **recién llegado** newcomer; **recién nacido** newborn
recinto area
recobrar to recover
recodo turn, bend
recoger to gather; to come for, pick up (*in a car*)
recomendar (ie) to recommend
reconocer (zc) to recognize
recontar (ue) to tell, narrate
recordar (ue) to remember
recorrer to tour, travel; to go over, examine, scout out (10)
recreo recreation
recto straight
rector(a) director, president
recuerdo memory; souvenir
recurso resource (13)
rechazar (c) to reject (9)
rechazo rejection
redescubrir to rediscover
redondo round
reducir (zc) to reduce
reedificar (qu) to rebuild
reembolso reimbursement
refajo slip (*undergarment*)
referente *f.* thing referred to
referir(se) (ie, i) to refer
reflejar to reflect
reflexionar to think, reflect
reforzar (ue) (c) to strengthen
refrán *m.* saying
refrescar (zc) to refresh
refrigerador *m.* refrigerator
refugiarse to take refuge
regalar to give (*a gift*)
regalo gift
regatear to bargain
régimen (*pl.* **regímenes**) *m.* regime
regir (i, i) (j) to rule
regla rule
regresar to return
regreso return
reina queen (4)
reinar to reign
reino reign
reír(se) (i, i) (y) (de) to laugh (at); **soltar a reír** to burst out laughing
reja window grating
relacionarse to relate to; to be related
relajador(a) relaxing
relámpago flash of lightning
relampaguear to flash (lightning)
relato story (15)
reliquia relic
reloj *m.* watch, clock
rellenar to stuff; to fill out
remar to row
remate *m.* auction
remediar to remedy
remedio remedy; **no tener (más) remedio** to be unavoidable, to have no (other) choice (4)
remiendo patch up
remitir to remit, send
remo oar
renacer (zc) to be reborn
rendir(se) (i, i) to yield
renombrado famous
renovable renewable
rentable profitable
reñir (i, i) to scold (4)
reparación repair
reparar to repair
repartir to divide
repasar to review
repente: de repente suddenly
repetir (i, i) to repeat
repleto full, complete, spilling over (10)
reponer (*like* **poner***) to replace
repostero pastry chef
representación representation; performance
representar to represent; to act; **representar un papel** to play a role; to act (6)
reprimir to repress
repuesto replacement
requerir (ie, i) to require
requisito requirement

res *f.* head of cattle; **carne de res** beef
rescatar to rescue
reseña review (*of a book, play*)
resfriarse to catch a cold (3)
residencia residence; dormitory
residente *m., f.* resident
resolver (ue) to resolve, solve
respecto: (con) respecto a regarding; **con lo que respecta a** with regard to
respetar to respect, have respect for
respeto respect
respetuoso respectful
respirar to breathe (5)
respuesta answer
restante remaining
restar to take away
resto rest; **el resto de** the rest of; **los restos** remains
resuelto *p.p.* resolved
resultar to result, turn out
resumen summary
resumir to summarize
retablo altarpiece
retardo delay
retener (*like* **tener***) to retain
retrato portrait (3)
retroceder to regress
retroceso regression
retumbar to resound
reunión *f.* meeting
reunirse to meet
revelar to reveal
reverenciado revered
revés *m.* reverse
revestir (i, i) to take on
revisar to revise
revista magazine
revoltoso unruly
revólver *m.* gun, revolver
rey *m.* king (4)
rezar (c) to pray (16)
rico/a *n.* & *adj.* rich (*person*)
riego irrigation
rienda rein
riesgo risk (8)
rigor: de rigor obligatory
riguroso rigorous
rincón *m.* corner
rinda (*see* **rendir**)
riñón *m.* kidney
río river
riqueza wealth (15)
risa laughter (4); **aguantar la risa** to hold in one's laughter; **darle risa a alguien** to make someone laugh
risco cliff
risueño smiling
rito rite
robar to rob
roble oak (*tree*)
robo theft
rociar to sprinkle
rocoso rocky
rodeado surrounded (1)
rodear to surround (10)
rodilla knee
rogar (ue) (gu) to beg
roído gnawed
rojo red
rol *m.* role
romano/a Roman
romper to break
ropa clothing
ropero closet
rosa rose
rosado rosé (*wine*)
rostro face (3)
roto *p.p.* broken
rubí *m.* (*pl.* **rubíes**) ruby
rubio blond
rubor *m.* embarrassment
ruborizarse (c) to blush
rudo rough, crude (17)
rueda wheel (14); circle
ruedo bullring
ruido noise (4)
ruleta roulette
rumbo direction; **rumbo a** bound for, headed in the direction of (17)
ruta route

S

S.A. (Sociedad Anónima) Incorporated, Inc.
saber* to know; to know how to; to find out; **saber de sobra** to know full well (7)
sabor *m.* flavor (7)
saborear to get the flavor of
sacar (qu) to take out; to pull (*a tooth*) (5); **sacar fotos** to take pictures; **sacar buenas notas** to get good grades
sacerdote *m.* priest
saco suit jacket
sacrificar (qu) to sacrifice
sagrado sacred (14)
sal *f.* salt
sala room; living room
salchicha sausage
salida exit, way out (11); **callejuela sin salida** blind alley; dead-end street
salir (salgo) to leave; to go out
salmantino/a (*person*) from Salamanca, Spain
salsa sauce, gravy
saltar to jump (around); **saltar a la vista** to be self-evident, obvious (9)
saltear to sauté
salud health
saludar to greet
salvador(a) saviour
salvar to save, rescue; to cross
salvavidas: chaqueta salvavidas life jacket
salvo except
sandalia sandal
sanear to improve
saneamiento improvement
sangrar to bleed (17)
sangre *f.* blood (13)
sanguinolento blood-stained
sanidad health; sanitation
sano healthy, healthful (3)
santuario sanctuary
satisfecho satisfied
secadora clothes dryer
secar (qu) to dry (5)
seco dry
secuestrar to take over; to hijack; to kidnap
secundaria *n.* & *adj.* secondary (*school*)
sed thirst
seda silk
sede *s.* site; seat, headquarters
segoviano/a *n.* & *adj.* from Segovia, Spain; Segovian (*person*)
seguida: en seguida immediately
seguido: acto seguido immediately after
seguidor(a) follower
seguir (i, i) (sigo) to follow
según according to
segundo second
seguramente surely
seguridad security
seguro(s) *n.* insurance; *adj.* sure, certain; **por seguro** for certain
selva jungle (14)
semáforo traffic light
semana week; **fin de semana** weekend
semanal weekly (7)
sembrar to sow, plant
semejante similar
semejanza similarity
senado senate
senador(a) senator
sencillez *f.* simplicity
sencillo simple, uncomplicated (8)
seno breast
sensibilidad sensitivity
sentar (ie) to seat; to establish; **sentar cátedra** to state opinions forcefully; **sentar la premisa** to establish the premise; **sentarse** to sit down
sentido sense; **sentido común** common sense
sentimiento feeling

sentir (ie, i) to feel; **sentirse a gusto** to feel comfortable, at ease (16)
señal *f.* signal
señalar to point out
sepa (*see* **saber***)
sequía drought
ser* to be; **ser aficionado a** to be a fan of, enthusiastic about; **ser cierto** to be true; **ser cuestión de** to be a matter of; **ser de provecho** to be of benefit; **suele ser** it tends to be
ser (*pl.* **seres**) *m.* being; **ser humano** human being
serenata serenade
seriamente seriously
serie *f.* series
serio serious
serpiente *f.* serpent, snake
serrano *adj.* mountain
servilleta napkin
servir (i, i) to serve
sesos *m. pl.* brains
sevillano/a *n.* & *adj.* (*person*) from Seville, Spain
sicológico psychological
sicólogo/a psychologist
sierra mountain range
siglo century
significar (qu) to mean
signo sign
siguiente following
silbar to whistle
silbido whistle (*sound*)
silueta silhouette
silla chair; **silla de montar** saddle; **silla paticoja** chair with uneven legs
sillón *m.* easy chair
simbolizar (c) to symbolize
símbolo symbol
simetría symmetry
simplote *m., f.* simpleton, naive person
simular to simulate
sin without; **sin embargo** nevertheless (14), however; **sin fin** endless; **sin que** *conj.* without; **sin salida** dead-end
sindical *adj.* labor
sindicato labor union
síndrome *m.* syndrome
singular singular; unique, exceptional
singularidad singularity; peculiarity
sino but (rather); **sino que** *conj.* but (rather); **no sólo... sino también** not only . . . but also
siquiera: ni siquiera not even (11)
sirena siren
sísmico seismic
sismo earthquake (13)
sistema *m.* system
sitio place, site, location, spot (13)
situar to situate, locate
smoking *m.* tuxedo
sobra: de sobra too well; **saber de sobra** to know full well (7)
sobradamente only too well
sobre about; above; **sobre todo** above all
sobrepoblación overpopulation
sobretodo *m.* overcoat
sobrevivir to survive (6)
sobrino/a nephew, niece
socialista *m., f.* & *adj.* socialist, socialistic
sociedad society
socio/a partner (17); member
sofá *m.* sofa
sofocante stifling
sol *m.* sun; **de sol a sol** from sunrise to sunset
solamente only
soldado soldier
soleado sunny
soledad solitude
soler (ue) to be accustomed, used to (*doing something*) (4); **suele ser** (it) tends to be
solicitar to ask for; to apply
solicitud application (*form*)
sólido solid
solitario alone
solo/a alone
sólo only; **no sólo... sino también** not only . . . but also; **tan sólo** only
soltar (ue) to let loose; **soltar a reír** to burst out laughing
soltero/a *n.* & *adj.* single, unmarried (*person*) (3)
solterón, solterona confirmed bachelor, unmarried woman
solucionar to solve
solvente well-off
sollozar (c) to sob
sombra shadow, shade (2)
sometido subdued, subjugated
sonar (ue) to sound; **sonar trueno** to thunder; **sonarse** to blow one's nose
sonido sound
sonreír (i, i) to smile
sonriente smiling (4)
sonrisa smile (16)
soñador(a) dreamer
soñar (ue) (con) to dream (about) (1)
sopa soup
soportal *m.* portal, arcade
soportar to tolerate; to endure, bear, stand (8)
sordo/a *n.* & *adj.* deaf (person)
sorprendente surprising
sorprender to surprise
sorpresa surprise
sortear to draw lots
sorteo lottery drawing
sospechar to suspect
sostén support; bra
sostener to support; to maintain
sótano basement
suave soft, smooth, gentle (2); **a fuego suave** over a low flame
subdesarrollado underdeveloped
subdesarrollo underdevelopment
subir to climb up (to) (2); to raise (*salary*)
subrayar to underline
suceder to happen, occur (11)
sucesión succession (*political*)
suceso (*current*) event (3)
sucio dirty
sucursal *f.* branch (*office*)
sudadera sweatshirt
suela sole (*shoes*)
sueldo salary
suele (*see* **soler**)
sueño dream
suerte *f.* luck; **por suerte** luckily
suéter *m.* sweater
sufrir to suffer; to undergo
sugerencia suggestion
sugerir (ie, i) to suggest
sujeto a subjected to
sumamente extremely
sumar(se) to add (up to); to accumulate
sumergido submerged
sumo great, enormous
superar to overcome
superior top, upper; superior
supermercado supermarket
superpuesto *p.p.* imposed
suplicar (qu) to plead
suplicio torture
supo (*see* **saber***)
suponer (*like* **poner***) to suppose
suprimir to suppress (15)
supuestamente supposedly
supuesto *p.p.* supposed; **por supuesto** of course (7)
sur *m.* south
sureste *m.* southeast
surgir (j) to come forth; to arise (13)
suroeste *m.* southwest
suscribir to enroll
suspirar to sigh (5)
sustituir (y) to substitute
susto fright (18)
suyo/a/os/as your, his, her, their; (of) his, hers, yours, theirs

T

tabla board; table, chart
tacaño stingy

tacón *m.* shoe heel
tal (*pl.* **tales**) such; **con tal de que** so that, provided that; **¿qué tal?** what about?, how are you (*doing*)?; **tal como** just as; such as; **tal cual es** just as it is; **tal vez** perhaps
talón *m.* heel
tallar to carve
taller *m.* workshop (6)
tamaño size
tambor *m.* drum
tampoco neither, not either
tan so; **tan... como** as . . . as; **tan pronto como** as soon as; **tan sólo** only
tanque *m.* tank
tanto/a/os/as so much, so many; **otros tantos** others; **por lo tanto** therefore; **tanto como** *adv.* as much as; **tanto/a/os/as... como** as much/many . . . as
tañer: el tañer del agua the sound of rushing water
tapas *f. pl.* appetizers, hors d'oeuvres
tarea task
tarjeta card
tartamudez *f.* stuttering
tasca bar
taurino *adj.* bullfighting
taza cup
teatro theater
técnica technique
techado roof
techar to roof
techo roof (14); ceiling
tejido weaving
tela fabric, cloth (11)
telenovela soap opera
teleserie *f.* television series
televisor *m.* television set
telúrico of the earth
tema *m.* theme
temblar to tremble
temer to fear (9)
temor *m.* fear
tempested storm
tempestear to storm
templado temperate (*climate*)
templo temple
temporada season (7)
temporal temporary
temprano early
tenacidad tenacity, perseverance
tenazmente tightly
tender (ie) to tend; **tenderse (a la playa)** to lie (*on the beach*)
tenderete *m.* display
tenebroso gloomy
tenedor *m.* fork
tener* to have; **no tener (más) remedio** to be unavoidable, to have no (other) choice (4); **tener... años** to be . . . years old; **tener buena pinta** to look good; **(no) tener cabida** to have (no) place; **tener calor** to be/feel hot (*people*); **tener confianza en** to trust; **tener (mucha) chispa** to be witty (4); **tener en cuenta** to take into account; **tener éxito** to be successful, succeed; **tener ganas de** to want to; **tener lugar** to take place; **tener miedo** to be afraid; **tener orgullo** to be proud; **tener prisa** to be in a hurry (3); **tener que** to have to; **tener que ver con** to have to do with; **tener vergüenza** to be embarrassed, ashamed
tentación temptation
tentar (ie) to tempt
tercer, tercero/a/os/as third
término term
termo thermos
ternera veal
terraza terrace
terremoto earthquake
terreno terrain, land (14)
tertulia gathering of friends
tesis *f.* thesis
tesón tenacity
tesoro treasure
testarudo stubborn
testigo witness
tibio lukewarm, tepid (5)
tienda store; **tienda de campaña** tent
tímpano eardrum
tintero inkwell
tinto: vino tinto red wine
tío, tía uncle, aunt; **tíos** aunts and uncles
tipa so-and-so; gal
típico typical
tipo type; guy
tira strip; **tira cómica** comic strip
tiranía tyranny
tirano/a tyrant
tirar to throw, fling; to shoot (16)
tiro shot
titán *m.* giant
toalla towel
tobillo ankle
tocar (qu) to play; to touch, touch on; **tocarle a alguien** to be someone's turn
tocino bacon
todavía still; **no todavía/todavía no** not yet
todo *n.* everything; **todo/a** all; **a toda hora** any time; **de todos modos** anyway
Todopoderoso Almighty, God
toledano/a *n.* & *adj.* (*person*) from Toledo, Spain
tomar to take; to drink
tontarrona great fool
tonto/a *n.* & *adj.* foolish, stupid (person) (16)
topar con to run into
torácico thoracic
tórax *m.* thorax
torcedura sprain, twist
torear to fight bulls
torero/a bullfighter
tormenta storm
tormentoso turbulent
tornar to turn
torno winch, windlass
toronja grapefruit
torpe clumsy
torre tower (18)
torta cake
tortilla tortilla (*in Latin America*); omelet (*in Spain*)
tostador *m.* toaster
trabajador(a) *n.* worker; *adj.* hard-working
trabajar to work
trabajo work, job
traba hindrance
traducir (zc) (*pret.* **traduje**) to translate
traer* to bring
traición betrayal
traicionar to betray (15)
tragaluz *m.* skylight
traje *m.* suit; **traje de baño** bathing suit
trama plot
tramitación transaction
trámite *m.* procedure (*administrative*)
trampa trick
tránsito traffic
transporte *m.* transportation
trapos rags
tras behind; **...tras...** . . . after . . .
trasladar(se) to move, relocate (10)
traspasar to cross
tratamiento treatment
tratante *m., f.* dealer, trader
tratar to deal with, treat (*people, things*); **tratar de** to try to
través: a través de through (3)
travieso mischievous
trayecto trajectory
trazar (c) to design; to sketch
tremar to tremble
tren *m.* train
tribu *f.* tribe (8)
triste sad
tristeza sadness (17)
triunfo triumph
tronar (ue) to thunder
tropas *f. pl.* troops
tropiezo slip, false step
trozo piece, fragment (11)
trucha trout
trueno thunder
truquito trick
tubería plumbing
tumba tomb

tumulto upheaval
turbio shady
turista *m., f.* tourist
turno turn; **por turnos** taking turns
tuyo/a/os/as your(s), of yours

U

u or
ubicación location
ubicarse (qu) to be located (13)
último last; **por último** finally
umbral *m.* threshold
único unique; only
unidad unit; unity
unir to join (*with*)
universitario/a college student
uña fingernail
urbe *f.* city
urna ballot box; **ir a las urnas** to vote
uso use
útil useful
utilizar (c) to use, utilize

V

vaca cow
vacío void; vacancy; emptiness (12)
vajillas *f. pl.* dishes
valer (valgo) to be worth; **valer la pena** to be worth the trouble
valor *m.* value (12)
valorar to value
válvula valve
valle *m.* valley
vapor *m.* steamboat
vaquero/a cowhand
variar to change
variedad variety
varilla stick
varios/as *pl.* various, several
varón *m.* male (16)
varonil masculine, manly
vaso glass
vaya (*see* **ir**)
vecindad neighborhood
vecino/a *n.* & *adj.* neighbor (2); neighboring
vega fertile lowland
vejez *f.* old age
vela candle (8); sail; **barco de vela** sailboat
vena vein
vencimiento conquest; expiration (*date*)
vendedor(a) seller, vendor; **vendedores ambulantes** street vendors
vender to sell
venilla tiny vein
venir* to come
venta sale; **de venta** for sale
ventaja advantage (13)
ventana window
ventoso windy
ver* to see
verano summer
veras: de veras really (11)
verdadero true
verde green
verdugo executioner
verdura greenery; **verduras** vegetables, greens
vergonzante bashful
vergüenza shame, embarrassment; **darle a uno** *or* **tener vergüenza** to be embarrassed, ashamed (4)
verso line of poetry, verse
vertiginoso dizzyingly fast
vestimenta attire
vestirse (i, i) to get dressed
vez time, occasion; **a la vez** at the same time (12); **alguna vez** ever, sometime; **a veces** at times; **cada vez más** more and more (12); **de vez en cuando** from time to time; **otra vez** again; **tal vez** perhaps; **una vez que** once
vía way, path
viajar to travel
viaje *m.* trip; **agente de viajes** travel agent; **cheque de viaje** traveler's check
viajero/a traveler
vicio vice
víctima *f.* victim
vida life; **ganarse la vida** to earn a living; **nivel de vida** standard of living
viejo/a *n.* & *adj.* old (*person*)
viento wind; **hacer viento** to be windy
vigencia force
vigilar to watch over (18)
vil: vil materia unworthy object(s)
villa village
vinagre *m.* vinegar
vinculado (con) tied (to)
vino wine
viril masculine
virtud virtue
visa: visa de entrada entry visa
visigodo Visigoth
víspera eve
vista view; **punto de vista** point of view; **saltar a la vista** to be obvious (9)
visto *p.p.* seen; **por lo visto** apparently
vistoso bright
viudo/a widower, widow
víveres *m. pl.* food
vivienda residence, housing (7)
viviente *adj.* living
vivir to live
vivo living, alive (6); lively
volante *m.* steering wheel
volar (ue) to fly (11)
volcán *m.* volcano
volcar (qu) to turn over
voluntad will, willingness
volver (ue) to return; **volver a +** ***infinitivo*** to do again; **volverse loco** to go crazy
votación voting
votante *m., f.* voter (18)
votar to vote
voto vote
voz *f.* voice; **en voz alta** aloud; out loud
vuelo flight
vuelta turn; **dar una vuelta** take a walk/ride; **darse la media vuelta** to turn around
vuestro/a/os/as your(s), of yours
vulgar ordinary

W

wáter *m.* toilet
w.c. toilet

Y

yate *m.* yacht
yendo *part.* going
yerba grass
yergue (*see* **erguir**)
yermo desert
yeso plaster

Z

zanahoria carrot
zapatero shoemaker
zapatilla slipper
zapato shoe
zoológico: jardín zoológico zoo
zumbido buzz
zumo juice
zurdo left-handed

INDEX[1]

a personal, 22
acabar de + infinitive, 52, 120
accent marks
  with demonstrative pronouns, 142
  to distinguish verb forms, 366
  with interrogatives, 85
  with multiple object pronouns, 123
  with preterit, 152
adjective clauses
  defined, 242
  versus gerund in English, 344
  and relative pronouns, 242–244, 260
  and subjunctive, 260–261, 278–279
adjectives
  agreement of, 41–42
  demonstrative, 21
  with **estar**, 35–38
  gender of, 41
  of nationality, 41–42
  number of, 41
  past participles used as, 327, 328
  possessive, 21–22
  with **ser**, 35–38
adverbial clauses
  describing realized actions, 189
  describing unrealized actions, 189
  subjunctive versus indicative in, 189, 206–207, 278–279
adverbial conjunctions, 184, 189, 206–207
adverbs
  gerunds used as, 344
  of manner, 35
  of place, 35
affirmation
  impersonal expressions of, 209
  impersonal expressions of, negated, 209
  verbs of, 209
  verbs of, negated, 209
agent
  in active sentences, 326
  not expressed, 327
  in passive sentences, 326–327
  with verbs like **gustar**, 78
ago, 119
al, 22
antecedent (in relative clauses), 260, 261
anticipation
  expressed by **ojalá**, 188
  in past constructions, 120
  with subjunctive, 188
  verbs of, 185

becoming (change of state)
  expressed by **ponerse, hacerse, quedarse, volverse**, 75
  expressed by pronominal verbs of change, 60–61, 367

cada, 41
change of state
  expressed by **ponerse, hacerse, quedarse, volverse**, 75
  expressed by pronominal verbs of change, 60–61, 367
change of subject
  in adverbial clauses, 189
  with verbs of will and influence, 186–187
clauses
  adjective, 242, 278–279
  adverbial, 189, 278–279
  main versus subordinate, 184–188
  noun, 278–279
  parenthetical, 244
  relative, 260–261
  as subjects, 240
  subordinate, 184–185, 278–279
commands
  formal (**Ud., Uds.**), 171
  indirect, 187
  informal (**tú**), 205
  negative, 171, 205
  nosotros, 329, 350
  position of object pronouns with, 123, 171, 205, 329
  softened, 281
como si, 382
comparatives, 341–342
conditional tense
  defined, 308
  to express probability, 310
  forms of, 349–350
  for hypothetical situations, 308
  in indirect discourse, 308
conmigo, 143
conocer versus **saber**, 22–23
contigo, 143
contractions, 22
cuál versus **qué**, 39
cultural information
  events
    return of monarchy to Spain, 274–276
    Spanish Civil War, 96, 273
  people
    Arias Sánchez, Oscar, 352
    Aridjis Perea, Patricia, 302
    Armacangui, Berta, 221–224
    Aztec Indians, 321
    Borbón, King Juan Carlos de, 96–98, 103–104, 273–276
    Castro, Fidel, 405–406
    Domingo, Plácido, 150
    Franco, Generalísimo Francisco, 96, 273–274, 276
    García Márquez, Gabriel, 113–114
    Garretón, María Teresa and Rodrigo, 86–89
    Glynn, Judith, 233
    Gonzalez, Felipe, 273–275, 283
    Hispanic Americans, 359–364, 376–380, 391–395
    Inca Indians, 321–325
    Jiménez Salazar, Roberto, 351–353
    Laurent, Enrique, 322
    Lombille, Román J., 137
    Mark, Samuel, 359–362
    Marqués, Josep-Vincent, 181
    Mayan Indians, 321

[1]For a listing of topics related to culture and specialized vocabularies, consult the headings *cultural information* and *thematic vocabularies.*

Medina, Gustavo, 404–407
Méndez M., Miguel, 376
Neruda, Pablo, 49–51
Orozco Deza, Miguel Angel, 303
Padilla, Ernesto, 362–364
Patrotta, Ricardo, 98, 276
Paz, Octavio, 337–339
Perón, Eva Duarte, 133–138
Perón, Juan, 133–136
Rico Godoy, Carmen, 391, 394–395
Rodriguez, Julián, 290–293
Romero, Luis, 69–73
Salmador, Víctor, 97
Sánchez Vicario family, 29–33
Sender, Ramón J., 254–255
Suárez, Xavier, 156–159
Veciana-Suárez, Ana, 391–393
places: Central America
Costa Rica, 351–353
Cuba, 156–159, 404–407
Mexico, 299–304
Puerto Rico, 318–319, 391
Tenochtitlán, 299–302
places: South America
Argentina, 133–138, 334–335
Boliva, 321
Chile, 86–89
Colombia, 113–114, 320
Ecuador, 321
Machu Picchu, 321–325
Peru, 221–224, 321–325
places: Spain
Burgos, 290–293
Cáceres, 230, 240
Castilla, 235–236
Chinchón, 235–236
Covadonga, 232
La Costa del Sol, 29
Madrid, 236–237
Plazas mayores, 232–237
Salamanca, 233–234
Santander, 229, 231
Santillana del Mar, 231
Segovia, 266–269
Sevilla, 256–258
Toledo, 228, 234–235
Zamora, 250–252
cuyo/os/a/as, 243

de to express possession, 21
deber, in conditional, 308
definite article, 20
del, 22
demonstrative adjectives, 21, 142
demonstrative pronouns, 142
denial
impersonal expressions of, 209
verbs of, 185, 209
direct object pronouns, 76. *See also* object pronouns
doubt
impersonal expressions of, 209, 210
verbs of, 185, 209

emphatic phrases
with object pronouns, 77
with reflexive pronouns, 57
with verbs like **gustar**, 78
estar
+ adjective, to express change, 35–38
+ adjective, to express resulting condition, 60–61, 327
with adverbs of place and manner, 35
with gerunds, 35
+ past participle, to express resulting condition, 61
+ past participle, in passive constructions, 327
present indicative of, 85
+ present participle: progressive form, 121
versus **ser**, 35–38
estrategias para leer, 9–14

fear, verbs and expressions of, 209
formal commands (**Ud., Uds.**), 218–219. *See also* commands
future
expressed by **ir a** + infinitive, 53, 172
expressed by **pensar** + infinitive, 54
expressed by present tense, 53–54, 172
future tense
to express probability, 310
to express will and implied command, 173
formation of, 172–173, 220

gender
of adjectives, 41
of articles, 20
of nouns, 20
of possessive adjectives, 21–22
gerund (**-ndo**)
versus adjectival clause, 344
as adverb, 344
with auxiliaries other than **estar**, 343–344
with **estar**, 35
to express *-ing*, 344
with object pronouns, 76
getting (change of state). *See* becoming
gustar (and similar verbs), 78

haber
to form present perfect, 55
present tense of, 19
habitual/repeated events
in adverbial clauses, 189
in past, 99–100
expressed by progressive, 344
hace + time expressions
with present tense, 52, 119
with preterit, 119
to talk about past, 52–53
hay, 19
hindsight in **si**—clauses, 397–398
hypothetical situations
expressed by conditional, 308
in **si**—clauses, 397–398

if—clauses. *See* **si**—clauses
imperative. *See* commands
imperfect indicative
with **acabar de**, 120
defined, 99–100
to describe states resulting from change, 102
to express repeated past events, 306
forms of, 151
to indicate anticipation, 120
versus preterit, 99–102, 117–120
for simultaneous past events, 120
imperfect subjunctive. *See also* subjunctive
and **como si**, 382
formation of, 281, 288–289
with **querer, poder, deber**, 289
for softened commands, 281
impersonal expressions
and **se**, 239–240, 366
and subjunctive, 186–187, 209
indefinite antecedent in adjective clauses, 260–261
indefinite article, 20
indefinite past time, 99
indicative mood. *See* specific tenses
indicative versus subjunctive
in adjective clauses, 260, 278–279
in adverbial clauses, 206–207, 278–279
general concept, 184–189
in noun clauses, 278–279
in subordinate clauses, 278–279
after verbs of affirmation, fear, doubt, denial, 209–210
indirect discourse, 308
indirect object in verbs like **gustar**, 78
indirect object pronouns. *See also* object pronouns
forms of, 77
se as, 365–366
infinitive
and position of object pronouns, 76
used as noun, 343

influence
impersonal expressions of, 188
verbs of, with infinitive complement, 187
verbs of, with subjunctive, 185–188
informal commands (**tú**). *See also* commands
affirmative, 205
formation of, 205, 219
negative, 205
object pronouns with, 205
-ing, expressed by gerund, 344
intelligent guessing. *See* **estrategias para leer**
interrogative words
contrasted, 39–40
listed, 85
intransitive verbs
defined, 57
versus pronominal verbs, 59
ir, present tense of, 19
ir a + infinitive
to express future, 53, 172, 173
to indicate anticipation in past, 120

lo que, 261

main clauses, defined, 184
mismo/a, for emphasis, 57

-ndo. *See* gerund *and* present participle
negative antecedents, 260
negative commands, 171, 205. *See also* commands
neuter constructions, 261
neuter demonstratives, 142
nosotros commands
defined, 329
formation of, 329, 350
with reflexive verbs, 329
versus **vamos a** + infinitive, 329
noun clauses, 278–279
nouns
gender of, 20
infinitives used as, 343
plural of, 20–21
with **ser**, 35
number
of adjectives, 41–42
of nouns and articles, 20
of possessive adjectives, 21–22

object pronouns
direct, 76
indirect, 76–77
multiple, 123
position of, 76, 123, 171, 205, 329
with reflexive pronouns, 76
ojalá, 188
orthographic—changing verbs. *See* stem—changing verbs

para versus **por**, 262–263
parenthetical clauses, 244
passive voice
agent in, 326–327
defined, 326
in English, 239
expressed by **se**, 239
past, using the present tense to talk about, 52–53
past participle
as adjective, 60, 326–327, 328
and **estar**, 60, 326–327
formation of, 55
with **haber**, 55
irregular, 55, 85
regular, 55
and **ser**, 326
past perfect (pluperfect/**pluscuamperfecto**)
contrasted with present perfect, 140
formation of, 155
review of, 306
uses of, 140
past subjunctive. *See* imperfect subjunctive
past tenses. *See also* imperfect *and* preterit
defined, 99
general concepts, 99–103, 117–120
review of, 306
pedir versus **preguntar**, 22–23
pensar + infinitive
to express future, 54
to indicate anticipation, 120
personal **a**, 22
pluperfect (**pluscuamperfecto**). *See* past perfect
plural. *See* number
ponerse + adjective, 367
por
to introduce human agent, 326
versus **para** 262–263
porque versus **por qué**, 40
possession expressed by **de**, 21
possessive adjectives
forms of, 21
stressed forms of, 141
possessive pronouns, 141
preguntar versus **pedir**, 22–23
prepositional phrases
as adjectives, 38
to express possession, 21–22
with **ser** and **estar**, 38
prepositions
with interrogatives, 40
nouns as complements of, 343
with pronominal verbs, 59–60
and relative pronouns, 243
present participle (**-ndo**)
as adverb, 121–122
+ **estar** to form progressive, 121
formation of, 154–155
uses of, 121–122
present perfect
to express past, 306
formation of, 55
subjunctive, 279–280
present subjunctive. *See also* subjunctive
formation of, 186, 215–218
general concepts, 184–186
review of, 278–279
sequence of tenses, 381–382
present indicative
of irregular verbs, 18–19
of regular verbs, 16–17
of stem—changing verbs, 17–18
to talk about future, 53–54, 172
to talk about past, 52–53
preterit
to express completed past events, 100, 306
to express definite time limitations, 100
general concepts, 99–103, 117–120
with **hace** + time expressions, 119
versus imperfect, 99–102, 117–120
of irregular verbs, 152–154
to narrate successive past actions, 100
of regular verbs, 152
to stress beginning, end, or completion of events, 100
previewing. *See* **estrategias para leer**
probability, 310
progressive form
and auxiliaries other than **estar**, 343–344
to emphasize ongoing events, 121
formation of, 121
pronominal verbs
defined, 59
to express *becoming* or *getting*, 60–61, 367
listed, 59, 61, 367
and prepositions, 60
versus reflexive construction, 366–367
and **se**, 366
versus **se** constructions, 240–241
pronouns
demonstrative, 142
possessive, 141
after prepositions, 143
subject, 16

que (relative pronoun), 242
qué versus **cuál**, 39
qué versus **quién**, 40

quien(es) (relative pronoun), 243–244
quién versus **qué**, 40

realized events
  in adverbial clauses, 189
  defined, 185
reciprocal action, 58
reflexive constructions
  versus pronominal verbs, 366–367
  with **se**, 366
reflexive pronouns
  defined, 57
  to express reciprocal action, 58
  listed, 57
  and **nosotros** commands, 329
  versus object pronouns, 76
  and pronominal verbs, 59
  se as, 366
relative clauses
  adjective clauses as, 260
  defined, 242–244
  and subjunctive, 261
relative pronouns, 242–244, 260
repeated events/actions
  expressed by imperfect, 306
  expressed by **volver a** + infinitive, 54
  and progressive form, 344
resulting condition/state
  expressed by **estar** + adjective, 60–61
  expressed by **estar** + past participle, 327–328

saber versus **conocer**, 22–23
scanning. *See* **estrategias para leer**
se
  to express passive meaning, 326
  for unplanned occurrences, 240
  uses of, summarized, 365–366
se constructions
  to express impersonal, 239–240, 366
  to express passive, 239
  versus pronominal verbs, 240–241, 366
sequence of tenses
  indicative, 144
  past, reviewed, 306
  subjunctive, 381–382
ser
  with adjectives, 35–38, 187
  with adverbs of place, 35
  versus **estar**, 35–38
  in impersonal expressions, 187
  with nouns, 35
  for passive voice, 326
  present indicative of, 85
should, 308
si—clauses, 397–398
simultaneous actions in past, 120
skimming. *See* **estrategias para leer**
state, change of
  expressed by **estar** + adjective
  expressed by **ponerse, hacerse, quedarse, volverse,** 75
  expressed by preterit, 101–102
  expressed by pronominal verbs, 60
  indicated by verbs, 75
states and progressive forms, 121
stem-changing verbs
  present of, 17–18
  preterit of, 153–154
  subjunctive of, 218
subject pronouns, 16
subjunctive
    general concept, 184–186
  following verbs of will and influence, 186–188
  imperfect
    and **como si**, 382
    formation of, 287
    general concept, 281
  versus indicative
    in adjective clauses, 260–261, 278–279
    in adverbial clauses, 206–207, 278–279
    general concept, 184–189
    in noun clauses, 278–279
    in subordinate clauses, 278–279
    after verbs of affirmation, fear, doubt, denial, 209–210
  present
    irregular forms of, 215–218
    regular forms of, 215
    review of, 278–279
  present perfect, 279–280
  and sequence of tenses, 381–382
  with verbs of denial, doubt, anticipation, will, wishing, influence, 185
subordinate clauses
  categorized, 278–279
  defined, 184
  describing a non-existent person or event, 185
  describing realized events, 185
  and subjunctive, 185–186, 278–279
successive events in the past, 100, 120
superlatives, 342

tener, idioms with, 20
tenses, sequence of, 144, 306, 381–382
thematic vocabularies
  appearance, describing, 126–128
  behavior, describing, 147–148
  body parts, 191–193, 212
  city life, 313–317
  clothing and jewelry, 106–107, 175–176
  directions, asking and giving, 265–266
  emotions, 63–64, 81
  food, 384–387
  home furnishings, 401–403
  location in time and space, 247
  nature, 331–332
  personality traits, 44–45
  politics, 284–285
  sports and recreation, 346–347
  weather, 369
theme vowels, 215
transitive verbs
  defined, 57
  and object pronouns, 76
  used reciprocally, 58
  used reflexively, 57
tú commands. *See* informal commands

Ud., Uds. commands. *See* formal commands
unplanned occurrences, **se** for, 240
unrealized events
  and adverbial clauses, 189
  defined, 185
  versus realized events, 185

vámonos, 329
vamos a + infinitive, 329
volver a + infinitive, 54

will
  expressed by future tense, 173
  expressed by indirect commands, 187
  impersonal expressions of, 187
  verbs of, 185–187
wishing, verbs of, 185
written accents. *See* accent marks

About the Authors

Martha Alford Marks (Ph.D., Northwestern University) served on the faculties of Kalamazoo College and Northwestern University. At Northwestern she coordinated first- and second-year Spanish, was elected repeatedly to the faculty honor roll, and won the 1982 Outstanding Teacher Award. Dr. Marks is a co-author of *¿Qué tal?* (Random House, 1987), and is a member of the Advisory Board to Boston PBS station WGBH for the development of a Spanish video course funded by the Annenberg Foundation. She is widely known as an ACTFL-certified oral proficiency tester and trainer in Spanish and ESL and as a consultant in foreign language education.

Robert Blake (Ph. D., University of Texas at Austin) is an Associate Professor of Spanish and Linguistics and the Mercer Brugler Distinguished Teaching Professor of the College of Arts and Science, University of Rochester. He has published articles on Spanish syntax, historical phonological change, bilingualism, code-switching, and CALL (computer-assisted language learning). He is co-author of HyperCALL, a computer program written in HyperTalk that simplifies foreign-language curricular development for the Macintosh. Dr. Blake is currently constructing a Spanish-language parser in PROLOG that will be used to provide feedback on students' syntactic errors.

(*continued from copyright page.*)

Chapter 6 "Evita," from *La razón de mi vida*, by Eva Perón, Ediciones Peuser, Buenos Aires, 1951.
"Eva Perón, ídolo del pueblo," from *Journal de Bruges*, Bruges, Belgium, 20, VIII, 52, in *Eva Perón: Heroína y Mártir de la patria*, by Francisco de Virgilio, Talleres Gráficos Optimus, Buenos Aires, 1957.
"Eva Perón: El culto de la representación," from *Eva, la predestinada: alucinante historia de éxitos y frustraciones*, Gure, Buenos Aires, 1955.

Unit II interview: Xavier Suárez.

Chapter 7 "Por mil pesetas, nada más, viaje con su marido en coche-cama," RENFE, Madrid.
"Tenga éxito y gane premios como una casa," STARLUX, S.A., Barcelona.
"Cointreau presenta los sabores de la nueva temporada," Cointreau America, New York.
"Con Citibank España, comprar la casa de nuestros sueños no fue una pesadilla," Citibank España, Madrid.

Chapter 8 "La otra," by Josep-Vicent Marques, from *Diario 16*, Madrid, May 25, 1986.

Chapter 9 "¿Por qué los hombres le huyen al matrimonio?" *Tú*, year 8, #12, Editorial América, S.A., Panama City, Florida, January 1987.

Unit III interview: Berta Armacangui.

Chapter 10 "Las Plazas Mayores de España," by Judith Glynn.

Chapter 11 "Carta primera: Nancy descubre Sevilla," from *La tesis de Nancy* (31st edition), by Ramón J. Sender, Editorial Magisterio Español, S.A., Madrid, 1969.

Chapter 12 "De Franco a la democracia monárquica," by Felipe González, from *Diario 16*, Madrid, May 3, 1985.
"No ha resuscitado," by Ricardo Parotta, *Magazine*, Buenos Aires, April 1986.

Unit IV interview: Julián Rodríguez.

Chapter 13 "La ciudad que no debió construirse," by Patricia Aridjis Perea, from *ICYT (Información científica y tecnológica)*, Mexico, August 1987.
"La provincia y el D.F., ese gran nudo gordiano," by Miguel Angel Orozco Deza, from *Siempre*, Mexico, August 12, 1987.

Chapter 14 "Machu Picchu: 75 años después, todavía un misterio," by Enrique Laurent.

Chapter 15 "América Latina y la democracia," from *Tiempo Nublado*, by Octavio Paz, Editorial Seix Barral, Barcelona, 1986.

Unit V interview: Roberto Jiménez Salazar.

Chapter 16 "La adivinanza y el desarraigo: confesiones de un hispano," by Samuel Mark, from *La opinión*, Los Angeles, November 4, 1986.
"Ohming Instick," by Ernesto Padilla.

Chapter 17 "Que no mueran los sueños," by Miguel Méndez M., From *De la vida y del folclore de la frontera*, University of Arizona (Mexican-American Studies and Research Center), Tucson, 1986.

Chapter 18 "Armonía en la diferencia," by Ana Veciana-Suárez, from *La opinión*, Los Angeles, November 9, 1986.
"Hispanics," by Carmen Rico Godoy, *Cambio 16*, Madrid, February 2, 1981.

Unit VI interview: Gustavo Medina.

Realia Credits

Page 10 © By permission of copyright owner Nestlé Products Co. Ltd.; *11 GeoMundo* subscription notice courtesy of De Armas Publishing Group; *12* Intermex, S.A.; *13 La Prensa Grafica*, San Salvador, El Salvador; *24* Nogalda; *24* Aseguradora Suiza Salvadoreana; *24* Instituto Peruano de Paternidad Responsable; *25* Acción Familiar; *33* Reuter; *43* Dulcrem: Sanafarma; *56 Semana*; *80* Thomas J. Lipton Tea Company; *84* © American Express; *104 Semana*; *125* © Apple Computer, Inc. Used with permission; *129* © Quino; *146* Café Monky; *150* Montrex Rolex, S.A.; *160* (*clockwise from bottom left*) © Ballesta/Quipos; © Ballesta/Quipos; cartoon by Hageman, published in *Buenhogar*, 12/17/86; World Publishing Corp.; (*center*) ¡Hola!; *161* Transworld; *168* Cointreau America; *195* © Ballesta/Quipos; *214 Garbo*, 3/17/86; *248* Junta de Extremadura, Consejería de Turismo, Transporte y Comunicaciones; *252* Bodegas Olarra; Bodegas Bobadilla y Cia.; Segura Viudas, S.A.; *266* Dirección General de Promoción del Turismo; *276* La voz de Galicia, 7/5/87; Antonio Mingote; *297* (*right*) J.C. Naón & Cia SRL; *312* Goya Foods; *319* Estado Libre Asociado de Puerto Rico; *330* Corporación Nacional de Turismo-Colombia; *339* Antonio Mingote; *354* (*lower left*) WCIU-TV Channel 26; (*lower right*) Lexicon School of Languages; *355* (*top*) Courtesy of George H. Domb, M.D., Medical Director, Clinica de Oídos de Los Angeles; (*left*) Centro de Protección Legal; (*center*) WMAQ-TV/HCF & Lois GGK, Chicago; (*right*) Ramos Movers; *357* AT&T; *370 Diario las Americas*; *373* Miller Brewing Co., Milwaukee, WI; *376* Grand Central Public Market; *389* Channel 7/ABC; *402* Lennar Corp.